Das große Buch vom Geflügel

Das große Buch vom

Geflügel

Zuchtgeflügel und Kaninchen

Christian Teubner (Idee und Konzept, Küchenpraxis)
Sybil Gräfin Schönfeldt (Historisches)
Prof. Dr. Siegfried Scholtyssek (Warenkunde)

Teubner Edition

Inhalt

Bereits 2 500 Jahre vor Christus wurden Enten und Gänse als Haustiere gehalten und gemästet, wie die Reliefs vieler ägyptischer Gräber belegen.

Historisches

GEFLÜGEL-GESCHICHTEN

Am fünften Tag schuf Gott »das Gefieder«, wie es in der Übersetzung von Martin Luther heißt, einen Tag vor den »lebendigen Tieren« und zwei Tage vor Adam, dem »Bild, das uns gleich sei«, und danach haben die Gefiederten ihren Platz in der biblischen Geschichte, angefangen bei der Taube, die Noah aus der Arche entließ, bis zu dem Hahn, der dreimal krähte, nachdem Petrus den Herrn verraten hatte.

Ob man nun diesen Geschichten folgt oder den anderen, die uns die Wissenschaftler erzählen: von den Gefiederten, deren zartes Flugskelett dem des Archäopteryx ähnelte oder entstammte: In beiden Fällen haben den Tieren mit Flügeln und Federkleid die Erde und der Himmel am fünften Schöpfungstag oder vor 150 Millionen Jahren allein gehört.

Doch am sechsten Tag schuf Gott »einen Mann und ein Weib und sprach zu ihnen: Seid fruchtbar und mehret euch und füllet die Erde und macht sie euch untertan und herrschet ... über die Vögel unter dem Himmel...«, und schon stehen uns die Erdgeschichtler zur Seite und zählen uns die Jahrmillionen vor: Im Pleistozän erschien der Mensch, der Urmensch, und er wird ein paar Jahrhunderttausende als Geschöpf unter Geschöpfen gelebt haben, von Körnern und Früchten, Raupen und Schnecken, sicher auch von Eiern aus Nestern und Kuhlen. Doch dann lernte er, mit dem Feuer umzugehen, legte vor einer halben Million Jahren eine erste Spur aus Asche und verkohlten Tierknochen. Und das Feuer will behütet werden, die Menschen suchten sich Höhlen, und wer weiß, wann die erste Ente gefangen und an den Spieß gesteckt, wann das erste Moor- oder Schneehuhn mit ein paar Wurzeln oder Kräutern in einer mit Leder ausgeschlagenen Grube, in der heiße Steine aufgeschichtet waren, zur Suppe gekocht wurde. Etwa 8 000 Jahre vor unserer Zeitrechnung begann das, was am sechsten Schöpfungstag angekündigt wurde: macht euch die Erde untertan! Aus Jägern und Nomaden wurden Siedler und Bauern, der Boden kam unter den Pflug, die Tiere in Gatter und Stall.

»Herrschet über die Vögel unter dem Himmel!« Wer lockte das erste wilde Huhn mit einer Handvoll Körnern? Wer wagte es, die erste Gans zu zähmen? Mit Haus und Herd aber hatte sich der Mensch von den Horden derer getrennt, die ohne Geschichte ihrem Hunger nach über die Erde zogen. Und nun zählt man die Schritte unserer Entwicklung in Jahrtausenden, Jahrhunderten und nur noch in Jahren, nun sind die Vögel unter dem Himmel mit unserer Entwicklung verbunden – bis zu den Arten, die wir

aus Eigensucht oder Unverstand ausrotteten und um ihren Lebensraum bringen, bis zum Huhn in der Legebatterie, das wie ein Industrieprodukt unseren Fleischbedarf stillt.
Am Anfang dieser Geschichte vom Federvieh steht jedoch ein Bild, in dem sich das Paradies zu wiederholen scheint: der Hühnerhof, der zeitlose Ort einer Welt, die noch ihren eigenen Rhythmus neben dem Bauernhaus hat, der Pfau auf dem Dach, Enten und Gänse, gakelnd und spektakelnd zwischen Hof und Teich. Von hier aus zog die Königstochter an Fallada vorbei zum Gänsehüten, dorthin kehrten Hänsel und Gretel auf ihrer Ente zurück, dort stahl der Fuchs die Gans und wurde aus dem häßlichen Entlein der strahlende Schwan. Dort bekam der Bibbeles-Käs, der trockene Quark, seinen Namen, weil er an die Bibbi, die Giggi, die Küken, die Gössel verfüttert wurde. Und wenn diese an kalten Tagen im Frühjahr aus dem Ei schlüpften, steckte sie die Bäuerin in den Vierlanden und in Pommern in eine Kiste neben dem Herd und päppelte sie als Stubenküken auf, Lieblingsspeise der Patrizier und Senatoren.
Wer nämlich Haustiere hält, muß sie auch füttern. Und so idyllisch das Bild vom Geflügelhof alter Art auch ist, was den Hühnern gestreut wurde, war größtenteils Getreide. Die Gans wurde mit Schrotbrei gemästet, nach dem Brotbacken zum Dörren in den noch heißen Ofen geschoben. Wieviel Hafer und Gerste und Hirse picken die Hendl auf? Konnte man sich das Federvieh leisten?

»Federn zum Schreiben und Daunen für ein warmes Bett«

Nach der sogenannten agrarischen Revolution im Neolithikum (das war die Jungsteinzeit, acht Jahrtausende vor Christus), die in China und im Paradies, also im Zweistromland, begonnen hatte, wurde dieses Zusammenspiel von Aufwand und Nutzen ein Problem, war die Wirtschaftlichkeit dessen, was man sich hielt, zu bedenken. Die Menschen wurden seßhaft, teilten sich die Arbeit untereinander auf: Hirten und Jäger, Ackerbauern und Gärtner von Kulturpflanzen, Nahrungsmittelproduzenten also im ursprünglichsten Sinn. Sie hingen noch hilflos von den Unbilden des Klimas und der Krankheiten von Mensch und Vieh ab, aber sie versuchten, diese Abhängigkeit zu nutzen. Sie säten das Korn, sie brauchten die Ernte für Brot und Brei, verfüttern konnten sie nur den Überfluß, aber niemals das Saatkorn für den nächsten Frühling. Reichte es nicht, so wurde das Vieh geschlachtet, wurde den Hühnern der Hals umgedreht, kamen die Gänse in den Rauch. Eine Kuh brauchte viel Futter über den Winter. Hühner pickten sich eher durch die magersten Tage. Das Federvieh war anspruchsloser und ergab doch einen schönen, fetten Braten, »Federn zum Schreiben und Daunen für ein warmes Bett«.
Das Federnspleißen gehörte zu den Winterarbeiten. Alles, was im Lauf des ganzen Jahres beim Rupfen der Gänse und Hühner und Enten zusammengekommen war, wurde vom Dachboden geholt, und die Bäuerin setzte sich mit Gesinde, Kindern und später auch mit den Nachbarn zusammen, um Federn zu spleißen, das heißt, vom Kiel zu reißen. Die derben Federn wurden in die Unterbetten gestopft, Flaum und Daunen plusterten in Kissen und machten wattierte Röcke und Kittel so warm, wie man es in den kalten Stuben und auf den winterlichen Fußmärschen auch brauchte.

Die Hausfrau als Hühnerarzt

Im Byzanz des 10. Jahrhunderts wurden Huhn, Rebhuhn und Kranich als Speise des Kaisers bezeichnet, und im Abendland war weißes Fleisch Herrenfleisch, abgabepflichtig nach Sitte und regionaler Naturalabgabenordnung. Beim Federvieh scheint die Regel so streng nicht genommen worden zu sein. Vielleicht hing das auch damit zusammen, daß die Versorgung des Federviehs zu den Pflichten der Hausfrau gehörte. So ließ man ihr auch das Recht, sie sammelte die Eier, trug sie zum Markt und gewann dadurch ihr Nadelgeld, Taschengeld, eine kleine Unabhängigkeit. Sie tauschte ein Huhn gegen ein Stück Stoff, sie fügte Futter und Nutzen in den Kreislauf ihrer Hauswirtschaft ein, die auf dem Prinzip beruhte, nichts zu vergeuden, für alles eine sinnvolle Verwendung zu finden, und wenn es die jungen Brennesseln neben der Scheune waren, die sie, ehe es ein anderes Grün gab, für ihre Küken und Gössel schnitt und hackte und dem Futter beimengte. Noch in Spemanns »Schatzkästlein des guten Rats« wurde die Stadtbürgerin des ausgehenden 19. Jahrhunderts belehrt, wie sie ihr Hausgeflügel zu züchten, zu füttern und zu pflegen hatte. Sie mußte für das

Die Küche im Mittelalter servierte das Geflügel noch im ganzen. Messer und Gabel waren weitestgehend unbekannt, und so mußte der Gast schon sehr geschickt mit den Fingern sein, um die Vögel zu zerlegen und zu essen.

Perlhuhn den Park und für den Pfau »reinlich Wege« haben, mußte damit rechnen, daß die Pfauhennen nicht ordentlich brüteten, sondern ihre Eier »verwahrlosten«, die also rechtzeitig einer Haushenne untergelegt werden mußten. Die gute Hausfrau mußte aber nicht nur Ameisenpuppen, Engerlinge und Maikäfer zur Pfauenkost parat haben, den großen Truthühnern, Enten und Schwänen vorsorglich Zwiebeln unters Körner-, Quark- und Lauchfutter mischen - der Würmer wegen –, sondern sie mußte Tauben und Hühner, Puten und Enten von Verdauungsbeschwerden, Milben und Flöhen heilen durch homöopathische Dosen bestimmter Kräuter, durch apfelsaure Eisentinktur oder Pfefferkörner mit einem Schlückchen Wein oder durch Salben und Einreibungen mit Mohnöl oder Schmierseife. Dagegen hatte die fleißige Hausfrau mit den Tauben zwar nicht weniger Arbeit, aber mehr Freude, denn die »Pflege dieser schönen, sanften und reinlichen Vögel hat etwas ungemein Anmutendes für den fühlenden Menschen...«. Das war vor fast hundert Jahren.

Kein Mitleid mit der Gans

In den Dörfern und kleinen Städten dieser Zeit lebte man bis in unser Jahrhundert hinein zwischen den Pflanzen und Tieren, die man später aß. Ein Kind kannte die Hennen, die die Sonntagsfrühstückseier legten, und im Frühsommer hielt es die Gössel in der Spielschürze. Später wurden sie glatte und weiße Gänse, und wenn sie zischelten und schnatterten und ihre riesigen, starken Schwingen wie zum Flug entfalteten, gab es wohl kaum ein Kind, das nicht Angst vor ihnen gehabt hätte, ebensoviel Angst wie vor dem starken Hahn, den sich die Bauern so scharf wie einen Hofhund hielten.
Keine Liebe also und deshalb kein Mitleid mit der Gans, wenn der schwerfällige Sommerfeind nach Martini am Balkonhaken hing. Nur sachliche Neugier, denn beim Schlachten und Ausnehmen enthüllten sich die Geheimnisse des Lebens: Da war der Magen der Gans, der zwischen weißen Fettflocken und rosigen Darmschlingen auftauchte, bläulich schillernd, rund, stark. Und wenn die Hausfrau ihn mit sicherer Hand aufschnitt, quollen Haferkörner heraus und winzige Kieselsteine.
Aus der Gurgel der Gans, getrocknet, mit ein paar Suppenerbsen gefüllt und zum Ring zusammengesteckt, machten Mütter eine Rassel, und Buben erschreckten kleine Mädchen mit einer Gänse- oder Hühnerpfote, einer Geisterhand, die mit den Krallen zuckte, wenn der Junge an den Sehnen zog. Mit Gänsekielen wurde geschrieben, kunstvoll das Leder der Gürtel und Hosenträger dekoriert. Und die schönen Federn von Perlhuhn und Fasan krönten post Karl May manchen deutschen Indianerschmuck.
»Ein Huhn und ein Hahn / die Predigt geht an«, so beginnt das Kindergedicht, doch »Schön Hühnchen und Hähnchen« sind nicht nur die weisen, allwissenden Tiere der Waldmärchen, sie sind in der Vorstellung unserer Vorväter Zaubertiere ganz besonderer Art gewesen. Die schwarze Henne wohnte in der Herdasche und half den Hexen hexen, und der Hahn galt als das unübertreffliche Symbol der Fruchtbarkeit. Der Herr seiner vielen Hennen, der König auf dem Misthaufen war ein mächtiger Vegetations- und Wachstumsgeist, gleichzeitig ein Dämon des Todes. So war er als Erntehahn in blutige Magie gebunden. Schwoll ihm sein Kamm, so glich dieser dem Feuer, dem roten Hahn auf dem Dach und dem gezackten Blitz. Stand also die Ernte bevor, so wurde mit einem Hahnenopfer das Wetter beschworen: Hahnenreiten, Hahnenschlagen, Hahnenziehen, immer wurde das Tier stellvertretend für die drohende Gefahr zermetzelt, wurde auch die Aggression des Schnitters vor der körperlichen Strapaze der kommenden Wochen durch eine erlaubte Gewalttat entladen.

Die hochentwickelte Kochkunst im alten China hat über Jahrtausende das Fleisch von Enten und Hühnern besonders geschätzt. Wie der chinesische Bauer das Geflügel vor 100 Jahren zum Markt gebracht hat, so spielt es sich in den ländlichen Regionen heute noch ab.

Das Huhn im Topf und der Hahn auf dem Hochzeitstisch

Nach der Ernte waren Schnitthahn, Hahnverzehr, Wurfhahn oder Schützenhahn vergleichsweise friedliche Feste, bei denen üppig geschmaust und munter gehänselt und mit dem Hahn die erste Fülle der eingebrachten Feldfrüchte gefeiert wurde. So war das Huhn im Topf in allen ländlichen Gegenden ein Festmahl von vielfältiger Segensbedeutung, das immer dieses Glück und die Dankbarkeit für die gute Ernte in der Erinnerung wach hielt. Der französische König Henri Quatre ging als ein guter Monarch in die Geschichte ein, weil er - abgesehen von all seinen anderen Taten - seinen Untertanen jeden Sonntag ein Huhn im Topf versprochen hatte.

Welchen Stellenwert das Geflügel in der europäischen Küche hatte, zeigt das Bild des Niederländers Joachim Buckelaer aus dem Jahre 1570 (Gent - Museum voor Schone Kunsten).

Das zarte, junge Huhn und der fette Kapaun waren in unserer ganzen Geschichte die solide Basis einer nicht spektakulären, aber guten Küche. Wenn einst die Bürger in den Reichsstädten oder die Fürsten auf ihren unablässigen Reisen durch ihr Reich, wenn die Väter das Taufessen für ein Kind ausrichteten oder die Bauern die großen christlichen Feste mit den sogenannten Fleischtagen begannen - immer wurden Hühner geschlachtet. Die Hochzeitssuppen in Nord und Süd beruhen auf einer fetten, kräftigen Hühnerbrühe zu Ehren des fruchtbaren Hahns. Die Gemälde oder Holzschnitte, die mittelalterliche bis biedermeierliche Küchen zeigen, stellen stets den Bratspieß am Rande des gemauerten Herdes dar, auf dem drei oder vier Hühner aufgereiht sind und, schön fern von der Glut, damit das zarte Fleisch nicht trocken wird, vom Winde oder vom Küchenjungen gedreht werden. Ein junges Huhn war in alten Zeiten eine Portion für einen Mann. Es wurde unzerteilt auf das Brot oder auf den Zinnteller gelegt, und kein Kostümfilm aus Hollywood, der nicht ausschweifend zeigte, wie die Ritter nach Meinung der Regisseure die Brathühner mit der Faust zerschlagen. Wer den Quellen mehr traut als Multicolorfilmen, sieht neben den Schmausenden die Diener mit Wasserbecken und Handtüchern aus Linnen.
Sicher ist, daß die festlichen Mahlzeiten des Mittelalters durch schiere Verschwendung prunkten und wirkten. Wenn englische Könige Weihnachten feierten, mußten im 13. und 14. Jahrhundert Tausende von Hühnern und - bei Henry III. - 115 Kraniche ihr Leben lassen. Der Erzbischof von York ließ für seine 6 000 Gäste 2 000 Gänse, 1 000 Kapaune, 104 Pfauen und 13 500 Vögel schlachten, was neben den entsprechenden Schlachttieren, Pasteten und Fischen, Wild und Waffeln in ein paar Tagen verspeist wurde.

Die List mit der zähen Henne

Wie diese Vögel geschmeckt haben, zu denen auch Krähen, Singvögel, Störche und Adler gerört haben, wie zart oder zäh sie waren, kann man nur vermuten. Wurde aber ein »Huhn unbestimmbaren Alters«, wie es in alten Kochbüchern heißt, oder eine betagte Henne, die nicht mehr legte, geschlachtet, so verhieß das nicht unbedingt einen ledernen Braten. Die Küche der Kargheit hat ihre eigenen Methoden entwickelt, auch Keulen und Hälse, Flügel und Flügelspitzen noch genießbar zu machen, meist durch stundenlanges mildes Kochen am Rande des Herdfeuers. So ergaben Haut und Knochen noch eine Brühe, so konnte das Fleisch der alten Henne auch von den früh zahnlosen Bauern und Bürgern des Mittelalters noch verzehrt werden. Und schmackhaft wurden Fleisch und Brühe, weil das Huhn mit Zwiebeln und Kräu-

Der Hahn in seiner Pracht – Symbol der Fruchtbarkeit, Ernte-, Wetter- und Streithahn zugleich – war zu allen Zeiten ein beliebtes Motiv in der darstellenden Kunst.

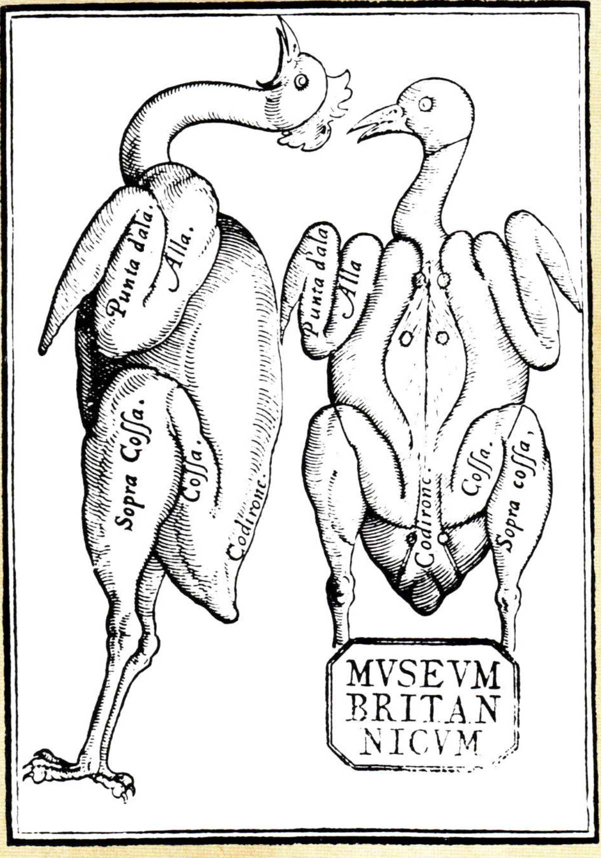

Exotische Vögel wie der »Indianische Hahn« oder ein prachtvoller Pfau waren die kulinarischen Prunkstücke auf den fürstlichen Tafeln des Barock.

tern fest gestopft wurde, die der Brühe zusammen mit dem ausgeschwitzten Fett ein kräftiges Aroma gaben. Sollte es etwas Besonderes werden, so wurde das gekochte Fleisch geduldig und ebenfalls stundenlang im Mörser zu Pastetengrundmaterial verrieben, mit Nüssen und Öl und Pfeffer oder mit Knoblauch und Kräutern und Speck.
Auf dem Kontinent kann man aus alten Rechnungen von Universitäten, aber auch aus den städtischen Verordnungen gegen den Luxus herauslesen, daß ähnliche Mengen wie in England aufgetischt wurden - und was man nicht selber essen konnte, bekamen die Bettler: Fleischreste waren ohne Kühlung nur schwer aufzuheben. Man begoß sie zum Haltbarmachen mit flüssigem Fett oder Öl oder legte sie in Honig oder in Essig ein. So waren Hühner in Talg, in segeltuchbedeckten Fässern, Proviant für die Seefahrer.
Die verschwenderische Fülle dieser Jahre zwischen ausgehendem Mittelalter und Barock ging durch die Phantasie der Köche in die Kulturgeschichte ein. Das Essen sollte nicht nur satt machen, es sollte den Glanz des Lebens, den Ruhm des Gastgebers betonen. Es sollte Neid erwecken, sollte in der Zeit vor dem Buch so staunen machen und alle Sinne beeindrucken, daß die Gäste und Knechte und selbst die Bettler noch lange davon erzählten: wie die Trompeten geblasen und die Banner geschwenkt wurden, wie man dann vergüldete Kästen auftrug, in denen gebratene Vögel in künstlichem Federkleid auf einem Bett aus Blüten ruhten oder Schwäne, die unter dem weißen Gefieder gar gebraten waren und nach allen Gewürzen des Morgenlandes dufteten. Oder Pfauen mit aufgeschlagenem Rad, die gebratene Krammetsvögel enthielten. Oder gewaltige Pastetenhäuser, die sich öffneten und aus denen Vögel mit vergoldeten Schwingen flatterten. Oder wie ein Wunderbraten angeschnitten wurde, ein entbeinter Schwan, der einen entbeinten Kapaun enthielt, dieser wiederum ein Huhn, dieses einen Krammetsvogel oder eine Taube, diese ein Lerche, in der ein kleiner Talisman aus reinem Golde steckte.

Keine Tracht ohne Pracht

Geflügel, besonders Hühner, hatten in diesen Jahrhunderten einen großen Vorteil. Sie stellten selbst den lebendigen Vorrat dar. Sie waren stets zur Hand, brauchten, wenn sie geschlachtet wurden, nicht abzuhängen, und ergaben für Kranke, Kinder und Feinschmecker einen frischen, gesunden Braten. Bedenkt man den mangelhaften Schutz des Schlachtfleisches vor Schimmel, Schmeißfliegen und Fäule, so wundert es nicht, daß die Benediktiner, die ihrer Ordensregel nach nur eine Hauptmahlzeit von zwei Gängen bekamen, alltags wie sonntags gleich, schon im 9. Jahrhundert mit einem ihrer Reformatoren um die Erlaubnis stritten, sich wenigstens an Festtagen Geflügel kochen oder braten zu dürfen.
Im allgemeinen war der Reiz und Wert des Frischen und Unverdorbenen noch gar nicht gefragt. Mag sein, daß die Schärfe der Gewürze, die Säure von Essig und Wein, mit denen der Muff des Mehls, der Ranz des Fetts und der Hautgoût vom Fleisch kaschiert wurden, den Geschmack dahin gebracht hatten, nicht das eigene Aroma eines Nahrungsmittels zu schätzen, sondern gerade die Kunst der Köche zu bewundern, die allem einen ähnlichen Geschmack verliehen.

Über glühender Holzkohle auf dem sich drehenden Spieß gegart, wurden die Hühner und Enten auch schon im europäischen Mittelalter serviert - eine Garmethode, die bis heute durch nichts übertroffen werden konnte.

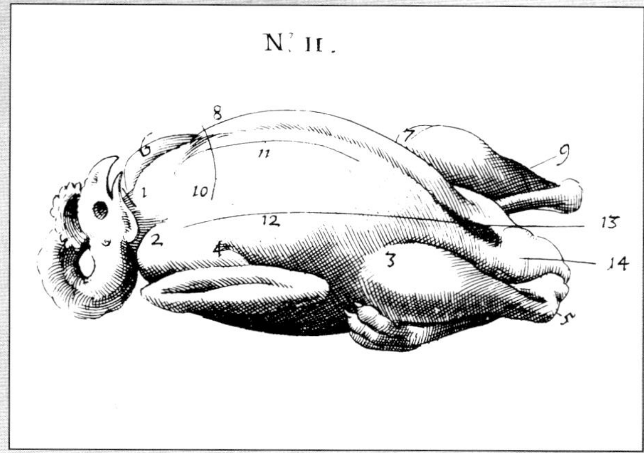

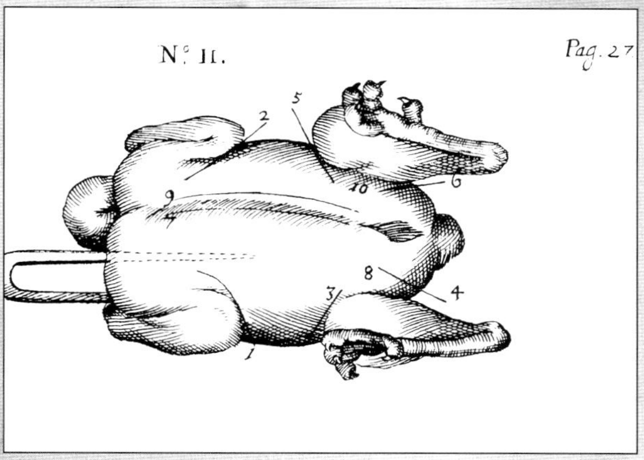

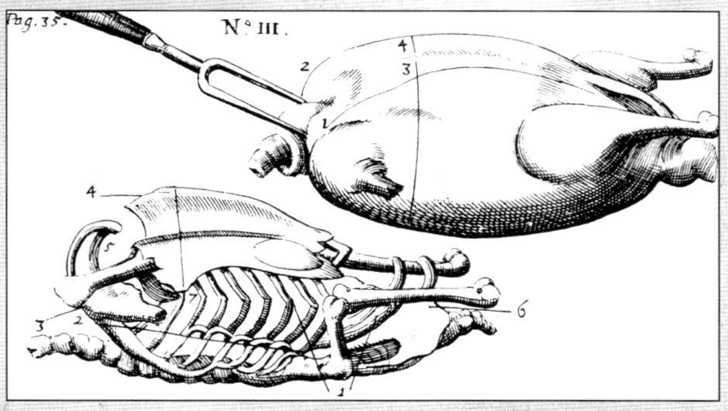

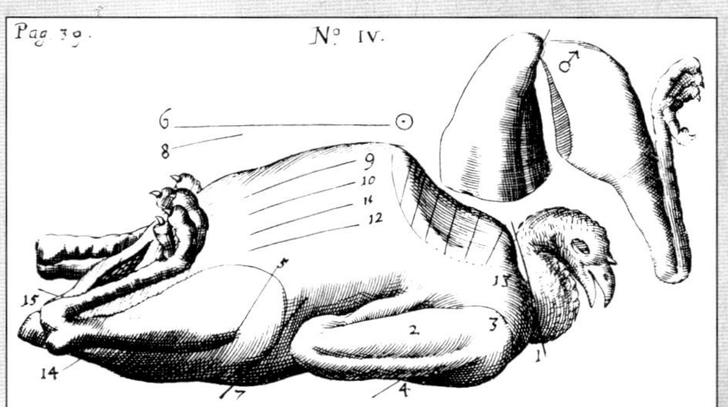

Neues Trenchier- und Plicatur-Büchlein. Dieses Büchlein erschien erstmals 1677 in Nürnberg. Es beschreibt »Wie/nach jetziger Hof-Art/allerhand Speisen und Früchte/künstlicher Weise zerschnitten/vorgelegt/aufgetragen ... werden können.« Die vier Zeichnungen zeigen das hochherrschaftliche Tranchieren »Vom gebratenen Hun«, »Vom gebratenen Hun/Capaun oder Gans/auf eine neue und feine Art«, »Eine andre und bequeme Art von der Gans« und »Vom Welschen Han«, wie der Truthahn damals noch hieß.

Es standen auch alle Speisen einer »Tracht« gleichzeitig auf dem Tisch, abgelöst oder ergänzt von dem, was die Diener bei ihrem nächsten »Gang« aus der oft weit entfernten Küche herbeischleppten. Gehörten zur ersten Tracht Rebhühner mit Feigen, Kapaune mit Sauerampfer und Mandeltorten, so konnte die zweite abermals Hühner und anderes Geflügel enthalten. Es gab noch keine Vorspeisen und Nachspeisen, keine Abstimmung der Gerichte aufeinander, keine Abwechslung der Zutaten. Das Mahl war öffentliche Macht- und Prachtentfaltung.

Das änderte sich erst im Barock, in der Zeit, in der unsere Art zu kochen, zu decken, zu servieren und zu essen wie in einem Geniestreich entworfen worden ist. Vorbei das pompöse Schauessen, vorbei Lärm und ungestaltete Fülle. Das Private auch des Genusses wurde wieder entdeckt, löste also die im ganzen gebratenen Tiere ab, von Gold und Gewürzen verfremdet. Kein Schwan mehr als Triumph des bildhauernden Kochs, statt dessen der so schmackhafte Truthahn, der mit seinem Reichtum an sanftem Fleisch in dreierlei Farbe zum Inbegriff des familiären Geflügelbratens wird. Das Huhn zu zweit, die cremige Sauce, der gepflegte Wein, das wurde die Krone des Intimen, und das gilt bis in unsere Zeit. In ihrem Tagebuch hielt George Sand im November 1866 einen Besuch bei ihrem Dichterfreund Gustave Flaubert fest: »Sonntag, hinreißendes Wetter. Gartenspaziergang bis hinauf zum Obstgarten. Arbeit. Nach dem Abendessen liest Gustave mir ein Märchenspiel vor. Dann plaudern wir noch. Um halb drei habe ich Hunger. Wir gehen hinunter und holen uns kaltes Huhn aus der Küche. Wir setzen einen Fuß vor die Tür, um uns Wasser im Hof zu pumpen. Es ist mild wie im Frühling. Wir essen, gehen wieder hinauf, rauchen und plaudern weiter. Wir trennen uns erst um vier Uhr früh.«

Je aufwendiger die Pasteten waren, desto höher war das Ansehen des Kochs. Die größte Kunst bestand aber darin, die Vögel naturgetreu aussehen zu lassen und sie dennoch wohlgegart auf den Tisch zu bringen.

Die Weihnachtsgans und der heilige Martin

In dieser Spanne zwischen Barock und spätem Bürgertum wurde dem außergewöhnlichen Federvieh eine Doppelrolle zuteil. Die Festungsmauern der Städte und Burgen waren überflüssig geworden, Villen und Schlösser möglich, umgeben von offenen Parks. Und diese nun sind die Kulissen für Pfau und Goldfasan, Perlhuhn und Wachteln. Teiche sind der Ort für Schwäne und Enten: Tiere zum Schmuck, aber dennoch Nahrungsvorrat, so wie die Taubenschläge in den Ritterburgen das Auge entzückten und als Notvorrat für lange Belagerungen gedacht waren. Auch der Truthahn, der Fremdling aus der Neuen Welt, gehörte als Merkwürdigkeit in sein eigenes Gehege. Schon sein Name ist seltsam: Indian(ischer Hahn) heißt er in Österreich, dem Irrtum Kolumbus folgend. Turkey in England, obgleich er wahrhaftig nicht aus der Türkei stammt, derweil schon die Römer von Truthähnchen geschrieben haben sollen. Unser Wort Truthahn folgt lautmalend dessen Gekoller, und ich kann mich noch lebhaft an meine Kinderangst vor dem gewaltigen Vogel erinnern, dessen Hautlappen an Kropf und Schädel bei jedem

Beifuß wurde und wird noch heute in Gänse und Enten gesteckt, weil er dem Magen wohltut, weil er hilft, das Fett zu verdauen, und Krämpfe verhindert.

Ruck seines Kollerkopfes zappelten und tanzten. Der Truthahn gehört zum amerikanischen Thanksgiving, das stets an das erste Erntedankfest der Pilgerväter erinnert. Sie waren 1620 aus England gekommen und als Städter kaum dem gewachsen, was in ihrem New England auf sie wartete. Im ersten harten Winter starben 50 der 100 Männer und 13 der 18 Frauen, und ohne die Unterstützung eines Indianers namens Squanto wären alle verhungert. Er zeigte ihnen, wie man mit den einheimischen Pflanzen und Tieren umgeht, und 1621 fiel ihre erste Ernte so gut aus, daß sie Squanto voll Dank zum Thanksgiving einluden. Er kam, brachte aber nach seiner Sitte des herbstlichen Ernte- und Reinigungsfestes seinen ganzen Stamm mit! Es muß ein gewaltiges Fest gewesen sein, und es gab zu Mais und Kürbis, Meeresfrüchten und jungem amerikanischen Wein wilden Turthahn und wilde Gänse und Enten. Der Truthahn ist bis heute der gewichtige Mittelpunkt des Familienfestes, als das Thanksgiving in den Vereinigten Staaten begangen wird, und er hat seinen Weg ins Mutterland der Pilgerväter gefunden und wurde der Weihnachtsbraten des viktorianischen Englands.
Aus England stammt nun kurioserweise die Sitte der Weihnachtsgans. Der großen Elizabeth soll nämlich just am Heilgen Abend des Jahres 1588 eine Gans aufgetischt worden sein, als die Nachricht vom Sieg über die spanische Armada gebracht wurde, und zur Erinnerung an diesen Tag ist die Gans zum triumphalen Festbraten geworden. Diese englische Gans ist sozusagen auf die kontinentale Martinsgans gestoßen, und beide Sitten zusammen haben sich als unwiderstehlich erwiesen. Damit der heilige Martin und die Gänse zusammenpaßten, hat man auch - gleich mehrere - Legenden erdacht. Nach der einen hat sich der Heilige, der Bischof von Tours war, durch das Geschnatter der Gänse beim Predigen gestört gefühlt. Nach der anderen sollen ihn die Gänse verraten haben, als er sich im Gefühl der Schwäche in einen Gänsestall verkrochen hat, um nicht das schwere Amt eines Bischofs antreten zu müssen. Und in einer Volksfabel preist die Gans, die dem Wolf entkommen ist, den heiligen Martin als ihren Nothelfer. Wie auch immer: Die Gänse haben stets zu Martini dran glauben müssen, dieser Tag war schon in alten norwegischen Runenkalendern und im vorigen Jahrhundert noch im Tiroler Bauernkalender einfach mit einer gemalten Gans bezeichnet.

Die Gans ist Glück und Fülle

Der November war der Schlachtmonat, und mit ihm ging früher das Bauernjahr zu Ende. Die Tiere wurden von der Weide getrieben, und was nicht im schützenden Stall überwinterte, wurde geschlachtet, zu Vorrat verarbeitet beziehungsweise sofort bei einem großen Festmahl verzehrt. Dazu wurde das selbstgebraute oder in Fässern herangeschaffte Bier angezapft oder der junge Wein probiert. Und wenn das Jahr gut gewesen war, nahm man es als segensreiches Omen für das nächste und feierte mit dem Überfluß des vergangenen Jahres gegen die tiefste Dunkelheit und Kälte des Winters an.
Wir füllen die Gans mit Äpfeln und Rosinen, weil das so Sitte ist und weil es so gut schmeckt. Damals, als die Menschen in den finsteren Nächten Wotan mit seiner Schar im Wintersturm tosen und heulen hörten, als sie in der fetten Gans den Segen der Erdgöttin spürten und den schwellenden runden Apfel als Zeichen für das immer wieder fruchtbare reifende Jahr, als man den Tieren das Weihnachtskorn in den Stall legte und die Apfelbäume mit einem Schluck vom Julbier begoß, um ihnen für die Fülle des Herbstes zu danken, damals ergab es sich, daß man die Gans mit dem Symbol dieser Fruchtbarkeit versah, daß man die getrockneten Weinbeeren dazugab, mit ihrer Süße das Sinnbild für Gottes süße Gnade. Und man steckte die pelzigen Blätter und Blüten des Beifußes dazwischen, weil dieses bittere Kraut dem Magen wohl tat, das Fett verdauen half und Krämpfe verhinderte, aber auch weil man zeigen wollte, daß es kein Leben ohne Bitternis gibt und daß auf Weihnachten Karfreitag folgt.
Mit einer fetten Gans haben die Bauern früher zum Jahreswechsel den Lehrer und den Pastor bezahlt. Es ist kein Wunder, daß überall die verschiedensten Rezepte entstanden sind, gefüllt und ungefüllt, mit Kohl oder mit Maronen, eingelegte Keulen, süßsaures Gänsejus, gefüllte Hälse und schwarze Blut- oder Metzelsuppen mit getrockneten Früchten. Die Gans war der Mittelpunkt der Festtafel am Weihnachtstag. Und wollte man aufzählen, wie viele Schriftsteller sich

in den lustvollen Schilderungen des Bratens und der Mahlzeit ergangen haben, so hätte man fast die gesamte europäische Literatur zusammen.
Allerdings: Das Lob stammt mehr aus Männermund, von denen also, die sich friedlich an die Tafel setzen konnten und das Messer wetzten, um die knusprige Haut und das saftige Fleisch zu zerschneiden. Für die Hausfrauen des vorigen und dieses Jahrhunderts war die Gans mehr eine der klassischen Pflichten und oft eine Prüfung: War sie auch recht kroß geraten? Zerschmolz das Fleisch so auf der Zunge, wie es der Eheliebste von der Frau Mutter gewohnt?
Der Aufstand gegen die Weihnachtsgans hat erst in der zweiten Hälfte unseres Jahrhunderts begonnen, und die Ärzte haben ihn wohlwollend unterstützt: Viel zu fett. Viel zu schwer. Eine viel zu starke Verlockung, den viel zu vollen Magen noch mit eiskalten Schnäpsen zu schockieren. Gans ade?
Traditionen lösen sich oft erst nach ihrer Zeit, und wenn die Gänse in den gierigen Nachkriegsjahren von zweien verschlungen wurden, so schlägt das Pendel langsam wieder in die Ordnungen einer spätbürgerlichen Zeit zurück. Nach Henriette Davidis, deren

Bilder aus dem Périgord der Jahrhundertwende - eine Region, die bei Gourmets vor allem der Gänseleber wegen so einen guten Ruf genießt. Sicher zu Recht, denn die Menschen im Périgord können besonders gut mit Gänsen umgehen.

»Praktisches Kochbuch«, die Bibel unserer Groß- und Urgroßmütter, immer wieder aufgelegt wird, reicht eine Gans als Hauptgericht für acht bis neun Personen, also für eine Familie mit Kindern und Geschwistern, für ein Ehepaar mit einer Schar von Freunden. Henriette Davidis schrieb in ihren Kochbüchern zusätzlich noch genau, wie man Gänse schlachtet, ausnimmt und rupft, was gleich nach dem Schlachten geschehen mußte und - auch wenn es in der städtischen Spülküche des Bürgerhauses stattfand - wie eh und je zur Freude der Kinder gedieh, weil es in der Küche wirklich einen Tag lang so aussah, als sei Frau Holle durch den Raum gehuscht. Lautlose, schwerelose Federn, erster ganz anschaulicher Begriff von Leichte, von Schweben. Flaumfedern waren in den Haaren, auf den feuchten Lippen aller, die halfen oder zuschauten, und mittendrin sprang die Katze, die versuchte, die Federn zu fangen.
Scaliger, ein berühmter Arzt und Philosoph des 16. Jahrhunderts, hielt die Gänse für ein Sinnbild der Vorsicht, weil sie sich bücken, wenn sie unter einer Brücke hindurchschwimmen, wie hoch der Bogen auch sein mag. Sie sind so verständig, daß sie, wenn sie über den Taurus ziehen, wo viele Adler horsten, in Furcht, durch ihr Geschnatter ihre Nähe zu verraten, Steine in die Schnäbel nehmen sollen, um ihre Geschwätzigkeit unmöglich zu machen. So hat es Friedrich von Vaerst berichtet, und danach könnte man heutzutage wohl fast jedem mit einer Gans ein gutes neues Jahr wünschen.

Geflügel

Geflügel ist von alters her ein wichtiger Bestandteil der Nahrung aller Völker. Die ständig wachsende Nachfrage nach diesem preiswerten, eiweißreichen und diätetisch besonders gesunden Fleisch hat verständlicherweise auf der Erzeugerseite zur Vergrößerung der Tierbestände geführt. Neben der umstrittenen Intensivhaltung gibt es aber auch Geflügel aus extensiver Haltung von hervorragender Qualität. Quantitativ gesehen, rangiert die Hühnerfamilie mit weitem Abstand zum übrigen Geflügel unangefochten an der ersten Stelle. Zahlreiche Hühner in allen Größen und Altersstufen, angefangen vom kleinen Stubenküken bis hin zur schweren Poularde, sind auf dem Markt erhältlich. Auch die Truthühner (Puten) werden intensiv und extensiv gehalten. Die »Produktion« hat sich in letzter Zeit stark ausgedehnt. Der Grund dafür liegt in einer im Vergleich zum Huhn noch günstigeren Körperfülle und Schlachtausbeute sowie in dem Vorteil, daß man Puten gut verarbeiten kann. Die Teilstücke sind dazu angetan, höchst kreative, ansprechende und gesunde Mahlzeiten zu gestalten.
Perlhuhn, Taube und Wachtel gehören von vornherein zum Elite-Geflügel, das zwar seinen Preis hat, mit dem man aber auch kulinarisch phantasievoll umgehen kann. Das Fleisch von Ente und Gans unterscheidet sich vom übrigen Geflügel durch seinen kräftigen Eigengeschmack, der sich, bedingt durch den hohen Gehalt an Körperfett im Vergleich zu den Hühnervögeln, besonders gut entwickelt.

Gute Geflügelqualität verlangt auch, daß die übrigen Zutaten vom Besten sind,
zum Beispiel der Rotwein für diese Marinade.

Geflügelfleisch
IM AUFWÄRTSTREND

Fleisch ist ein wichtiges und beliebtes Nahrungsmittel in unserer Gesellschaft. Obwohl der Gesamt-Fleischverzehr – also das Fleisch aller Schlachttiere, Wild und Geflügel zusammen – leicht rückläufig ist, hält der Aufwärtstrend im Verzehr von Geflügelfleisch erfreulicherweise an. Erfreulich deswegen, weil Geflügel aufgrund seiner Nährstoff-Zusammensetzung zu dem gesündesten Fleisch gehört und von Ernährungsphysiologen vor allem bei Stoffwechsel- und Kreislauferkrankungen empfohlen wird. Der Pro-Kopf-Verbrauch aller Fleischarten und speziell der von Geflügel stellt sich für die letzten fünf Jahre so dar, wie in der Tabelle rechts aufgeführt:

PRO-KOPF-VERBRAUCH VON FLEISCH

	1985	1990
Fleisch insgesamt	100,5 kg	100,3 kg
davon:		
Schweinefleisch	60,1 kg	58,1 kg
Rindfleisch	21,4 kg	21,0 kg
Kalbfleisch	1,7 kg	1,1 kg
Geflügelfleisch	9,7 kg	12,4 kg
Vom Geflügelfleisch:		
Jungmasthühner	6,1 kg	7,1 kg
Suppenhennen	1,0 kg	1,1 kg
Enten	0,6 kg	0,7 kg
Gänse	0,3 kg	0,4 kg
Puten und anderes Geflügel	1,7 kg	3,1 kg

Während der Fleischverzehr insgesamt in den vergangenen Jahren nahezu gleich geblieben ist, zeichnet sich deutlich eine Trendwende im Verzehr der Fleischarten ab. Die Nachfrage nach Geflügel ist vor allem zu Lasten von Schweine- und Kalbfleisch merklich gestiegen. In der Verbrauchsentwicklung zeigt sich eine Ausdehnung auf Jungmasthühner und Puten.

Das Hühnchen ist absolute Spitze beim Geflügelfleischverbrauch, und daran hat das beliebte Grillhähnchen einen wesentlichen Anteil. Aber nur dank einer Massenproduktion auf unterstem Qualitätsniveau und entsprechenden Auswirkungen auf das Image vom Hähnchen im allgemeinen. Für den anspruchsvollen Verbraucher hat der Markt aber auch Hühner von guter bis bester Qualität zu bieten. Kein Grund also, auf ein delikat gegrilltes Hähnchen zu verzichten oder, wie im Bild oben, eine Poularde »alla cacciatora« zu schmoren.

Trotz der positiven Entwicklung im Geflügelfleischverzehr liegt die deutsche Verbrauchszahl 1990 mit 12,4 kg noch weit unter dem europäischen Durchschnitt mit 18,5 kg, der hauptsächlich durch den Konsum in Spanien (22,3), in Frankreich (21,8) sowie in Italien, Irland und Portugal (jeweils über 20 kg) diese Höhe erreichte. Außereuropäisch sind die Israelis mit 35,2 kg und die US-Amerikaner mit 40,9 kg die wichtigsten Geflügelfleisch-Verwerter. Das Hähnchen steht überall an der Spitze des Konsums, gefolgt von den Puten. Die Suppenhennen und die alten Hähne spielen eine untergeordnete Rolle, ebenso die Enten und Gänse, die häufig nur saisonale Bedeutung haben. Perlhühner, Wachteln und Tauben gehören zum »anderen« Geflügel und sind mit höchstens 0,2 kg bei den Puten abzuziehen. Der Selbstversorgungsgrad bei Geflügel liegt in Deutschland bei 58%, das heißt, es wird fast die Hälfte des verzehrten Geflügels eingeführt. Hauptlieferanten sind die Niederlande, Frankreich, Ungarn und Polen. Heute werden von den deutschen Hähnchen etwa die Hälfte »bratfertig« (mit Innereien), ein Viertel »grillfertig« (ohne Innereien), der Rest in Form von Teilstücken auf den Markt gebracht. Das Frischwaren-Angebot liegt bei etwa 50%.

Geflügelteile in Form von Wurst und Schinken machen inzwischen einen beträchtlichen Anteil am Verbrauch von Geflügelfleisch aus. Vor allem die Wurstwaren von den mageren Geflügelsorten (Truthahn und Hähnchen) werden wegen ihres geringen Fettgehalts geschätzt und in der Diätküche eingesetzt.

Handelsklassen

Der deutsche Schlachtgeflügelhandel wird nach der gesetzlichen Handelsklassenverordnung (letzte Ausgabe 1983) geregelt. Sie hat praktisch EG-Gültigkeit, da die Importquote bei uns hoch ist. Geflügelfleisch wird nach fünf verschiedenen Kategorien - Geflügel, Geflügelfleisch, geschlachtetes Geflügel, Geflügelteile und Innereien - unterschieden und gütemäßig auf die drei Klassen A, B und C verteilt. Dabei werden hauptsächlich der Gesamteindruck, die Bemuskelung beziehungsweise der Fleischansatz von Brust- und Schenkelpartie sowie deren Fettabdeckung, außerdem die Minderungen durch Verfärbungen, Stoppelfedern, Verletzungen und Frostbrand bewertet.

A = beste Qualität. Das Gelfügel ist einwandfrei gerupft und ohne Verletzungen und Verfärbungen.
B = gesundes Geflügel mit geringen Verletzungen (Hautrisse, ungleichmäßiger Fettansatz).
C = wird nicht im Handel angeboten, sondern industriell verarbeitet.

Etwa 90% der »Ganzkörper«-Ware werden in der Handelsklasse A eingestuft, der Rest wird, wenn möglich, zu Teilstücken verarbeitet.
Als Verkehrsbezeichnung für die ganzen Tiere gelten Hähnchen, Suppenhenne, Junges Truthuhn, Junge Ente, Ente, Frühmastgans, Junge Gans und Gans, als Bezeichnung für die Teile Hälfte, Brust, Schenkel, Oberschenkel, Unterschenkel. Statt Truthahn kann man Pute sagen, statt Schenkel Keule, statt Hälfte halb. Hähnchen kann man neuerdings (seit dem 01.07.1991) mit »Stubenküken« bezeichnen, wenn es sich um Ware unter 700 g handelt, und chirurgisch kastrierte Junghähne mit »Kapaun«. Es gibt einige neu eingeführte Teile, wie etwa ungetrennte Filets, Brustfilet mit Schlüsselbein, Schenkel mit Rückenstück usw. Es müssen ausgezeichnet werden die Angebotszustände »frisch«, »gefroren«, »tiefgefroren« und die Lagertemperatur. Man kann auszeichnen die Kühlverfahren, denn bei der Schlachtung wird mit Luft-Sprühkühlung, Luftkühlung oder Tauchkühlung gearbeitet. Bei den Herrichtungsformen gibt es die Alternativen »teilweise ausgenommen«, »bratfertig« oder »mit Innereien« sowie »grillfertig« oder »ohne Innereien«. Die Herrichtungsformen wurden gegenüber früher stark reduziert. Mag sein, daß bei uns kein Interesse mehr vorhanden ist für Tiere mit Kopf und Ständern. Es spricht aber auch für die Verantwortung des Gesetzgebers in bezug auf eine einwandfreie Hygiene, weil gerade die distalen Körperteile (Kopf, Flügelspitzen, Ständer) stark verschmutzt und beim Schlachtprozeß nur schwierig vollständig zu reinigen sind. Frankreich hat für seine »Bresse«-Hühner bei der EG eine Sondergenehmigung erhalten, weil das Huhn mit Kopf und Ständern in diesem Fall als Markenzeichen anzusehen ist; denn nur so ist an den Federrückständen zu erkennen, ob die richtige Rasse angeboten wird. Übrigens wird im Orient das Mastgeflügel, selbst in den modernen Großstädten, lebend verkauft. Man läßt es an Ort und Stelle schlachten, um das Tier seiner Wahl (und dieses vor allem richtig geschlachtet) zu bekommen, zum Teil sogar geschächtet.

Bei den Hühnern auf dem Bauernhof steht in der Regel die Fleischleistung nicht an erster Stelle - sie sind zunächst einmal zum Eierlegen da. Wenn diese Leistung dann schließlich nachläßt, taugt die Fleischqualität nur noch für Suppen, aber dafür sind diese mit ihrem kräftigem Geschmack besonders gut.

Die Hähnchen werden auf Fleischleistung gezüchtet und als Jungmastgeflügel angeboten, was man diesen beiden schlanken Exemplaren auf einem römischen Markt zwar nicht ansieht, doch zumindest sind sie jung und haben zartes Fleisch.

Zucht und Arten

AUF DER SUCHE NACH MEHR LEISTUNG UND GESCHMACK

Alle Geflügelarten, die zur menschlichen Ernährung angeboten werden, sind im Laufe der Zeit besonders auf Fleischleistung gezüchtet worden und werden in der Regel als Jungmastgeflügel angeboten. Die geschlechtsreifen Eltern- oder Zuchttiere können, wie die Mehrheit der Suppenhennen, nur in Suppen oder in Fertigkonserven (eventuell noch als Schmorbraten) Verwendung finden. Bei der Zucht sind neben der Fleischmenge speziell den fleischreichsten Körperpartien Brust und Schenkel besondere Aufmerksamkeit zu schenken. Die Brust wird vor allem aus dem großen und dem kleinen Brustmuskel gebildet, das Schenkelfleisch umfaßt mehrere Muskelstränge. Im Verhältnis zum gesamten Körper hat zum Beispiel die Wachtel den höchsten Brustfleischanteil, gefolgt von Pute, Perlhuhn, Huhn, Gans und Ente. Bei Schenkelfleisch rangiert das Huhn an erster Stelle, gefolgt von Perlhuhn, Pute, Gans, Ente und Wachtel. Bedeutsam ist das Alter der Tiere. So steigen die Anteile an Brustfleisch bei Hühnern und Puten mit dem Älterwerden signifikant an, während die der Flügel und des Rückens sinken.

Obwohl die Merkmale des Körperwuchses und des Körperbaus relativ hohe Erblichkeitsgrade (Heritabilitäten) besitzen und sich damit zur Direkt-Selektion eignen, hat man auch in der Junggeflügelmast die Hybridzüchtung eingeführt. In der nunmehr schon bald als klassisch geltenden »Drei-Wege-Kreuzung« werden gegenwärtig die meisten Masttiere bei Hühnern, Puten und Enten gezüchtet. Das genannte Verfahren besteht darin, daß man die Muttertiere aus zwei frohwüchsigen, mittelschweren, auch einigermaßen legefreudigen Rassen oder Linien benutzt, den Kreuzungs- oder Heterosiseffekt zur Verbesserung der Vitalität und der Legeleistung ausnutzt, die für die Muttertiere besonders wichtig sind. Gepaart werden diese Mütter dann mit sehr schweren und gut proportionierten (Betonung von Brust und Schenkel) Hähnen zur Erzeugung der gewünschten Mastküken. Damit sind die Haupt-Zuchtziele in den drei Linien eindeutig, wobei genetische Wechselwirkungen und geschlechtsgebundene Effekte zu berücksichtigen sind. Jeder Züchter wählt für die Selektion eigene Merkmale und Systeme. Jeder versucht natürlich, alle wichtigen Parameter zu objektivieren, also meßbar zu machen. Merkmale wie Gewichtsentwicklung, Legeleistung (bei den weiblichen Tieren) und Vitalität werden grundsätzlich berücksichtigt.

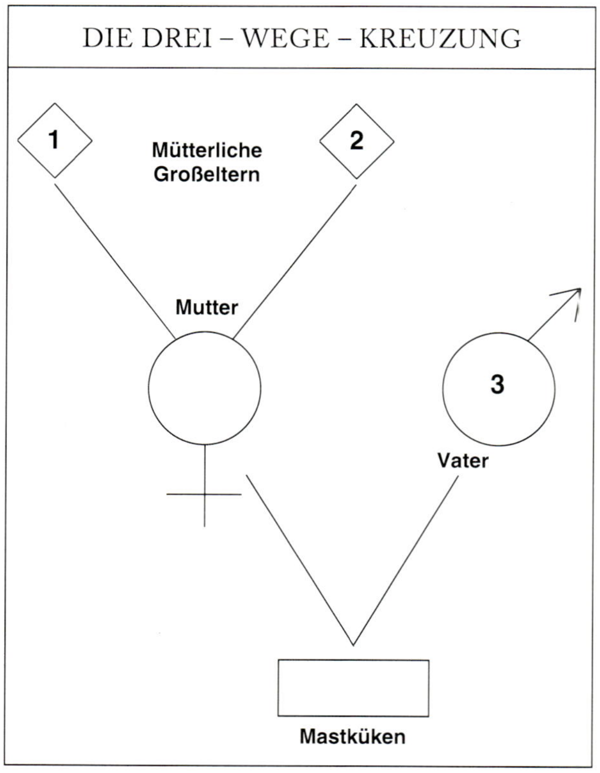

Hybridzüchtung. Ausschlachtungs- und Teilstückanteile, Brusttiefe, -breite, -höhe und/oder -winkel und andere Merkmale werden für die drei Linien unterschiedlich gewichtet.

GEWICHTE VON JUNGMASTGEFLÜGEL				
Geflügelart	Mastdauer - Wochen -	Lebendgewicht - kg - m	w	Schlachtausbeute - % -
Huhn	6	1,8	1,6	70
	8	2,8	2,4	72
Pute	12	7,9	6,1	77
	18	14,0	10,0	80
	24	19,5	-	82
Pekingente	8	Ø 3,3		70
Flugente	8	3,2	2,1	72
	10	4,0	2,6	74
Gans	12	5,7	4,8	73
	16	6,3	5,4	74
	20	7,5	6,5	75
Perlhuhn	8	Ø 1,3		—
	12	Ø 1,8		—
Taube	4	Ø 0,5		—
Wachtel	6 - 8	Ø 0,2		—

In der Junggeflügelmast gibt es starke Streuungen für das Gewicht der Tiere. Varianzursachen sind in erster Linie das Alter, die Herkunft und das Geschlecht. Alle in der Tabelle (oben) aufgeführten Daten sind als Anhaltswerte (grobe Mittelwerte) anzusehen. Beim Huhn hat sich ein Standardtyp bei den Hybriden entwickelt, der mit 38 bis 40 Tagen Einzelgewichte von 1750 g auf die Waage bringt und damit das Gros des »Hähnchen«-Bedarfs deckt. Die verlängerte Mast gewinnt an Interesse, weil damit eine bessere Fleischqualität garantiert werden kann. Bei der Pute handelt es sich um schwere Breitbrust-Puten. Baby-Puten haben nur eine geringe Bedeutung, weil sie mit den schweren Hühnern konkurrieren müssen und dann unrentabel sind. Puten werden zum Mastende getrenntgeschlechtlich gemästet, da beim weiblichen Tier mit 12 Wochen die optimale Gewichtszunahme erreicht ist und das Tier bei weiter fortdauernder Mast zunehmend verfettet. Bei den Enten sind Peking- und Flugente angegeben. Erstere stellt die bekannte, »traditionelle« Ente dar, die nur bis 8 Wochen gemästet wird und Standardgewichte von 3 kg erreicht. Bei der Flugente interessieren die bessere Körperproportionierung (mehr Brust), die geringere Verfettung und der originelle Geschmack (mehr wildartig). Bei Flugenten nimmt der Geschlechtsdimorphismus mit dem Alter stark zu, so daß getrenntgeschlechtlich gemästet und das weibliche Tier früher abgesetzt werden kann. Bei der Gans ist die Gewichtsvariation groß, weil neben den unterschiedlichen Rassen auch die Art der Haltung (Schnellmast, Intensiv- und Weidemast) eine Rolle spielt. Bei der Weidemast werden die Tiere bedeutend älter (1/2 Jahr), ohne jedoch sehr viel höhere Gewichte zu erbringen. Für Perlhuhn, Taube und Wachtel wird nur ein grober Anhalt gegeben. Auch hier handelt es sich um Durchschnittswerte, die bei extremen Rassen völlig anders ausfallen können.

Für wie viele Portionen reicht ein Vogel?

Diese Frage kann natürlich nicht generell beantwortet werden, denn es kommt darauf an, ob das Geflügel als sättigendes Hauptgericht, als Fleischgericht innerhalb eines mehrgängigen Menüs oder gar als Vorspeise oder Amuse gueule gedacht ist. Es sind also Vorgaben in bezug auf die Menge, die einfach nicht vergleichbar sind. Darüber hinaus kommt es noch auf die weiteren Zutaten des jeweiligen Rezepts an, ob diese etwa außer dem Geflügel quantitativ zu Buche schlagen.

Geflügelart	Gewicht g	Brust %	Schenkel %	Reicht für Portionen
Leichtes Hähnchen	1100	32	36	2 - 3
Schweres Hähnchen	2200	34	36	3 - 4
Leichte Pute	2500	41	30	5 - 7
Schwere Pute	14000	48	31	—
Pekingente	1900	24	24	3 - 5
Flugente	2100	30	23	3 - 6
Gans	4000	30	23	6 - 8
Perlhuhn	1300	32	29	3 - 4
Taube	350	40	15	1
Wachtel	100	40	27	0,5

Geschlachtet wird im Beisein des Kunden, denn auf vielen Märkten Asiens und Lateinamerikas sowie in einigen südeuropäischen Ländern kann er sich sein Geflügel aus dem lebenden Angebot aussuchen. Dabei ist die Auswahl gut, doch die Tiere sind nicht immer von guter Qualität.

Das Angebot muß den Kunden überzeugen und entsprechend wird das Geflügel in den Läden und auf den Märkten präsentiert. In Hongkong (Bild unten) gehören dazu natürlich auch die sauber hergerichteten Innereien, Kopf und Füße. In Mexiko legt man bei Hühnern mehr Wert auf die schöne gelbe Farbe.

Auf den Märkten Europas, wie hier auf dem traditionsreichen Markt »La Boqueria« in Barcelona, wird das geschlachtete Geflügel nach dem europäischen Hygienestandard angeboten. Trotzdem unterscheiden sich die Angebotsformen in den einzelnen Ländern erheblich.

Schlachten und Verkaufen

SO KOMMT DAS GEFLÜGEL IN DEN HANDEL

In welcher Form der Verbraucher das Geflügel präsentiert bekommt, ist nicht zuletzt auf die höchst unterschiedlichen Hygienevorschriften zurückzuführen. Aber auch bei uns kann man direkt beim Erzeuger einkaufen, wenn man der Geflügelqualität im Handel nicht ganz traut. Um ein lebendes Huhn oder eine Ente nach seiner Fleischqualität beurteilen zu können, braucht man eine ganze Menge Erfahrung, das geht schon einfacher beim Schlachtkörper.
Im Hinblick auf eine einwandfreie Versorgung der Verbraucher mit hochwertigem Geflügel hat der deutsche Gesetzgeber mit dem Geflügelfleisch-Hygienegesetz den Verkehr mit Schlachtgeflügel genau geregelt. Danach müssen die Schlacht- und Zerlegebetriebe zugelassen und ständig amtstierärztlich untersucht werden, der Geflügelbestand ist lebend und geschlachtet zu kontrollieren. Ausnahmen für diese Beschaupflicht gelten für Kleinbetriebe, die direkt vermarkten, aber auch sie müssen gemeldet sein und werden amtlich kontrolliert.
Eine moderne Geflügel-Schlachterei ist ein hochtechnisierter Betrieb, in dem die meisten »Handgriffe« maschinell ausgeführt werden, was durchaus zu begrüßen ist, weil damit gefährliche Infektionsrisiken abgebaut werden. Speziell das Öffnen, Entleeren (Ausnehmen) und Reinigen der Bauchhöhle geschieht auf diesem Wege weitaus hygienischer, als dies in Handarbeit je möglich war. Der Rumpf mit oder ohne Innereien wird laut Vermarktungsnorm als Hähnchen (Broiler) angeboten, nachdem er vorher ordnungsge-

mäß verpackt, gekennzeichnet und eventuell eingefroren wurde. Der Frischgeflügelabsatz wächst ständig. Neben der erhöhten Nachfrage nach Frischware ist auch ein deutlicher Trend zum Teilstück- oder Produktenmarkt zu verfolgen, so daß die Schlachtereien schon lange Zerlegetechniken eingeführt haben. So wie man beim manuellen Zerlegen die Schenkel an der deutlichen Markierung des Hüft- und Kniegelenks und die Flügel am Armgelenk abtrennt und dann mit einem Schnitt längs dem Brustbein das Herauslösen der beiden Brusthälften vom Brustkorb vornimmt, beint auch eine auf ein bestimmtes Kaliber (Körperbau) geeichte Schnittmaschine (band- oder kreissägenartiges Gerät) den Schlachtkörper aus, um Teilstücke zu fabrizieren. Auf diese Weise können bestimmte Wünsche im Hinblick auf die Schnittführung realisiert werden. Ein Hähnchen kann also wahlweise in Hälften, Vierteln oder anderen Teilstück-Kombinationen geliefert werden. Ansonsten gelten als die üblichen und wichtigsten Teilstücke (nach Menge und Qualität) die Brust, die Schenkel, der Rücken und die Flügel.

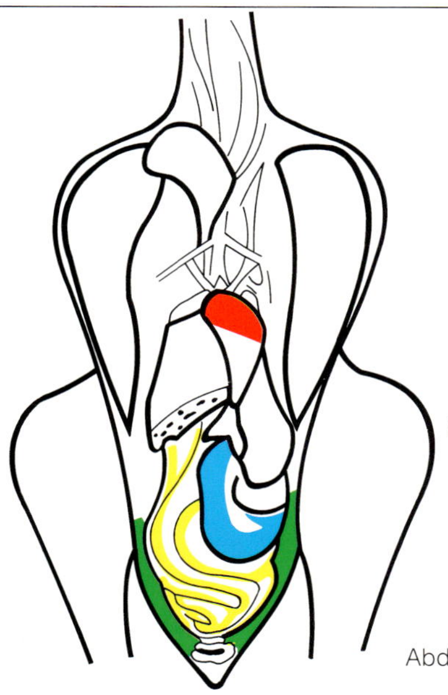

Fettarm und eiweißreich

GEFLÜGEL IN DER MODERNEN ERNÄHRUNG

Geflügel liefert mit seiner vorteilhaften Zusammensetzung an lebensnotwendigen Stoffen ein beliebtes Fleisch, das in der modernen Ernährung zu Recht einen festen Platz einnimmt. Das Brustfleisch vom Huhn weist beispielsweise im Vergleich zu gleichwertigem Muskelfleisch von Rind und Schwein ein Fett-Verhältnis von 1 : 4 : 6 und ein Eiweiß-Verhältnis von 1: 0,9 : 0,7 auf. Es enthält somit auch am wenigsten Energie. Bei den Vitaminen ist der Vitamin C-Gehalt, bei den Mineralstoffen der Magnesiumgehalt vergleichsweise hoch. Ebenso wie auch bei den anderen Fleischarten sind die Vitamine der B-Gruppe sowie der Eisen- und Phosphorgehalt hervorzuheben. Der Cholesteringehalt von Geflügelfleisch ist vergleichsweise geringer als bei anderem Fleisch. Eine einheitliche Bewertung der Verdaulichkeit von Geflügel ist nicht möglich, da sich diese am Fettgehalt orientiert. So ist das sogenannte »Magergeflügel« (Huhn, Pute, Taube) energieärmer und leicht verdaulich, das »Fettgeflügel« (Ente, Gans) dagegen energiereicher und schwerer verdaulich. Die Zusammensetzung des Fettes ist allerdings positiv zu bewerten, da die in der Diätetik gewünschten ungesättigten Fettsäuren in hohem Anteil im Fett der Ente, der Gans und der Pute zu finden sind. In ihrem geringen Energiegehalt rangiert die Putenbrust ganz vorn, insbesondere dann, wenn die Haut nicht mitverwendet wird. Putenbrust ist außerdem das eiweißreichste Fleisch schlechthin und deshalb für diätetische Ernährungsformen hervorragend geeignet.

Die Fettverteilung in einem Hühnerkörper. Bei einem küchenfertigen Huhn sind die Innereien - und mit ihnen zusammen das Herz-, Magen- und Darmfett - ausgenommen worden. In dem Körper verbleibt lediglich das Abdominalfett, das vor der Zubereitung leicht entfernt werden kann, und das intramuskuläre Fett.

NÄHRSTOFF - TABELLE

In 100 g eßbarem Anteil sind enthalten:

Geflügelart	Eiweiß	Fett	Energie	Mineralstoffe					Vitamine			
				Ca	P	K	Na	Fe	A	B_1	B_2	Niacin
	g	g	kcal / kJ	mg	mg	mg	mg	mg	µg	µg	µg	mg
Jungmasthuhn	20,6	5,6	144 / 602	12	200	359	82	1,8	39	83	160	6
Brust	22,8	0,9	109 / 457	14	212	264	66	1,1	60	70	90	10
Schenkel	20,6	2,4	113 / 473	15	188	250	95	1,8	150	100	240	5
Leber	22,1	4,7	142 / 594	18	240	218	68	7,4	12800	320	2490	11
Suppenhenne	18,5	20,3	274 /1147	11	178	400	50	1,4	32	60	170	9
Pute (ausgewachsen)	20,2	15,0	231 / 968	25	226	300	63	1,4	13	100	180	8
Jungpute	22,4	6,8	163 / 682	26	238	315	66	1,5	—	80	140	8
Brust	24,1	1,0	115 / 483	—	—	333	46	1,0	+	47	81	11
Schenkel	20,5	3,6	124 / 521	—	—	289	86	2,0	+	90	180	5
Ente	18,1	17,2	243 /1017	11	187	292	80	2,1	•	300	200	•
Gans	15,7	31,0	364 /1521	12	184	420	86	1,9	65	120	260	•
Wachtel	22,4	2,3	120 / 504	14	179	280	46	—	•	130	170	•
Taube	20,9	9,5	182 / 762	45	217	330	90	—	•	100	280	•

Ca = Calcium, P = Phosphor, K = Kalium, Na = Natrium, Fe = Eisen
• keine Angabe — nicht vorhanden + in Spuren vorhanden

Kühlen, Frosten und Auftauen

Geflügel küchenfertig vorbereiten:

Das gewaschene Geflügel gut abtropfen lassen, dabei drehen, damit auch das Wasser aus der Bauchhöhle ablaufen kann.

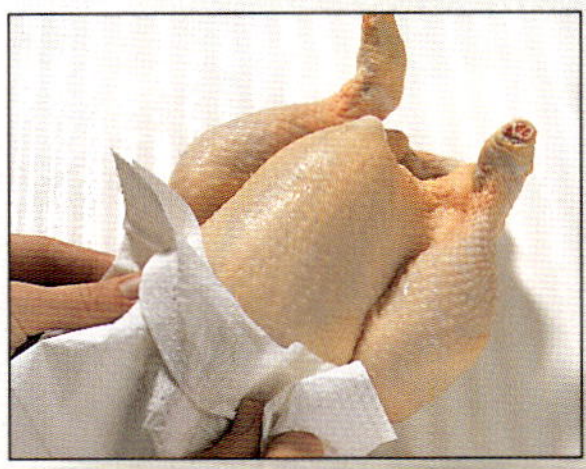

Mit einem Leinentuch oder Küchenpapier sorgfältig trockentupfen, und zwar innen und außen.

Geflügel immer sehr sorgfältig waschen. Mit einer Handbrause geht es am besten, da man innen und außen an die schwer erreichbaren Stellen kommt.

Wichtiges Qualitätskriterium für alle Nahrungsmittel ist ihr Alter bzw. ihr Frischegrad bzw. ihre Haltbarkeit. Da es sich bei Geflügelfleisch um eine organische Substanz handelt, die aus einem Stoffwechselsystem stammt, hängt es sehr davon ab, in welcher Weise dieser biologische Kreislauf unterbrochen wurde. Die Art des Betäubens und Tötens entscheidet über den Eintritt der Totenstarre (und damit über den Muskelfaserstatus, sprich Zartheit) ebenso wie die technologischen Maßnahmen Kühlen, Frosten und andere. Diese »Bremsvorgänge« wirken sich auf die biochemischen Umsetzungen im Muskel aus, sie bestimmen auch den Kontakt mit irgendwelchen Keimen.
Peinliche Hygiene beim Schlachtprozeß und schnelles Kühlen und/oder Frosten verbessern die Haltbarkeit. Vorschriftsmäßig wird nach dem Schlachten und Ausnehmen gereinigt und in Luft oder Wasser gekühlt. Zulässig und anerkannt sind Luft-Sprühkühlung, Luftkühlung oder Tauchkühlung. Bei der Erzeugung von »Frischware« ist die erstgenannte die Methode der Wahl, und der Verbraucher sollte nach dem Aufdruck schauen: »Garantiert Spezial-Einzelkühlung«. Frischware wird bei einer Lagertemperatur von 0 bis 2°C gehalten, die Kühlkette sollte bis zum Verbrauch nicht unterbrochen werden. Unter diesen Bedingungen halten sich die Schlachtkörper 7 Tage.
Die zweite große Gruppe des Geflügels kommt im Angebotszustand »tiefgefroren« auf den Markt. Auch sie garantiert eine einwandfreie, qualitativ hochwertige und im Vergleich zu frischem Geflügel ebenbürtige Ware. Gefrostetes Geflügel kann beim Schlachtprozeß heiß gebrüht und hart gerupft werden, wichtig ist nach dem Ausnehmen und dem Reinigen die unmittelbare Kühlung und ein sofortiges »Schockgefrieren«, das heißt ein besonders schnelles Tiefgefrieren bis zu einer Kerntemperatur von -18°C, was in Gefriertunneln bei -40°C in knapp einer Stunde garantiert werden kann. Auch hier muß die gleiche Temperatur in Fortführung der Kühlkette eingehalten werden. Ein zwischenzeitliches Auftauen darf nicht vorkommen.
Der dritte Angebotszustand »gefroren« verlangt eine Schockfrostung von nur -12°C und eine Lagerung bei eben dieser Temperatur. Leider können bei dieser Klasse, die kaum Bedeutung hat, auch »Umschichtungen« aus den beiden Klassen vorkommen.
Was die Weiterverarbeitung anbelangt, so sollte Frostware langsam aufgetaut werden, am besten im Kühlschrank. Das schnelle Einfrieren und langsame Auftauen strapazieren die Zellwände am wenigsten, so daß nur geringe Mengen von Gewebesaft frei werden und das Fleisch nicht zu trocken schmeckt. Die Auftauzeiten hängen vom Schlachtgewicht ab, daher beginnen sie in der folgenden Tabelle mit dem kleinsten Tier, der Wachtel. Wenn aus betriebswirtschaftlichen Gründen sehr schnell aufgetaut werden muß, können Mikrowellen eingesetzt werden. Die dafür angegebenen Zeiten fassen Betriebs- und Standzeiten zusammen und beziehen sich auf Geräte mittlerer Leistung. Welche Methode man auch wählt,

AUFTAUZEITEN FÜR TIEFGEFRORENES GEFLÜGEL			
Geflügelart	Kühlschrank (4°C) Stunden	Luft (20°C) Stunden	Mikrowelle Minuten
Wachtel	2 - 3	1 - 2	5 - 6
Taube	5 - 8	2 - 3	20 - 30
Hähnchen	12 - 18	5 - 7	30 - 40
Poularde	22 - 25	12 - 15	40 - 60
Perlhuhn	22 - 25	12 - 15	40 - 60
Ente	22 - 35	12 - 15	40 - 60
Flugente	28 - 35	15 - 18	100 - 170
Gans	35 - 38	16 - 20	160 - 240
Baby-Pute	35 - 38	16 - 20	180 - 260

Geflügel auftauen:

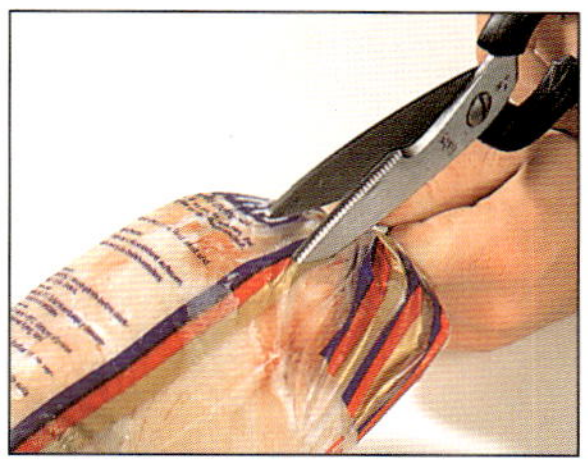

Zum Auftauen des Geflügels die Verpackung aufschneiden, unbedingt ganz entfernen und wegwerfen.

In ein großes Gefäß mit Gitter- oder Siebeinsatz legen, zudecken und im Kühlschrank langsam auftauen.

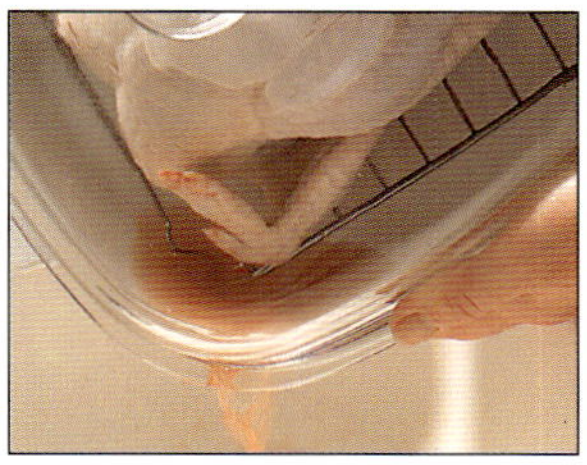

Das Auftauwasser wegschütten, nicht mit anderen Speisen in Berührung bringen, Salmonellengefahr.

wichtig ist bei allen, daß das Geflügel nach dem Auftauen gründlich gewaschen wird.
Eine ausreichend große Anzahl sensorischer Tests hat bewiesen, daß Frostware bei richtiger Behandlung keinerlei geschmackliche Nachteile aufweist. Industrielles Frosten in Schockgefrieranlagen, in denen die frisch geschlachteten Tiere bei -40°C binnen kürzester Zeit durchgefroren sind, garantiert gute Qualität. Anders ist es beim Selbsteinfrieren von frischem Geflügel. Wer nicht über eine Schnellgefrierautomatik in seinem Gefriergerät verfügt, sollte Geflügel nicht einfrieren. Beim langsamen Einfrieren entstehen große Eiskristalle, die die Zellstruktur des Muskelfleisches zerstören. Die Folge ist, daß beim Auftauen und Zubereiten viel Fleischsaft verloren geht und das Fleisch trocken wird, im Extremfall sogar zäh. Wer dennoch selbst einfrieren möchte, sollte auf die korrekte Verpackung sorgfältig achten. Schon das kleinste Loch in der Folie führt ausnahmslos zu Gefrierbrand. Viel einfacher ist es, das qualitativ hochwertige Tiefkühlangebot zu nutzen und im eigenen Gefriergerät auf Vorrat zu halten. Oder es werden nicht ganze Tiere, sondern die zerlegten Einzelteile selbst eingefroren, also Schenkel und Brüste. Die Kälte kann schneller eindringen, die Verpackung ist weniger kompliziert. Auf die Gefahr des Verletzens der Verpackung durch hervorstehende Knochen muß allerdings geachtet werden. Als Haltbarkeitsdauer für tiefgefrorenes und bei -18°C gelagertes Geflügel gelten: Hähnchen 1 Jahr, Pute 1,5 Jahre, Gans und Ente 8 Monate.
Die geringere Haltbarkeit von Gänsen und Enten weist darauf hin, daß Wassergeflügel einen höheren Fettgehalt hat und die Gefrierlagerung zwar das Ranzigwerden weitgehend stoppt, aber doch nicht völlig zu unterbinden vermag. Bemühungen einer erhöhten Vitamin-E-Zufuhr in der Endmastphase zur Herabsetzung der Oxidationsvorgänge im Schlachtkörper sind durchaus positiv verlaufen.

Zum Messen der Kerntemperatur ist ein Bratenthermometer hilfreich, damit kann die Temperatur im Inneren des Fleisches genau kontrolliert werden. Eine Kerntemperatur von mindestens 80°C, besser noch 90°C sollte dabei erreicht werden. Nicht direkt am Knochen messen, da dort die Temperatur erheblich höher ist als im Fleisch.

Salmonellen

Bekanntlich werden Salmonellen - Erreger der Salmonellose, die üble Magen-Darmbeschwerden auslösen - gern mit dem Geflügel in Verbindung gebracht, obwohl sie ubiquitär und damit auch in anderen Tierbeständen vorkommen. Die falsche Statistik, der Stück- anstatt Gewichtsvergleich, mag daran schuld sein. Auf jeden Fall ist die Geflügelhaut ein ideales Keimbett für Salmonellen. Man kann sich nur durch absolute Hygiene schützen. Viele Übertragungen finden in der Küche statt, wenn nicht sauber gearbeitet wird. Ferner sollte man Geflügel immer gut garen (nicht roh essen), das ist die sicherste Methode, Salmonellen zu töten. Dabei sollte man sich nicht nur auf die in den Rezepten angegebenen Garzeiten, sondern auf die eigene Garprobe verlassen. Das Geflügel ist gar, wenn sich das Fleisch von den Beinknochen löst und der beim Anstechen austretende Saft wasserklar ist. Eine weitere, zuverlässige Möglichkeit der Garprobe besteht darin, wie links beschrieben, die Kerntemperatur zu messen.

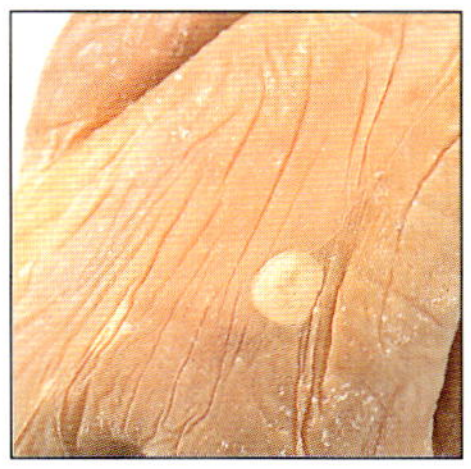

Gefrierbrand ist ein häufiger Qualitätsmangel von Tiefkühlware. Wird die Verpackung beschädigt, trocknet das Fleisch unter dem Loch durch den Gefriertrocknungseffekt aus. Weiße Flecken sind ein typisches Kennzeichen.

Huhn
GALLIFORMES

(engl. fowl= Geflügel, cock= Hahn, hen= Henne, pullet= Junghuhn, chicken= Küken, baby oder squab chicken= Stubenküken; franz. coq= Hahn, poule= Henne, poulet= Hühnchen, poisson= Küken; ital. und span. pollo). Das Huhn (*Gallus gallus*) ist seit Menschengedenken über die ganze Welt verbreitet. Man nimmt an, daß das Haushuhn (*Gallus domesticus*) und alle späteren Rassen vom Bankivahuhn (*Gallus bankiva*), auch Rotes Kammhuhn oder Dschungelhuhn genannt, abstammt, das in Malaysia, Indien und China beheimatet ist und heute noch wild dort vorkommt. Seine Verbreitung fand es zunächst in ganz Asien, Afrika, Europa, bis es schließlich weltweit als nützlichstes und beliebtestes Haustier galt. Es legt Eier, die täglich in der Küche gebraucht werden, und es liefert ein zartes, wohlschmeckendes, leicht verdauliches Fleisch. Mit diesem Spektrum vorzüglicher Eigenschaften ist es dem Huhn gelungen, Einzug in alle Küchen der Welt zu halten und zu ständig neuen Rezepturen anzuregen.
Ganz generell wird zwischen Rassehühnern und Wirtschaftshühnern unterschieden. Die Rasseneinteilung kann in normalwüchsige und Zwerghühner erfolgen, weiterhin kann man eine Aufteilung in verschiedene Rassegruppen vornehmen, zu denen unter anderem die des Asiatischen Typs gehören, die sich aufgrund von Wuchs und Fleischqualität besonders für die Mast eignen. Zu ihnen zählen Cochin, Brahma, Langschan, Orpington, Australorps, Plymouth Rocks, Amrocks, Sussex, Mechelner, Lachshuhn, Sundheimer, Niederrheiner, Wyandotten, Deutsches Reichshuhn, Barnevelder, Welsumer, Rhodeländer, New Hampshire, Dresdener Huhn.
Bei den Wirtschaftshühnern wurde anfangs auf gleichzeitige Lege- und Mastleistung gezüchtet. Man nannte die Idealhühner »Zwiehühner«. Heute werden die Zuchtziele getrennt verfolgt, und die Lieferanten der begehrten Endprodukte stammen aus der Legehennenhaltung (bis zu 300 Eier pro Henne und Jahr) oder aus der Hähnchenmast. Im Rahmen dieses Buches interessiert nur die Mast. Wenn der Verbraucher von Hähnchen spricht, ist in der Regel das Jungmasthuhn gemeint. Wir verzehren junge, noch nicht geschlechtsreife Hühner beiderlei Geschlechts, also Hähnchen wie Hühnchen. Im internationalen Sprachgebrauch heißen sie Broiler, die älteren von ihnen auch Rooster. Broiler erreichen bereits mit 40 Tagen Endgewichte von 2 kg.
Als originelle Spezialitäten in der Hühnermast sind einige der oben genannten Rassen weiterentwickelt worden. Besondere Bedeutung als Tafelgeflügel haben in Frankreich die Züchtungen Bresse, die bekanntesten und sicher sehr guten Hühner, LeMans, Creve-Cœur und Faverolles erlangt, in Belgien die Mechelner als Rasse für die bekannten Brüsseler Poularden und in Amerika die Rocks und Cornish.
Bei der großen Nachfrage nach Geflügelfleisch und den hohen Ansprüchen an schnelle und einwandfreie Lieferungen ist es verständlich, daß sich im Laufe der Zeit immer mehr Großbetriebe entwickelt haben und die einzelnen Stufen der Erzeugung separiert und spezialisiert wurden. In den Zuchtbetrieben werden bestimmte Rassen und Linien gehalten, die aufgrund

Stubenküken,
350 bis 400 g
nach 3 bis 5 Wochen

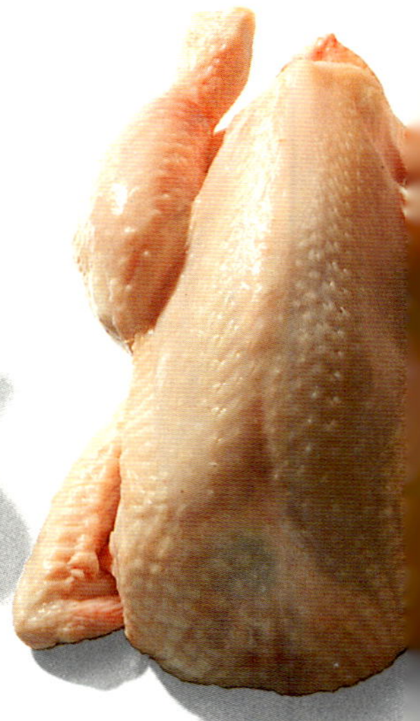

Hähnchen,
750 bis 1100 g
nach 5 bis 6 Wochen

vorheriger Selektionen und »Passer«-Eignung das beste Endprodukt, nämlich das gewünschte Mastküken ergeben. Die Vermehrungsbetriebe erhalten dann die entsprechenden Vater- und Muttertiere und produzieren Bruteier. Dort werden sie je nach Mastdauer unter möglichst optimalen Haltungs- und Fütterungsbedingungen gemästet und dann zu einer Schlachterei gebracht. Üblicherweise findet die Broilermast in Bodenhaltung statt, das heißt in Ställen mit Tiefstreu, die klimatisierbar sind und alle notwendigen Einrichtungen, vor allem zum Erwärmen, Füttern und Tränken, besitzen. Es gibt praktisch keine Käfigmast. Als Futter wird ein Alleinfutter verwendet, das im Nährstoffgehalt und mit den notwendigen Wirkstoffen (Mineralien, Vitaminen) für die Mast optimal zusammengesetzt ist.
Selbstverständlich gibt es noch Spezialbetriebe mit bestimmten Mastrassen und eigener Weiterverarbeitung, aber die sind zu vernachlässigen. Desgleichen kann als Haltungsform auch die Auslaufhaltung durchgeführt werden, um die Vorteile der natürlichen Haltung zu imitieren und dem Kunden auch Schlachtkörper aus Extensivhaltung anbieten zu können.
Bezüglich der Fütterung versucht man, weltweit dieselben Bedarfsnormen einzuhalten. Man gibt je nach Mastabschnitt unterschiedlich hoch an Eiweiß und Energie angereichertes Futter, das meistens in Preßfutterform angeboten wird. Zusatzstoffe müssen zugelassen sein und werden, wenn es sich um Prophylaktika handelt, vor Mastende abgesetzt. Die Arbeiten im Maststall müssen sehr sorgfältig und pünktlich ablaufen. Auch beim Huhn mästet das Auge des Mästers mit. Trotz zunehmender Automatisierung müssen ständig Kontrollen im Stall durchgeführt werden. Eine gewisse Arbeitsspitze stellt das Einfangen der Tiere vor dem Abtransport zur Schlachterei dar. Hier muß besonders umsichtig vorgegangen werden, da sich Streßsituationen (Einfangen, Transport, Wartezeiten) nachteilig auf die Fleischqualität auswirken können. In der Schlachterei werden die Tiere einzeln betäubt und getötet. Sie passieren dann als Schlachtkörper folgende Bearbeitungs-Stationen: Brühen, Rupfen, Öffnen und Ausnehmen, Reinigen, Kalibrieren, Sortieren und Weiterverarbeiten (entweder Verpacken und Lagern, frisch oder gefrostet, oder aber Zerlegen und Verarbeiten zu Roh- bzw. Fertigprodukten). Beim Kalibrieren und Sortieren wird nach Gewicht und Schlachtkörperqualität sortiert.
Die meisten Tiere kommen als Hähnchen (= Broiler mit 700 bis 1200 g) auf den Markt. Übergewichte rangieren unter der Rubrik »Poularde« oder »Schwere Hähnchen«. Die früher hauptsächlich in Norddeutschland beliebten Stubenküken sind nur noch wenig gefragt. Sie gelten als Spezialität und sollen bratfertig eine Portion von 200 bis 300 g ergeben. Auch Kapaune, kastrierte männliche Tiere mit hohen Gewichten zwischen 2,5 und 3,5 kg, gibt es nur noch in Ausnahmefällen. Sie sind in der Erzeugung zu teuer und weisen geschmacklich keine Vorteile auf. Wer schwere Ware wünscht, greife zur Poularde oder zum »Jungen Hahn«. Es gibt Zuchtbetriebe, die sich zusammen mit ihren Vermehrern und Mästern auf die Erzeugung von schweren Jungmasthühnern spezialisiert haben, wie etwa in Deutschland die »Tetra«. Beim Verbraucher ebenfalls relativ wenig gefragt ist die Suppenhenne. Sie ist kein Masttier, sondern kommt aus einem Legebetrieb. In Anlehnung an frühere Vorstellungen wirklich erwünscht sind dann nur die schweren Exemplare, die »Braunleger« (New-Hampshire-Kreuzungen) oder die Mütter der Mastküken. Die vielen leichten Suppenhennen (Weiße Leghorn), die

Poularde,
2 bis 2,5 kg
nach 10 bis 12 Wochen

Suppenhuhn,
1,5 bis 2,4 kg
(nach 12 bis 15 Monaten)

Kapaun,
der kastrierte Hahn,
wiegt 1,75 bis 2,5 kg

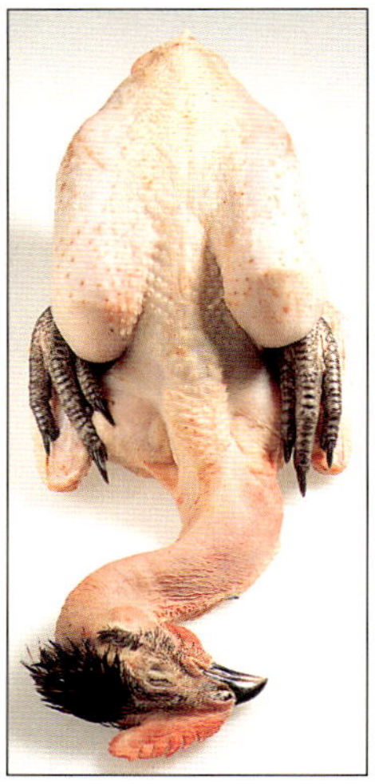

Schwarzfederhühner, die ausschließlich im Departement Landes gezüchtet werden, sind ein weiteres Beispiel für gute Geflügelqualität aus Frankreich. Sie haben Ähnlichkeit mit den Altsteirern, die österreichischen »Backhendl«.

nach Absolvierung ihrer Legeperiode ebenfalls zum Schlachten anstehen, werden verarbeitet und bleiben in Suppenkonserven oder Mischprodukten.
Hühner werden als ganze Schlachtkörper frisch oder gefroren, mit oder ohne Innereien angeboten. Früher gab es dafür die Begriffe »bratfertig« und »grillfertig«, die sich aber in der Verbraucherschaft nicht richtig durchgesetzt haben. Hähnchen werden in der Regel im ganzen oder zerlegt gebraten, gebacken und gegrillt (Drehspieß). Das Brustfleisch der Poularden sollte durch Bardieren mit Speckscheiben vor dem Austrocknen geschützt werden.

Einflußmöglichkeiten auf die Broiler-Fleischqualität

Die Schlachtkörper-Qualität eines Huhns kann verschiedenartig definiert werden. Für den Verbraucher sind neben der Preiswürdigkeit der Nähr- und Genußwert, die sensorischen Eigenschaften und die Eignung zur Verarbeitung ausschlaggebend. Diese Kriterien können von einer Vielzahl von Faktoren bei der Erzeugung und Bearbeitung beeinflußt werden.
Die Zucht, das heißt die genetische Veranlagung und züchterische Weiterentwicklung, bestimmen den Körperbau einschließlich der Gewebestruktur und der Proportionierung. Ältere und schwerere Tiere haben eine höhere Schlachtausbeute, ein besseres Fleisch-Knochen-Verhältnis, einen höheren Anteil eßbarer Teile, außerdem wird das Verhältnis von essentiellen zu nicht essentiellen Aminosäuren und das von ungesättigten zu gesättigten Fettsäuren günstiger. Auch der Geschmackswert entwickelt sich positiv, allerdings nur bis etwa zur 12. Lebenswoche der Broiler.
Das Futter hat in seiner Zusammensetzung vor allem auf die Wachstumsgeschwindigkeit und die jeweils altersbedingte Stoffwechselsituation Einfluß. Hier ist besonders der Verfettungsgrad anzusprechen, auf den auch Alter und Geschlecht der Tiere wirken. Verdorbenes Futter verändert den Fleischgeschmack.
Die Haltung variiert ebenfalls den Fettgehalt. Wenig Bewegung führt zur Verfettung, viel Bewegung fördert die Entwicklung der Laufmuskulatur und eine deutliche Differenzierung in Farbe und Textur bei den Brust- und Schenkelmuskeln. Saubere Haltungsbedingungen und vorschriftsmäßige Gerätschaften schützen vor Körperverletzungen.
Bei der Schlachtung haben die Art des Schlachtens und Ausblutens sowie die Brüh- und Rupfbedingungen (Brühtemperatur und Rupfstärke) Auswirkungen auf die Fleischqualität. Nicht zu vergessen sind die Reinigung und unmittelbare Kühlung nach dem Schlachtprozeß, die besonders mit der Haltbarkeit der Tiere zusammenhängen.
Die Aufbewahrung, das heißt die Lagerung und die vorherige Behandlung durch Kälte oder Frost, sind dem Verwendungszweck entsprechend zu steuern.

In den Zuchtställen, wo die Elterntiere für die Bruteiproduktion gehalten werden, sind Hähne und Hennen im gewünschten Anpaarungsverhältnis vereint. Der Züchter erwartet sich davon eine gesunde, langlebige und vor allem fruchtbare Herde.

Die Eintagsküken werden wegen ihres hohen Wärmebedarfs grundsätzlich in Ställen gehalten, die am ersten Tag den Tieren einen entsprechenden Unterschlupf mit Temperaturen über 32 °C bieten (Kunstglucke oder Bodentemperatur des Gesamtstalls).
Auch Junghühner sollten bei rauher Witterung in luftigen Ställen Unterkunft finden; ein Auslauf steht zur Verfügung.

Die blauen Ständer, wie die Füße im Fachjargon korrekt heißen, sind Erkennungsmerkmal der echten Bresse-Hühner. An ihnen kann man auch das Alter testen: Junge Tiere sollen glatt anliegende Schuppen ohne helle Stellen haben.

Nur natürliche Nahrung darf zugefüttert werden: Milchpulver und Mais. Die Geflügelbauern der Bresse trocknen und lagern die Maiskolben in riesigen Drahtkäfigen und dreschen dann die Körner nach Bedarf aus.

Qualität durch Kontrolle. Im Falle des Bresse-Geflügels lassen sich durch die Fußringe bei Reklamationen die Mastbetriebe ohne weiteres ermitteln.

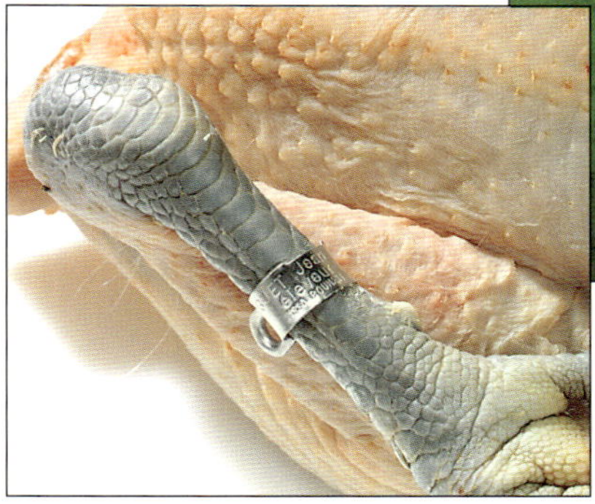

Alter und Qualität. Der Hühnerhalter prüft am Brustkiel des Tieres, ob es noch als Jungtier eingestuft werden kann (er muß noch biegsam sein).

Mit Kopf, Füßen und dem Federschopf sind die Hühner bei uns nicht auf dem Markt anzutreffen, aber das Qualitätssiegel auf dem Schlachtkörper garantiert, ebenso wie der Fußring, die Herkunft und somit auch die Qualität.

Hohe Geflügelqualität

AM BEISPIEL DER BRESSE

Diese Region im Osten Frankreichs kann sozusagen stellvertretend für andere Produzenten von Qualitätsgeflügel im übrigen Europa als Beispiel angeführt werden. Hier hat ein großer Erzeugerring ein bestimmtes Gütezeichen entwickelt, um dem Kunden Qualität zu garantieren. Seinen Mitgliedsbetrieben erteilt er entsprechende Auflagen, wie etwa: Mastalter, Zusammensetzung des Futters oder Besatzdichte im Stall und - wie auch in der Bresse - im Auslauf, wo jedem Huhn 10 qm Wiese garantiert werden. Solche Aufzuchtmethoden sind kostenintensiv, die Erzeuger müssen durch konstante Qualität den hohen Preis rechtfertigen.

Vorbereiten für die Küche

Der Weg vom lebenden Geflügel zum fertigen Gericht führt über mehrere Stufen, deren Abfolge von einem Profi-Koch beherrscht werden sollte. Am Beispiel eines Huhns wird hier der Ablauf bis zum küchenfertigen Geflügel erläutert. Zunächst muß das zu schlachtende Tier betäubt werden - etwa durch einen Schlag mit einem kurzen Schlagholz -, um seine Schmerzempfindlichkeit zu verlieren. Dann wird die Hauptschlagader geöffnet oder der Kopf vom Hals abgetrennt. Es folgt das Rupfen des Geflügels, wobei die Methode des »Naßrupfens« einen kurzen vorgeschalteten Brühvorgang vorsieht. Zum Rupfen hält man das Tier mit einer Hand, während die andere die Federn herauszieht. Zuerst werden nach »Feder-Rainen«, das heißt nach Federgruppen mit gleicher Wuchsrichtung, die großen Konturfedern der Flügel und des Schwanzes gerupft, dann die Rückenfedern (Rupfrichtung zum Schwanz) und die Brustfedern (Rupfrichtung zum Kopf). Dabei ist peinlichst darauf zu achten, daß die Haut nicht einreißt. Federrückstände können abgeflammt werden. Wachsbäder sind nur bei Wassergeflügel üblich. Dann wird das Tier geöffnet und ausgenommen.

Rupfen in Maschinen nach sachgemäßem Brühen (52 bis 56°C) ist der Handarbeit überlegen. Zu heißes Brühen und zu scharfes Maschinenrupfen schaden jedoch der Qualität.

Im Vergleich ein naßgerupftes Huhn (links), das an der glänzenden, feuchten Haut zu erkennen ist, und (rechts) ein trockengerupftes Exemplar mit matter, trockener Haut.

Hühner mit »Kopf und Kragen« und mit Füßen dürfen bei uns im Handel nicht mehr angeboten werden. In anderen Ländern, z.B. in Frankreich, sind die Regeln nicht so streng, wie das Huhn links im Bild beweist.

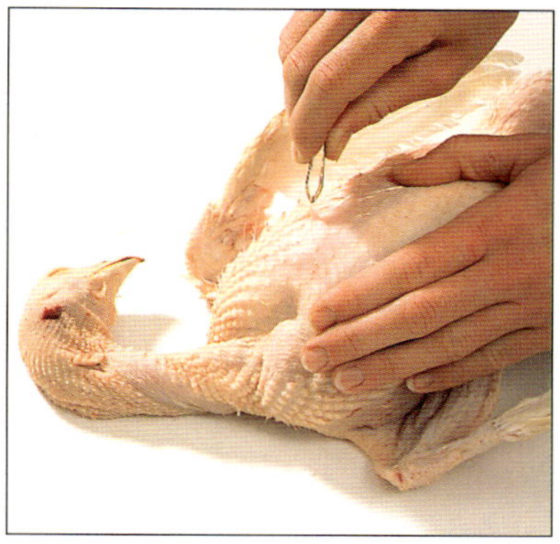

1 Von dem gerupften Geflügel noch verbliebene Stoppeln und Federkiele mit der Pinzette herausziehen.

2 Zusätzlich das Geflügel über offener Flamme (Gas oder Spiritus) absengen, dabei mehrmals drehen.

3 Den Schlachtkörper auf die Brustseite legen und die Füße unterhalb des Unterschenkelgelenks abschlagen.

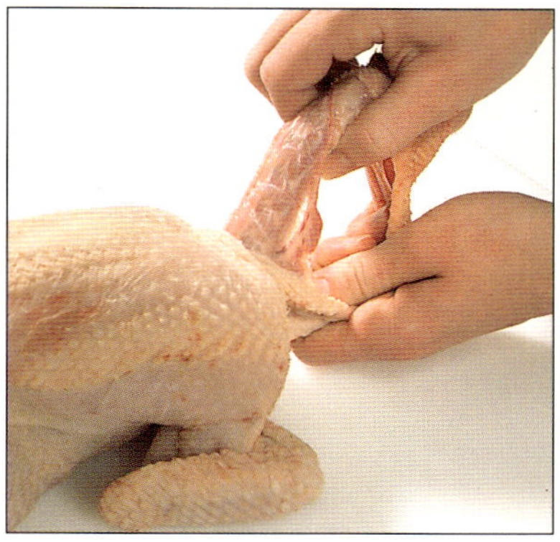

4 Die Halshaut vom Rücken her straff ziehen und längs einschneiden, vollständig abreißen.

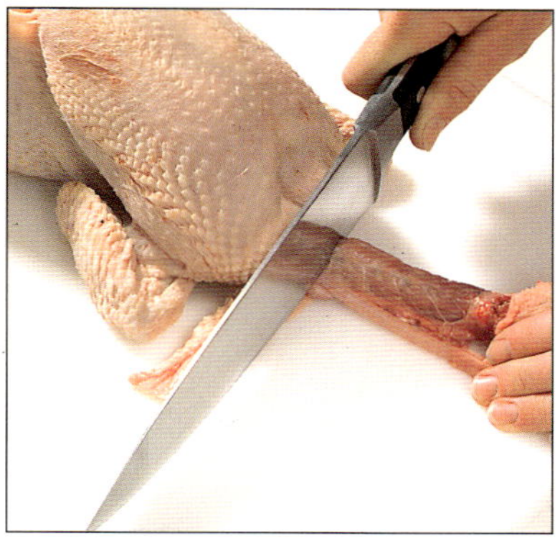

5 Den Schlachtkörper auf den Rücken drehen und den Hals möglichst nah am Körper abtrennen.

6 Die Speise- und die Luftröhre durch eine drehende Bewegung herausziehen und entfernen.

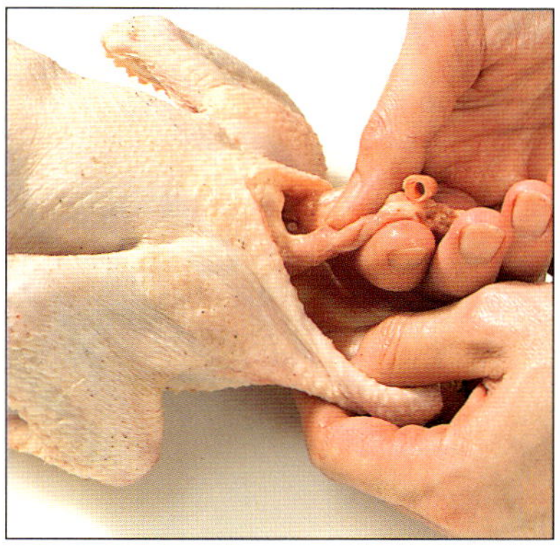

7 Am Halsende in die Öffnung hineingreifen und die Eingeweide bis zum Magen herauslösen.

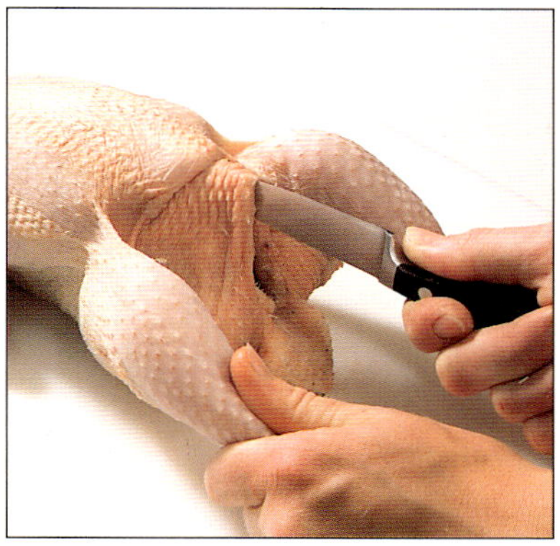

8 Den Schlachtkörper umdrehen und die Öffnung am Schwanzende durch einen kurzen Schnitt vergrößern.

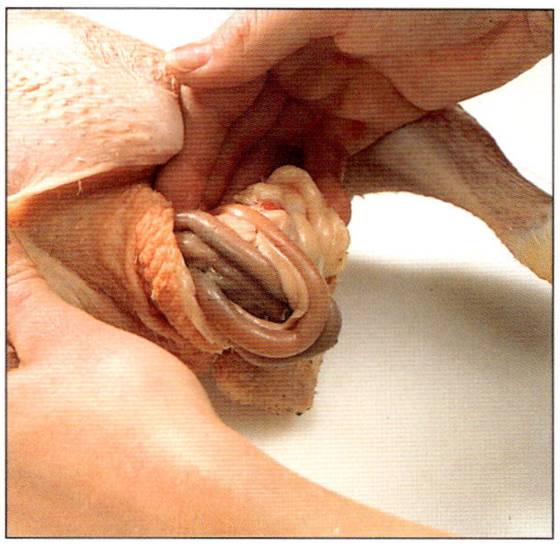

9 Aus dieser Öffnung die zusammenhängenden Innereien vorsichtig mit der Hand herausziehen.

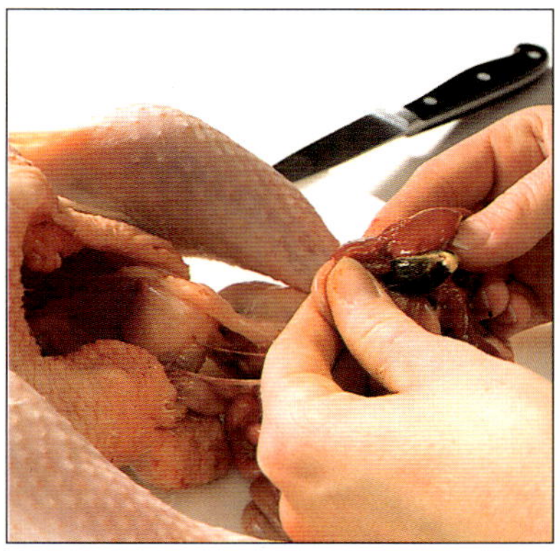

10 Die grüne Gallenblase darf nicht platzen! Ihre Flüssigkeit macht das umliegende Fleisch ungenießbar.

11 Den Schlachtkörper unter fließendem kalten Wasser sorgfältig innen und außen waschen.

12 Vollständig abtrocken, verbleibendes Wasser kann beim Braten spritzen und zu Verbrennungen führen.

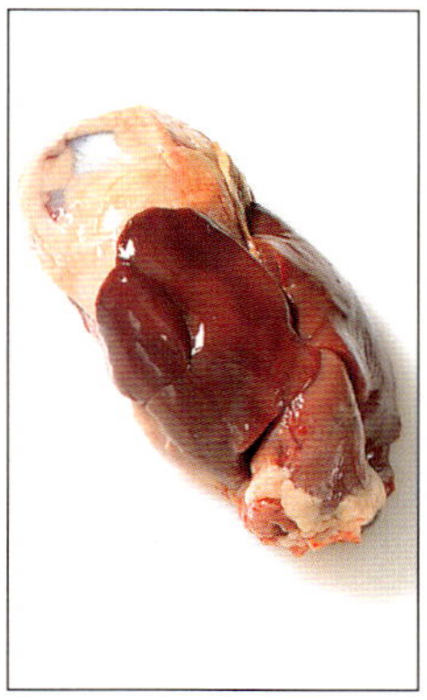

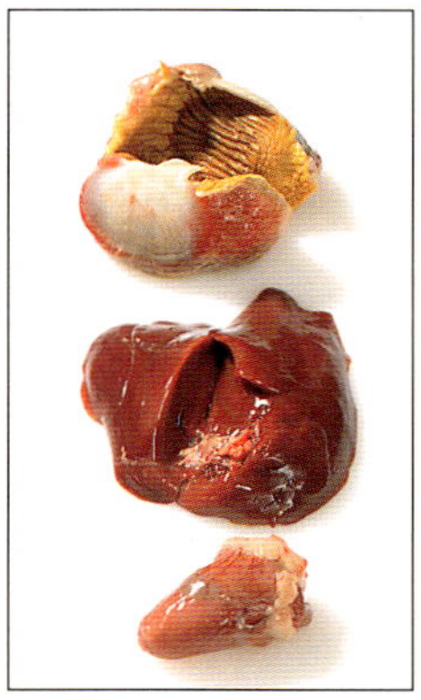

Innereien: Magen, Leber und Herz. Im Bild oben hängen sie noch zusammen. Sie eignen sich für Füllungen oder Fonds. Von dem Magen zieht man die feste, gelbliche Innenhaut ab und verwirft sie.

1 Um den Schenkel zu lösen, zunächst die Haut zwischen Rumpf und Keule nur vorsichtig einritzen.

2 Die Haut bis an das Gelenk durchschneiden, dabei den Schenkel mit der Hand nach außen biegen.

3 Den Schenkel drehen, bis die Gelenkkugel herausspringt, das Gelenk mit leichtem Druck durchschneiden.

4 Große Schenkel im Kniegelenk durchschneiden, um den Ober- und den Unterschenkel zu erhalten.

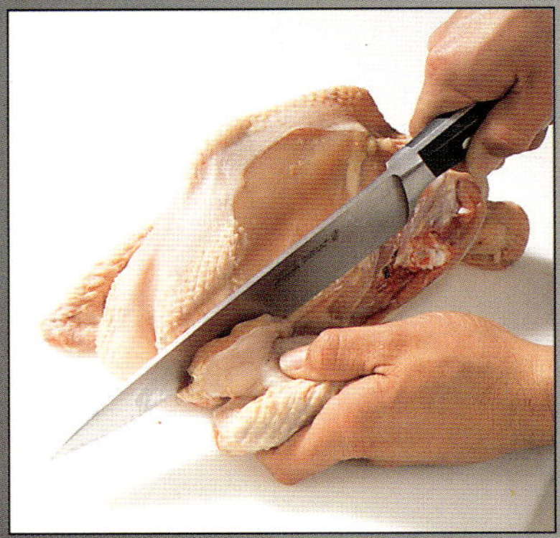

5 Den Flügel am Schultergelenk abtrennen, dabei ein kleines Stück vom Brustfilet mit abschneiden.

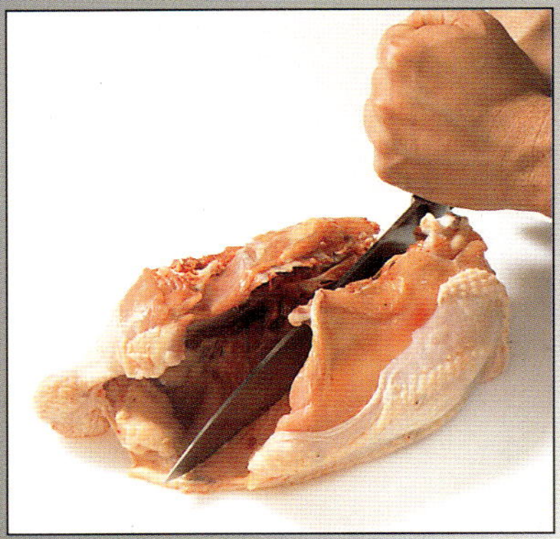

6 Mit etwas Druck das Schlüsselbein spalten und den Rücken parallel zum Rückgrat teilen.

7 Den Rücken in der Mitte teilen, dazu durch kurze Schläge mit dem Messer das Rückgrat aufbrechen.

8 Um die Brustfilets zu gewinnen, vorsichtig rechts und links entlang dem Brustbein schneiden.

Zerlegen am Beispiel eines Schwarzfederhuhns:

Geflügel zerlegen

ZWEI VERSCHIEDENE METHODEN

Wer die Technik des Zerlegens beherrscht - und die ist leicht zu erlernen -, kann mehrere Vorteile gleichzeitig ausschöpfen. Zum einen kann die Qualität der gewonnenen Einzelteile erheblich besser sein als die der fertig abgepackten Portionsstücke. Darüber hinaus sind ganze Tiere in bezug auf das Gewicht der gewünschten Portionsstücke preiswerter, und schließlich können die Portionsgrößen ganz nach Bedarf geschnitten werden. Wichtig beim Zerlegen ist das Ertasten der Gelenke, wenn Sehnen und Knorpel durchtrennt werden sollen. Zum Spalten von Knochen eignen sich besonders Messer mit Wellenschliff oder Geflügelscheren. Stellvertretend für alle Geflügelarten werden hier zwei Methoden am Beispiel von Hühnern beschrieben. Die links gezeigte Art ist einfach und gängig, die rechte wenden Profiköche bei Geflügel mit über 800 g Gewicht an, um gleichmäßig große Stücke zu gewinnen. Hier werden die zarten »chicken oysters« (austernförmige Fleischstücke, deren Qualität jener der Filets entspricht) aus dem Rücken geschnitten, die Ober- und Unterschenkel zusammengelassen und - der Optik halber - die Flügelspitzen entfernt.

Zerlegen am Beispiel eines Bresse-Huhns:

1 Unterhalb der Schulterblätter quer über den Rücken einen etwa 1 cm tiefen Schnitt ausführen.

2 Im rechten Winkel dazu am Rückgrat entlangschneiden und die »chicken oysters« herausschälen.

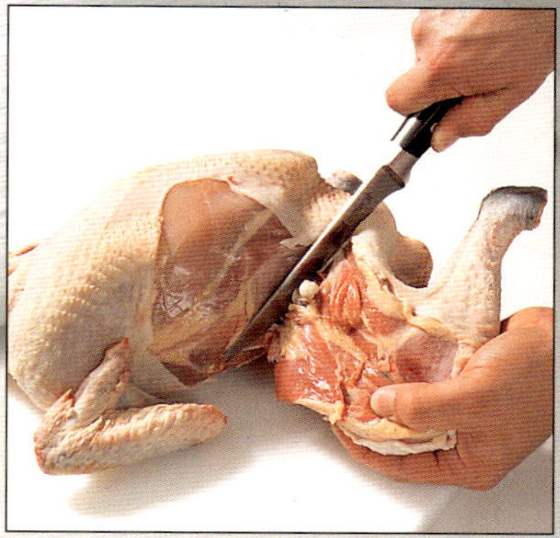

3 Die Haut am Schenkelansatz durchschneiden, den Schenkel abspreizen, das Gelenk durchtrennen.

4 Von den Flügeln die vordersten Glieder mit einem kleinen Küchenbeil oder Messer im Gelenk abschlagen.

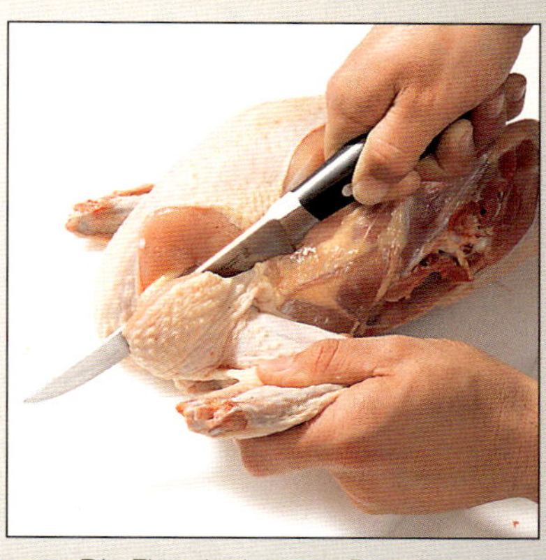

5 Die Flügel mit etwas Brustfleisch auslösen – am Brustbein und Gabelknochen entlang bis zum Gelenk.

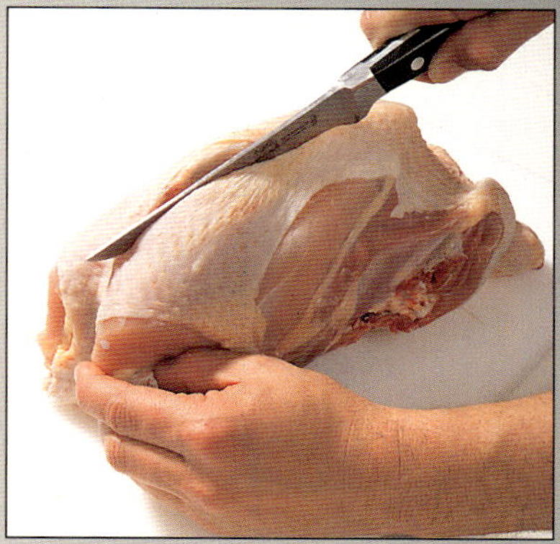

6 Zum Auslösen der Brustfilets das Huhn am Gabelknochen festhalten und entlang dem Brustbein schneiden.

Farblich unterscheidet sich das Fleisch in kleinen Nuancen. Jenes vom Bresse-Huhn (oben) ist gelblicher als das vom Schwarzfederhuhn (unten). Je nach Größe des Geflügels können unterschiedliche Mengen an Portionsstücken gewonnen werden. Die ausgelöste Karkasse eignet sich zur Herstellung von Suppen und Saucen.

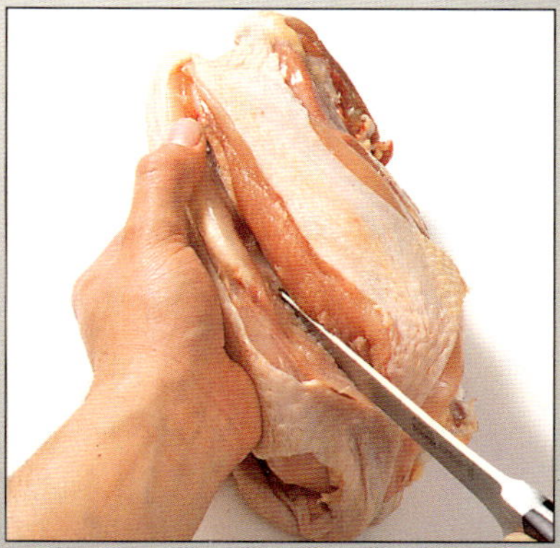

7 Um 180 Grad drehen, von vorn aus die Brustseite am Gabelknochen entlang bis zum Gelenk lösen.

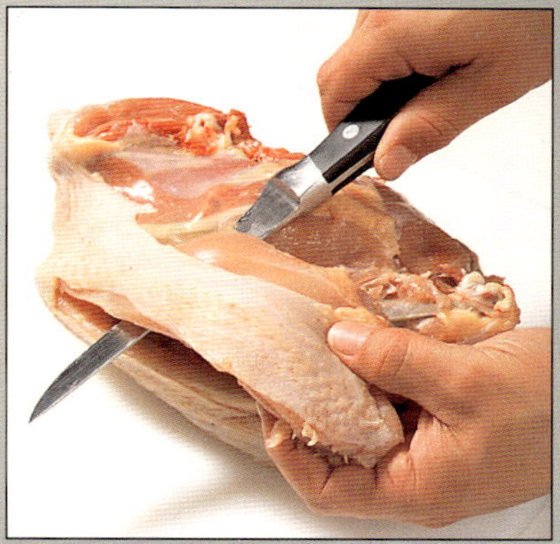

8 Das Filet herausschneiden, dazu einen Schnitt vom Gelenk bis zum Ende des Brustbeins führen.

Ein wenig Technik muß sein

Geflügel gleichmäßig durchgegart und gut in Form zu servieren, ist keine besondere Kunst, wenn wichtige Handgriffe beherrscht werden. Das gilt genauso für das Auslösen der begehrten Brüste.

▷ SPALTEN UND FLACHDRÜCKEN

So präpariert, lassen sich auch größere Poularden gleichmäßig grillen und braten. Die Hitze kann hier besser einwirken als beim geschlossenen Körper.

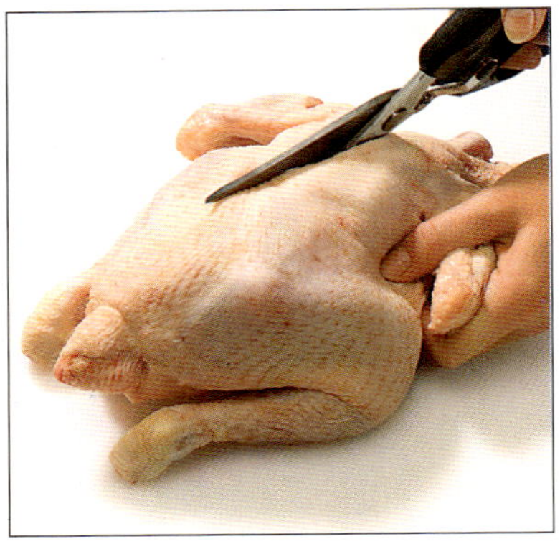

1 Das Huhn auf die Brust legen und mit einer Schere etwa 1 cm neben dem Rückgrat entlangschneiden.

2 Auf der anderen Seite des Rückgrats genauso entlangschneiden. Rückgrat mit Bürzel und Hals entfernen.

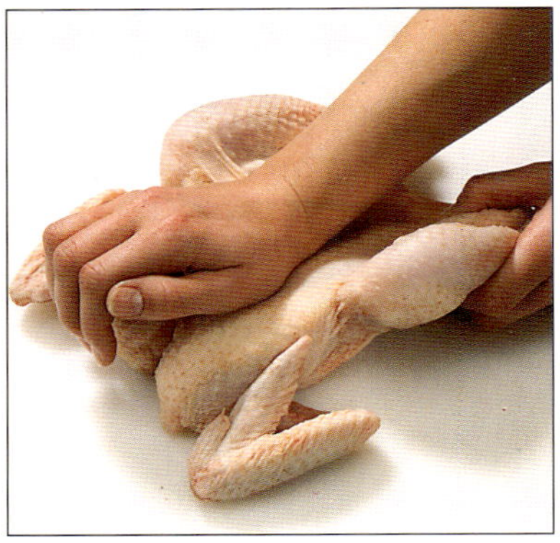

3 Mit der Brust nach oben auf ein Brett legen und das Brustbein durchdrücken, bis es flach liegen bleibt.

4 Je ein Loch seitlich in die Bauchhaut stechen und den jeweiligen Unterschenkel darin fixieren.

Ein gutes Beispiel: dieses Hähnchen wurde mit einer Mandelkruste auf dem Gitter im Ofen gegart. Bei einem Gewicht von 1,2 kg und 220 °C dauert dies maximal 40 Minuten.

▽ ZUM KOCHEN VORBEREITEN

So kann das Huhn natürlich auch zum Braten oder Grillen dressiert werden, doch bei dieser Methode liegen die Keulen nicht ganz so eng an wie beim Binden.

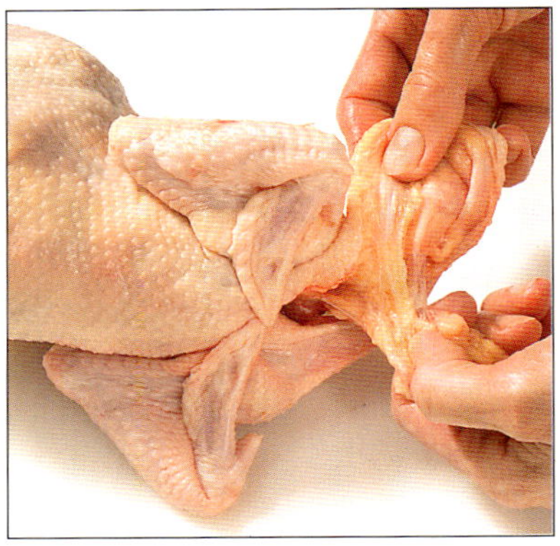

1 Überschüssiges Fett und die Drüsen an der Halshaut entfernen, die Haut auf dem Rücken feststecken.

2 In die Bauchhaut links und rechts der Öffnung mit einem spitzen Messer ein 2 cm großes Loch stechen.

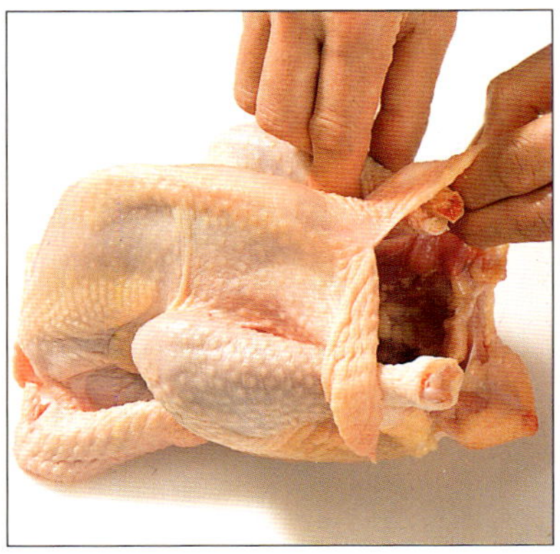

3 Die Enden der Unterschenkel durchstecken, damit sie sich beim Kochen oder Braten nicht abspreizen.

▽ MIT EINEM FADEN DRESSIEREN

Diese unkomplizierte Technik ist – außer Grillen (Faden brennt durch) – für alle Garmethoden brauchbar. Auch gefüllte Hähnchen, zugenäht oder gesteckt, bleiben so in Form.

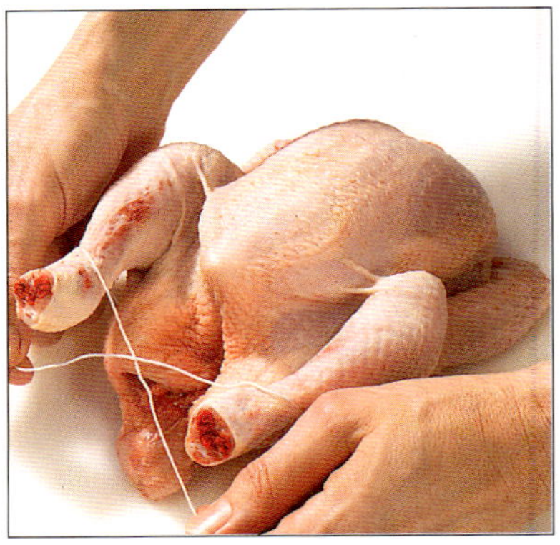

1 Flügel einschlagen, den Faden von unten um die Unterschenkel führen, an den Gelenken überkreuzen.

2 Den Faden seitlich entlang den Unterschenkeln zu den Flügeln führen und straff ziehen.

3 Den Faden seitlich fest verknoten, dabei das Hähnchen in seine natürliche Form bringen.

▷ DIE BRÜSTE EINZELN AUSLÖSEN

Diese Technik wird vor allem bei Hähnchen, Poularden und Perlhühnern angewandt. Auch für delikate Vorspeisen aus Tauben und Wachteln ist sie anwendbar, doch da ist schon Präzisionsarbeit nötig. Als Füllung können unterschiedliche Farcen, aber auch Schinken oder, wie hier gezeigt, Käse verwendet werden.

1 Den Oberschenkel abspreizen, das Gelenk im Drehpunkt durchtrennen, die Keule abtrennen.

2 Die Flügel am Ellenbogengelenk umschneiden und durchtrennen, dabei die Knochen nicht verletzen.

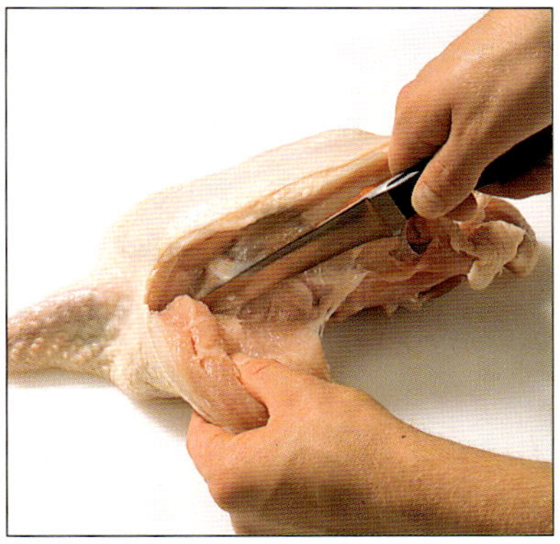

3 Beidseitig entlang dem Brustbein das Brustfleisch von der Karkasse lösen. Das Flügelgelenk durchtrennen.

4 Die Flügelhaut vom Knochen lösen und mit dem Messerrücken vom Knochen in Richtung Brust schaben.

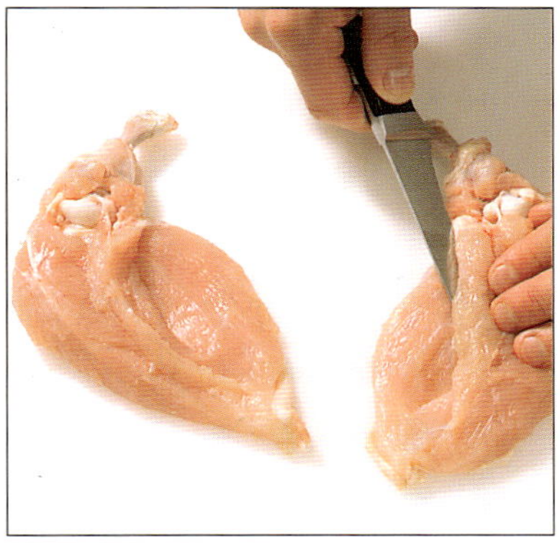

5 Vorsichtig in jede Brust eine Tasche schneiden. So schneiden, daß sie nur an einer Seite offen ist.

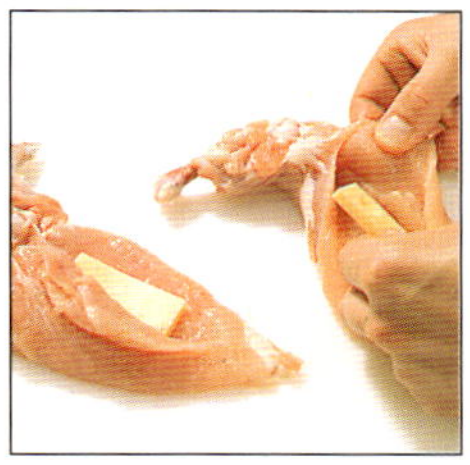

Die Brust salzen und pfeffern und beispielsweise mit einem Stück Käse füllen. In der Pfanne anbraten und im auf 180 °C vorgeheizten Ofen 12 bis 15 Minuten weiterbraten, kurz ruhen lassen und tranchieren.

▷ DIE BRÜSTE ZUSAMMENHÄNGEND AUSLÖSEN

Bei dieser Technik werden die Hühnerbrüste so ausgelöst, daß sie keine Haut mehr haben. Sie können gebraten, gedünstet, gedämpt oder paniert werden. Ebenso kann man sie füllen, zusammenklappen, binden und dann garen.

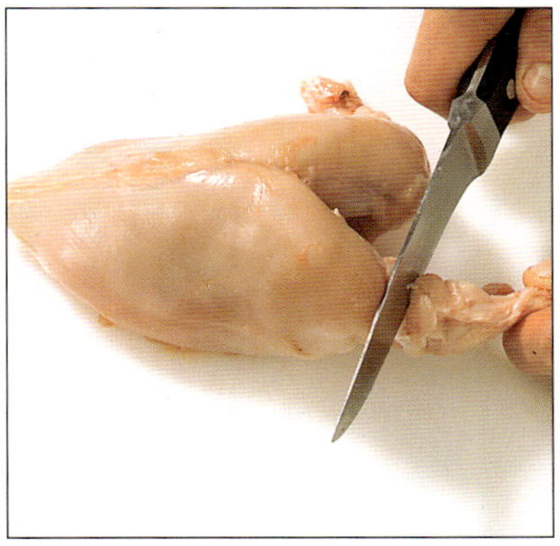

1 Die Haut von den Brüsten vollständig entfernen und die Flügelknochen vorsichtig im Gelenk durchtrennen.

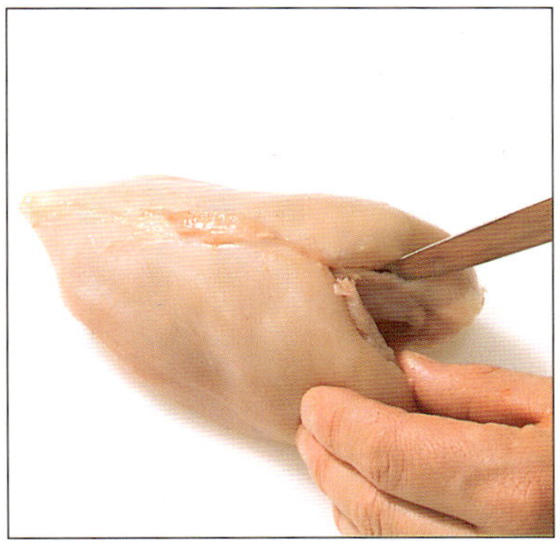

2 Den Gabelknochen beidseitig einschneiden, mit den Fingern freilegen und schließlich entfernen.

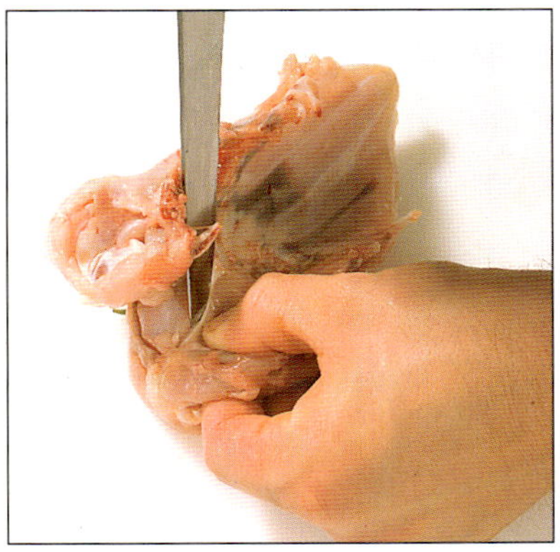

3 Mit der Messerspitze entlang den Schlüsselbeinen schneiden und diese anschließend völlig freilegen.

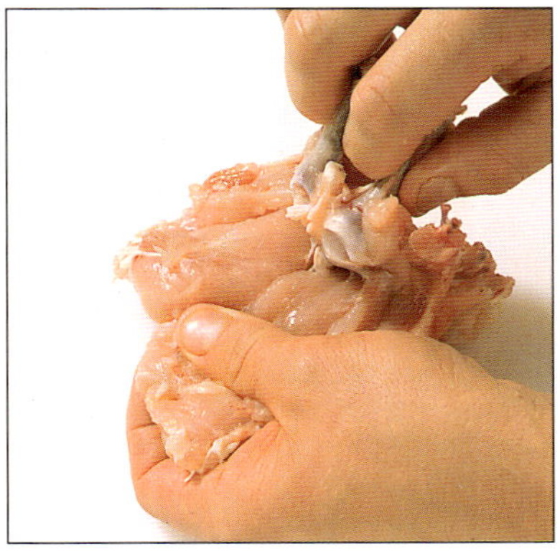

4 Die Brüste festhalten, die Karkasse nach hinten ziehen. Dabei löst sich die Knochenhaut des Brustbeins.

5 Die ausgelösten Brüste lassen sich beliebig füllen und, zusammengeklappt oder gerollt, in Form bringen.

Wachtelküken sind von Anfang an rege, sie bewegen sich auffallend munter. Ihr Gewicht beim Schlüpfen beträgt 7 bis 12 g. Sie sind sehr wärmebedürftig, werden anfangs bei 36 bis 38 °C aufgezogen und sind erst mit 3 Wochen problemlos mit ihrer Umgebung und einer Temperatur von 24 °C vertraut.

Wachteln kommen gerupft und ausgenommen, also grillfertig in den Handel, Restaurants werden sie direkt angeboten. Ihr Brustfleischanteil ist mit 40 % besonders hoch. Mit einem Gewicht von etwa 115 g sind Wachteln Portionstiere.

Wachtel

PERDICINAE

(engl. quail; franz. caille). Als nur starengroßer Vogel ist sie das kleinste Feldhuhn. Die Europäische Wachtel *(Coturnix coturnix)* – 18 cm Körperlänge – ist von der Japanischen Wachtel *(Coturnix japonica)* – 15 cm Körperlänge – zu unterscheiden. Die Europäische Wachtel kommt in den gemäßigten Zonen ganz Europas bis nach Asien hin vor, vor allem in Italien, Spanien, Griechenland und im südlichen Rußland. Als einziger Hühnervogel ist sie Zugvogel und zieht im Herbst bis nach Nordafrika. Die Japanische Wachtel ist vor allem auf den japanischen Inseln heimisch sowie in Ostasien, sie überwintert auch in Südchina. Als Körner- und Insektenfresser liebt die Wachtel getreidereiche Gegenden.
Wachteln sind scheue Tiere, die behende laufen und gut fliegen können, sie können fast senkrecht aufsteigen (Hubschrauber). Sie haben einen kurzen Hals und einen kurzen Schwanz, die Hähne sind spornlos. Das Rückengefieder ist gelblichgrau mit schwarzen Flecken und gelben Federschäften. Ein weißgelber Strich ist deutlich zu sehen auf dem Scheitel und über den Augen. Der Schenkel ist braun und unten gelblich-weiß. Die kleineren Männchen haben dunklere Rückenfedern und eine helle Kehle (Latz).

Als Nutztier nimmt die Japanische Wachtel eine herausragende Stellung ein. Etwa um 1300 wurde sie in Japan und China zum Haustier. Sie wurde wie ein Singvogel gehalten, denn ihre Stimme – der typische Wachtelschlag – fand zahlreiche Liebhaber. Erst im 20. Jahrhundert regte ihre hohe Legeleistung zur Zucht von Legewachteln an (pro Jahr 250 bis 300 Eier mit einem Durchschnittsgewicht von 12 g). Seit Mitte der fünfziger Jahre hat sich die Japanwachtel auch in Europa etabliert, besonders in Italien und Frankreich. Auch in den USA setzt sich die Japanische Wachtel als Zuchttier immer stärker durch. In den Zuchtfarmen werden Wachteln – aus hygienischen Gründen – in der Regel in Käfigen gehalten. Mit 6 Wochen werden sie geschlechtsreif. Bei den auf Fleisch gezüchteten Wachteln sind die weiblichen Tiere etwa ab der dritten Woche schwerer als die männlichen. Bei allen anderen Nutzgeflügelarten sind die männlichen Tiere schwerer. Weibliche Wachteln können deshalb bereits mit 5 Wochen (165 g), männliche Tiere erst mit 6 Wochen geschlachtet werden. Die Fleischausbeute ist dann am günstigsten, anschließend nehmen die Fettanteile stark zu. 40 % entfallen auf das Brustfleisch; das ist eine Ausbeute, die in dieser Höhe keine andere Geflügelart erreicht. Die Schenkel erbringen einen Anteil von fast 25 %. Das Brustfleisch enthält etwa 25 % Eiweiß und 2,5 % Fett. Eine brat- bzw. grillfertig vorbereitete Wachtel wiegt etwa 115 g. In Frankreich werden allerdings wesentlich schwerere Tiere gezüchtet. Die Vögel werden maschinell gerupft. Wachteln gelten wegen ihres zarten, wohlschmeckenden Fleisches als besondere Delikatesse. Sie werden meistens als Packung mit 2 oder 4 Tieren angeboten, und zwar in Feinkostgeschäften, im Wild- und Geflügelhandel, aber auch in Supermärkten. Restaurants sind in der Regel Direktbezieher. Frischer Ware ist gegenüber tiefgekühlter eindeutig der Vorzug zu geben, der Qualitätsunterschied ist erheblich. Wachteln werden im ganzen gebraten oder gegrillt. Pro Portion rechnet man 2 Tiere. Das Brustfleisch hat einen außerordentlich geringen Wassergehalt und muß deshalb durch Bardieren und Begießen vor dem Austrocknen geschützt werden.

Küchenfertig vorbereitet kommen Wachteln in der Regel schon in den Handel. Sie werden als frische Ware entweder einzeln oder, für den Großhandel zu sechs oder zwölf Tieren zusammengefaßt, angeboten.

Taube

COLUMBAE

(engl. pigeon, dove; franz. pigeon, pigeonneau; span. paloma). Die Taube gehört zur Familie der Taubenvögel (Columbae). In nahezu 300 Arten ist sie weltweit verbreitet und als Gefährte und Liebling des Menschen bereits seit ältesten Zeiten bekannt. Den alten Griechen, Römern und den Ägyptern dienten Tauben als kultische Opfertiere, Orakel und Götterboten. Schon vor Christi Geburt sollen in China Botentauben von Peking aus wichtige Nachrichten übermittelt haben. Tauben galten als heilige Vögel. Sie verkörpern das Symbol der Fruchtbarkeit und des Friedens, im Christentum ist die Taube Symbol des Heiligen Geistes. Taubentürme sind bauliche Zeugen aus alter Zeit.

Generell wird zwischen Wildtauben und Haustauben (*Columbia livia domestica*) unterschieden. Letztere stammen alle von der wilden Felsentaube (*Columbia livia livia*) ab, die in ganz Europa verbreitet ist, im Süden bis nach Nordafrika und im Osten bis zum Kaukasus. Blau, Schwarz, Rot, Gelb und Weiß sind die häufigsten Farben ihres Gefieders, dominierend ist Blau in variablen Schattierungen. Die Augen sind rot, braunschwarz oder perlweiß, die Flügelbinden meist schwarz. Tauben sind Körnerfresser, ernähren sich beim sogenannten »Feldern« aber auch von Insekten und Würmern. Die treuen, monogamen Tauben sind Höhlenbrüter und nisten im Dunkeln an Gebäuden und anderem Mauerwerk. Die Eier werden sowohl vom Täuber (männliches Tier) als auch von der Täubin (weibliches Tier) bebrütet. Tauben sind robuste, gegen Temperatur unempfindliche und anspruchslose Tiere.

Die Zucht von Haustauben hat zu weit über 100 verschiedenen Rassen mit vielen unterschiedlichen Farbschlägen geführt, die in Gruppen eingeteilt werden. Rassetauben werden auf Formen und Farben gezüchtet. Die wichtigsten Gruppenvertreter sind Warzentauben (Bagdetten), Huhntauben, Kropftauben, Farbentauben, Trommeltauben, Strukturtauben, Mövchentauben, Tümmlertauben, Spiel- oder Hochflugtauben.

Masttauben werden auf Fleischleistung gezüchtet. Das Zuchtziel ist eine größtmögliche Anzahl verkaufsfähiger Jungtauben pro Jahr. Als Maximum gibt ein Taubenpaar alle 30 Tage 1 Gelege mit 1 bis 2 Eiern ab. Pro Taubenpaar können also höchstens 24 Jungtauben im Jahr aufgezogen werden. Zu den bedeutendsten Fleischtauben gehören vor allem die Weiße King = USA, mit bis zu 850 g eine der schwersten Taubenrassen, fleischige Brustpartie; Texaner-Taube = USA, mit bis zu 800 g ebenfalls hohes Gewicht, breite, fleischige Brust; Carneau-Taube = Südbelgien, Nordfrankreich, bis zu 750 g schwer; Mondain-Taube = Frankreich, schwergewichtige Fleischtaube mit bis zu 900 g; Strassertaube = in Österreich beheimatet, nicht sehr fruchtbar, aber bis zu 850 g schwer; Coburger Lerche = bis zu 800 g schwer, breite, fleischige Brust.

Tauben werden verbreitet in Ställen bzw. Volieren aufgezogen, vor allem in den USA, in Italien, Frankreich und Ungarn. In einer Voliere werden 20 bis 30 Taubenpaare gehalten; in einem Stall haben 10 bis 20 Volieren Platz. Jungtauben sind Nesthocker, sie erreichen mit 28 Tagen das ideale Schlachtalter. Bis dahin werden sie von den Eltern »gekröpft«, das heißt, mit Kropfmilch gefüttert. Vor dem Schlachten sollten sie 24 Stunden fasten, damit das große Fassungsvermögen des Kropfes nicht voll ausgenutzt ist. Der Anteil an Brustfleisch beträgt etwa 26 %, Schenkelfleisch etwa 10 %. Das Lebendgewicht von Jungtauben erreicht 300 bis 600 g, bratfertige Täubchen wiegen 250 bis 400 g. Tauben werden heute meist maschinell gerupft; sie können aber auch trocken oder naß (mit 55 °C heißem Wasser überbrühen) von Hand gerupft werden. Sie werden wie anderes Geflügel ausgenommen; das Entfernen des Kropfes erfordert einiges Geschick. Tauben haben übrigens keine Gallenblase.

Das Fleisch von Masttauben, insbesondere von Jungtauben, ist zart, wohlschmeckend, bekömmlich und von Feinschmeckern wegen seines durchaus kräftigen Aromas geschätzt. Jungmasttauben zählen ohne Einschränkung zum Delikateßgeflügel. Sie werden vorzugsweise gebraten oder zu Frikassee verarbeitet. Alte Tauben werden gekocht, gedämpft oder gedünstet, sie ergeben eine hervorragende Suppe und gute Farcen.

So werden Tauben im Handel angeboten: Die Flügelenden sind auf dem Rücken verschränkt, der Hals daruntergesteckt; der Schlachtkörper erhält dadurch ein kompaktes Aussehen.

Perlhuhn

NUMIDINAE

(engl. guinea-fowl; franz. pintade, pintandeau). Das Perlhuhn gehört zur Unterfamilie der Fasanartigen (Phasanidae). Es stammt aus Afrika und hat daher seine Namen Afrikanisches Huhn, Guinea-Huhn. Die Domestikation erfolgte wahrscheinlich bereits im alten Griechenland und bei den Römern. Es gelangte früh nach Frankreich und mit der Seefahrt nach Amerika. Seit Jahrhunderten wird es in Europa und Amerika als Zier- und Nutzgeflügel gehalten. Besonders in Frankreich und Italien werden Perlhühner in riesigen Hühnerhöfen gezüchtet.

Die Stammform des Haus-Perlhuhns ist das Helm-Perlhuhn (*Numida meleagris*). Weitere Arten sind das Hauben-Perlhuhn (trägt einen Federbusch auf dem Kopf) und das farbenprächtige Geier-Perlhuhn. Die weißen »Perlen« auf dem Gefieder, kleine weiße Tupfen, haben ihm seinen Namen gegeben. Damit verbindet sich eine hübsche Sage: Meleager wurde nach seinem Tod von seinen Schwestern, die von Artemis in Vögel verwandelt waren, bitterlich beweint. Ihre Tränen tropften auf das Gefieder, die Sprenkel sahen wie Perlen aus.

Helm-Perlhühner haben einen rundlichen Körper, kurze Flügel und ein glattes, anliegendes Gefieder. Auffallend sind das nackte Gesicht und der nahezu unbefiederte Hals. Das blaugrüne Gefieder ist über und über mit »Perlen« besät. Als Kopfaufsatz tragen sie anstelle eines Kamms einen dreieckigen roten oder kornfarbenen Helm. Der Kehllappen ist rötlich, der Schwanz kurz und hängend, an den schiefergrauen Ständern fehlt ein Sporn. Perlhühner sind lebhafte Tiere, anpassungsfähig, anspruchslos, jedoch scheu und schreckhaft. Unausstehlich ist ihr trompetenartiges, durchdringendes Geschrei.

Als Zuchttiere werden sie heute überwiegend in Käfigen gehalten (Intensivhaltung). Pro Henne kann mit etwa 170 Eiern/115 Küken gerechnet werden. Im Alter von 6 Wochen geschlachtet, erreichen Perlhühner ein Gewicht von 500 bis 600 g, sie werden als Portionsperlhühner angeboten und gern als Ersatz für Rebhühner verwendet. Nach weiteren 6 Wochen wiegen sie bereits 1,3 kg, ausgewachsen 1,7 bis 2 kg. Die Fleischausbeute an wertvollen Teilstücken ist nach Wachtel und Pute am höchsten (Brust 32 %, Schenkel 29 %). Mit 1,1 % (Brustfleisch) bzw. 2,7 % (Keulen) weist es den geringsten Fettgehalt aller Geflügelarten auf und mit 25,2 % (Brustfleisch) bzw. 21,4 % (Schenkel) den höchsten Eiweißgehalt. Perlhühner werden im Wild- und Geflügel-Fachhandel, aber auch in Feinkostgeschäften angeboten. In der Regel handelt es sich um Ware aus Frankreich. Tiere aus Auslaufhaltung, die in den letzten Mastwochen mit Mais gefüttert wurden (Labelproduktion), tragen ein besonderes Gütezeichen. Das dunkle Fleisch des Perlhuhns ist zart, saftig und erinnert im Geschmack an Fasan. Nach dem Schlachten sollen die Tiere 2 bis 3 Tage kühl und luftig abhängen. Nur junge Hühner sind zum Braten geeignet. Sie werden gern bardiert und durch häufiges Begießen vor dem Austrocknen geschützt. Ältere Tiere, vor allem fette Hennen, werden geschmort, gedämpft oder gedünstet.

Bodenhaltung im geschlossenen Stall. Als Einstreu werden Häcksel und Hobelspäne verwendet. Ein ausgewogenes Leistungsfutter sorgt für gutes Wachstum und hohe Legeleistung.

Küchenfertiges Perlhuhn. Das Fleisch schimmert bläulich. Im Gegensatz zum Jungmasthuhn fehlen die deutlich sichtbaren Fettablagerungen sowie die vollfleischigen Muskeln. Nahezu alle Rezepte vom gebratenen Fasan, insbesondere von den Brüstchen, lassen sich auch auf junge Perlhühner übertragen.

Pute – Truthahn
MELIAGRIDIDAE

(engl. turkey; franz. dindon, dinde, dindonneau). Die Pute, auch Truthahn genannt (*Meleagris gallopavo*), gehört zur Familie der Truthühner. Dieses heute größte und schwerste Hausgeflügel stammt aus Nordamerika (USA, Mexiko). Nach der Entdeckung Amerikas fanden die Spanier bei den Indianern gezähmte wilde Truthühner (»Indische Hühner«). Sie brachten sie 1520 mit nach Europa, wo sie sehr schnell in England, später auch in Frankreich und Holland Verbreitung fanden und in Deutschland zum begehrten Hausgeflügel wurden. Puten sind große, hochbeinige Vögel, sie haben einen kräftigen, zum Schwanz hin abfallenden Körper, eine breite Brust und einen unbefiederten, warzenbesetzten Kopf. Ausgewachsene Hähne haben ein schwarzes Haarbüschel auf der Brust, Hennen statt dessen eine Warze. Puten werden nach Farben, sog. Farbschlägen, und nach dem Gewicht unterschieden. Bedeutende Farbschläge sind Bronzeputen = Grundton schwarz mit starkem Bronzeglanz, schillernd; Weiße Puten = sie sind völlig weiß und heute von herausragender wirtschaftlicher Bedeutung; Schwarze Puten = sie sind völlig schwarz und schimmern wie Samt. Die Cröllwitzer Puten sind weiß, doch hat jede Feder am Ende einen schwarzen Saum; sie waren in Deutschland eine bedeutende Rasse. Die Rote Bourbon-Pute wurde in Amerika gezüchtet. Rotflügelputen sind Kreuzungen aus Bronze- und Roten Bourbon-Puten, Schwarzflügelputen solche aus Bronze- und Rotflügelputen. Nach dem Gewicht werden leichte (bratfertig 3,5 bis 5 kg), mittlere (bratfertig 7 bis 10 kg) und schwere Puten (bratfertig 10 bis 12,5 kg, sehr schwere bis 18 kg) unterschieden.
Männliche Tiere werden mit 31 Wochen, weibliche mit 30 bis 32 Wochen geschlechtsreif. Puten legen fast das ganze Jahr – insgesamt etwa 150 Eier mit Gewichten von 75 bis 90 g je Ei. Putenmast erfolgt in Bodenhaltung, leichtere Puten können jedoch auch in Käfigen aufgezogen werden. Es gibt zwar viele kleine Putenzüchter, die auch noch Freiland- bzw. Auslaufhaltung betreiben, das große weltweite Angebot stammt jedoch aus wenigen Intensivzuchten, die über regionale Vermehrer die Mäster beliefern (Nicholas, British United Turkeys, Sun Valley). Kriterien der Zucht sind Frühreife, schnelles Wachstum, Widerstandsfähigkeit, hoher Fleischanteil bei möglichst geringem Knochenanteil. Die schwere Weiße Breitbrusthybride (aus Weißer und Beltsville-Pute) erfüllt diese Anforderungen optimal. Hennen von 8 bis 12 Wochen und bis zu 5 kg Lebendgewicht werden im ganzen vermarktet, Hennen mit 15 bis 18 Wochen und 7 bis 9 kg bzw. Hähne mit 20 bis 24 Wochen und 14 bis 17 kg Lebendgewicht werden zerlegt vermarktet.

Die großen Hähne, wie diese Hybridzüchtung, tragen schwer an ihrer gewaltigen Brust, die erheblich mehr Gewicht bringt als die der Truthenne.

Dieser skurrile Vogel aus der Neuen Welt hat mancherlei Besonderheiten. Vor allem das schwarze Haarbüschel auf der Brust der erwachsenen Truthähne, das sich wie Roßhaar anfühlt, ist auffällig.

Hennen einer Hybridherkunft. Wie bei jeder Intensivzucht sind schnelles Wachstum und möglichst hoher Fleischanteil bei geringem Knochengewicht das Zuchtziel.

Diese Truthähne auf einem mexikanischen Markt stammen vom Bauernhof. Auch bei uns werden Puten im Freiland aufgezogen; sie haben dann zwar keine »Riesenbrüste« aber ein sehr muskulöses Fleisch (»trockene« Muskulatur).

Beachtliche Größenunterschiede bestanden zwischen dieser Henne (6,3 kg) und dem zerlegten Truthahn (14 kg) auf der rechten Seite.

Putenfleisch ist ernährungsphysiologisch hochwertig und wird deshalb gern in Diäten eingesetzt. Der hohe Eiweißanteil (Brust 24 %, Oberschenkel 21 %) ist reich an den lebensnotwendigen essentiellen Aminosäuren, der geringe Fettanteil (Brust 2 %, Oberschenkel 8 %) ist reich an den wertvollen mehrfach ungesättigten Fettsäuren. Puten werden vor der Geschlechtsreife geschlachtet, bis dahin ist das Fleisch der Hennen zarter als das der Hähne. Der Truthahn weist mehrere, in Farbe und Konsistenz unterschiedliche Fleischsorten auf. Die Schenkel haben ein dunkles, festes Fleisch, das Brustfleisch ist besonders mager, zart und weiß, während das am Hals und an den Seiten fetter ist.

Als Delikatesse wird das Fleisch vom kleinen Lendenmuskel, »oyster« genannt, gehandelt. Das Angebot ist am vielfältigsten im Vergleich zu allen anderen Geflügelarten. Es erfolgt als ganzer Schlachtkörper (frisch oder tiefgefroren), als Teilstücke (Brust, Oberschenkel, Unterschenkel, Flügel), als Putenfleisch (Schnitzel, Gulasch, Rollbraten, Rouladen) oder als verarbeitete Produkte (verschiedene Würste, Sülzen, Pasteten). Während die Teilstücke ganzjährig angeboten werden, sind die ganzen Schlachtkörper von September bis März, vor allem zu Weihnachten und zum amerikanischen »Thanksgiving« im Handel.

Leichte Puten, auch als Baby- oder Broiler-Puten bezeichnet, werden im ganzen gebraten, ältere Puten finden in Eintöpfen und Suppen Verwendung. Kleine Tiere können wie Masthühner (gefüllt oder ungefüllt) zubereitet werden. Wichtig: Die Schenkel, vor allem die Unterschenkel, enthalten zahlreiche Sehnen, die vor der Zubereitung herausgezogen werden müssen.

Den Truthahn in Einzelteile zerlegen

Große, schwere Truthähne werden nur noch selten im ganzen gebraten. Ihre schwergewichtige Brust lohnt jedoch die Mühe, ein Prachtexemplar von 14 kg zu zerlegen, wie es in der nebenstehenden Anleitung gezeigt wird. An diesem Beispiel wird noch einmal deutlich, daß keine Küche ohne ein wenig Technik und anatomische Kenntnisse auskommt. Durch das mehr oder weniger standardisierte Putenangebot ist es nicht leicht, große, schwere Teile zu bekommen. Hier ist es nützlich, eine »Quelle« für frische Truthühner aufzutun.

Wer sich für die Gewichte der Einzelteile des rechts zerlegten Truthahns interessiert, vor allem im Vergleich zu den Durchschnittsangaben in der Tabelle, hier die Angaben für den 20 Wochen alten Vogel: Die begehrten Teile Brust, Schenkel und Flügel machen etwa die Hälfte des Schlachtgewichts aus. Mit 4,4 kg macht die Brust bereits nahezu 1/3 des Gesamtgewichts aus. Es folgen die Schenkel mit 1,7 kg (Oberschenkel 1000 g, Unterschenkel 700 g) und die Flügel im ganzen mit 700 g (Oberflügel 380 g, Mittelflügel 260 g, Unterflügel 60 g).

GEWICHTE VON PUTEN UND PUTENTEILEN

Ganze Puten	
Schwere Puten:	je nach Alter zwischen 6 bis 15 kg
Mittlere Puten:	je nach Alter zwischen 4 bis 10 kg
Leichte Puten:	je nach Alter zwischen 3 bis 7 kg
Putenteile	
Putenbrust ganz:	1 bis 3 kg
Putenschenkel:	1 bis 1,5 kg
Oberschenkel:	500 bis 700 g
Unterschenkel:	250 bis 400 g
Putenflügel:	200 bis 350 g

1 Den Flügel auslösen: abspreizen, das Schultergelenk ertasten, einschneiden und abtrennen.

2 Den Unterflügel abtrennen, dazu das Gelenk zum Mittelflügel ertasten und durchtrennen.

3 Den Mittelflügel vom Oberflügel abtrennen, dazu das Gelenk ertasten und in der Mitte durchschneiden.

Beim Trockenrupfen darauf achten, daß die Haut nicht einreißt.

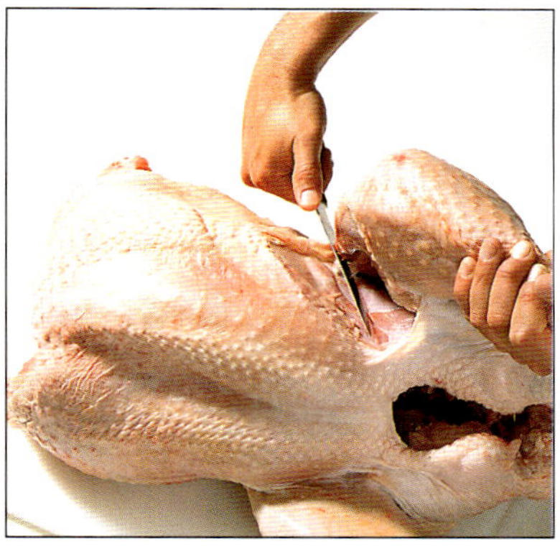

4 Den Schenkel auslösen: etwas anheben, abspreizen, die Haut zwischen Rumpf und Schenkel durchtrennen.

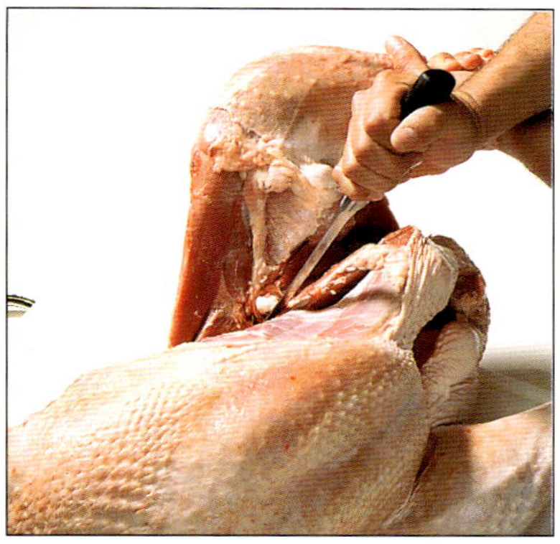

5 Tief hinunter bis zum Hüftknochengelenk schneiden, den Schenkel vom Rumpf wegdrücken und abtrennen.

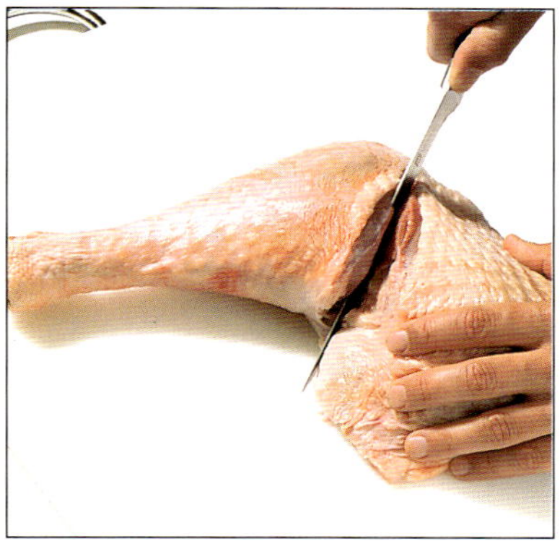

6 Den Ober- von dem Unterschenkel trennen, dazu mit einem glatten Schnitt durch das Gelenk schneiden.

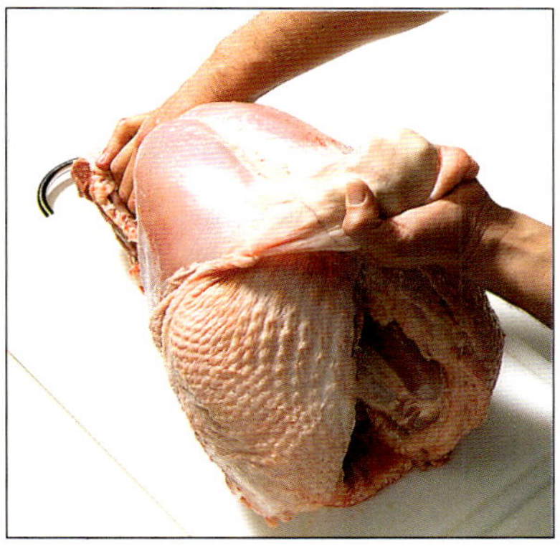

7 Die Brust auslösen: gut festhalten, die Haut von der Brustspitze aus abziehen, anhängendes Fett ablösen.

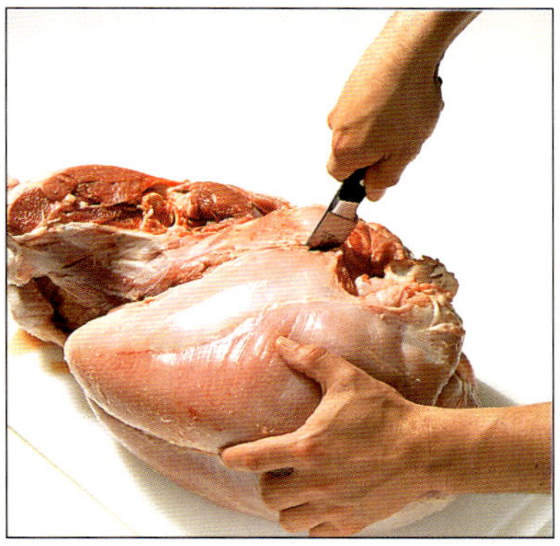

8 Auf die Seite drehen, entlang der Bindegewebslinie die Rippen auf beiden Seiten durchtrennen.

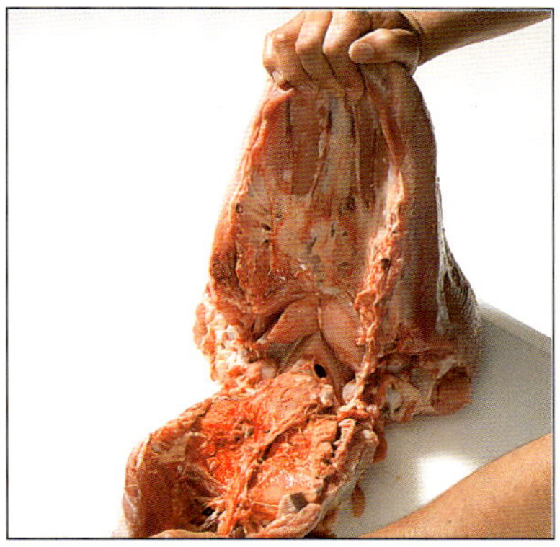

9 Wieder auf den Rücken legen, diesen festhalten, die Brustspitze fassen, mit Kraft vom Rücken wegziehen.

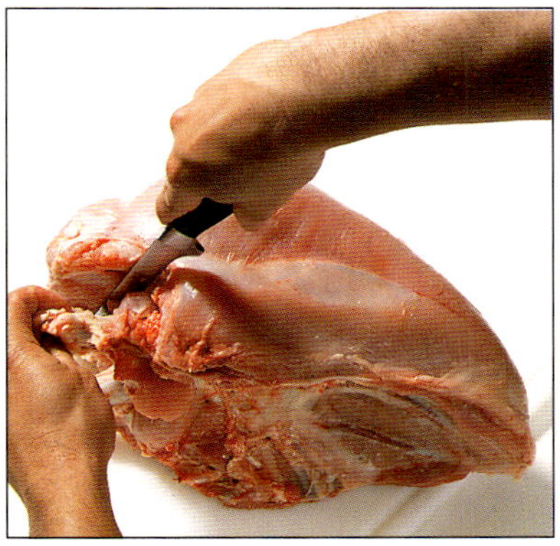

10 Vom abgetrennten Brustteil die Schultergelenke auf beiden Seiten bis zum Halsansatz abtrennen.

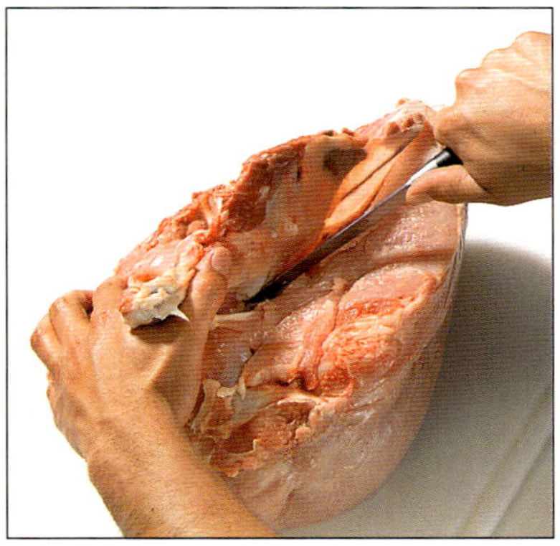

11 Vorsichtig zwischen Rippen und Fleisch entlangschneiden und die Brust von der Karkasse ablösen.

12 Das Filet vom dicken Ende der Brust aus auslösen, mit dem Messer etwas nachhelfen.

Krasse Farbunterschiede kennzeichnen die einzelnen Fleischarten des Truthahns. Das helle Brustfleisch ist zarter als das dunkle, kräftige Schenkelfleisch.

Schnitzel schneiden: von der Mitte der Brust aus in Richtung Brustspitze mit flachen, schrägen Schnitten einzelne Scheiben nach vorne abschneiden.

Putenbrust. Mit ihrem weißen Fleisch zählt sie zu den edelsten Stücken des Truthahns und erreicht bis zu 40 % des Körpergewichts. Das Fleisch ist sehr zart und fettarm.

Putenfilet. Im Gegensatz zum Schlachtvieh, wo die Filets anatomisch ein eigener Körperteil sind, wird das Filet bei der Pute aus dem kleinen Brustmuskel geschnitten.

Putenschnitzel. Sie werden aus dem großen Brustmuskel geschnitten. Die kleineren Innenfilets eignen sich besonders für Medaillons, die Brustspitzen für Ragout.

Die Teile vom Truthahn

Truthahnfleisch setzt seiner küchentechnischen Verarbeitung keine Grenzen. Die Zerlegung ganzer Tiere bringt eine große Schlachtausbeute, deren Teilstücke entweder direkt zubereitet oder in Teil- und Fertigprodukte weiterverarbeitet werden. Die einzelnen Fleischteile wie Brust, Ober- und Unterschenkel sowie die Flügel unterscheiden sich allerdings deutlich in Farbe und Geschmack. Das helle, zarte Brustfleisch hält einen Vergleich mit Kalbsfleisch allemal stand, das dunklere, kräftigere Schenkelfleisch besitzt einen ganz leichten Wildgeschmack. Als Schnitzel, Steak, Filet, Roulade oder Rollbraten ist die Truthahnbrust vielseitig zu verarbeiten. Die Schenkel eignen sich am besten zum Braten, die Unterschenkel können auch gut geschmort werden. Die Flügel eignen sich als Suppeneinlagen ebensogut wie zum Grillen oder zum Schmoren. Küchenfertig zubereitete Produkte vom Filet, Schnitzel oder Steak kommen, zum Teil paniert, als Cordon bleu und Hacksteak oder Rollbraten, Fleischspieße, Frikadellen, Geschnetzeltes in den Handel. Als Fleischdauerwaren werden geräucherte Teilstücke, Räucher- und Kochschinken angeboten. Außerdem erfreuen sich eine Vielzahl von Pasteten, Sülzen und Würsten der Gunst der Verbraucher.

Der ganze Flügel kann bis zu 350 g wiegen. Beim Teilen die Sehnen in den Gelenken trennen und herausziehen.

Ober-, Mittel- und Unterflügel. Der Flügel wird entsprechend zerlegt. Die Fleischausbeute ist unterschiedlich.

Als Grillflügel bezeichnet man den Mittelflügel, nachdem seine Knochen entfernt worden sind.

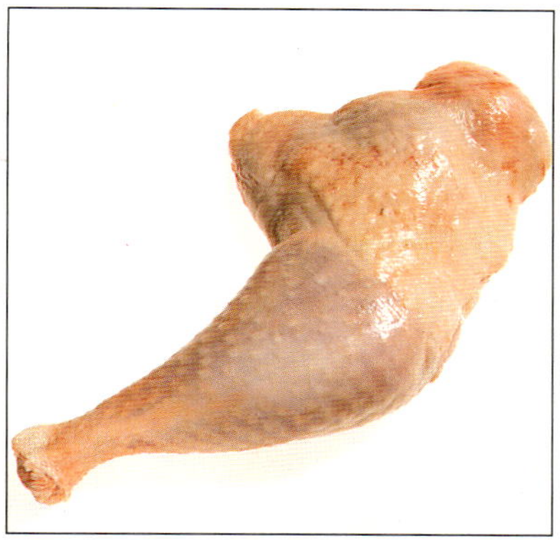

Ganzer Schenkel. Das kräftige, dunkle Fleisch ist sehr begehrt. Der Schenkel wird in Ober- und Unterschenkel zerlegt.

Der Oberschenkel eignet sich bestens für Rollbraten und zum Füllen. Dazu muß der Knochen ausgelöst werden.

Der Unterschenkel wird im ganzen gebraten. Dazu die kräftigen Sehnen am unteren Ende sorgfältig entfernen.

Gulaschwürfel aus der Brust und dem Oberschenkel. Die Farbunterschiede sind deutlich zu erkennen.

Geschnetzeltes kann vielseitig verwendet werden. Von der Truthahnbrust ist es besonders zart.

Der Putenrollbraten kann aus Brustfleisch oder der entbeinten Oberschenkel gerollt und gebunden werden.

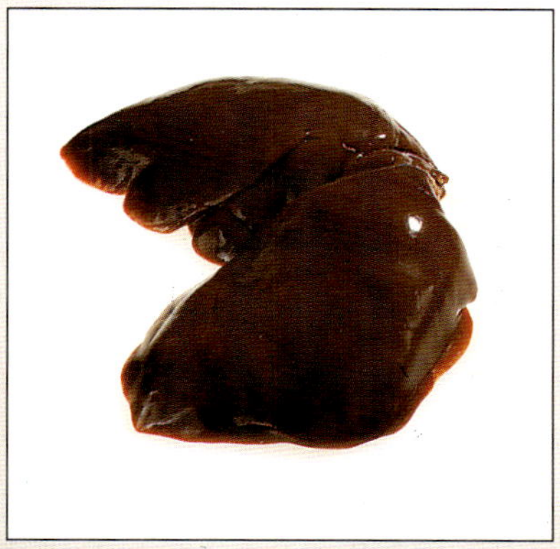

Die Leber erreicht Gewichte bis zu 150 g. Ihr kräftiges Aroma kommt beim Braten am besten zur Geltung.

Der Magen ist zum Mitkochen in Eintöpfen geeignet. Vorher muß die ledrige Magenhaut vollständig entfernt werden.

Das Herz kann nach Entfernen der großen Blutgefäße und gründlichem Waschen gebraten oder mitgekocht werden.

In Brutkästen wird der Nachwuchs in Zuchtbetrieben herangezogen. Bevor die Jungtiere an die Mästereien verkauft werden, können sie für kurze Zeit das frische Grün genießen.

Flugenten aus Freilandhaltung haben muskulöses Fleisch und sind von besonders kräftigem Geschmack.

Ente

ANATINAE

(engl. duck, franz. canard oder caneton). Enten sind Wasser- bzw. Tauchvögel verschiedener Größen und Rassen und gehören zur Familie der Entenvögel. Generell ist zwischen Wildenten und Hausenten zu unterscheiden. Die Stammform aller Hausenten ist die Stockente *(Anas platyrhynchos)*, die in zwei Grundtypen vorkommt: als Landente mit waagerecht gehaltenem Körper und als Pinguinente mit aufrechter Körperhaltung. Letztere zeichnen sich durch eine besondere Lauffreudigkeit aus, bekannteste Vertreterin ist die Indische Laufente. Stockenten haben ein graubraunes, wildfarbenes Gefieder, der Erpel hat einen schillernden dunkelgrünen Kopf und Hals, einen weißen Halsring und am Schwanz die bekannte Erpellocke. Sie sind in ganz Europa, Nordafrika, Nordamerika und im nördlichen Asien verbreitet. Enten wurden schon lange vor unserer Zeitrechnung in China gehalten, in Griechenland wurden sie bereits um 1000 v. Chr. domestiziert. Aus der Stockente wurden viele Rassen gezüchtet. Zu den wichtigsten Fleischenten zählen heute: Aylesbury-Ente = aus England stammender reinweißer Vogel, große, schwere Landente mit voller Brust und zartem, sehr schmackhaftem Fleisch, 3 bis 3,5 kg Lebendgewicht, etwa 80 Eier von je 80 g im Jahr. Rouen-Ente = aus der Normandie stammende, hübsche, große Landente, breit und mit bis zum Boden reichendem Rumpf, schwere Fleischente, 4 bis 5 kg Lebendgewicht, etwa 60 bis 90 Eier von je 80 g im Jahr; Besonderheit: sie wird nicht geschlachtet, sondern erstickt, das Blut bleibt also im Körper (daher der Name »Blutente«), das Fleisch ist rötlich und sehr fein. Nantes- oder Nantaiser Ente = kleinerer, weniger fetter Vogel, der selbst bei guter Mast nach 4 Monaten nicht mehr als 2 kg bringt. Pekingente = leicht zu mästende, legefreudige Ente; die Deutsche Pekingente stammt aus China, wurde aus der Pinguinente erzüchtet und bringt 3 bis 3,5 kg Lebendgewicht sowie 50 bis 60 Eier mit je 70 g; die Amerikanische Pekingente ist ein reinweißer, von der chinesischen Landente abstammender Vogel mit guter Fleisch- und Legeleistung (200 Eier und mehr im Jahr). Pommern-Ente = in Pommern gezüchtete Landente mit 2,5 bis 3 kg Gewicht und etwa 80 Eiern von je 80 g im Jahr.

Die Flugenten wurden bereits von den Indianern in Peru und Mexiko domestiziert. Sie stehen in der zoologischen Nomenklatur zwischen Ente und Gans und gehören zur Gattung *Cairina*. Sie sind besonders widerstandsfähig, Körper und Schwanz sind länger als bei der Stockente. Flugenten haben keine Stimme, sie zischen nur und heißen deshalb auch Stummenten. Sie leben an Flüssen, schlafen und nisten in Bäumen und kommen in Weiß, als schwarzgescheckte Vögel oder in blauen Farbvarianten vor. Als Mastente mit hohem Fleischanteil und relativ wenig Fett erreicht der Erpel in 11 Wochen ein Gewicht von 4 kg, die Ente in 10 Wochen nur bis zu 2,5 kg. Das Fleisch ist im Geschmack dem der Wildente ähnlich. Die Flug- oder auch Warzenente hat einen langgestreckten

Körper und ein warziges, nacktes rotes Gesicht. Ihr Fleisch gilt als Delikatesse. Der Erpel wird fast doppelt so schwer wie die Ente.
Enten sind lebhafte, anspruchslose, problemlos zu haltende und deshalb für die Intensivmast besonders geeignete Tiere. Sie liefern dem Menschen Eier, Fleisch und Federn/Daunen (bis 300 g pro ausgewachsene Ente), in Frankreich auch noch die durch Zwangsfütterung (wie bei Gänsen) gewonnenen Fettlebern. Von wirtschaftlicher Bedeutung sind die Fleischenten und hier vor allem die weiße Pekingente und die Flugente.
Die wohl größte Entenfarm der Welt züchtet in England verschiedene Linien der Cherry-Valley-Ente. Das älteste und bekannteste Gebiet für Entenzucht liegt aber auf Long Island in den USA; hier wurden die ersten Pekingenten aufgezogen. Mit Blick auf eine umfangreiche Eierproduktion muß die Intensivhaltung in China und Taiwan genannt werden.
Pekingenten werden mit 7 bis 8 Wochen und einem Lebendgewicht von etwa 2,5 kg geschlachtet, weibliche Flugenten mit 9 Wochen und 2,5 kg, männliche Flugenten mit 10 bis 11 Wochen und nahezu 4 kg. Importe kommen bei uns vor allem aus Polen, Ungarn (Flugente für Fleisch, Kreuzungen aus Flug- und Pekingente - »Mule« genannt - für Entenleber) und neuerdings aus Frankreich (Flugente = Canard de Barberie oder Barberie-Ente). Das Hauptangebot - frisch und tiefgefroren - stammt von Frühmastenten, die 6 bis 8 Wochen alt sind. Der Zeitpunkt richtet sich nach der ersten Mauser, denn unmittelbar vorher lassen sie sich besonders leicht rupfen. Beim maschinellen Trockenrupfen können die Federn schonend gewonnen werden, doch ist das Naßrupfen weniger arbeitsaufwendig. Bei beiden Verfahren wird in einem anschließenden Wachstauchbad der Flaum entfernt. Nach 20 bis 24 Wochen spricht man von Spätmastenten, sie sind selten im Handel. Bei jungen Tieren ist der schmale Schnabel biegsam, die Luftröhre läßt sich leicht eindrücken und die Schwimmhäute an den Füßen sind weich und leicht einzureißen.
Enten haben ein großes Skelett und damit einen relativ hohen Knochenanteil. Da auch der Fettanteil recht hoch ist, fällt die Fleischausbeute entsprechend geringer aus. Der Brustanteil beträgt 27% (Pekingente) bzw. knapp 25% (Laufente), für die Schenkel gelten 23% (Pekingente) bzw. knapp 28% (Laufente). Entenfleisch enthält rund 20% Eiweiß und bis zu 6% Fett.
Beim Einkauf ist auf vollfleischige, nicht zu fette Tiere zu achten, deren Haut hell sein soll. Enten werden gern im Ofen auf dem Rost gebraten, so daß das Fett abtropfen kann. Vor der Zubereitung sollte alles sichtbare Fett entfernt werden. Ältere oder weniger zarte Enten werden geschmort. Entenbrust wird auch gern als Einzelteil zubereitet.

Trockenrupfen ist mühsam, aber gut für die Federn und noch besser für den Koch, da die Haut beim Braten knuspriger wird.

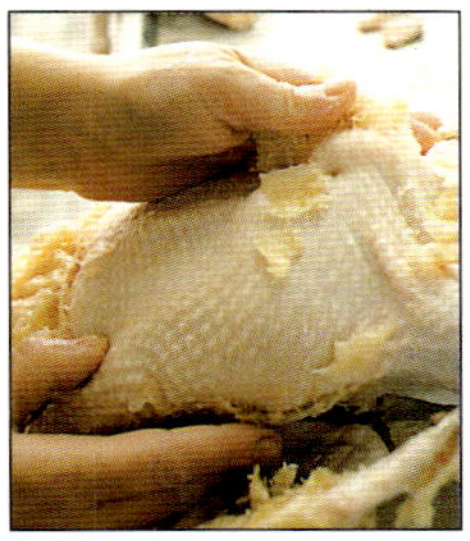

Mit heißem Wachs entfernt man auch die kleinsten Federreste. Diese Methode ist schonender als das Überbrühen mit kochendem Wasser

Ente rupfen. Um die Federn rasch zu entfernen, muß die Ente zuerst in heißem Wasser gebrüht werden, dann lassen sich die Federkiele relativ leicht abrupfen. Anschließend werden die verbleibenden Federn und Federkielreste abgesengt und gründlich abgerieben.

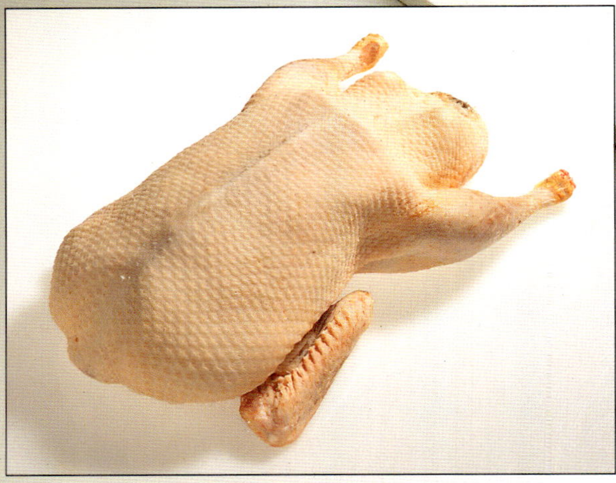

Bayerische Ente. In bayerischen Landen ist Entenbraten mit Knödeln eine Spezialität. Die meist weißfedrige Ente ist als Braten auch geradezu prädestiniert, denn ist sie fleischig und zart. Eine fleischige Ente kann bis zu 3 kg schwer sein.

Flugente. Unter dem Namen »Flugente« kommt die Warzen- oder Moschusente auf den Markt. Ihr Fleisch ist saftig, schmackhaft und fettarm. Der Fleischanteil des Schlachtkörpers ist höher als bei der Hausente. Während die Ente 2,5 kg erreicht, kann der Erpel bis zu 5 kg schwer werden.
Flugentenbrüste. Sie sind eine besondere Delikatesse und fallen entsprechend dem höheren Gewicht auch größer aus. Die Flugentenbrüste können mit Haut oder auch gehäutet verwendet werden. Knusprig und rosa gebraten, mit Orangen oder Ingwer, sind sie sehr beliebt.

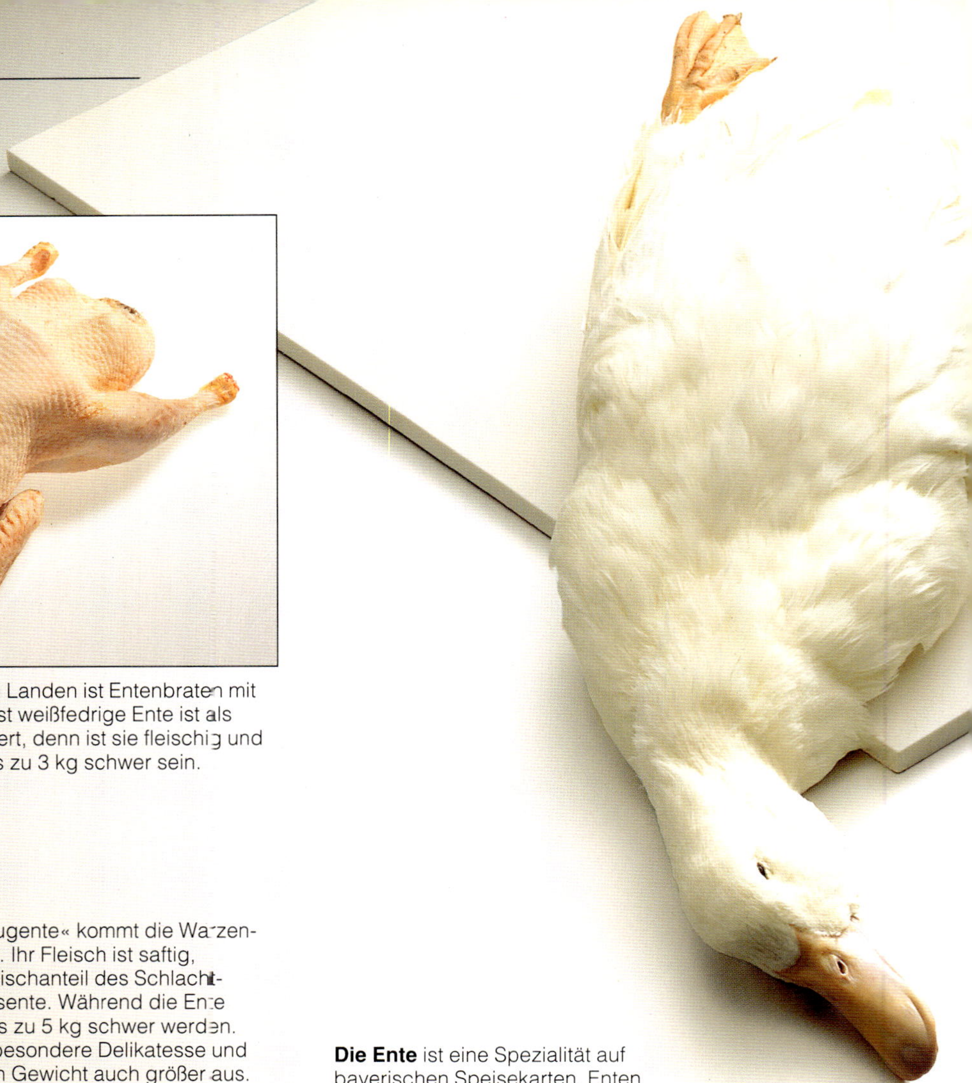

Die Ente ist eine Spezialität auf bayerischen Speisekarten. Enten gehören auch heute noch zum Dorfbild in vielen bayerischen Regionen.

Nantes- oder Nantaiser Ente. Sie gehört zu den kleinen Enten, hat aber den Vorteil, daß sie weniger fett ist. Sie kann bis zu 2 kg auf die Waage bringen.

Die Ente frisch im Federkleid

SO WIRD EINE ENTE KÜCHENFERTIG VORBEREITET

Es ist heute eher eine Seltenheit, eine frische Ente im Federkleid zu bekommen, die noch gerupft und ausgenommen werden muß. Die einzelnen Arbeitsschritte für die küchenfertige Vorbereitung werden hier gezeigt.

Den Hals herausschneiden:

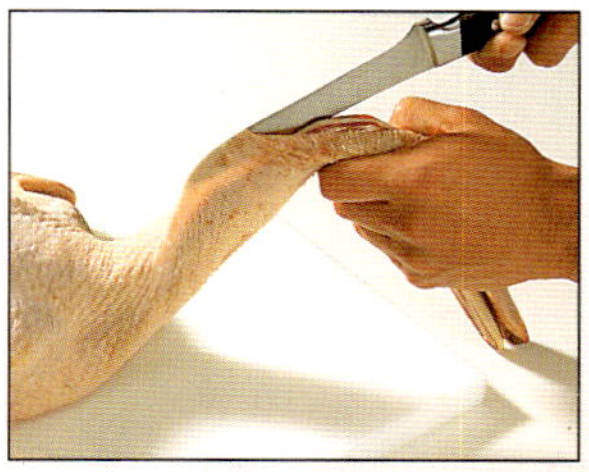

Den Kopf in die Hand nehmen und mit einem scharfen Messer die Haut auf dem Halsrücken aufschneiden.

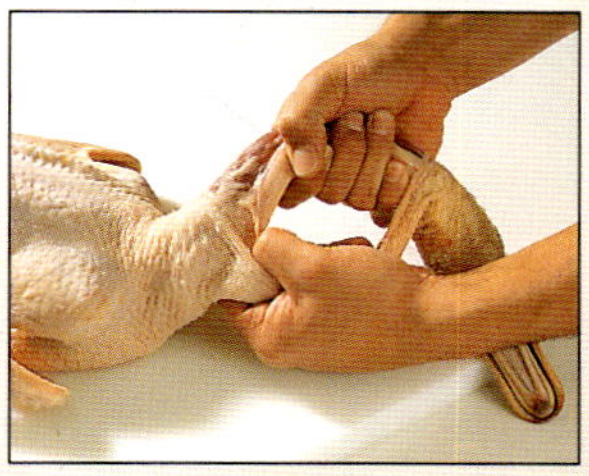

Mit einer Hand den Hals unter der Haut fassen und mit einem kräftigen Zug die Haut vom Hals abziehen.

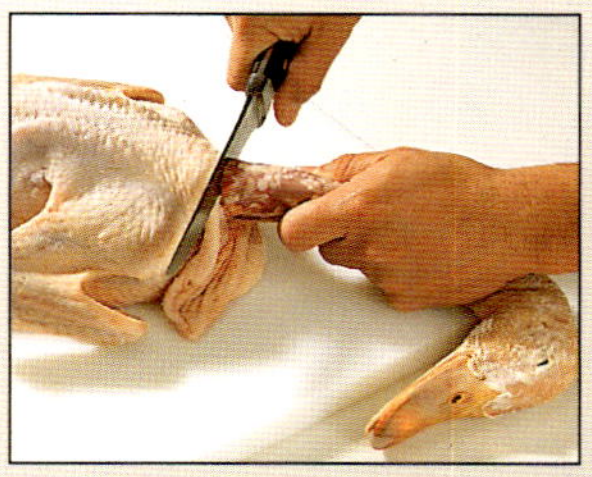

Mit einem scharfen Messer am letzten Halswirbel den Hals vom restlichen Körper gerade abtrennen.

Die Ente ausnehmen:

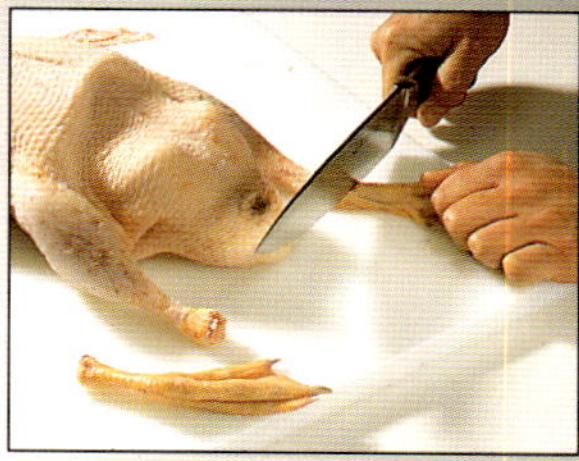

Die Ente auf den Rücken legen. Die beiden Füße abhacken oder abschneiden – etwa 1 cm über dem Gelenk.

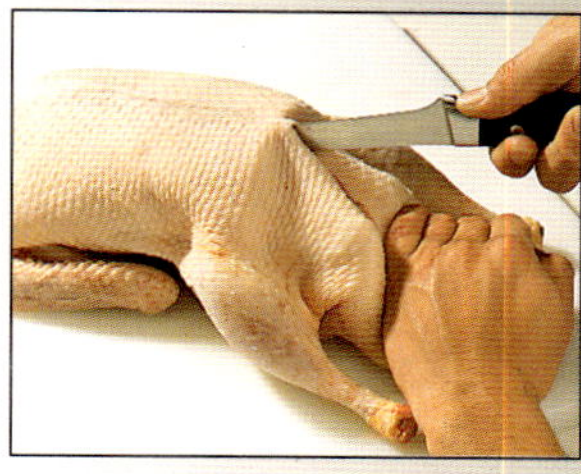

Vom Bürzel bis zum Brustbein aufschneiden, aber nicht zu tief, um die Eingeweide nicht zu verletzen.

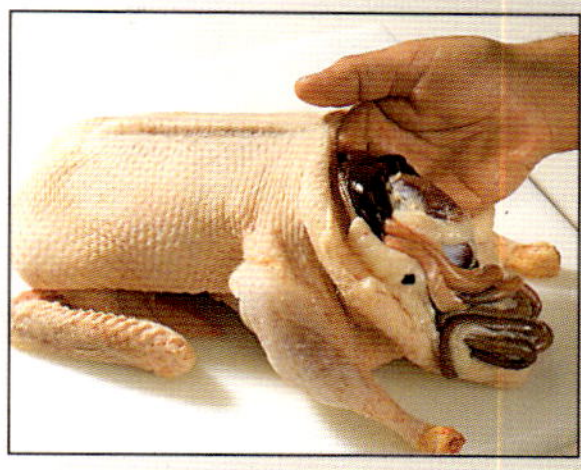

Mit der Hand tief in die Körperhöhle fahren und die Eingeweide und Innereien auf einmal herausziehen.

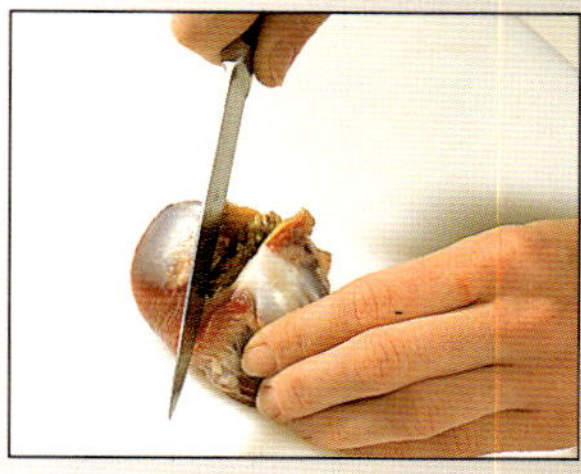

Den Entenmagen in der Mitte aufschneiden und entleeren. Er kann wie alle Geflügelmägen verwendet werden.

Unter fließendem Wasser waschen, bis die gelbgrünliche, ledrige Magenwand sichtbar wird.

Die Magenwand mit einem scharfen Messer anziehen und vom Magenmuskel völlig abtrennen.

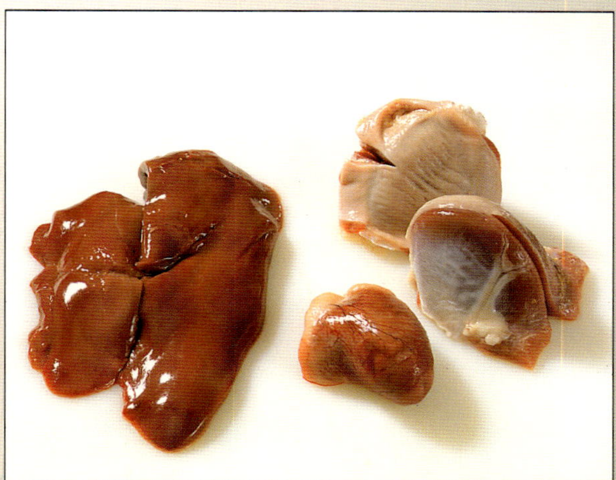

Die Innereien der Ente: Leber, Herz und Magen. Magen und Herz zusammen mit dem Hals und den Flügeln gehören zum »Entenklein« und sind hervorragend für Eintöpfe geeignet.

Eine Ente teilen, am Beispiel einer Flugente:

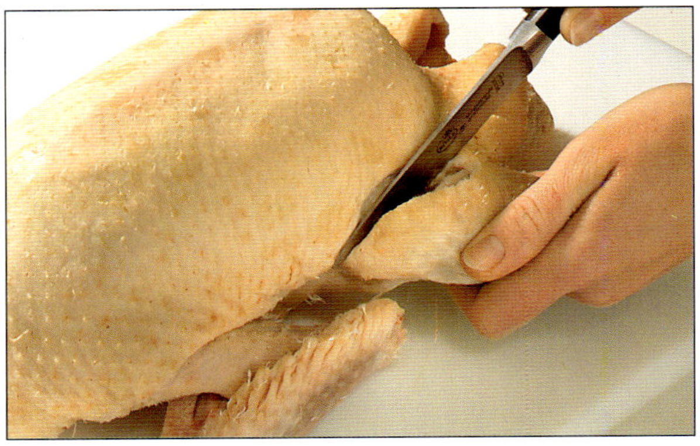

1 Zunächst die beiden Schenkel abtrennen. Dazu die Haut zwischen Körper und Schenkel einschneiden und dabei die Keule etwas vom Körper wegziehen.

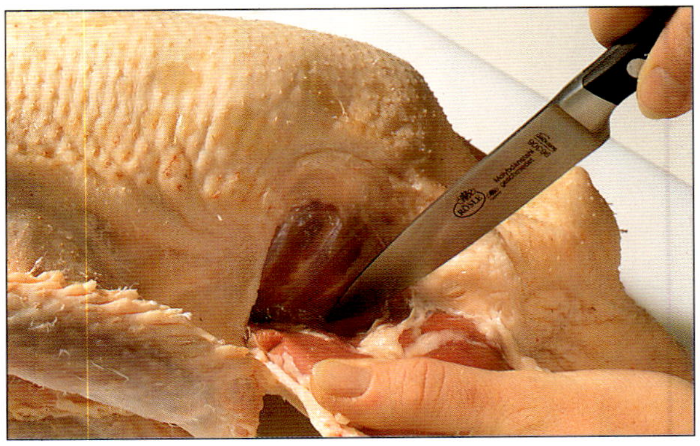

2 Mit einer Hand den Schenkel vom Körper weghalten, mit einem scharfen Messer an der Karkasse entlang bis zum Hüftgelenk herunterschneiden.

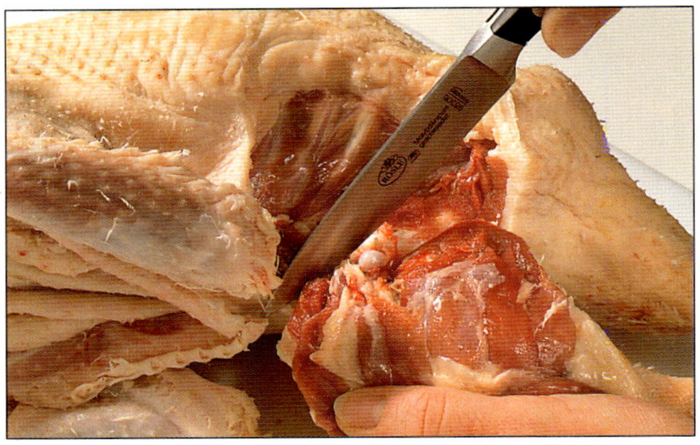

3 Das Hüftgelenk auseinanderbiegen und durchtrennen, Sehnen und Fleischteile durchschneiden. Den anderen Schenkel ebenso auslösen.

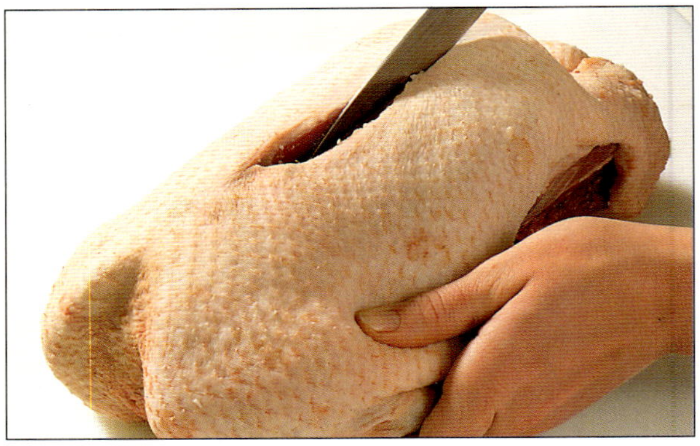

4 Zur Gewinnung der Brust diese entlang dem Brustbein mit einem scharfen Messer einschneiden, dann rechts und links bis zum Brustkorbknorpel die Brust lösen.

5 Entlang der Brustplatte das Fleisch mit einem scharfen Messer Stück für Stück abschaben. Dabei das Fleisch mit der Hand von der Karkasse weghalten.

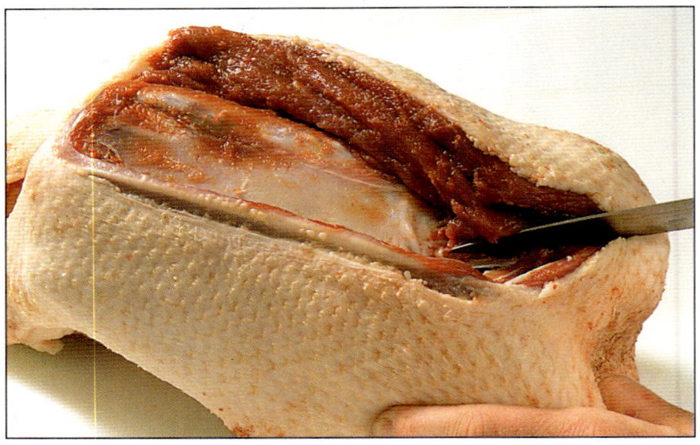

6 Nun ist die Brust so weit abgelöst, daß die Brustplatte freiliegt. Es folgt das sorgfältige Abtrennen des Fleisches entlang dem Gabelknochen.

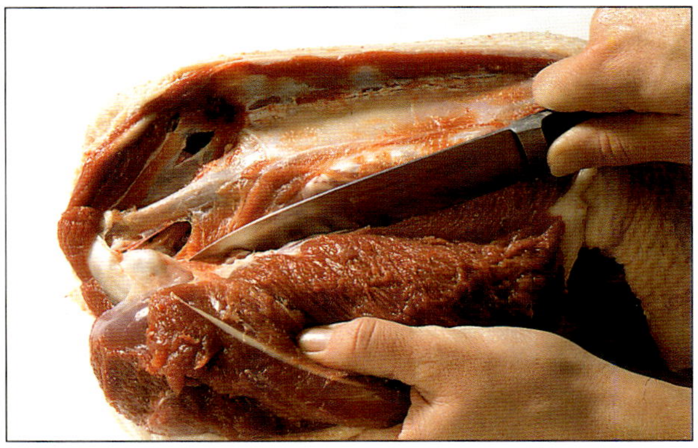

7 Die Brust mit einer Hand von der Karkasse wegziehen und vorsichtig entlang der Karkasse mit dem Messer in einem Stück endgültig abtrennen.

8 Die vier ausgelösten Ententeile – je 2 Brüste und 2 Schenkel – sowie die restliche Karkasse mit den noch anhaftenden Teilen, dem Rücken und den Flügeln.

Füllen und mit der Nadel dressieren

AM BEISPIEL EINER ENTE

Füllungen sind nicht nur eine ideale Beilage zu Geflügel, sie geben der Fleischhülle zusätzlichen Geschmack und eine schöne, volle Form. Ob Brot-, Maronen- oder Farcefüllung, ihnen allen ist die Technik des Füllens gemeinsam. Das anschließende Dressieren verhindert das Herausquellen der Füllung beim Garen, hilft aber auch, dem Geflügel seine schöne Form zu erhalten.

Eine Ente füllen:

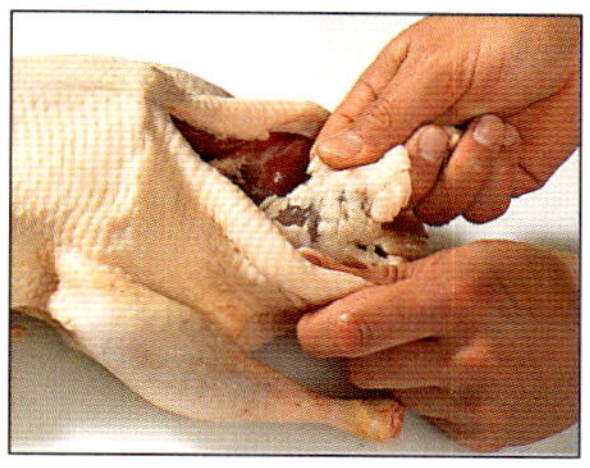

Die Ente bratfertig vorbereiten. In der Bauchhöhle noch vorhandenes Fett mit den Fingern lösen und sorgfältig entfernen.

Die Füllung mit einem Löffel in die Bauchhöhle geben und verteilen. Nicht prall füllen, da sich die Füllung beim Garen ausdehnt.

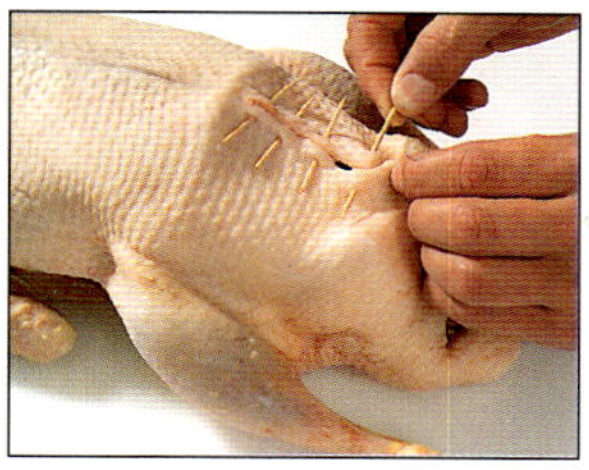

Um die Bauchöffnung zu schließen, die Hautkanten mit Daumen und Zeigefinger zusammendrücken und mit Holzspießchen zustecken.

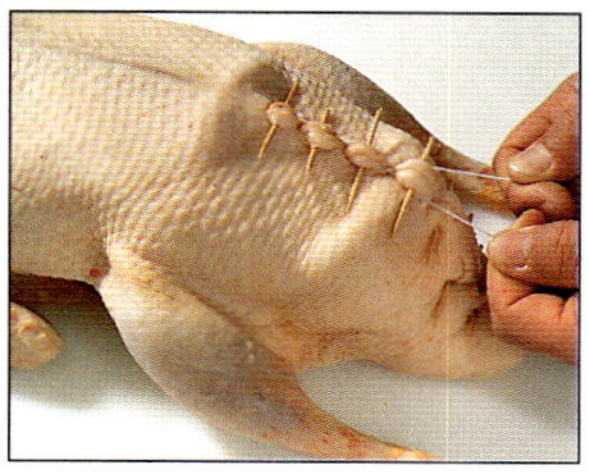

Die Spießchen von oben nach unten mit Küchengarn umwinden, dabei das Garn nach jedem Spießchen kreuzen und am Ende verknoten.

Eine Ente dressieren:

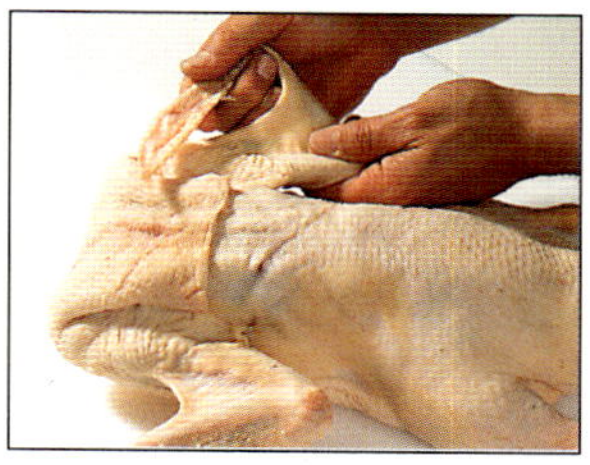

Die Ente auf die Brustseite legen und die Flügelspitzen unter das zweite Armgelenk stecken, die Halshaut auf den Rücken klappen.

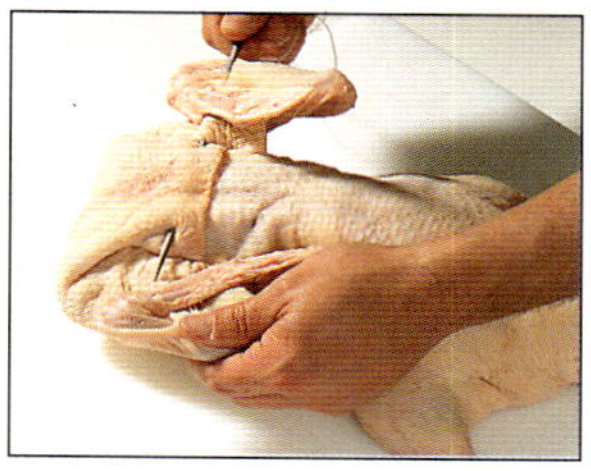

Die Nadel durch beide Teile des Flügels, die Halshaut, unter dem Rückenknochen hindurch durch den zweiten Flügel stechen.

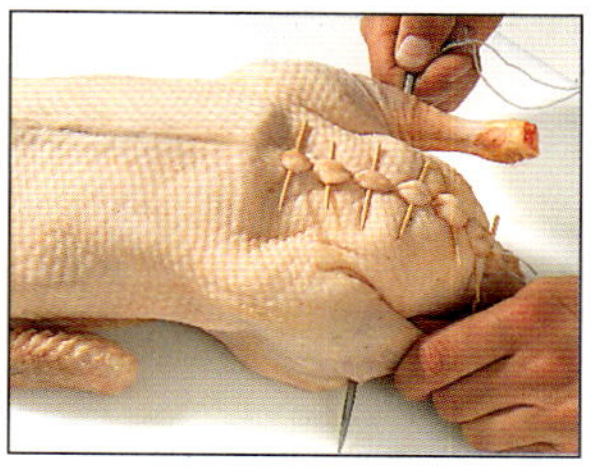

Zum weiteren Dressieren, die Nadel durch die Schenkel stechen und so durchschieben, daß sie an der anderen Schenkel austritt.

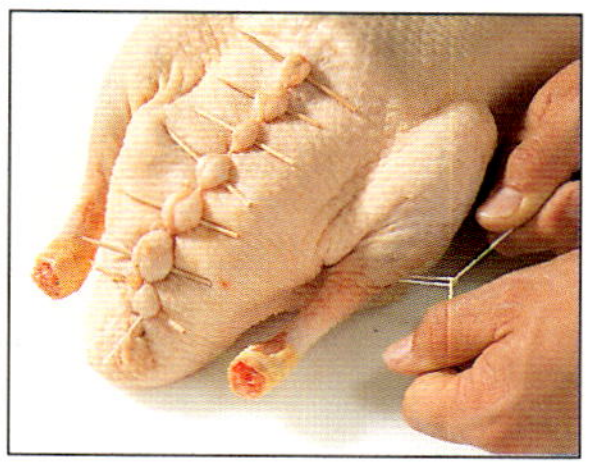

Die Enden des Küchengarns fest zusammenbinden. Die Schenkel sollen waagerecht nach hinten zeigen, die Ente soll flach auf dem Brett liegen.

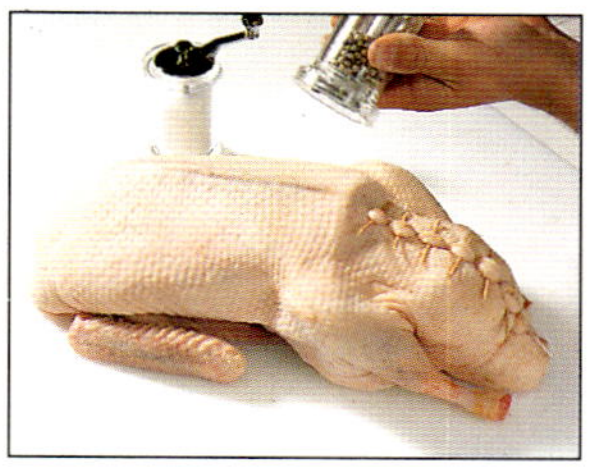

Die gefüllte Ente erst nach dem Dressieren mit Salz und frisch gemahlenem Pfeffer bestreuen und gleichmäßig einmassieren.

Durch das Dressieren kann das gefüllte Geflügel wieder in seine ursprüngliche Form gebracht werden.

Zum Füllen vorbereiten

ZWEI METHODEN AM BEISPIEL EINER ENTE

Wer Geflügel im ganzen füllen und spätere Verluste beim Tranchieren vermeiden will, muß es hohl auslösen, das heißt, die Karkasse entfernen, nicht jedoch die Flügel- und Schenkelknochen. Als Umhüllung einer Galantine müssen dagegen alle Knochen ausgelöst werden. Für beide Methoden – linke Seite: hohl auslösen, rechte Seite: für eine Galantine entbeinen – werden von dem küchenfertigen Vogel die Flügelspitzen im Ellenbogengelenk und die Füße im Kniegelenk abgetrennt. Der Hals wird am Brustansatz abgeschnitten, die Halshaut jedoch so weit darangelassen, daß der gefüllte Vogel zugenäht beziehungsweise die Galantine sauber gerollt werden kann.

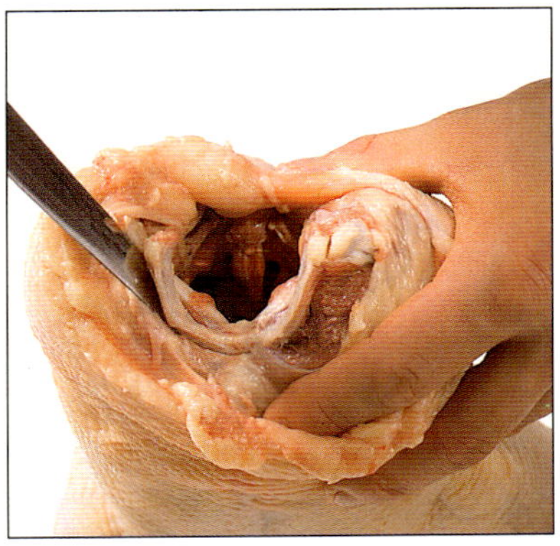

1 Die Halshaut über die Karkasse stülpen, den Gabelknochen freilegen, die Knochenhaut anritzen.

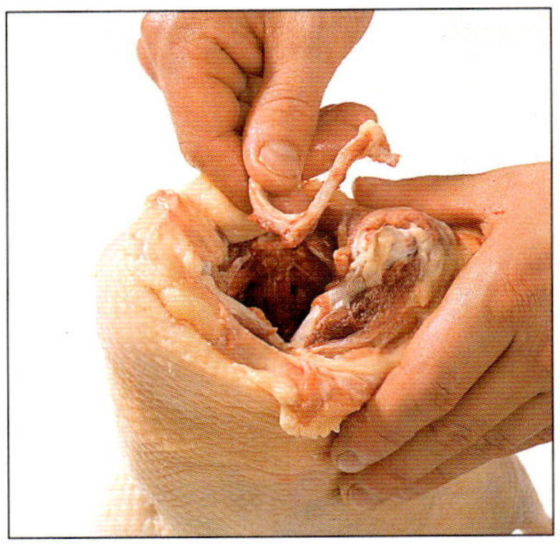

2 Durch eine Drehung den Gabelknochen entfernen und die Haut leicht nach unten schieben.

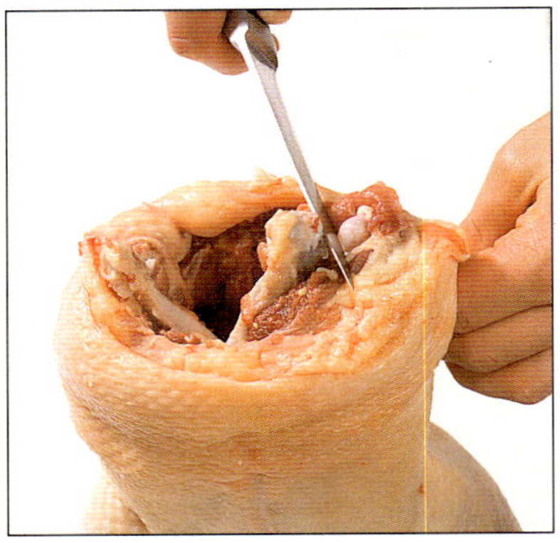

3 Die Schultergelenke ertasten, freilegen und durchtrennen, dabei im Gelenk leicht drehen.

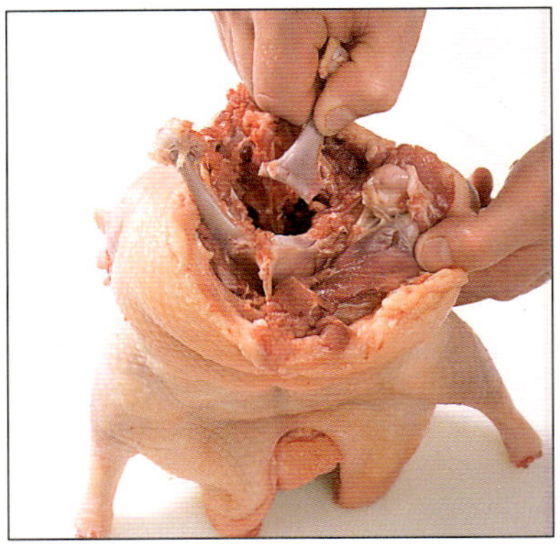

4 Das Fleisch von den Schlüsselbeinen lösen, mit leichtem Druck vom Brustbein abbrechen.

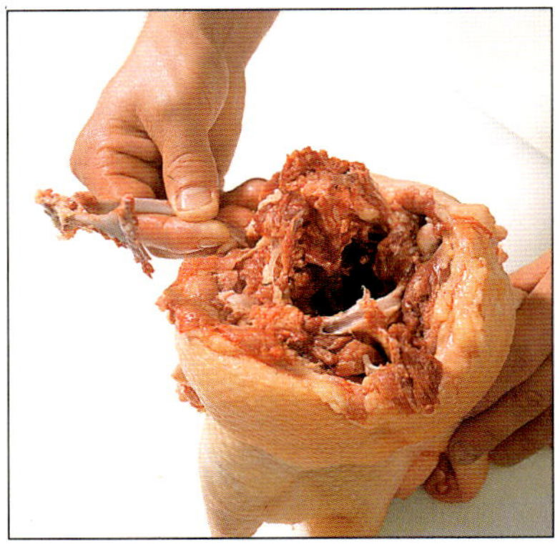

5 Die Schlüsselbeine vorsichtig vom Schulterblatt wegziehen, ohne das Fleisch zu zerreißen.

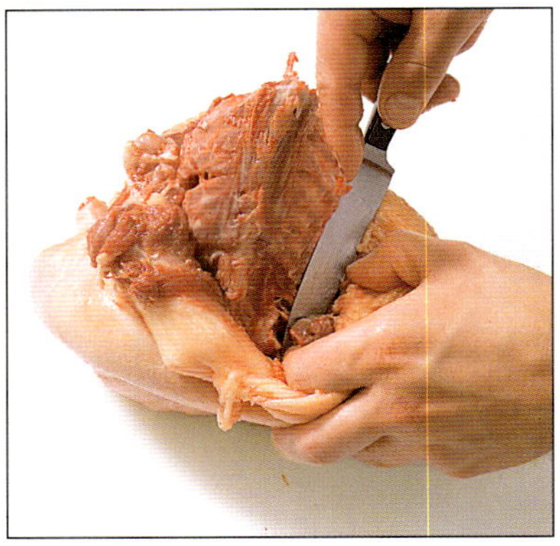

6 Von der Schulter aus entlang der Karkasse das Fleisch nach unten ziehen und vom Hüftgelenk trennen.

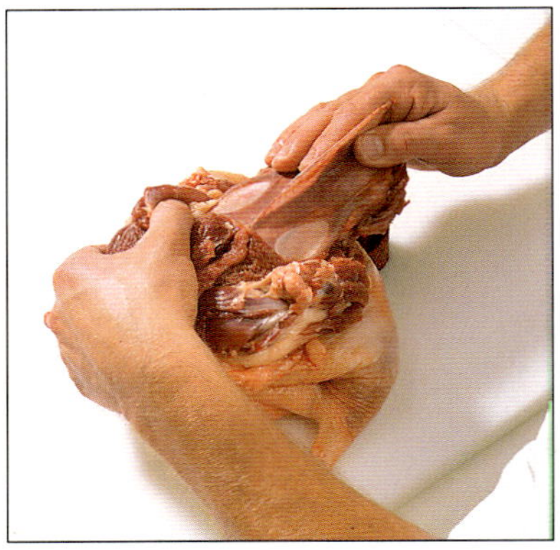

7 Die Ente umdrehen und das Brustfleisch ebenso von der Karkasse herunterziehen.

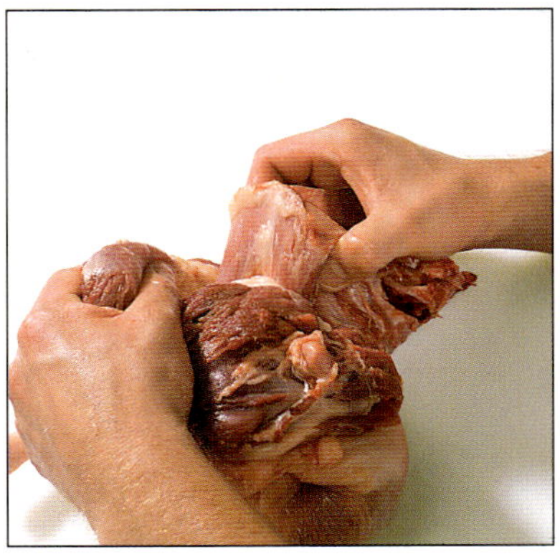

8 Das Rückgrat bis zum Bürzel freilegen, das Brustbein durch leichtes Ziehen lösen.

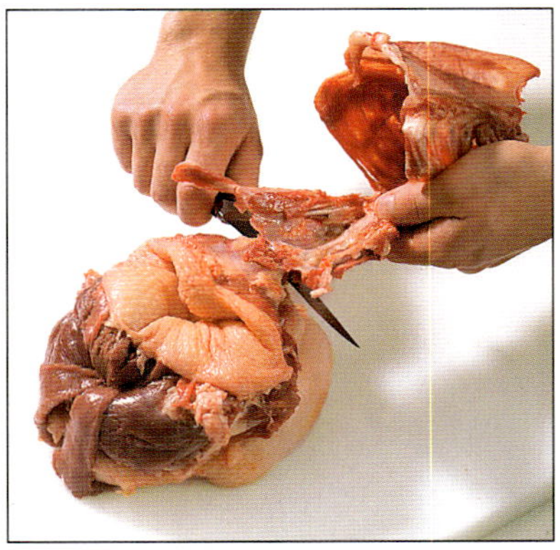

9 Den Bürzel mit der Karkasse so abschneiden, daß 3 bis 4 Wirbel im Fleisch verbleiben.

10 Nur die Schenkel- und Flügelknochen sind der hohl ausgelösten Ente noch geblieben.

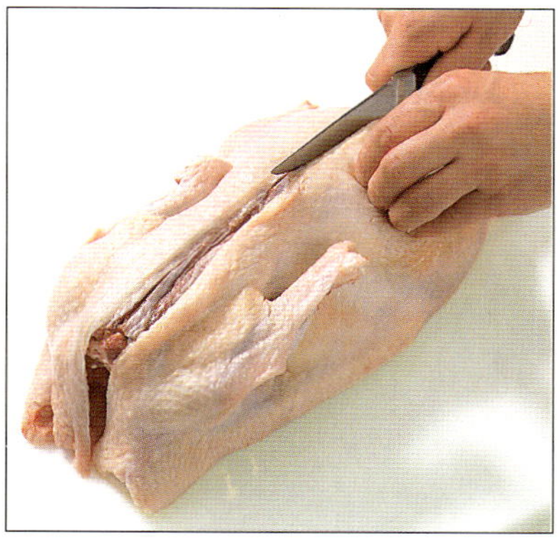

1 Auf beiden Seiten des Rückgrats bis auf den Knochen einschneiden und die Haut ablösen.

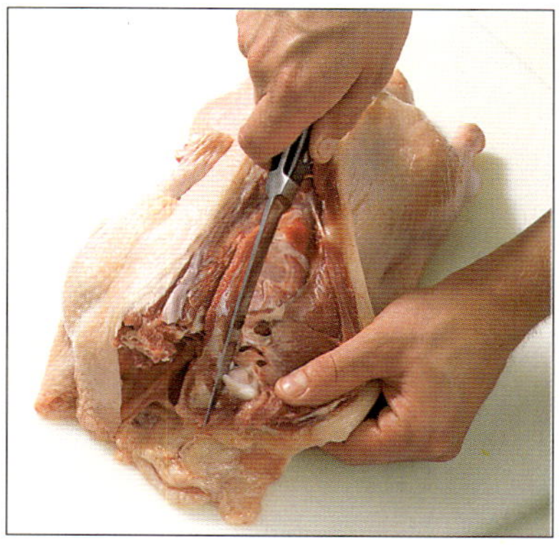

2 Das Schultergelenk ertasten, freilegen und durchtrennen, dabei im Gelenk leicht drehen.

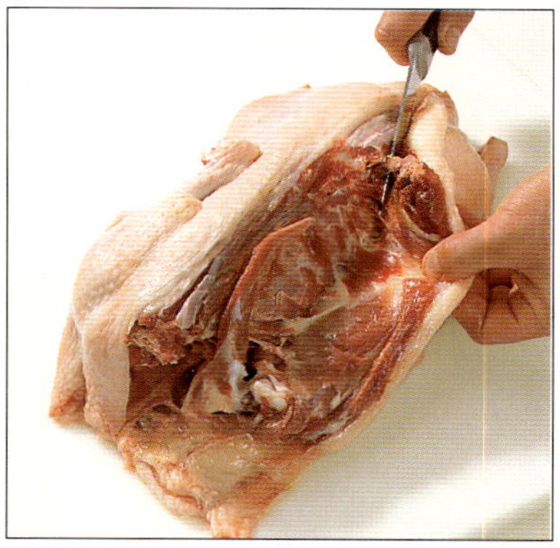

3 Das Fleisch entlang der Karkasse bis zum Hüftgelenk ablösen. Dieses ertasten, freilegen, durchtrennen.

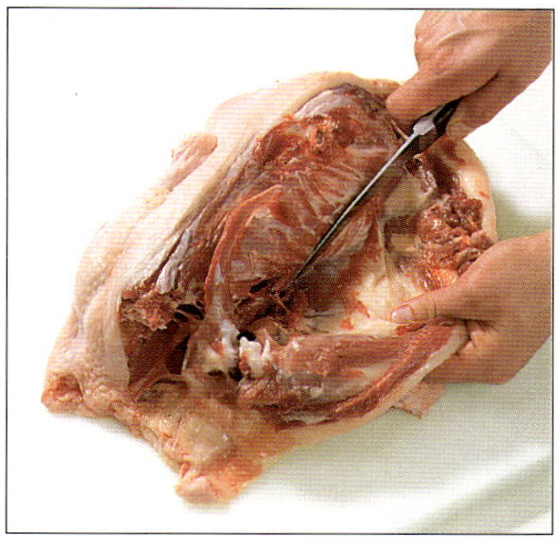

4 Das Fleisch entlang den Rippenknochen ablösen. Die Messerklinge zeigt immer zur Karkasse.

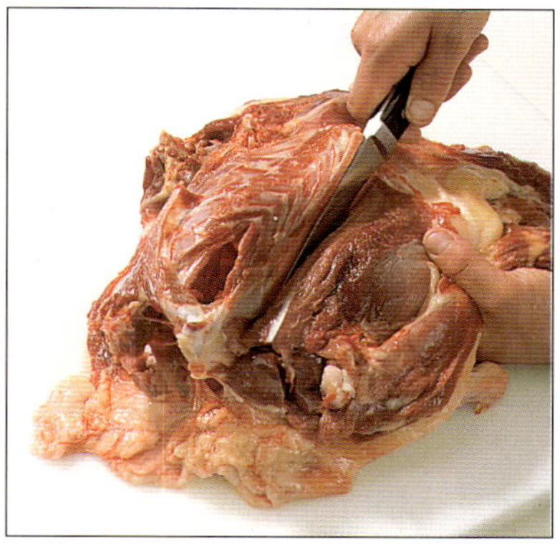

5 Beim Übergang zum Brustbein aufpassen, die Brust nicht verletzen. Die andere Hälfte ebenso ablösen.

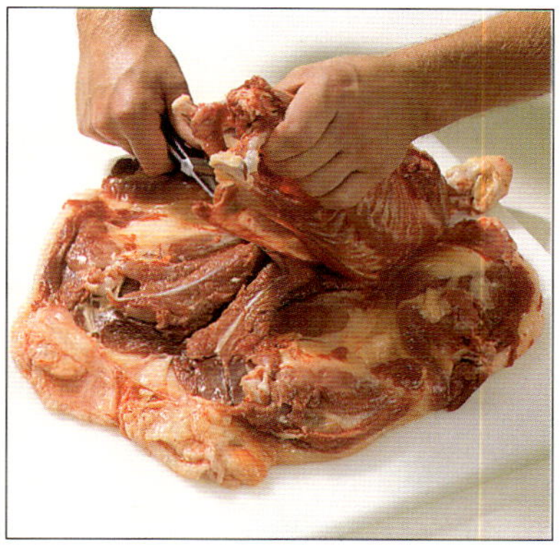

6 Das Brustbein von der Haut lösen, diese aber nicht beschädigen. Dabei die Karkasse »weghalten«.

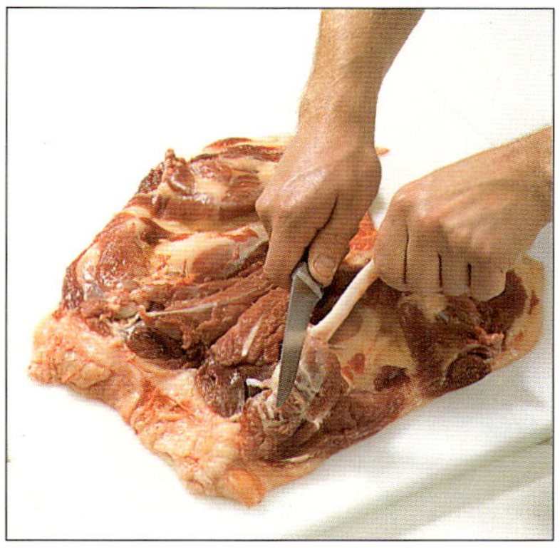

7 Die Knochenstummel der Flügel umschneiden, abschaben, herausziehen, das Fleisch nach innen stülpen.

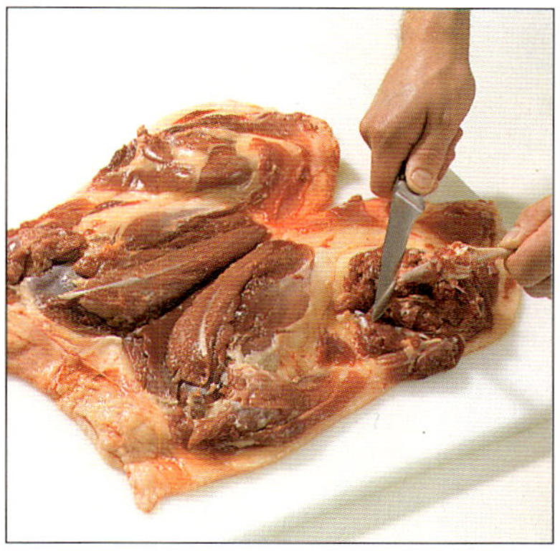

8 Die Schenkelknochenreste auf dieselbe Weise entfernen und das Fleisch ebenfalls nach innen stülpen.

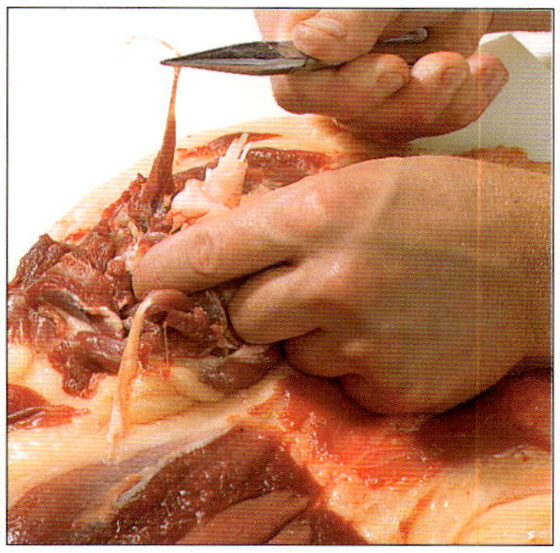

9 Die an den Flügeln und Schenkeln durchtrennten Sehnen mit einer kleinen Flachzange herausziehen.

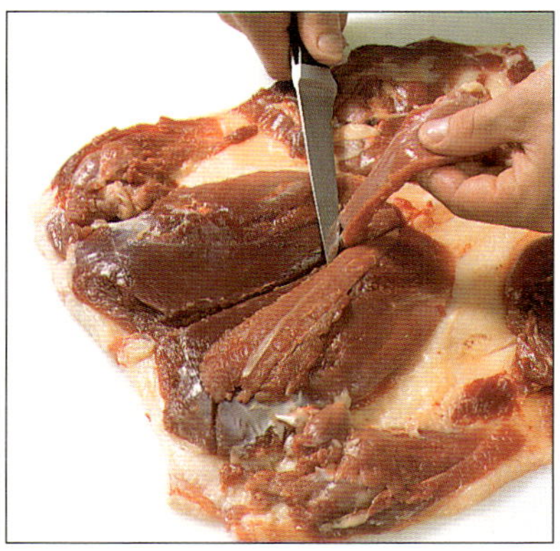

10 Sichtbare Fettpolster entfernen, die Hautränder egalisieren, die kleinen Brustfilets auslösen.

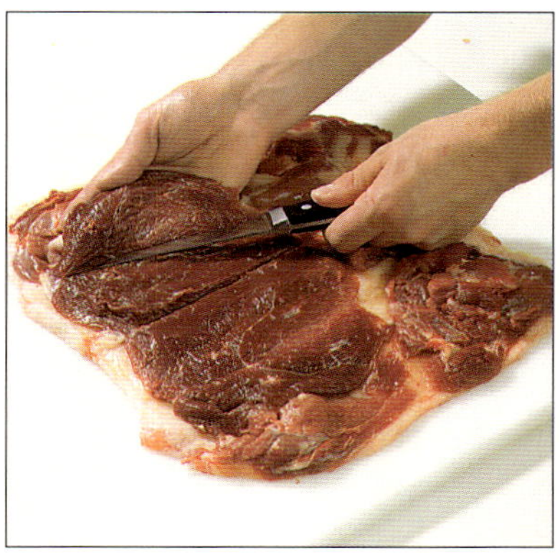

11 Die Filets auf die unbedeckte Unterseite legen. Die Brüste einschneiden und nach außen klappen.

12 Die Entenhaut muß überall mit gleich viel Fleisch bedeckt sein, um gleichmäßig zu garen.

Ein schneeweißes Prachtstück vom Bauernhof. Inzwischen haben sich auch bei uns viele kleine Betriebe der natürlichen Aufzucht dieses attraktiven Geflügels angenommen.

Gans

ANSERIFORMES

(engl. goose, franz. oie, oison). Gänse (*Anser* spp.) gehören zur Ordnung der Gänsevögel und zur Unterfamilie der Gänse (Anserinae). Generell wird zwischen Wildgans und Hausgans unterschieden. Die Stammform der Hausgans ist die gemeine Wildgans oder Graugans (*Anser anser*), die in Europa heimisch ist. Sie wurde von den Germanen domestiziert und wegen ihres vortrefflichen Fleisches, ihres Fetts und wegen der Federn als Nutztier gehalten. Die Federnnutzung führte in Ostfriesland zur Züchtung der ersten deutschen Gänserassen; in anderen deutschen Gebieten waren Größe, Fleischansatz und Fettlebern die Zuchtziele. In Osteuropa sind Gänse weit verbreitet und - vor allem in Polen - von großer wirtschaftlicher Bedeutung. In Amerika werden Puten und Hühner favorisiert, so daß keine nennenswerte Gänsezucht entstand. Zu nennen ist nur die gezähmte Kanadagans, die in ihren Eigenschaften unverändert blieb. Im Typ zwischen Graugans und Schwan steht die Höckergans (*Anser cygnoides*), zu der auch die Tulaer Kampfgans gehört, eine Gans mit einem Krummschnabel.

Höckergänse stehen - zoologisch betrachtet - zwischen den Graugänsen und den Schwänen.

Gänse sind monogame Vögel, die ihr ganzes Leben als Paar verbringen. Sie leben in Herden, sind sensibel und anhänglich. Ihre Wachsamkeit wurde bereits von den Römern geschätzt, denn Gänse retteten bekanntlich das von den Galliern bedrohte Kapitol. Gans und Gänserich (Ganter) sind im Aussehen ähnlich. Sie sind nach 10 bis 12 Monaten geschlechtsreif und legen in der Zeitspanne von Anfang Februar bis Ende Mai etwa 50 bis 60 Eier.

Das äußere Erscheinungsbild ist bei den Gänsen von nachgeordneter Bedeutung. Entsprechend den Zuchtzielen unterscheiden sich die Rassen nach Gewicht und Größe der Vögel. Zu den heute noch wichtigsten Rassen, die in der reinen Form allerdings kaum noch vorkommen, zählen die Emdener Gans = völlig weiße, große, schwere, bewegliche Rasse mit breiter Brust und breitem Rücken; Ganter 11 bis 12 kg, Gans 10 bis 11 kg Lebendgewicht, Legeleistung 40 Eier von je 170 g, guter Federertrag. Pommersche Gans = graue, weiße oder graugescheckte, schwere Landrasse mit breitem, massigem Rumpf, beste Fleischgans; Ganter 8 bis 9 kg, Gans 7 kg Lebendgewicht, Legeleistung 20 Eier von je 170 g, guter Federertrag. Toulouser Gans = wildfarbene, schwerste, fette, unbewegliche Rasse mit kastenförmigem Rumpf und dickem Hals, hauptsächlich zur Gewinnung von Fettlebern (Gänsestopflebern) gezüchtet; Ganter 9 bis 10 kg, Gans 8 bis 9 kg Lebendgewicht, Legeleistung 40 Eier von je 160 g. Diepholzer Gans = völlig weiße, leichte bis mittelschwere, bewegliche, frühreife Rasse mit eleganter Figur; Ganter 7 kg, Gans 5,5 bis 6 kg Lebendgewicht, Legeleistung 40 Eier von je 140 g. Höckergans = weiße oder wildfarbene, leichte, sehr fruchtbare Rasse; typisch sind der Höckerwulst auf der Vorderstirn und ihr trompetenartiges Geschrei; Ganter 5 kg, Gans 4 kg Lebendgewicht, Legeleistung 40 Eier von je 120 g. Weitere leichte Rassen sind die Italiener Gans = weiß, Ganter 6 kg, Gans 5 kg Lebendgewicht, 50 Eier; die Rheinische Vielleger = weiß, Ganter 6 kg, Gans 4 bis 5 kg Lebendgewicht, 50 Eier; die Celler Gans und die Steinbacher Kampfgans.

Die Gänsemast erfolgt je nach der Haltungsform in unterschiedlichen Zeitabläufen. Bei der Schnellmast erreichen die Tiere bereits nach gut 9 Wochen ein durchschnittliches Endgewicht von 4,5 bis 5,5 kg. Bei der Intensivmast werden 5,5 bis 6,5 kg erst nach 15 bis 16 Wochen erreicht, und bei der Weidemast werden 20 bis 32 Wochen gebraucht, um 6,5 bis 7,5 kg schwere Vögel zu erzielen. Vor dem Schlachten müssen Gänse 12 Stunden fasten. Für eine gute Federqualität werden die noch warmen Tiere maschinell trocken gerupft, mit einem sich anschließenden Wachstauchbad wird der Flaum entfernt. Naßrupfen (62 °C) ist ebenfalls möglich, aber seltener. Das Rupfen beim lebenden Tier, »Raufen« genannt, ist üblich und hat keine Auswirkung auf die Leistung von Zucht- oder Mastgans. Die Schlachtausbeute bei einer etwa 5 kg schweren Gans beträgt 72%, der Brust- und Schenkelanteil je 27%. Brust- und Schenkelfleisch enthalten 22 g/100 g Eiweiß und bis zu 7 g/100 g Fett. Die Gans hat die höchsten Fettanteile von allen Geflügelarten.

Gänse werden frisch und tiefgefroren angeboten, als ganzer Schlachtkörper und auch in Teilen (Brust, Keulen). Hauptsaison sind die Wintermonate, vor allem zu Martini (11. November) und zu Weihnachten. Sie sollen gleichmäßig blaß aussehen, keine Federreste oder Hautrisse aufweisen, eine fettige Haut und eine fleischige Brust haben. Frühmastgänse werden bereits vor der ersten Federreife geschlachtet, der Brustbeinfortsatz ist biegsam, sie wiegen bratfertig etwa 4 kg. Junge Gänse werden nach der ersten Federreife geschlachtet, der Brustbeinfortsatz ist gerade noch biegsam, sie wiegen bratfertig 5 bis 7 kg und stellen das größte Marktangebot. Über 1 Jahr alte Gänse werden nach der Legeperiode geschlachtet, der Brustbeinfortsatz ist bereits verknöchert. Sie werden selten angeboten, denn Gänsefleisch ist nur im ersten Jahr wirklich schmackhaft. Als Produkte werden Gänseschmalz, geräucherte Gänsebrust, Gänseleberpastete (Paté de foie gras), Confit (eingemachtes Gänsefleisch) und Gänseleberwurst verkauft. Importe kommen hauptsächlich aus Polen, Ungarn und der Tschechoslowakei. Lieferanten der begehrten Gänsestopfleber sind Frankreich, Italien, Ungarn und Israel. Das Gänsestopfen ist übrigens in Deutschland, Österreich und der Schweiz aus Gründen des Tierschutzes verboten.

Bei der grauen Gans aus dem französischen Périgord ist nicht der Fleischansatz, sondern eine möglichst große Stopfleber oberstes Zuchtziel. Trotzdem ist das Fleisch von gutem Geschmack; es wird meist nach Art der Region zu »Confit« verarbeitet. Dieses im eigenen Fett gekochte Fleisch ist eine traditionelle Zutat für das berühmte »Cassoulet«.

Gänsefleisch hat einen arttypischen Geschmack, der beim Braten im Ofen besonders gut hervortritt. Als sehr fetter Vogel muß die Gans vor der Zubereitung von allem sichtbaren Fett befreit werden, das aber nicht verworfen, sondern zu Gänseschmalz verarbeitet wird. Der Festtagsbraten sollte auf dem Rost zubereitet werden, damit das austretende Fett gut abtropfen kann. Seltener werden Gänse geschmort, gekocht oder gedämpft. Als besondere Delikatesse gilt die Gänseleber sowie die gepökelte, geräucherte Gänsebrust. Stopflebern werden zu Pasteten und Parfaits verarbeitet und als Einlagen in Wildpasteten und Terrinen verwendet.

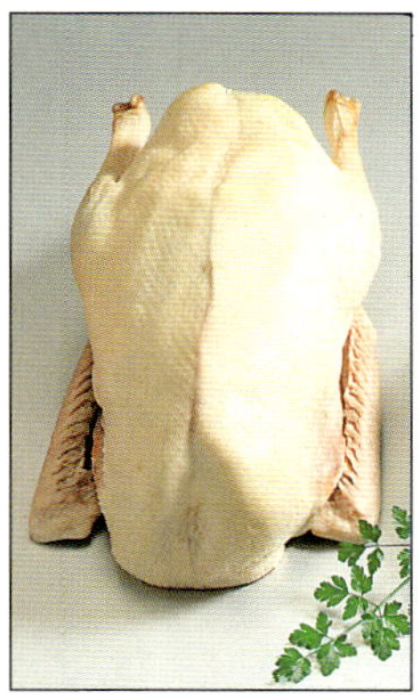

Nach einer Intensivmast von etwa 15 Wochen bringen die Gänse zwischen 4,5 und 5,5 kg auf die Waage. Bei der Weidemast dauert die Mastzeit bis zu 30 Wochen, trotzdem sind die Tiere dann nur 1 bis 2 kg schwerer.

Das geräucherte Hähnchen, mager und zart im Aroma, ist ein wohlschmeckender Belag für Toasts und Pizzen, da das Fleisch mit Tomaten und Käse gut harmoniert. **Die deftigen, geräucherten Gänsekeulen** haben unter der fetten Haut ein delikates Fleisch, das sehr gut mit Schwarzbrot und Meerrettichsahne schmeckt.

Geräuchertes im Angebot

NICHT NUR ENTE UND GANS EIGNEN SICH DAFÜR

Die Brust der fetten Wasservögel zu räuchern, ist in vielen Ländern Tradition, und es gibt eine Reihe unterschiedlicher Rezepte und Techniken dafür. Aber auch mageres Geflügel wie Hähnchen und Truthahn lassen sich räuchern und finden als »Schinkenersatz« in der Geflügelküche vielseitige Verwendung. Die Keulen vom Truthahn mit ihrem dunklen Fleisch sind geräuchert besonders kräftig im Geschmack. Geräuchertes Geflügelfleisch - sowohl das magere als auch das fette Fleisch von Ente oder Gans, besonders gut

Die fleischigen Unterkeulen vom Truthahn, obwohl von Sehnen durchzogen, schmecken geräuchert noch viel kräftiger als die extrem magere, feine Brust. Besonders gut sind diese Keulen, wenn sie in Sauerkraut erhitzt und mit Kümmelkartoffeln serviert werden - ein gutes Beispiel für eine schmackhafte, fettarme Küche.

Geräucherte Gänsebrust - zwei Brüste werden zusammengesetzt und geräuchert. Nicht zu dünn schneiden.

Geräucherte Brust von der Pekingente mit sehr dünner Fettauflage. Das feste Fleisch kann dünn geschnitten werden.

Entenschinken aus Spanien. Wird die geräucherte Entenbrust sehr scharf gewürzt, schmeckt auch der Fettrand.

Geräucherte Flugentenbrust, wie sie in Frankreich zubereitet wird. Das Fleisch ist fest, die Fettschicht würzig.

Oberkeule vom Truthahn mit leichter Fettauflage. Ein kräftiger Schinken, auch in der warmen Küche zu verwenden.

Lachsschinken vom Truthahn wird wie das Original vom Schwein geräuchert und kann dünn geschnitten werden.

Truthahn-Rollschinken hat ein kerniges Fleisch, das auch in der warmen Küche als Schinkenersatz verwendet wird.

Geräucherter Geflügel-Rollbraten vom Huhn oder Truthahn. Mit der gewürzten Haut ist er ein feiner kalter Braten.

auch das dunkle Fleisch der Truthahnkeulen - läßt sich in der warmen Küche vielseitig einsetzen. Klein gewürfelt, bringt es den gewünschten »Rauchgeschmack« mit, ohne die Nachteile des fetten Schweinespecks zu haben.

Eine Frischwurst-Vielfalt wie im klassischen Wurstsortiment aus Schlachtfleisch. Ob Fleischwurst, Schinkenwurst, Mortadella, Krakauer oder Jagdwurst - die Namen sind die gleichen und auch die Würzung sehr ähnlich. Trotzdem sind diese Geflügel-Frischwurstsorten keine Plagiate, es fehlt eben nur das Fett. Nicht so bei der Salami, die auf den Speckzusatz nicht verzichten kann.

Fleischwurst ist besonders ideal für einfache Wurstsalate, denn sie paßt sich anderen Aromen bestens an.

Fleischkäse, in dicke Scheiben geschnitten und in Butter gebraten, mit Spiegelei und Schnittlauch servieren.

Hähnchen-Roulade, fein gewürzt und mit Hähnchenbrust als Einlage, schmeckt gut mit Zwiebeln und einer Vinaigrette.

Putenschinken aus dem Brustfleisch. Er wird leicht geräuchert und gewürzt und ist mit 2% Fett kaum zu unterbieten.

Hähnchen in Aspik - das in grobe Stücke geschnittene Fleisch in gewürztem Gelee ist mager und erfrischend.

Hähnchenbrust mit grünem Pfeffer wird kräftig gewürzt und hat große Stücke von der Hähnchenbrust als Einlage.

Würste aus Geflügelfleisch

VOLL IM TREND DER FETTARMEN ERNÄHRUNG

Diese Auswahl von Wurstwaren, die ausschließlich oder überwiegend aus Geflügelfleisch hergestellt werden, steht einem gut sortierten Fleischerladen an nichts mehr nach! So gut wie alle gängigen Wurstwaren - von der Frischwurst bis zur Dauerwurst - gehören zu diesem »mageren« Sortiment. Als Fleischlieferanten kommen nur magere Geflügelsorten in Frage, wie zum Beispiel das Huhn und vor allem der Truthahn, der mit 18 kg Schlachtgewicht auch entsprechend große Fleischteile liefert. So unterscheidet sich heute ein Bierschinken vom Truthahn in punkto Fleischeinlage durch nichts mehr vom Original aus Schweinefleisch.

Würste zum Braten und Kochen. Bratwürste für die Pfanne oder den Rost, Wiener Würstchen, Knacker und Debreziner zum Erhitzen in Wasser - alles aus Geflügelfleisch. Nur die Münchner Weißwürste brauchen einen gewissen Zusatz von Speck.

Geflügel-Leberwurst hat den feinen Geschmack der Geflügelleber und ist von zarter Konsistenz. Auf den Zusatz von Schweinespeck kann nicht verzichtet werden, da die Wurst sich nur damit gut streichen läßt.

Kaninchen
LEPORIDAE

(engl. rabbit, franz. lapin). Das Kaninchen nimmt in der Tierzucht eine Sonderstellung ein. Da es in Deutschland als »Haustier der armen Leute« gilt, wird sein hervorragendes Fleisch nur wenig nachgefragt. Im Gegensatz dazu steht vor allem Frankreich, wo Feinschmecker Kaninchengerichte zu schätzen wissen. Das Kaninchen ist im späten Altertum, aus Südwesteuropa kommend, in unser Gebiet gelangt und domestiziert worden. Das Europäische Wildkaninchen (*Oryctolagus cuniculus*) gehört zwar in die Familie der Leporiden (Hasen), unterscheidet sich aber vom Hasen in folgenden, auffallenden Merkmalen: Es ist mit bis zu 3 kg Gewicht nur etwa halb so schwer wie der Hase. Das Kaninchen besitzt verhältnismäßig kurze Ohren, während diese beim Hasen seine Kopflänge übertreffen. Das Kaninchen erzeugt ein weißes, der Hase ein rotes Fleisch. Auch in ihren Gewohnheiten unterscheiden sich die beiden. Während das Kaninchen als Grabtier und Höhlenbewohner in der Gemeinschaft lebt, ist der Hase ein Lauftier und ausgeprägter Einzelgänger. Das Kaninchen hat mehr Nachkommen als der Hase, sie werden blind geboren und sind Nesthocker, während beim Hasen sehende, nestflüchtige Junge geworfen werden. In der Kaninchenzucht hat man einige Rassen bewußt dem Hasenaussehen angepaßt, obwohl die anderen Kaninchen-Charakteristika geblieben sind. In Süddeutschland spricht man von »Stallhasen«, wenn man Kaninchen meint. Das Hauskaninchen (*Oryctolagus cuniculus forma domestica*) ist ein wichtiger Fleisch- und Fellieferant. Die Rassekaninchenzucht möchte das Tier in seiner Art erhalten und mit dem Zuchtziel Schönheit und Leistung ständig neue Rassen kreieren. Die Vielzahl der Varianten läßt sich gruppieren nach der Nutzungsrichtung in Rassekaninchen, Fleischkaninchen und Haarkaninchen (Angora), nach der Haarlänge in Kurz-, Mittel- und Langhaar-Kaninchen (unter 20 mm, von 20 bis 30 mm und über 30 mm) und nach der Körpergröße in Große (5 bis 7 kg), Mittelgroße (3 bis 5 kg) und Kleine (bis zu 3 kg) Rassen. In bezug auf die Fleischleistung haben sich die Züchter die Erfahrungen aus der Großtier- und Geflügelzucht zu eigen gemacht und bei besonders fruchtbaren und frohwüchsigen Rassen mit Hilfe der Drei- oder Vierwegekreuzung entsprechende Hybridkaninchen gezüchtet. Gepaart wird eine sehr fruchtbare Mutter mit guter Fleischleistung und ein sehr fleischreicher Vater mit genügender Fruchtbarkeit. Die Nachkommen bringen dann bei günstiger Futterverwertung in 12 Wochen Gewichte bis über 3 kg auf die Waage. Außer der Mastleistung wird bei den Müttern ein schnelles Wurfintervall (etwa alle 70 Tage) und eine große Wurfstärke (durchschnittlich 8 Tiere) erwartet. Die wichtigsten Ausgangsrassen sind die Weißen Neuseeländer, die Weißen Wiener, die Weißen Riesen und die Holländer-Kaninchen.

Kaninchen abbalgen: Die Sehnen an den Hinterläufen freilegen, den Körper mit dem Kopf nach unten aufhängen. Die Balginnenseite bis zum After und den Sprunggelenken der Hinterläufe aufschneiden.

Haltung, Mast und Schlachtung

Kaninchen sind zahme, zutrauliche, anspruchslose Tiere, Pflanzenfresser und Nagetiere. Die Liebhaberzüchter nutzen diese Eigenschaften, sie ernten selbst das Grünfutter, geben Möhren oder Rüben sowie Getreide und ein Mineralstoff-Vitaminkonzentrat dazu. Heu, Stroh und Silofutter eignen sich zur Vorratshaltung. Wichtig beim Kaninchen ist eine gute Futterhygiene, da die Tiere empfindlich auf verdorbenes Futter reagieren; außerdem brauchen sie ständig frisches Wasser. Die Haltung erfolgt meist in Holz- oder Metallkäfigen. Die Bodenhaltung für ganze Herden ist schon häufig ausprobiert worden, allerdings gibt es hier Probleme hinsichtlich der Abgrenzung und vor allem auch der Hygiene. Die Stallungen sind meist Offenställe bzw. nur Schattendächer. Große Herden werden in Massivstallungen gehalten, die voll klimatisiert sind. Dort arbeitet man in getrennten Einheiten für Zucht, Muttertiere und Mast und wendet moderne Verfahren der Reproduktionskontrolle (künstliche Besamung, Brunstsynchronisation, Ammenhaltung usw.) mit großem Erfolg an. Von den Kleintierzüchtern werden die Tiere geschlachtet, wenn sie nicht mehr zuchttauglich sind oder die Zahl der notwendigen Nachkommentiere überschreiten. In der Hausschlachtung werden die Tiere betäubt, getötet, ausgebalgt (vom Fell befreit) und ausgenommen. Die Schlachtung erfolgt ebenfalls auf dem Erzeugerbetrieb oder in einer Spezialschlachterei (von denen es in Deutschland noch nicht viele gibt). Bereits das Ausnüchtern, das Einfangen und das Halten der Tiere zum Schlachten und besonders natürlich die Schlachttechnik - also das Betäuben (mit Schlagholz oder Schlagbolzen), das Töten (Durchschneiden der Halsschlagader mit spitzem Messer) und das Ausbluten - haben einen großen Einfluß auf die spätere Fleischqualität. Das Ausbalgen sollte erst nach Krampflösung und Bewegungslosigkeit des getöteten, jedoch noch warmen Tieres mit den in der Bildfolge gezeigten Handgriffen vorgenommen werden. Soll das Fell weiterverwendet werden, muß es aufgespannt, vom Fett befreit und getrocknet werden, ehe der eigentliche Konservierungsprozeß eingeleitet wird.

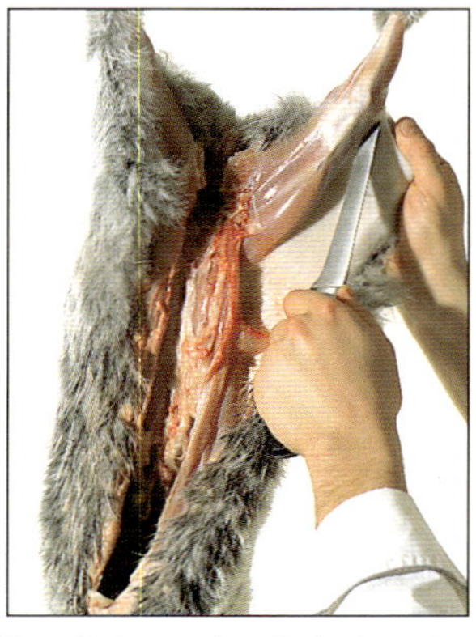

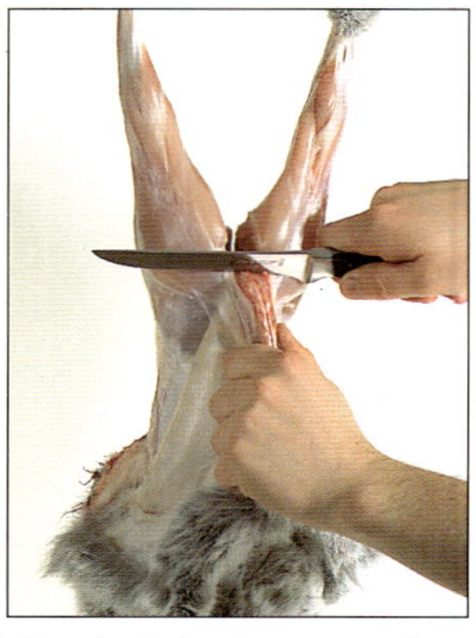

Den Balg an den Gelenken durch Rundschnitt abtrennen, die Keulen freilegen. An der Schwanzwurzel durch die Wirbel schneiden, den Schwanz durch den Balg ziehen, abschneiden.

Fleischqualität und Marktangebot

Die Fleischqualität ist je nach Herkunft und Alter der Tiere sehr unterschiedlich. Das beim Verbraucher so beliebte Kaninchenfleisch stammt von Jungmastkaninchen aus der Fleischkaninchenzucht und garantiert eine hohe und vor allem gleichbleibende Fleischqualität. Das Kaninchen liefert ein hervorragendes Fleisch. Mit seinem hohen Eiweiß- und niedrigen Fettgehalt kommt es den Wünschen einer aufgeklärten, ernährungsbewußten Verbraucherschaft in besonderer Weise entgegen.

DIE WICHTIGSTEN NÄHRSTOFFE

In 100 g eßbarem Anteil sind enthalten:

Eiweiß	20,8 g	Magnesium	29 mg
Fett	7,6 g	Kalium	382 mg
Energie	164 kcal / 686 kJ	Vitamin A	0,3 µg
Natrium	47 mg	Vitamin B_1	110 µg
Calcium	14 mg	Vitamin B_2	66 µg
Phosphor	224 mg	Niacin	860 µg

Kaninchenfleisch ist leicht verdaulich, weshalb es sich für eine diätetische Kost gut eignet. Die Schwankungen im Eiweiß- und Fettgehalt sind altersbedingt, Jungmastkaninchen weisen die günstigeren Werte auf. Der Fettgehalt ist in den verschiedenen Körperteilen unterschiedlich hoch, die fettärmsten Teilstücke sind Keulen, Läufe und Rücken. Die Fettzusammensetzung selbst ist vorteilhaft, das Fett enthält hohe Mengen an ungesättigten Fettsäuren (Linol- und Linolensäure). Der Cholesteringehalt ist mit 30 bis 40 mg / 100 g Fleisch relativ gering.
Man kann Kaninchen als ganze Schlachtkörper im Wild- und Geflügelhandel beziehen. Desgleichen sind jederzeit Teilstücke zu bekommen. Angeboten werden die Vorderschenkel mit Brust (22 bis 24 %), der Rücken (34 bis 38 %), die Keulen (32 bis 36 %), das Herz und die Leber (5 bis 7 % vom Gesamtschlachtkörper, ohne Kopf). Die Schlachtausbeute ist mit etwa 50 % niedrig. Die Gründe dafür sind der Fellanteil und speziell der relativ große Verdauungstrakt, der für einen Pflanzenfresser notwendig und beim Kaninchen durch eine »Gärkammer« in Form der großen Blinddärme zu charakterisieren ist.

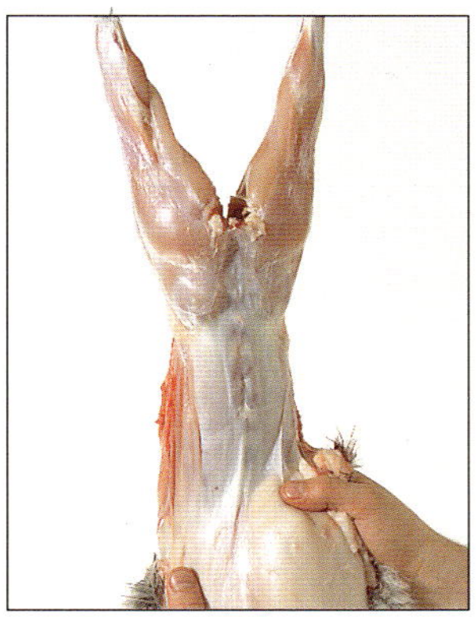

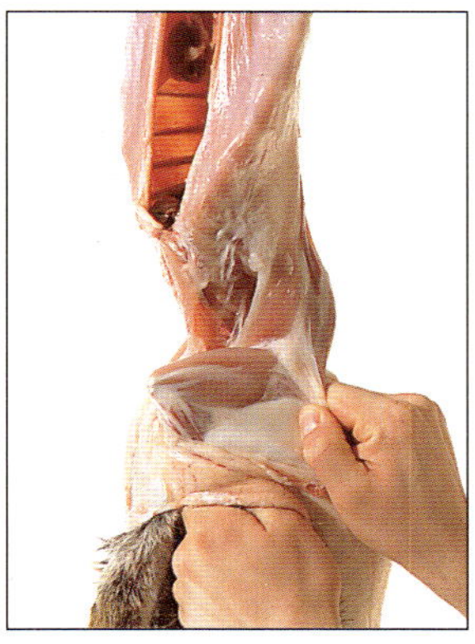

Den Balg mit kräftigem Zug über den Rücken in Richtung Kopf abziehen. Die Vorderläufe nach oben aus dem Balg drücken und diesen bis zum Handwurzelgelenk abziehen.

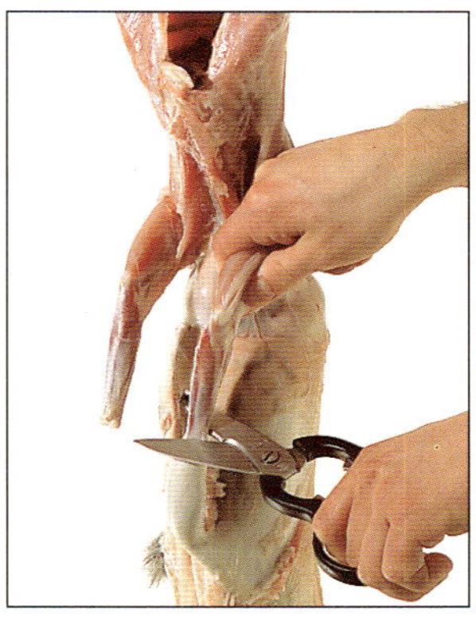

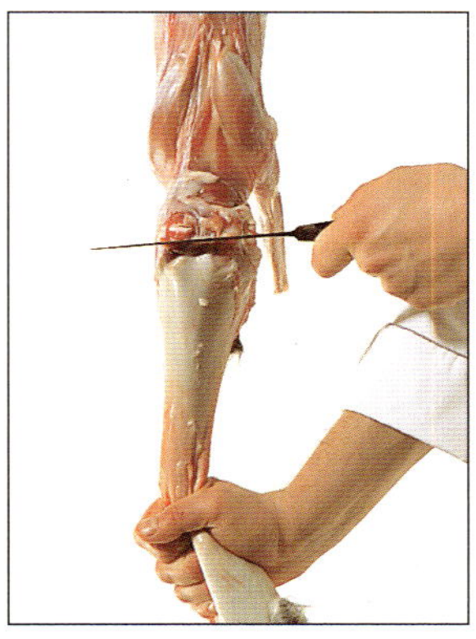

Den Balg abschneiden und die Pfoten im Handwurzelgelenk abtrennen. Den Kopf durch Abziehen des Balgs freilegen. Den Balg mit den Ohren vom Kopf abschneiden.

Kaninchen zerteilen

Für das Zerteilen eines Kaninchens sind ein Messer, eine kräftige Küchenschere und ein kleines Küchenbeil ausreichend. In der Regel werden die Teile im ganzen gebraten, nur für Schmorgerichte werden Rücken, Keulen und Läufe nochmals geteilt.

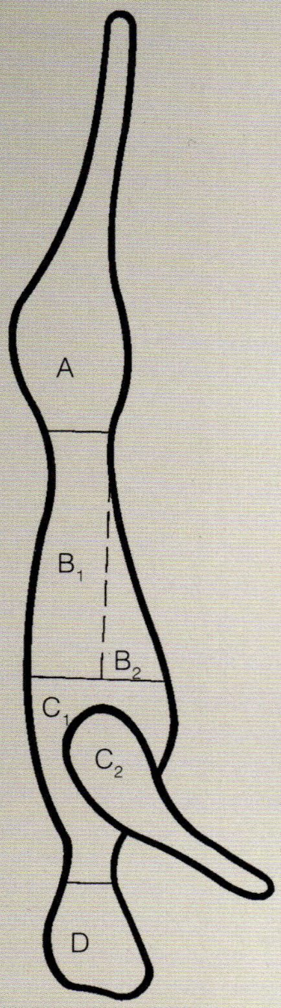

Schnittführung am Kaninchenschlachtkörper.
A = Keule
B_1 = Rücken
B_2 = Bauchlappen
C_1 = Vorderteil ohne Vorderschenkel
C_2 = Vorderschenkel
D = Kopf

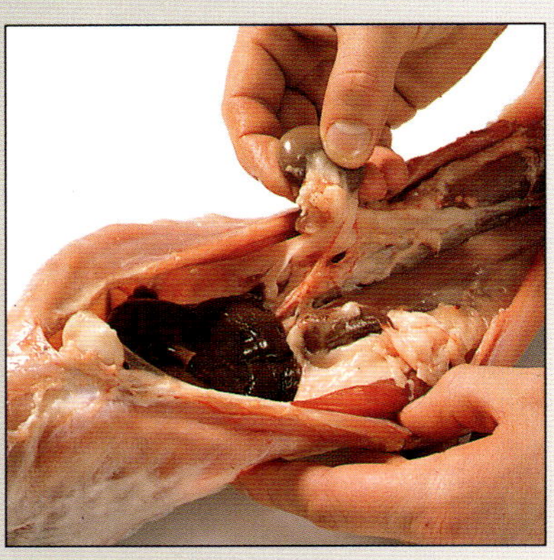

1 **Innereien entfernen:** Als erstes Herz, Leber und Nieren vorsichtig aus dem Körper ziehen und abtrennen.

2 Die dünnen Fetthäutchen um die Nieren mit den Fingernägeln behutsam anritzen und abziehen.

3 Als besondere Delikatessen gelten: das Herz für Ragouts; Leber und Nieren zum Kurzbraten oder Grillen.

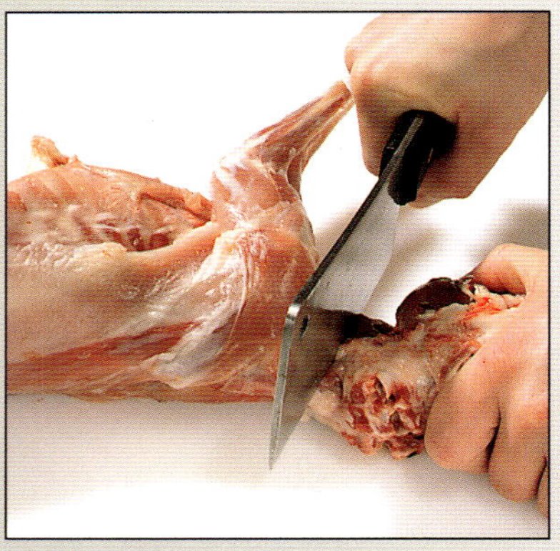

1 **Kaninchen zerteilen:** Den Kopf festhalten und mit einem Küchenbeil zusammen mit dem Hals abhacken.

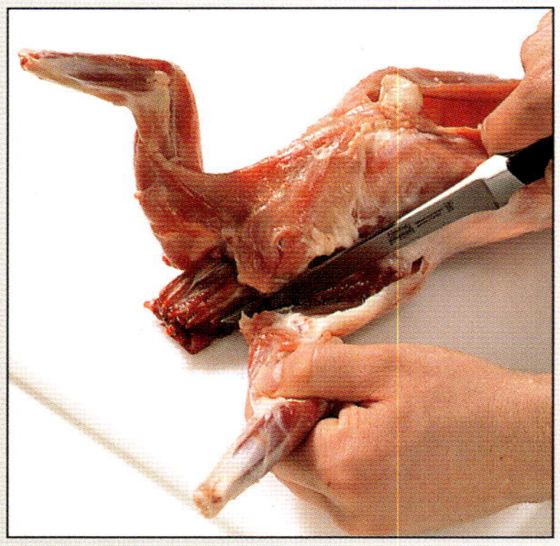

2 Bei den Vorderläufen die Achselhöhle einschneiden, den Lauf wegspreizen, das Gelenk durchtrennen.

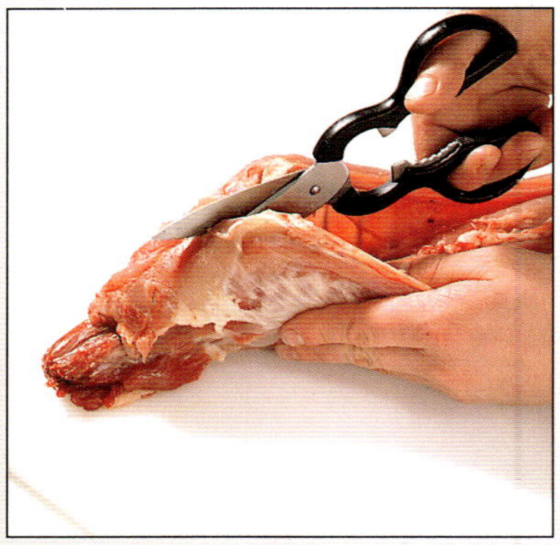

3 Den Brustkorb mit einer Küchenschere von der Bauchöffnung bis hin zum Halsansatz aufschneiden.

4 Die Bauchlappen und Rippenbögen parallel zum Rückgrat mit der Küchenschere abschneiden.

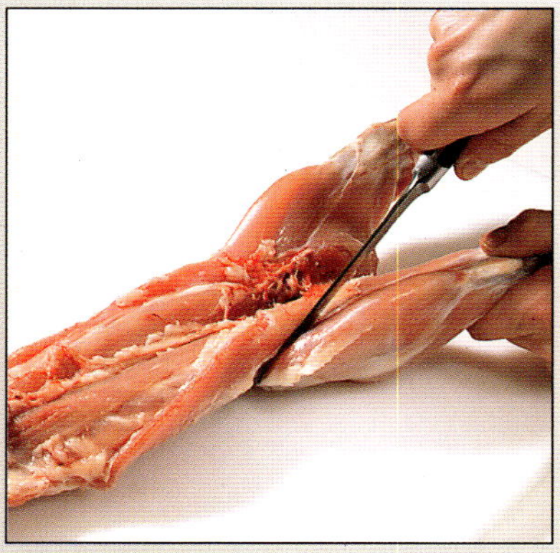

5 Die Keulen links und rechts oberhalb der Beckenknochen mit einem kurzen Messerschnitt anlösen.

6 Rücken im Bereich der Lendenwirbel, die Keulen zwischen Kreuzbein und Schwanzwirbel durchschlagen.

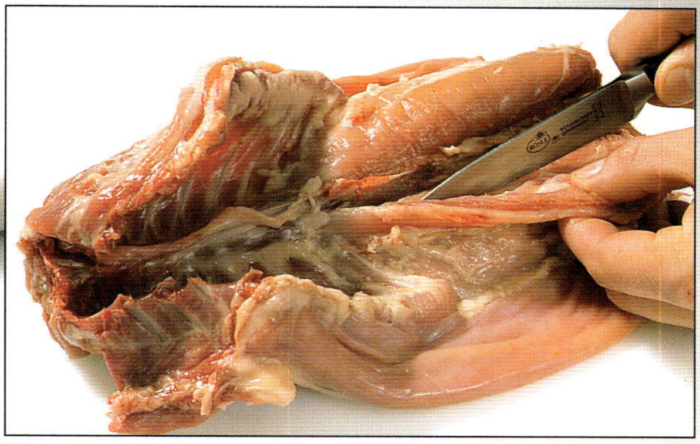

Kaninchenrücken zum Füllen vorbereiten: Die kleinen Filets entlang dem Rückgrat vorsichtig herauslösen, sie können später in der Füllung mitverarbeitet werden.

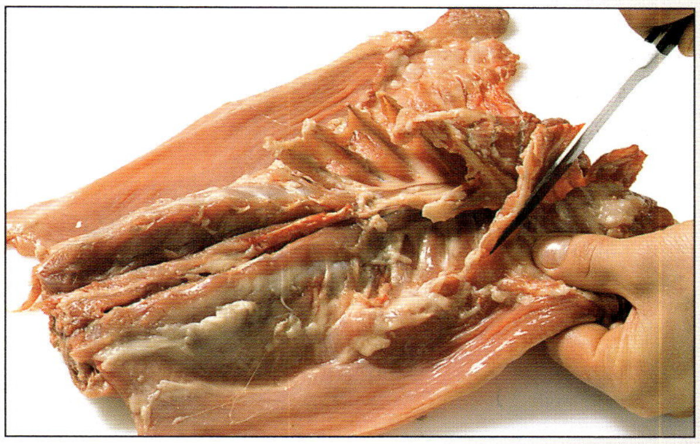

Mit der Messerspitze mit kleinen Schnitten die Bauchlappen von den Rippen lösen, ohne das Fleisch dabei zu verletzen (die Füllung würde sonst austreten können).

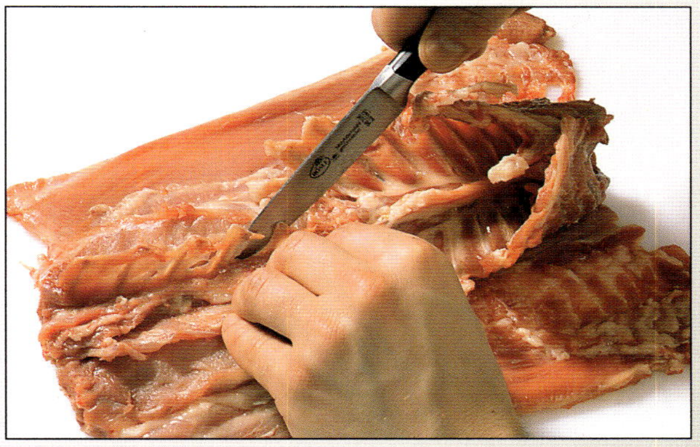

Das Rückgrat freilegen, dazu die Messerschneide möglichst eng entlang dem Knochen führen, damit keine Fleischreste am Knochengerüst zurückbleiben.

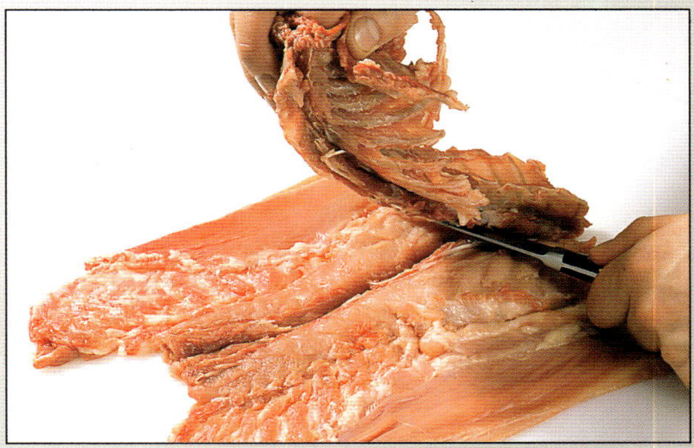

Das Knochengerüst entlang dem Rückgrat vorsichtig herauslösen; besonders hier darauf achten, daß die Haut zwischen den Rückenfilets nicht verletzt wird.

KANINCHENGEWICHTE

abgebalgt mit Kopf und Innereien	2200 g
Rücken	560 g
Keulen	700 g
Läufe (Vorderläufe)	280 g
Rippen mit Bauchlappen	240 g
Kopf und Hals	330 g
Innereien	100 g
davon:	
Herz	10 g
Nieren	20 g
Leber	70 g

Aus einem Kaninchen ergeben sich in der Regel 3 bis 4 Portionen. Bei diesen Gewichtsangaben handelt es sich um Durchschnittswerte. Gewogen wurden die Teile des in der Bildfolge zerlegten Kaninchens.

Fonds, Suppen und Saucen

Aus dem Fleisch von Geflügel und Kaninchen, vor allem aber aus den weniger edlen Stücken – beim Geflügel der Hals, die Flügel, der Magen und die Karkasse – wird der Fond gekocht. Als eher unscheinbarer Baustein ist der Fond ein unverzichtbarer Grundstock für Suppen und Saucen, auf den in der Küche nie verzichtet werden kann. Unter den verschiedenen Fonds kommt dem Geflügelfond – Fond de volaille – allerdings eine übergeordnete Rolle zu. Er wird in der Regel mit Kalbsfüßen oder Kalbsknochen gekocht und genießt in dieser Zubereitung hohes Ansehen in den internationalen Küchen. Als Hühnerbrühe – Fond de poulet oder Chickenstock – ist er überall dort unentbehrlich, wo eine gute Brühe von Nöten ist. Da dieser Fond zudem je nach Konzentration höchst variabel ist, findet er nicht nur für Geflügelgerichte Anwendung. Als »Fond blanc de volaille« ist er die ideale Zutat für helles Fleisch, Geflügel und Gemüsegerichte, ja selbst in der Fischküche kann er hilfreich sein. Etwas konzentrierter wird er zur beliebten Hühnerbouillon, die wiederum Basis für viele Geflügel- oder Gemüsesuppen ist. Noch stärker eingekocht und mit Eiweiß geklärt, wird er zur Consommé. Die konzentrierteste Form des Hühnerfonds ist die Reduktion – Glace de volaille –, die durch stundenlanges Einkochen bis etwa auf ein Zehntel oder weniger des ursprünglichen Volumens gewonnen wird. Ein solches Konzentrat ist die ideale Zutat überall dort, wo viel Geschmack in konzentrierter Form nötig ist, nicht nur bei Geflügel, sondern auch bei anderem Fleisch, Wild oder Gemüsegerichten. Denn trotz des starken Fleischaromas ist die Glace vom Huhn so neutral, daß sie den Eigengeschmack anderer Zutaten nicht überdeckt.

Mit entsprechendem Gemüse hat man die Möglichkeit, einen Fond
oder eine Bouillon geschmacklich zu variieren.

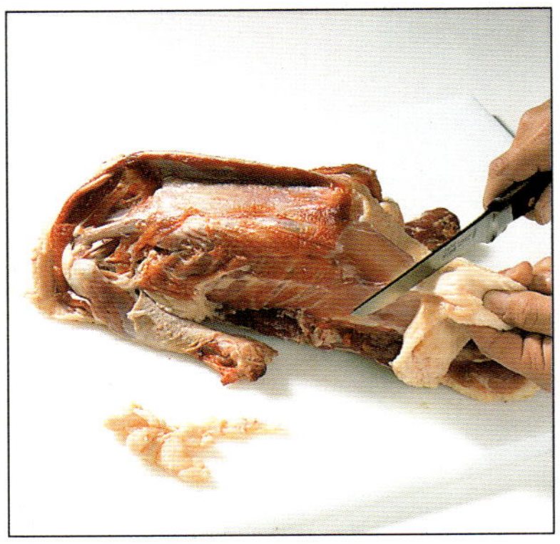

1 Von den Karkassen mit einem scharfen Messer sorgfältig soviel Fett wie möglich entfernen.

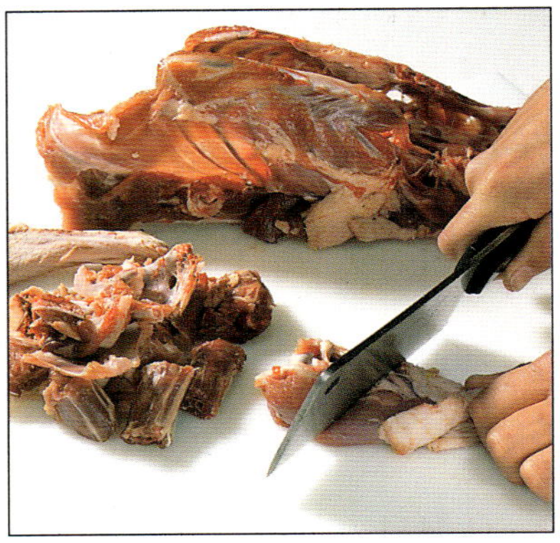

2 Die Karkassen zerlegen, das heißt, mit einem kleinen Küchenbeil in gleich große Stücke hacken.

3 Die unter fließendem Wasser kurz abgespülten Herzen und Mägen in ebenso große Stücke schneiden.

4 Das Öl in einem Bräter im Ofen bei 250° C erhitzen, Karkassen und Innereien kräftig anrösten.

5 Das gewürfelte Gemüse, die Zwiebel, die Pfefferkörner und die Knoblauchzehe zugeben und mitrösten.

6 Sobald das Gemüse leicht Farbe angenommen hat, das Tomatenmark zugeben, gelegentlich umrühren.

7 Das trockengeröstete Gemisch mit etwas Wasser ablöschen, dabei kräftig durchrühren und wenden.

8 Immer wieder mit etwas Wasser ablöschen und bis zur gewünschten Farbgebung reduzieren lassen.

Dunkler Geflügelfond

AM BEISPIEL EINES ENTENFONDS

Der Schlüssel zum Erfolg von geschmacklich perfekten Saucen liegt in dem verwendeten Grundfond. Je feiner und aromatischer dieser ist, desto besser wird die Sauce. Ein auf Vorrat gekochter und portionsweise eingefrorener Fond bietet zudem die Möglichkeit, in kürzester Zeit verschiedenste Saucen zu zaubern. Für dunkle Saucen ist ein dunkler Fond die Basis. Dazu finden alle Teile Verwendung, die beim Zurichten der Ente anfallen: die Karkasse (Knochengerüst ohne Haut) und das Geflügelklein, wie etwa die Sehnen, Knorpel, der Hals, der Magen, das Herz und die Flügel. Teile von verschiedenen Tierarten sollten nicht miteinander vermischt werden, um nicht den typischen Geschmack des verwendeten Geflügels zu verfälschen. Die Farbe bekommt der dunkle Fond durch das Anrösten der Zutaten. Gewürzt wird nur sehr sparsam, gesalzen überhaupt nicht, da der Fond - teilweise sogar bis zu einer sirupartigen Glace - eingekocht (reduziert) wird. Einen dunklen Geflügelfond vom Huhn, Perlhuhn oder Truthahn kann man nach dem nebenstehenden Rezept ohne Änderungen der übrigen Zutaten zubereiten.

2 Entenkarkassen (mit Hals etwa 2,2 kg)
2 Entenherzen, 2 Entenmägen
4 EL Öl
150 g Möhren
200 g Knollensellerie mit Schale, 100 g Lauch
1 halbierte Zwiebel, mit 1 Lorbeerblatt und 1 Nelke gespickt
10 schwarze Pfefferkörner
1/2 Knoblauchzehe mit Schale
1 EL dreifach konzentriertes Tomatenmark
3 l Wasser
etwas glatte Petersilie
Kräutersträußchen: Thymian, Petersilie, Sellerieblätter und Salbei

Wichtig für einen guten Fond ist sein geringer Fettgehalt. Dafür die Karkassen zu Beginn der Verarbeitung von allem sichtbaren Fett befreien. Beim Aufkochen nach der Reduktion wird das Fett, welches sich zusammen mit den Eiweißstoffen in Form von Schaum an der Oberfläche absetzt, vorsichtig abgeschöpft. Für einen klaren Fond ist es wichtig, daß die Trübstoffe abgeseiht werden. Danach den Fond bis zur gewünschten Konsistenz reduzieren, nochmals entfetten, nach Bedarf portionsweise abfüllen und erkalten lassen.

9 Wasser auffüllen, bis alles vollständig bedeckt ist, Petersilie zugeben. 3 bis 4 Stunden köcheln lassen.

10 Sind die Knochen gut ausgelaugt, den Inhalt des Bräters vorsichtig in einen großen Topf füllen.

11 Kurz aufkochen lassen, den sich bildenden Schaum mit einem Löffel öfters sorgfältig abnehmen.

12 Das Kräutersträußchen zugeben und alles miteinander 3 bis 4 Stunden weiterkochen lassen.

13 In regelmäßigen Abständen den auftretenden Schaum mit einem Löffel vollständig entfernen.

14 Ein Spitzsieb mit einem Passiertuch auslegen, den Fond vorsichtig einfüllen und durchseihen.

HELLER GEFLÜGELFOND AUS DEN KARKASSEN VOM HUHN

Die Zubereitungsmethode ist ähnlich dem dunklen Fond von Seite 62/63, jedoch dürfen die Karkassen beim Anschwitzen keine Farbe annehmen, also keine Röststoffe entwickeln. Anstelle der Hühnerkarkassen können für diesen Fond natürlich auch die Karkassen von anderen Geflügelarten, wie zum Beispiel einer Ente oder Gans, verwendet werden.

(für etwa 2,5 l Fond)

2 kg Hühnerkarkassen (mit Hals, Magen und Herz)
750 g Kalbsknochen in Scheiben
4 EL Pflanzenöl
100 g Möhren, je 80 g Stangensellerie und Lauch
40 g Knollensellerie
1/4 l trockener Weißwein, 3 l Wasser
1 Lorbeerblatt, 15 Pfefferkörner
4 Pimentkörner
1 angedrückte Knoblauchzehe

Die gehackten Karkassen und die Kalbsknochen unter fließendem Wasser 1/2 Stunde wässern. Gut abtropfen lassen. Das Öl in einem Bräter erhitzen, die Karkassen mit den Kalbsknochen hell anschwitzen, das grobgeschnittene Gemüse zugeben und weiter anrösten, ohne Farbe nehmen zu lassen. Mit dem Wein ablöschen. In einen Topf umfüllen, das Wasser zugießen und einmal aufkochen lassen. Abschäumen und 2 Stunden leicht köcheln lassen, wenn nötig, Wasser nachfüllen. Nach 1 Stunde die Gewürze zugeben. Nach Ablauf der Garzeit 20 Minuten ziehen lassen, durch ein Tuch seihen und entfetten.

HÜHNERBRÜHE AUS DEM GANZEN HUHN

Unter der allgemein üblichen Bezeichnung »Brühe« ist eine gehaltvolle, klare helle Bouillon zu verstehen. Im Gegensatz zum Fond bezieht sie ihre Kraft nicht nur aus den Knochen, sondern auch aus dem Fleisch, das mitgekocht wird. Ihre Herstellung ist sehr einfach und der Nutzen ein doppelter: Die Brühe ist Basis für Suppen und Saucen, das mitgekochte Fleisch findet Verwendung für Ragouts, Salate oder als Einlage. Für die Hühnerbrühe ist ein ganzes Suppenhuhn bestens geeignet. Es bringt jedoch viel Fett mit, das aber später von der erkalteten Brühe abgehoben oder mit Küchenpapier entfernt werden kann. Wer seiner Brühe eine schöne, tiefe Farbe geben möchte, läßt ein paar in der Schale geröstete Zwiebeln mitkochen.

(für etwa 3 l Brühe)

1 Suppenhuhn (2 bis 2,5 kg)
1 kg Kalbsknochen in Scheiben
4 l Wasser
20 Pfefferkörner
2 angedrückte Knoblauchzehen
1 Zwiebel, mit 4 Nelken gespickt
Für das Bouquet garni:
1 Möhre, 1/2 Stange Lauch, 1 Stangensellerie
2 Lorbeerblätter, 2 Thymianzweige
6 Petersilienstengel

Das geviertelte Suppenhuhn und die Kalbsknochen mit heißem Wasser bedecken und möglichst schnell zum Kochen bringen. Aufwallen lassen, bis das Eiweiß und die Schmutzteile an die Oberfläche steigen. Abgießen und mit warmem Wasser abbrausen. Mit frischem Wasser auffüllen, wieder zum Kochen bringen und erneut sorgfältig abschäumen. Die Hitze reduzieren und etwa 3 Stunden unter dem Siedepunkt halten. Nach 2 Stunden die Gewürze und das Bouquet garni zugeben und, wenn nötig, Wasser nachfüllen. Die fertige Brühe durch ein Tuch passieren, abkühlen lassen und das Fett abheben.

Geflügelfond

DIE BASIS FÜR DIE GUTE GEFLÜGELKÜCHE

Ob Geflügelfond, Geflügelbrühe oder Bouillon - gemeint ist immer eine helle, möglichst kraftvolle Brühe, die als Suppe, als Basis für Saucen oder zum Pochieren von Geflügel und Galantinen eingesetzt werden kann. Durch Klären mit Fleisch kann sie auch bis zur kräftigen Consommé (Kraftbrühe, siehe Seite 66/67) weiterverarbeitet werden. Grundsätzlich gibt es zwei Methoden, eine helle Brühe zuzubereiten: entweder aus Geflügelkarkassen, also den Knochen und den Fleischabgängen, oder aus dem ganzen Huhn. Am meisten Geschmack bringt dabei ein Suppenhuhn, also ein älteres Tier. Eine Kombination von Geflügelkarkassen und Suppenhuhn ist eine sehr empfehlenswerte dritte Möglichkeit, wenn man sie nach der Bouillon-Methode kocht. Die Zusammensetzung lautet dann wie folgt: 1/2 Suppenhuhn von etwa 1,2 kg, 1 kg Geflügelknochen (Karkassen) und 1 kg Kalbsknochen. Letztere gehören bei der Hühnerbrühe mit in den Topf, da sie einerseits den Geschmack verfeinern und andererseits besonders viel Gelierstoffe mitbringen, welche vor allem dem reduzierten Fond eine angenehme Konsistenz verleihen. Der helle Fond beziehungsweise die Hühnerbrühe wird zum Aufgießen von weißen Saucen, für Frikassee, Blanquette und zum Pochieren von Geflügel verwendet, der dunkle Fond für die Zubereitung brauner Saucen, dunkler Ragouts und zum Schmoren. Auch wenn die Zutatenmengen der nebenstehenden Rezepte auf den ersten Blick sehr hoch erscheinen, lohnt es sich, die gesamte Menge zu verwenden, da man die Brühe oder den Fond bestens auf Vorrat halten kann. Heiß in gut verschließbare Gläser eingefüllt, hält sie sich im Kühlschrank bis zu 2 Wochen und tiefgefroren mehrere Monate. Fonds und Brühen werden grundsätzlich nicht gesalzen, um sie beliebig reduzieren zu können und damit ihre vielseitige Verwendung zu ermöglichen.

Geflügelglace

DAS OPTIMUM AN GESCHMACK

Eine Glace ist sozusagen ein hochkonzentrierter Fond, denn ihre Basis ist immer ein passierter Geflügelfond. Dieser wird bei entsprechender Hitze ganz langsam bis zur gewünschten Konsistenz reduziert, das heißt so lange, bis die Flüssigkeit einen Löffel mit der Rundung nach oben deckt, ohne abzulaufen. Bedingt vor allem durch den Anteil an Kalbsknochen oder gar Kalbsfüßen, wird diese Reduktion im kalten Zustand zu einem festen Gelee. Sie läßt sich in kleinen Portionen über Wochen im Kühlschrank oder tiefgefroren auf Vorrat halten. So hat man ständig einen »Geschmacksverstärker« zur Hand, welcher nicht unbedingt nur für Geflügel-, sondern auch für andere Fleischgerichte, ja sogar für Fischzubereitungen sehr hilfreich sein kann.

Kraftbrühe oder Consommé

DIE KRAFT KOMMT VOM GEFLÜGEL, DIE FRISCHE VOM RINDFLEISCH

Solch eine glasklare Suppe mit viel Geschmack läßt sich allein aus Geflügel nicht herstellen. So vorsichtig man eine Bouillon auch kochen mag, diese Transparenz kann nur mit Hilfe eines gesonderten Klärvorgangs erreicht werden. Sie wird durch den Zusatz von Hühnereiweiß möglich, welches den Geschmack der Suppe jedoch nicht verstärkt. Eine entscheidende Geschmackssteigerung gelingt dabei nur mit Rindfleisch. Da dieses sogenannte »Klärfleisch« ein völlig mageres und sehnenreiches Stück sein muß, sind sowohl die Haxe als auch der Unterschenkel vom Rind ideal. Es sollte möglichst frisch geschlachtetes Fleisch sein, um diesen frischen Geschmack der Kraftbrühe zu erzielen. Vor allem durch seinen hohen Eiweißgehalt (rund 20%) und die kollagenhaltigen Sehnen ist dieses Fleisch bestens zum Klären geeignet. Wer den Geschmack einer Consommé vom Geflügel darüber hinaus noch steigern möchte, kann leicht angeröstete Geflügelknochen mitgaren.

GEFLÜGEL-CONSOMME

Stellvertretend für jede Geflügel-Consommé wird in diesem Rezept eine Hühnerkraftbrühe gekocht.

(für 1,5 l Consommé)

350 g schieres Klärfleisch (Rinderwade)

180 g kleingewürfeltes Gemüse (Knollensellerie, Möhren, Lauch)

1 Tasse gestoßenes Eis, 3 Eiweiße

1 angedrückte Knoblauchzehe

10 Pfefferkörner, 1 Thymianzweig

10 Petersilienstengel

2 l völlig entfettete Hühnerbrühe (siehe Seite 64/65)

Salz

Die Consommé, wie in der Bildfolge unten beschrieben, zubereiten. Wichtig ist dabei, daß bis zum Aufkochen des Klärfleisches ständig am Topfboden gerührt wird, um ein Anbrennen der Eiweiße zu verhindern. Anschließend muß nicht mehr gerührt werden, da das Eiweiß nun alle festen Stoffe bindet.

Das sorgfältig parierte, fettfreie Klärfleisch durch die grobe Scheibe des Fleischwolfs drehen.

Consommé klären und fertigstellen:

Fleisch, Gemüse, Eis und Eiweiß in eine Kasserolle geben und gut miteinander verrühren.

Die Gewürze unter die eiskalte Fleisch-Gemüse-Mischung rühren und mit der Geflügelbrühe auffüllen.

Erhitzen, dabei mit einem Bratenwender ständig am Topfboden rühren, damit das Eiweiß nicht anhängt.

Sobald die Brühe aufkocht, den Rührvorgang beenden. 30 bis 40 Minuten unter dem Siedepunkt ziehen lassen.

Vom Herd nehmen, salzen, 10 Minuten ruhen lassen, anschließend durch ein Sieb mit Passiertuch gießen.

CONSOMME VON PERLHUHN UND TOMATEN

Dieses Rezept ist ein gutes Beispiel dafür, wie eine Geflügel-Consommé durch die Säure von Tomaten geschmacklich hervorragend verändert werden kann.

(für 1 l Consommé)

500 g Karkassen vom Perlhuhn

200 g schieres Klärfleisch (Rinderwade)

120 g kleingewürfeltes Gemüse (Petersilienwurzel, Möhren, Stangensellerie)

1/2 Tasse gestoßenes Eis

2 Eiweiße

150 g doppelt konzentriertes Tomatenmark

300 g frische Tomatenwürfel

1,5 l helle Brühe vom Perlhuhn oder Huhn (siehe Seite 64/65)

1 angedrückte Knoblauchzehe

10 Pfefferkörner

2 Blätter Liebstöckl, 10 Petersilienstengel

Salz

Gemüsestreifen sind für jede Consommé eine passende Einlage. Aber auch gekochtes Fleisch der jeweiligen Geflügelsorte bietet sich an.

Die Perlhuhnkarkassen in kleine Stücke hacken, in einen großen Topf geben, mit Wasser bedecken und einmal kräftig aufkochen lassen. Sofort in ein Sieb schütten und gut abtropfen lassen. Das Klärfleisch durch die grobe Scheibe des Fleischwolfs drehen, mit dem vorbereiteten Gemüse, dem Eis und dem Eiweiß in eine Kasserolle geben und gut verrühren. Das Tomatenmark und die Tomatenwürfel zugeben und unterrühren. Die kalte Brühe aufgießen und, wie in den Arbeitsschritten links beschrieben, zum Kochen bringen. Die Perlhuhnkarkassen und die Gewürze hinzufügen und bei schwacher Hitze etwa 30 Minuten ziehen lassen. Vom Herd nehmen, salzen und noch 10 Minuten stehen lassen, bevor die Consommé durch ein Passiertuch abgegossen wird. Mit passender Einlage wie etwa Tomatenwürfel oder Perlhuhnfleisch servieren.

Suppeneinlagen aus Geflügelfleisch

EINE WOHLSCHMECKENDE ERGÄNZUNG FÜR KRAFTBRÜHEN UND CREMESUPPEN

Von den gebräuchlichen Suppeneinlagen wie Nudeln, Reis oder Gemüse, die natürlich auch für alle Geflügelsuppen verwendet werden können, heben sich die Klößchen, Gnocchi oder Ravioli aus Geflügelfleisch geschmacklich und optisch angenehm hervor. Sie harmonieren ganz besonders mit den Suppen, wenn sie aus dem Fleisch derselben Geflügelsorte zubereitet werden, von der auch der Fond stammt. Diese kleinen, leichten Farcen sind nicht sonderlich arbeitsaufwendig, wie die Beispiele auf dieser Seite zeigen, und können aus allen Geflügelfleischsorten zubereitet werden. Mit Hilfe verschiedener Gewürze lassen sich die Einlagen zudem beliebig variieren.

Geflügelklößchen vertragen sich durchaus auch mit Gemüseeinlagen, wie die Wachtelrosetten mit Navets und Zucchini beweisen.

WACHTELROSETTEN

Eine dekorative Suppeneinlage, die ebenso in Form von Klößchen oder länglichen Gnocchis gefertigt werden kann; zu Rosetten gespritzt, sieht sie aber besonders hübsch aus. Hier finden auch Fleischteile eine Verwendung, die sich zum Braten nicht eignen oder gerade nicht benötigt werden. Bei den Wachteln bleiben beispielsweise oft die Keulen übrig, da nur die Brüste für ein Gericht verarbeitet werden.

150 g Wachtelfleisch
Salz, frisch gemahlener weißer Pfeffer
1 Messerspitze Ingwerpulver
1 cl Cognac
1/2 Eiweiß
120 ml Sahne
1/4 l heller Geflügelfond (siehe Seite 64/65)

Das Wachtelfleisch in feine Würfel schneiden, in einer Schüssel mit den Gewürzen bestreuen, mit Cognac beträufeln und zugedeckt im Kühlschrank gut durchkühlen lassen. In einer Küchenmaschine fein mixen und das gekühlte Eiweiß zugeben. Nach und nach die gut gekühlte, am besten leicht angefrorene Sahne einarbeiten. Die Farce durch ein feines Sieb streichen und nochmals kühl stellen. In einen Dressiersack mit Sterntülle füllen, auf eine leicht geölte Unterlage Rosetten spritzen und ganz leicht anfrieren lassen. Mit einem Messer abheben und im siedenden Geflügelfond – er darf keinesfalls kochen – vor dem Servieren in 2 bis 3 Minuten garziehen lassen.

ENTENLEBERGNOCCHI

Wer möchte, kann auch jede andere Geflügelleber für dieses Rezept verarbeiten, mit Entenlebern sind die Gnocchi allerdings am schmackhaftesten.

70 g schieres Entenfleisch ohne Haut
70 g Entenleber
Salz, frisch gemahlener weißer Pfeffer
1 Messerspitze Piment
1/2 Eiweiß
100 ml Sahne
1 TL gehackte Kräuter (z.B. Petersilie, Schnittlauch, Majoran)
1/4 l heller Hühnerfond (siehe Seite 64/65)

Das Entenfleisch und die Leber separat würfeln, würzen, mit Folie bedecken und im Kühlschrank gut durchkühlen lassen. In der Küchenmaschine zuerst die Entenwürfel fein mixen, die Leberwürfel und das Eiweiß zugeben und unterarbeiten. Die angefrorene Sahne nach und nach zugießen und mitmixen. Die Farce durch ein feines Sieb streichen, die Kräuter unterheben, mit einem Kaffeelöffel feine Gnocchi abstechen und im siedenden Fond in 2 bis 3 Minuten garziehen lassen.

RAVIOLI MIT TAUBENFÜLLUNG

Diese Teigtäschchen mit einer Füllung aus Geflügelfleisch eignen sich sehr gut als Einlagen, besonders dann, wenn die Geflügel-Consommé von der gleichen Geflügelsorte gekocht wurde. Die folgende Füllung mit Taubenfleisch ist eine echte Delikatesse, aber auch mit dem Fleisch einer jungen Ente, eines Perlhuhns oder einer Wachtel krönen diese Ravioli jede Suppe.

(als Suppeneinlage für 8 Portionen)
Für den Teig:
200 g Weizenmehl, 2 Eier, 1 EL Olivenöl, Salz
Für die Füllung:
160 g Taubenbrust ohne Haut
50 g frischer Spinat
1 Scheibe Toastbrot, Milch zum Einweichen
je 30 g Schalottenwürfel und gehackte Champignons
1 EL Olivenöl
je 1 TL gehackte Petersilie und Majoran
Salz, frisch gemahlener weißer Pfeffer
50 g Sahne

Aus den Zutaten für den Teig einen geschmeidigen Nudelteig bereiten, ruhen lassen, dünn ausrollen und in kleine Quadrate schneiden oder, wie im Bild zu sehen ist, rund ausstechen. Die Füllung, wie in der Bildfolge rechts gezeigt, zubereiten und darauf verteilen. Die Teigränder mit Wasser bestreichen, über die Füllung klappen und zusammendrücken. In siedendem Salzwasser in 10 bis 12 Minuten garziehen lassen.

Taubenfüllung zubereiten: Die Taubenbrust zuerst in grobe Stücke schneiden und dann mit einem Wiegemesser fein hacken. Den blanchierten Spinat ausdrücken und mit einem Messer oder einem Wiegemesser fein schneiden.

Das Toastbrot in Milch einweichen, anschließend ausdrücken und unter den Spinat mischen.

Die Schalotten- und Champignonwürfel in Öl leicht anschwitzen. Das Fleisch zugeben und anbraten.

Die Spinatmischung und die Kräuter zugeben, würzen, die Sahne zugießen. 5 Minuten bei mittlerer Hitze garen.

Diese Ravioli sind nicht nur als Suppeneinlage geeignet, sondern können auch als Vor- oder Hauptgericht gereicht werden. Mit einer Paprika- oder Tomatensauce und mit reichlich geriebenem Käse bestreut, sind sie ein vollständiges Gericht.

GEFLÜGELRAHMSUPPE

Dieses Grundrezept am Beispiel einer Hühnersuppe kann mit würzenden Zutaten oder verschiedensten Einlagen beliebig variiert werden. Zarte Gemüseeinlagen oder Geflügelklößchen (wie etwa auf Seite 68/69) passen zu dieser Suppe ebenso wie kräftige Gewürze, die jedoch den zarten Eigengeschmack der Hühnerbrühe in den Hintergrund drängen. Die Anpassungsfähigkeit der Hühnerbrühe wird auch hier wieder deutlich und läßt viel Spielraum für eigene Kreationen.

(für etwa 1 l Suppe)
20 g Butter
je 50 g Lauch und Stangensellerie
20 g Weizenmehl
1 1/4 l Hühnerbrühe (siehe Seite 64/65)
500 g Hühnerknochen
1/8 l Sahne
Salz, frisch gemahlener weißer Pfeffer
etwas frisch geriebene Muskatnuß
20 g Butter

Die Suppe wie in den Arbeitsschritten zubereiten und mit einer beliebigen Beilage servieren.

Die Butter schmelzen und das kleingeschnittene Gemüse hell anbräunen, mit Mehl bestauben und dieses ebenfalls hell anschwitzen, anschließend die Hühnerbrühe aufgießen.

Die kleingehackten Hühnerknochen mit Wasser bedecken und kurz aufkochen lassen, abgießen, zur Brühe geben und etwa 30 Minuten leicht mitköcheln lassen. Die Sahne zugießen und weitere 5 bis 10 Minuten köcheln lassen. Die Suppe würzen, durch ein Spitzsieb seihen und mit der Butter aufmontieren. Vor dem Servieren erneut erhitzen.

Rahmsuppen

MIT VIEL SAHNE UND WENIG MEHL

Durch den mehr oder weniger hohen Sahneanteil sind Geflügelrahmsuppen nicht gerade kalorienarm, aber dennoch ein »leichter« Genuß. Interessant an diesen Suppen ist, daß sich das Grundrezept fast beliebig variieren läßt. Eine solche Rahmsuppe kann, muß aber nicht mit Mehl gebunden werden, wodurch sie zur »Samtsuppe« wird, deren Konsistenz einzig und allein dem Wort »samtig« gerecht wird. Die Rezepte auf dieser Seite zeigen, daß man auch mit einem Minimum an Mehl auskommen kann und dennoch die gewünschte Geschmeidigkeit erhält. Es gibt aber auch die Möglichkeit, diese Rahmsuppen mit Eigelb zu legieren, was sie allerdings noch etwas »mächtiger« macht.

KRÄUTERRAHMSUPPE

Daß es auch deftigere Rahmsuppen geben kann, zeigt dieses Beispiel, das aber dennoch den typischen Charakter einer Geflügelrahmsuppe behält.

30 g Butter
je 30 g Schalottenwürfel und Möhren
je 50 g Stangensellerie und Lauch
20 g Petersilienwurzel
20 g Weizenmehl
1 1/4 l Hühnerbrühe (siehe Seite 64/65)
1 Lorbeerblatt
5 Pfefferkörner
2 Pimentkörner
2 Knoblauchzehen
1/8 l Sahne
Salz
4 gehäufte EL gehackte Kräuter (z.B. Petersilie, Basilikum, Sauerampfer, Kerbel und Schnittlauch)
20 g Butter

Die Butter in einer Kasserolle zerlaufen lassen und die Schalotten darin glasig schwitzen. Das kleingewürfelte Gemüse hinzufügen und weich dünsten. Mit dem Mehl bestauben, anschwitzen, mit der Hühnerbrühe aufgießen und zum Kochen bringen. Die Gewürze und den angedrückten Knoblauch zugeben und bei schwacher Hitze etwa 1/2 Stunde leicht köcheln lassen, wenn nötig, aufsteigenden Schaum mit einem Löffel abschöpfen. Die Sahne zugießen, nochmals aufkochen lassen, passieren und salzen. Die Kräuter waschen, abtropfen lassen, fein hacken und zur Suppe geben, einige Minuten ziehen lassen. Mit der Butter kurz aufmixen, erneut erhitzen und servieren. Als Einlage sind Hühnerfleisch, Klößchen oder geröstete Brotwürfel geeignet.

RAHMSUPPE VOM TRUTHAHN MIT GURKEN

(für 1 l Rahmsuppe)
500 g Truthahnknochen
1 EL Pflanzenöl
30 g Zwiebelwürfel
je 50 g Stangensellerie und Möhren
100 g Gurke
20 g Butter
20 g Mehl
1 l Geflügelbrühe, möglichst vom Truthahn (siehe Seite 64/65)
5 Pfefferkörner, 2 Petersilienstengel
1/8 l Sahne
Einlage und Garnitur:
100 g Gurkenwürfel
20 g Butter
150 g gekochte oder gebratene Truthahnbrust
4 Dillzweige

Gehackter Dill ergänzt den durch die Gurken frischen Geschmack der Suppe aufs beste.

Die zerkleinerten Truthahnknochen im heißen Öl goldbraun anbraten, herausnehmen und abtropfen lassen. Das Gemüse fein würfeln und in der Butter weich dünsten, mit dem Mehl bestauben und angehen lassen. Die Geflügelbrühe, die Gewürze und die angebratenen Knochen hinzufügen und 30 Minuten köcheln lassen. Die Sahne zugießen, umrühren und nochmals aufkochen. Durch ein feines Spitzsieb passieren. Die Gurkenwürfel in der Butter weich dünsten und mit der gewürfelten Truthahnbrust zur Suppe geben. Erneut erhitzen und, mit Dillzweigen garniert, servieren.

TAUBENCREMESUPPE

Eine Cremesuppe, die mit wenig Weißbrot und viel Sahne gebunden wird und als geschmacklichen Kontrapunkt einen Heuschreckenkrebs oder einen Kaisergranat (Scampo) enthält.

2 küchenfertige Tauben
30 g Butter
Salz, frisch gemahlener weißer Pfeffer
150 g Lauch
100 g Möhren
100 g Pastinaken
100 g Stangensellerie
1 Knoblauchzehe
1 Thymianzweig
1 1/2 l heller Hühnerfond (siehe Seite 64/65)
4 Krebse
30 g Weißbrot ohne Rinde
3/8 l Sahne
1 Messerspitze Ingwerpulver
1 Messerspitze Muskatnuß
100 g Sauerampfer

Die Tauben innen und außen waschen, mit einer Geflügelschere längs halbieren und abtrocknen. Die Butter in einem entsprechend großen Topf erhitzen bis sie aufschäumt, die Täubchen hineinlegen, hellbraun anbraten, wenden und von der anderen Seite braten, salzen und pfeffern. Das Gemüse sorgfältig waschen, abtropfen lassen, in Stücke schneiden und über die angebratenen Tauben geben. Die Knoblauchzehe ungeschält mit einem schweren Messer andrücken und mit dem frischen Thymian in den Topf geben. Zugedeckt etwa 15 Minuten schmoren, 1 Tasse vom Hühnerfond zugießen, den Topf wieder schließen und bei schwacher Hitze 40 bis 50 Minuten weitergaren. Den restlichen Fond zugießen, zum Kochen bringen und weitere 30 Minuten bei sehr schwacher Hitze und offenem Topf köcheln. Die Tauben aus der Brühe nehmen und warm stellen. Die Brühe durch ein feines Spitzsieb passieren und das Gemüse mit einem Schöpflöffel ausdrücken. Die Krebse waschen, die Schwänze mit der Hand abdrehen und den Darm herausziehen. Die Suppe erneut zum Kochen bringen. Das Weißbrot in der Sahne einweichen, verrühren, mit dem Schneebesen einrühren und bei schwacher Hitze einige Minuten köcheln lassen, mit Ingwer und Muskat abschmecken. Den in Streifen geschnittenen Sauerampfer sowie das ausgelöste und in Stücke geschnittene Taubenfleisch hinzufügen und mit den Krebsen 10 Minuten ziehen lassen.

Geflügelcremesuppen

GEHALTVOLLE SUPPEN, SÄMIG PÜRIERT MIT REICHLICH EINLAGEN

Alle Geflügelsorten sind für diese Suppen geeignet, die mageren Hühner, Tauben oder auch der Truthahn, welcher sich besonders gut dafür verwenden läßt. Sie sind alle hervorragend mit Gemüse zu kombinieren, besonders harmonisch zum Beispiel mit Stangensellerie oder Petersilienwurzel.

HÜHNERCREMESUPPE AUS DER NORMANDIE

400 g Hühnerbrustfilets
3/4 l heller Hühnerfond (siehe Seite 64/65)
60 g Butter
1 EL Mehl, 1/2 l Milch
300 g Champignons
2 TL Zitronensaft
1 Bund Petersilie
2 cl Calvados
1 TL Salz
frisch gemahlener weißer Pfeffer
etwas frisch geriebene Muskatnuß
1/4 l Sahne
2 Eigelbe

Die Hühnerbrüste in dem Fond bei schwacher Hitze etwa 15 Minuten kochen, herausnehmen, klein würfeln und in die Schüssel einer Rührmaschine geben. Die Hälfte der Butter in einer Kasserolle erhitzen, das Mehl zugeben und hell anschwitzen. Die Hälfte der Milch mit dem Schneebesen darunterrühren, etwa 15 Minuten leicht kochen und die fertige Béchamelsauce zur Seite stellen. Die gewaschenen Champignons in der Küchenmaschine pürieren und die Suppe, wie in der Bildfolge gezeigt, weiter zubereiten.

Hühnercremesuppe zubereiten:

Die restliche Butter mit dem Zitronensaft und der Petersilie erhitzen. Das Champignonpüree zugeben und unter Rühren erhitzen.

Die Béchamelsauce zufügen und unter kräftigem Rühren mit dem Schneebesen zum Kochen bringen, die Petersilie entfernen und beiseite stellen.

Das Hühnerfleisch in der Küchenmaschine mit dem Calvados übergießen und zusammen zu einem feinen, homogenen Brei pürieren.

In eine Schüssel geben. Die restliche Milch zum Kochen bringen, über das Fleischpüree gießen und gleichmäßig verrühren.

Diese Mischung durch ein feines Sieb in einen entsprechend großen Topf passieren, den Fond zugießen, unterrühren und aufkochen.

Die Champignonsauce mit dem Schneebesen gleichmäßig unterrühren, mit Salz, Pfeffer und Muskatnuß würzen und wieder erhitzen.

Separat die Sahne zur Hälfte reduzieren, etwas abkühlen lassen, mit Eigelb verrühren und damit die Suppe legieren. Erhitzen, ohne aufzukochen.

Paprikaschoten häuten: Die Paprikaschoten so lange bei 220°C im Ofen rösten, bis die Haut Blasen wirft und dunkle Flecken bekommt, dann die Haut abziehen.

Suppe zubereiten:

Die Butter erhitzen, Zucker und Zwiebeln zugeben und anschwitzen, dann mit Zitronensaft und Paprikastreifen etwa 5 Minuten dünsten.

Die Hühnerbrühe aufgießen, aufkochen und etwa 10 Minuten köcheln lassen, die Sahne zugießen und weitere 10 Minuten köcheln.

Nach der Hälfte der Garzeit Knoblauch, Thymian, Rosmarin und Petersilie zugeben, mit Salz, Pfeffer und Ingwer abschmecken.

Die Kräuter und den Knoblauch wieder entfernen, die Suppe im Mixer pürieren und passieren. Das Hühnerfleisch zugeben und erhitzen.

HÜHNERSUPPE MIT PAPRIKASCHOTEN

Daß eine Hühnerbrühe mit Sahne und Gemüse zu einem völlig neuen Geschmackserlebnis verarbeitet werden kann, zeigt dieses Rezept. Die unterschiedlichen Farben der Paprikaschoten bringen optische Abwechslung. Nach diesem Rezept können auch mit anderem Gemüse, zum Beispiel mit Möhren, Sellerie oder Petersilienwurzeln, interessante Geschmackskombinationen erreicht werden.

4 Paprikaschoten (rot oder gelb)
30 g Butter, 1 TL Zucker
40 g Zwiebelwürfel
2 EL Zitronensaft
1/2 l Hühnerbrühe (siehe Seite 64/65)
1/8 l Sahne
1 angedrückte Knoblauchzehe
je 1 Thymian- und Petersilienzweig
einige Rosmarinnadeln
1 TL Salz
frisch gemahlener weißer Pfeffer
frisch geriebene Ingwerwurzel
2 pochierte Hühnerbrüste in Streifen

Die Paprikaschoten häuten, Scheidewände und Samen entfernen, das Fruchtfleisch in Streifen schneiden. Die Suppe, wie in der Bildfolge links beschrieben, zubereiten. Anschließend mit der pochierten Hühnerbrust langsam erhitzen.

Mit zwei verschieden farbigen Paprikasuppen, zum Beispiel rot und gelb, lassen sich interessante Farbspiele im Suppenteller zaubern.

COCK-A-LEEKIE

Hier handelt es sich um eine Hühnersuppe, wie sie in Schottland zubereitet wird. Wie bei den meisten Traditionsrezepten sind recht unterschiedliche Varianten im Umlauf, die Grundzutaten sind aber immer dieselben, nämlich ein Suppenhuhn, viel frischer Lauch und Backpflaumen. In einigen Rezepten werden Graupen, separat gekocht, zugesetzt, wodurch die Suppe noch etwas sättigender wird.

1 küchenfertiges Suppenhuhn (etwa 2 kg)
2 l Wasser
2 TL Salz
1 kleine Zwiebel
1 Petersilienstengel
1 Thymianzweig
1 Muskatblüte
1/2 TL schwarze Pfefferkörner
2 Pimentkörner
1 Lorbeerblatt
750 g Lauch
frisch gemahlener weißer Pfeffer und Piment
12 Backpflaumen ohne Stein

Das Huhn innen und außen sorgfältig waschen und mit Küchenpapier trockentupfen. Das Wasser in einen großen Topf gießen, das Huhn und das Salz zugeben. Die Zwiebel schälen, halbieren, zufügen und zum Kochen bringen. Die Petersilie und den Thymian beigeben. Die restlichen Gewürze in ein kleines Leinensäckchen binden und ebenfalls zugeben. Von den Lauchstangen die oberen grünen Blätter entfernen, die Stangen längs halbieren, sorgfältig waschen und in etwa 5 cm lange Stükke schneiden; ein Viertel davon zur Suppe geben. Den Schaum von der Oberfläche abnehmen und bei mittlerer Hitze 1 1/2 Stunden langsam weiterkochen. Das weichgekochte Huhn herausnehmen, die Haut entfernen, das Fleisch von den Knochen lösen und in Stücke schneiden. Die Brühe durchseihen und mit dem restlichen Lauch wieder zum Kochen bringen. Die Hitze reduzieren und so lange weiterköcheln lassen, bis der Lauch gar ist. Wenn nötig, mit etwas Pfeffer und Piment nachwürzen. Das Hühnerfleisch und die Backpflaumen zugeben. Den Topf vom Herd nehmen und noch etwa 15 Minuten durchziehen lassen.

Sauce Suprême zubereiten: Die Schalottenwürfel in der Butter angehen lassen, mit Mehl bestreuen und hell anschwitzen. Den kalten Fond aufgießen und glattrühren, einmal gut durchkochen. Die Sahne zugießen, aufkochen lassen und passieren.

SAUCE SUPREME

Diese feinste aller Geflügelrahmsaucen ist häufig die Grundlage kulinarischer Köstlichkeiten.

(für 4 bis 6 Portionen)
1 Schalotte
20 g Butter
20 g Mehl
1/2 l heller Geflügelfond (siehe Seite 64/65)
1/8 l Sahne
je 1 Prise Salz und Cayennepfeffer
1 Spritzer Zitronensaft

Für die Sauce die Schalotte schälen und fein schneiden. Die Butter in einem Topf schmelzen, die Schalottenwürfel zugeben und darin glasig schwitzen. Mit Mehl bestreuen und ebenfalls angehen lassen, ohne dabei Farbe zu nehmen. Den kalten Geflügelfond unter ständigem Rühren zugießen und glattrühren, 10 Minuten köcheln lassen, die Sahne aufgießen und einkochen lassen, bis die Sauce von cremig-sahniger Konsistenz ist. Mit Salz, Cayennepfeffer und Zitronensaft abschmekken und vor dem Servieren passieren.

BÄRLAUCHSAUCE

Der Bärlauch, der eng mit dem Knoblauch verwandt ist, gibt dieser Sauce einen interessanten Charakter. Die Blätter, die man vor allem in feuchten Laubwäldern findet, pflückt man im Mai vor Beginn der Blüte.

(ohne Abbildung)
1 Grundrezept Sauce Suprême
10 Bärlauchblätter, 2 EL geschlagene Sahne

Die Blätter waschen und von den Stielen trennen. Die Stiele können nach Belieben im Saucenansatz der Sauce Suprême mitgekocht werden. Nach dem Passieren der Sauce die feingeschnittenen Bärlauchblätter zugeben und einmal mitaufkochen lassen. Mit der Sahne verfeinern und servieren.

MORCHELSAUCE

Morcheln werden sehr gerne mit Geflügel kombiniert, wobei für diese Sauce sowohl getrocknete als auch frische Morcheln zum Einsatz kommen können.

(ohne Abbildung)
120 g Morcheln
1 Grundrezept Sauce Velouté
1 Schalotte, 10 g Butter
Salz, frisch gemahlener weißer Pfeffer

Falls getrocknete Morcheln verwendet werden, diese einweichen. Die Morcheln putzen und waschen. Die Putzreste können, wenn gewünscht, im Saucenansatz der Velouté zusammen mit den Schalotten angeschwitzt werden. Die fertige Velouté passieren und beiseite stellen. Die Morcheln trockentupfen, die Schalotte schälen, fein schneiden und in der heißen Butter glasig schwitzen. Die Morcheln zugeben, salzen und pfeffern, durchschwenken und etwa 5 Minuten dünsten. Zur Sauce Velouté geben, erhitzen und servieren.

Weiße Geflügelrahmsaucen

VARIABLE GRUNDSAUCEN, MIT MEHL GEBUNDEN

Unter dem Begriff »weiße Geflügelrahmsaucen« können Grundsaucen zusammengefaßt werden, die vorwiegend zu gekochtem oder gedünstetem, hellem Geflügelfleisch serviert werden. Es sind aber nicht nur Truthühner, Suppenhühner, Mast- und Junghühner, zu denen diese Saucen gereicht werden. Sie können ebenso Eierspeisen oder beispielsweise ein Kalbsbries ergänzen. Durch Zugabe von verschiedenen Kräutern, Pilzen und Gemüse lassen sich helle Geflügelrahmsaucen beliebig variieren.

SAUCE VELOUTE

Die einfache Geflügelgrundsauce kann zum Schluß mit wenig geschlagener Sahne verfeinert werden.

(für 4 bis 6 Portionen)
1 Schalotte
30 g Butter
30 g Mehl
1/8 l Weißwein
3/4 l heller Geflügelfond (siehe Seite 64/65)
1 Prise Salz
frisch gemahlener weißer Pfeffer
2 EL geschlagene Sahne

Die Schalotte schälen und in kleine Würfel schneiden. Die Butter schmelzen und die Schalotte darin anschwitzen. Die Velouté, wie in den Arbeitsschritten unten beschrieben, fertigstellen.

Velouté zubereiten:

Die Schalottenwürfel mit dem Mehl bestreuen und unter ständigem Rühren angehen lassen. Mit dem Wein ablöschen und glattrühren.

Den kalten Geflügelfond aufgießen, mit einem Drahtbesen gut unterrühren und 12 bis 15 Minuten leicht köcheln lassen.

Die Sauce salzen, pfeffern und passieren. Vor dem Servieren mit der geschlagenen Sahne verfeinern. Sie sollte nun nicht mehr kochen.

Gedünstete Poulardenbrust mit grünem Spargel und Geflügelrahmsauce, hier mit Streifen von frischem Bärlauch abgewandelt.

CURRYSAUCE

Für helle Saucen müssen Geflügelfonds nicht zwingend mit einer Mehlschwitze gebunden werden, ein ebenso gutes Ergebnis wird auch mit Mehlbutter erzielt. Die Butter kann dafür nach Belieben mit Kräutern und Gewürzen versetzt werden, in diesem Rezept zum Beispiel mit Curry. Wichtig ist, daß auch bei diesem Verfahren das Mehl lange genug auskochen kann, denn nur so verliert die Sauce ihren Mehlgeschmack.

(für 4 bis 6 Portionen)
Für die Currybutter:
30 g Butter
15 g Mehl
1 TL Currypulver
Außerdem:
1/2 l heller Geflügelfond (siehe Seite 64/65)
1/8 l Sahne
1 Prise Salz
1 Spritzer Zitronensaft

Die Currybutter, wie in der Bildfolge rechts beschrieben, herstellen. Den heißen Geflügelfond damit binden, glattrühren und etwa 15 Minuten leicht köcheln lassen. Die Sahne zugießen und die Sauce zu einer cremigen Konsistenz einkochen lassen.

Currybutter: Die Butter würfeln, mit dem Mehl und dem Currypulver auf einen Teller geben und mit einer Gabel verkneten. Eine Rolle formen und kühl stellen. Zur Verwendung in kleine Würfel schneiden.

Den Geflügelfond zum Kochen bringen, die kalten Butterwürfel zugeben und sorgfältig glattrühren.

Die Sahne aufgießen und noch weitere 5 Minuten leicht köcheln lassen. Mit Salz und Zitrone abschmecken.

Pikante Saucen zu Geflügel

Kräftiges, dunkles Geflügelfleisch wie das von Taube, Ente oder Gans benötigt gleichwertige Saucen, die den Eigengeschmack unterstützen. Sie werden meist zu kurzgebratenen oder im ganzen gebratenen Geflügelgerichten gereicht. Diese Saucen können kombiniert werden, zum Beispiel mit Gemüse und Kräutern, Früchten oder Spirituosen.

GEBRATENE TAUBE AUF BLUTORANGENSAUCE

Blutorangen geben der Sauce einen eigenen Charakter und verleihen ihr zudem eine intensive dunkle Farbe.

(für 2 bis 4 Portionen)
Für die Sauce:
800 g unbehandelte Blutorangen
5 g frischer Ingwer
1/4 l dunkler Geflügelfond (siehe Seite 62/63)
1/2 TL Speisestärke
3 EL Rotwein zum Anrühren der Stärke
1 Prise Salz, frisch gemahlener schwarzer Pfeffer
Außerdem:
2 küchenfertige Tauben (à 320 g)
Salz, frisch gemahlener weißer Pfeffer
40 ml Pflanzenöl

Die Sauce, wie unten gezeigt, zubereiten. Die Tauben innen und außen waschen, trockentupfen, salzen, pfeffern und mit Küchengarn in Form binden. Das Öl in einer Pfanne erhitzen, die Tauben auf der Brustseite kurz anbraten, wenden und bei 200°C im vorgeheizten Ofen in 20 bis 25 Minuten garen, herausnehmen, kurz ruhen lassen, das Küchengarn entfernen, und mit der Blutorangensauce servieren.

Blutorangensauce: 2/3 der Orangen auspressen, den Saft mit wenig Orangenschale und dem Ingwer in einen Topf geben, sirupartig einkochen lassen, den Fond zugießen und leicht reduzieren. Die Stärke mit dem Wein anrühren, zur Sauce gießen und damit binden. Die restlichen Orangen filetieren, zugeben und erwärmen (nicht kochen!). Salzen und pfeffern.

GEBRATENE ENTENBRUST AUF LINSENSAUCE

Das klassische Verfahren, Geflügelsaucen mit Linsenpüree zu binden, sieht man nur noch selten, doch hat es sich seinen Platz in der gehobenen Küche verdient.

Für die Sauce:
je 50 g grüne und rote Linsen
1/2 l dunkler Geflügelfond (siehe Seite 62/63)
20 g kalte Butterwürfel
Salz, frisch gemahlener weißer Pfeffer
1 Spritzer Aceto Balsamico
1 EL feingeschnittener Schnittlauch
Außerdem:
4 Entenbrüste (à 200 g)
Salz
frisch gemahlener weißer Pfeffer
60 ml Pflanzenöl

Die Linsensorten getrennt waschen und in Salzwasser garen. Die roten Linsen bereits nach etwa 8 Minuten

abgießen und kalt abbrausen. Die grünen Linsen dagegen insgesamt 18 bis 23 Minuten kochen, wenn sie weich sind, abgießen, noch warm mit einem Mixstab pürieren, durch ein Sieb streichen und beiseite stellen. Die Sauce, wie in der Bildfolge in der Mitte beschrieben, fertigstellen. Für die Entenbrüste das Öl in einer Pfanne erhitzen, die gewürzten Brüste auf der Hautseite anbraten, im vorgeheizten Ofen bei 180 bis 200°C weiterbraten. Erst wenden, wenn die Haut knusprig braun ist. Nach 10 bis 12 Minuten herausnehmen, kurz ruhen lassen und in gleichmäßige Tranchen schneiden. Mit der Linsensauce anrichten und servieren.

MADEIRASAUCE

(ohne Abbildung)

10 cl Madeira
1/4 l dunkler Geflügelfond (siehe Seite 62/63)
10 g kalte Butter
Salz, frisch gemahlener weißer Pfeffer

Den Madeira in einen Topf geben, bis auf einen kleinen Rest reduzieren, den Geflügelfond zugeben und bei schwacher Hitze etwa auf die Hälfte einkochen lassen. Mit der kalten Butter binden und abschmecken.

ROTE ZWIEBELSAUCE

Für diese einfach zuzubereitende Sauce, die am besten zu kräftigem Geflügelfleisch paßt, wird kein Geflügelfond benötigt. Die roten Zwiebeln geben ihr eine sehr intensive rote Farbe.

400 g rote Zwiebeln
10 g Butter
1 Thymianzweig
1/8 l roter Portwein
1/2 l Rotwein
30 g Butterwürfel
Salz, frisch gemahlener weißer Pfeffer

Linsensauce: Den Geflügelfond zum Kochen bringen, das Linsenpüree zugeben und gut unterrühren. Die roten Linsen ebenfalls unterrühren. Die Sauce mit den kalten Butterwürfeln aufmontieren, mit Salz, Pfeffer und Aceto Balsamico abschmecken, mit dem Schnittlauch bestreuen und zur frisch gebratenen Entenbrust servieren.

Rote Zwiebelsauce: Die Zwiebeln schälen und fein würfeln. Die Butter in einem Topf erhitzen und die Zwiebeln darin anschwitzen. Den Thymianzweig einlegen. Den Portwein zugießen, zur Hälfte reduzieren, dann den Rotwein hinzufügen und 25 bis 30 Minuten köcheln lassen. Die kalten Butterwürfel zugeben und die Sauce aufmontieren. Salzen und pfeffern.

Pochieren und Dämpfen

Diese sogenannten »feuchten Garverfahren« stehen in der Geflügelküche zwar nicht an erster Stelle, doch sind sie für verschiedene Gerichte, wie etwa in der Diätküche, einfach unersetzlich. Das eigentliche Kochen, bei dem das Gargut um den Siedepunkt gehalten wird, findet meist nur bei der Zubereitung von Fonds und Brühen Verwendung, wo es auf den kräftigen Gehalt der Flüssigkeit ankommt. Zartes, junges Geflügel- und Kaninchenfleisch verlangen nach den schonenden Garmethoden Pochieren und Dämpfen, bei denen der Eigengeschmack des Fleisches am besten erhalten bleibt. Beim Pochieren zieht das Fleisch in möglichst heißer Flüssigkeit - zwischen 75 und 90 °C - langsam gar, ohne daß diese dabei ins Wallen gerät. Wichtig ist, daß es in kaltem Sud aufgesetzt und der Siedepunkt möglichst schnell erreicht wird, anschließend werden die Trübstoffe abgeschöpft. Auch Menge und Qualität der Flüssigkeit beeinflussen den Geschmack des Gerichts, da während des Garvorgangs ein ständiger Austausch zwischen Fleisch und Flüssigkeit stattfindet. Wenn in Wasser pochiert wird, dann soll es so wenig wie möglich sein. Wird das Fleisch dagegen in einem Fond gegart, dann darf es schon mehr sein, zumal die Flüssigkeit anschließend für die Sauce reduziert wird. Beim Dämpfen wird das Fleisch in einem Loch- oder Siebeinsatz über kochendem Wasser bei Temperaturen um 100 °C im geschlossenen Topf besonders schonend gegart. Das Dämpfen bringt den geringsten Verlust an Nähr- und Wirkstoffen mit sich und erhält ein Maximum an Eigengeschmack.

Kräftig ist bei pochiertem oder gedämpftem Geflügel
nur der Eigengeschmack, was auch für die Sauce gilt,
die sehr dezent gewürzt werden sollte.

1 Die Halsdrüsen und das Fett an der Halshaut von Hand herausholen und vorsichtig abschneiden.

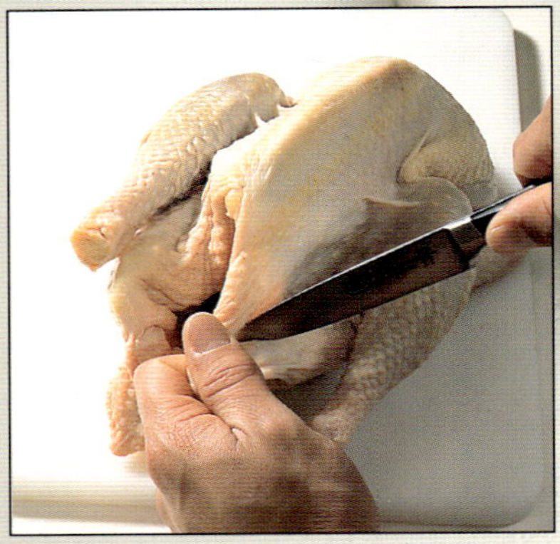

2 Damit die Keulen nicht hochstehen, zwei kleine Schnitte links und rechts der Bauchöffnung machen.

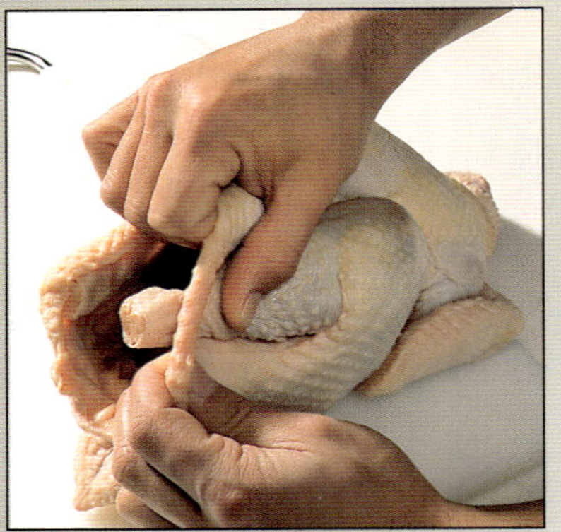

3 Die beiden Unterschenkel nach innen durch die Einschnitte in der Bauchdecke stecken.

4 Das Huhn zusammen mit dem gestückelten Gemüse in einen entsprechend großen Topf geben.

5 Mit so viel kaltem Wasser aufgießen, daß das Huhn vollständig bedeckt ist. Zum Kochen bringen.

6 Mit einem Schaumlöffel den auftretenden Schaum sorgfältig abschöpfen, danach die Hitze reduzieren.

7 Das Huhn garziehen lassen, Petersilienstengel, 1 Lorbeerblatt und 1 TL schwarze Pfefferkörner zugeben.

8 Nach etwa 1 1/2 Stunden ist das Huhn gar. Das Huhn herausnehmen, erkalten lassen und in Stücke teilen.

Ein Huhn pochieren

GAREN UNTER DEM SIEDEPUNKT

Pochieren wird die Methode genannt, bei der etwa ein ausgenommenes Huhn in Flüssigkeit unter dem Siedepunkt garzieht. Die Flüssigkeit muß zwar kochendheiß gehalten werden, darf jedoch nicht ins Wallen kommen. Sie soll so schnell wie möglich zum Siedepunkt gebracht und der dabei auftretende Schaum abgeschöpft werden. Dann wird die Hitze so reguliert, daß die Brühe nur noch leicht siedet. Wichtig ist ein genau passendes Geschirr, da das Huhn während des Pochierens ständig mit Flüssigkeit bedeckt sein muß; der extraktreiche Fond dient dann als Grundlage für die Sauce. Diese Garmethode eignet sich besonders gut für ältere »Suppenhühner«, deren Fleisch, wenn auch nicht zart, so zumindest doch noch weich wird. Dafür liefert das gelatinehaltige Fleisch eine kräftige, hervorragend schmeckende Brühe. Beste Fleischqualität ergibt dagegen das Pochieren junger Hühner. Beim Pochieren von Geflügel ist es üblich, das Gemüse zusammen mit dem Vogel zu garen. In dem nebenstehenden Rezept werden 100 g Möhren, 80 g Zwiebeln, 60 g Lauch, 1/2 Petersilienwurzel (etwa 50 g) und 1/2 Sellerieknolle (etwa 50 g), in Stücke geschnitten, verwendet.

Ein feistes Maishuhn: Je nach Fütterungsart der Hühner nimmt das Fleisch unterschiedliche Farben an. Bei diesem gelblich gefärbten Fleisch handelt es sich um ein vorwiegend mit Mais gefüttertes Huhn.

1 Von den gekochten, ausgelösten Keulen läßt sich die Haut ganz einfach mit der Hand abziehen.

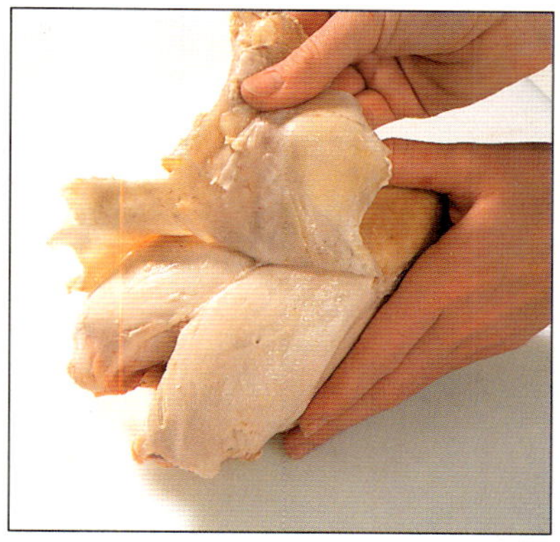

2 Von dem noch auf der Karkasse befindlichen Brustfleisch ebenfalls die Haut vollständig abziehen.

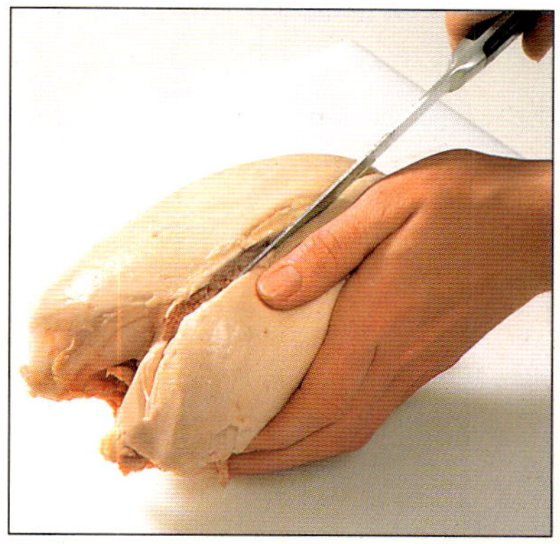

3 Die Brustfilets auf beiden Seiten des Rückgrats sorgfältig von der Karkasse lösen.

4 Die Brustfilets, je nach Verwendung, aufschneiden als Einlage in Terrinen, in Aspik oder für Salate.

Suppenhuhn zerteilen: Je nach Größe des Vogels kann eine unterschiedliche Anzahl von Stücken gewonnen werden. Bei der hier gezeigten Bildfolge wird das Suppenhuhn mit der Haut zerteilt.

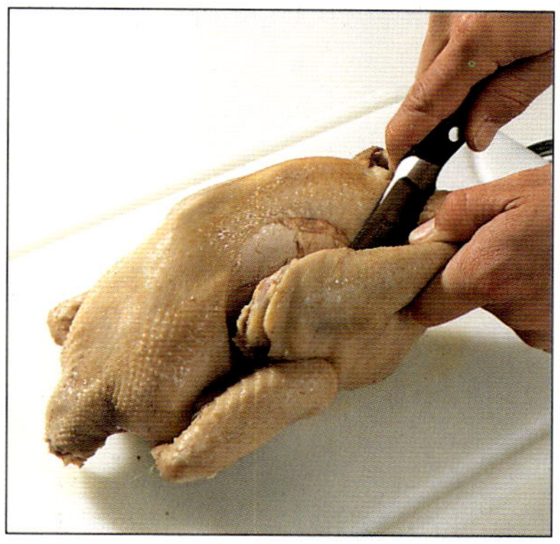

1 Das Huhn auf den Rücken legen, mit einem Messer die Haut zwischen Keule und Brust einschneiden.

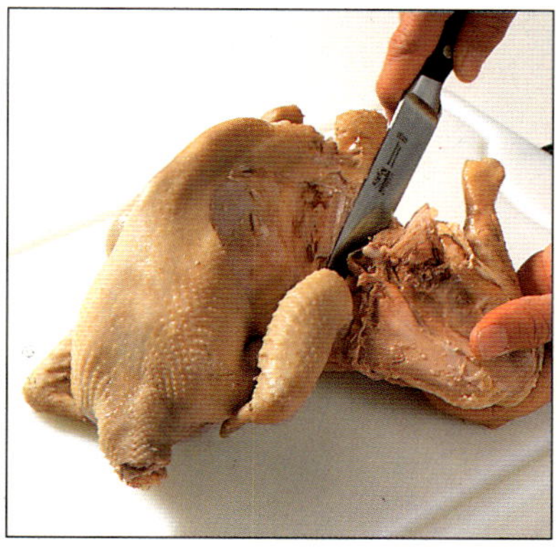

2 Den Schnitt durch das Gelenk führen und dieses dabei aufspalten, die Keule ablösen.

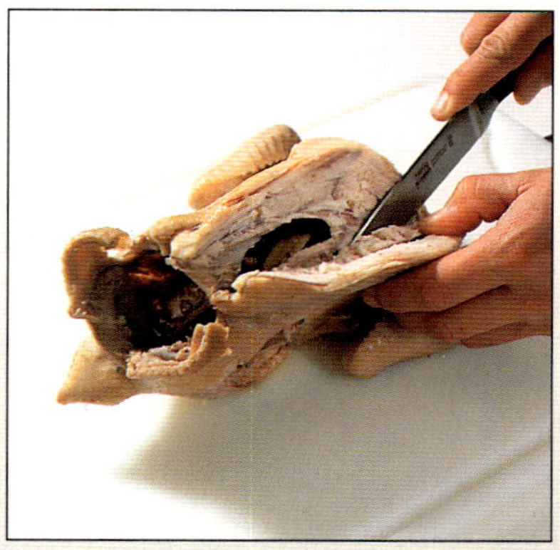

3 Die Karkasse um 180° drehen, am Brustbein entlangschneiden, die Brust auslösen. Flügel abtrennen.

4 Das Fleisch der ausgelösten Teile eignet sich, zusammen mit seiner Haut, sowohl als Suppeneinlagen als auch für Frikassees oder Salate.

Pot au feu vom Geflügel

EIN KRÄFTIGES ESSEN FÜR FESTLICHE TAGE

Ein »Pot au feu« ist schon deshalb ein Festessen, weil er einerseits ein äußerst dekoratives Gericht ist, das sich andererseits ohne Geschmacksverluste schon Tage vorher zubereiten läßt und schließlich mit wenig Mühe fertigzustellen ist. Daß sich die Zubereitung vor allem für größere Mengen lohnt, soll nicht verschwiegen werden. Wie viele ähnliche Gerichte, schmeckt auch ein »Pot au feu« erst dann so richtig gut, wenn ganze Hühner, am besten große Poularden, und Enten schön langsam kochen. Wer ihn in kleineren Mengen nachkochen möchte, kann das folgende Rezept halbieren. Die Ente ist zwar etwas ungewöhnlich für einen »Pot au feu«, bringt aber einen ganz besonderen Geschmack ein. Wichtig ist, daß es sich um ein junges und mageres Tier handelt, am besten eignen sich Nantaiser Enten, deren Fett aber auf jeden Fall entfernt werden muß.

(für 6 bis 8 Portionen)
800 g Rinderbrust
1 küchenfertige Poularde (etwa 1,6 kg)
1 kleine, küchenfertige Nantaiser Ente (etwa 900 g)
1 l heller Hühnerfond (siehe Seite 64/65)
1 l Wasser
1 Bund Suppengrün
2 halbierte, geschwärzte Zwiebeln

Pot au feu zubereiten:

Das Rindfleisch mit einem Teil des heißen Fonds und Wassers übergießen, mit Suppengrün und den gerösteten Zwiebeln aufkochen.

Nach 2 Stunden Kochzeit die vorbereitete Poularde und Ente zugeben und die restliche Fond-Wasser-Mischung zugießen.

Einmal aufkochen lassen und, sobald genügend Schaum an die Oberfläche gestiegen ist, diesen sehr sorgfältig abschöpfen.

Das in der Butter angeschwitzte Gemüse zugeben und bei schwacher Hitze ohne Deckel etwa 1 1/2 Stunden leicht köcheln lassen.

Geflügel und Fleisch herausnehmen, warm stellen, mit einem Leinentuch bedecken und dieses mehrmals mit Brühe befeuchten.

Die Brühe durch ein feines Tuch ablaufen lassen. Dabei das Gemüse jedoch nicht ausdrücken, damit die Brühe klar bleibt.

Die Brühe 10 Minuten ruhen lassen, damit das Fett nach oben steigen kann. Mit einem Küchenpapier das Fett sorgfältig absaugen.

Das Geflügel und das Rindfleisch erneut in einen Topf geben und mit der entfetteten Brühe aufgießen. Die Einlagegemüse fein geschnitten zugeben, 10 Minuten leise mitkochen. Abschließend die vorbereiteten Bohnen zugeben, mit Salz und Pfeffer abschmecken und nochmals erhitzen.

Mit einem Zampone, diesem gefüllten Schweinsfuß, läßt sich der Pot au feu ohne Mühe zum italienischen »Bollito misto« umwandeln - eine Ergänzung, die dem Geflügel gut bekommt. Dazu gehört dann aber auch eine »Salsa verde«, jene typisch italienische, grüne Sauce.

Zum Anrösten:

20 g Butter, 4 zerdrückte Knoblauchzehen

je 100 g gewürfelte Stangensellerie, Möhren, Zwiebeln und Tomaten

einige Thymianzweige

Für die Gemüseeinlage:

150 g weiße Bohnen, 1 Bund Suppengrün

150 g Lauch, 100 g Stangensellerie, 200 g Zucchini

Außerdem:

Salz, frisch gemahlener weißer Pfeffer

1 EL gehackte Petersilie

Das Rindfleisch und das Geflügel waschen, trockentupfen. Von der Poularde und der Ente das Abdominalfett entfernen. Wie links beschrieben, weiterarbeiten. Von den Gemüseeinlagen die weißen Bohnen über Nacht einweichen, abgießen und mit frischem Wasser und dem Suppengrün in 1 Stunde weich kochen. Zum Servieren das Rindfleisch (ohne Fett) in Scheiben schneiden. Die Poularde in Portionsstücke teilen, von der Ente die Haut abziehen und ebenfalls teilen. Zusammen mit gekochten Kartoffeln auf Tellern anrichten, mit der Brühe begießen und mit Petersilie bestreuen. Will man den »Pot au feu« mit Wurst oder, wie in Italien den »Bollito misto«, mit einem gefüllten Schweinsfuß anreichern, werden diese 10 Minuten vor dem Servieren zugegeben und miterhitzt.

Geflügel in feiner Brühe

Solche »Eintöpfe« sind zwar leicht, aber dennoch stark im Geschmack. Tatsächlich gehört pochiertes Geflügel, wie die beiden Rezepte dieser Doppelseite dokumentieren, schon deshalb zur leichten Kost, weil es einfach wenig Fett enthält. Ihren besonders kräftigen Geschmack bekommen die beiden Gerichte durch den Geflügelfond, in dem sie – statt wie üblich mit etwas Wasser – pochiert werden. Darüber hinaus bringt das Gemüse noch ein typisches Aroma in die Kompositionen ein.

POULE AU POT

Dieses »Huhn im Topf« ist eine sättigende, komplette Mahlzeit. Man kann sie als Eintopf genießen oder das Fleisch zusammen mit dem Gemüse und getrennt dazu die Brühe als Vorsuppe servieren.

1 küchenfertige Poularde (etwa 1,8 kg) mit Herz und Magen
100 g Möhren
100 g Stangensellerie
150 g weiße Rübchen
50 g Petersilienwurzel
200 g Wirsing
1 l heller Hühnerfond (siehe Seite 64/65)
1 Zwiebel, mit 2 Nelken gespickt
20 Pfefferkörner
1 TL Salz

Das Huhn innen und außen waschen, sorgfältig trokkentupfen und die Keulen, wie auf Seite 82/83 gezeigt, fixieren. In einen entsprechend großen Topf geben und, mit Wasser bedeckt, einmal kräftig aufkochen lassen. Bei diesem Blanchieren lösen sich die noch verbliebenen Schmutzstoffe. Das Wasser abgießen, das Huhn mit kaltem Wasser abbrausen und, zusammen mit dem Magen und dem Herzen, zurück in den Topf geben. Das Gemüse grob zerkleinern, in den Topf streuen und mit dem Hühnerfond auffüllen. Zum Kochen bringen und die Hitze so weit reduzieren, daß die Flüssigkeit gerade unter dem Siedepunkt bleibt. Bei diesem Pochiervorgang können noch Eiweiß- und Trübstoffe aufsteigen, die zwischendurch immer wieder von der Oberfläche abgeschöpft werden. Zwiebel, Pfefferkörner und das Salz zugeben, das Huhn in etwa 50 bis 60 Minuten weich schmoren und anschließend teilen. In der Brühe mit dem Gemüse servieren.

TÄUBCHEN IM TOPF

Ein gutes Beispiel, daß es nicht immer »gebratene Tauben« sein müssen. Sie schmecken pochiert höchst delikat, wenn sie vom richtigen Gemüse begleitet werden und in einer entsprechend konzentrierten Brühe schwimmen. So können sie ein Vorgericht, aber auch, beispielsweise in Kombination mit Kartoffeln, ein sättigendes Hauptgericht sein.

2 küchenfertige Tauben (à etwa 250 g)
Für die Linsen:
100 g rote Linsen
2 EL Zwiebelwürfel
1 EL Erdnußöl
1/4 l Wasser
Außerdem:
3 EL Erdnußöl
3 EL Zwiebelwürfel
1 Knoblauchzehe
100 g Stangensellerie
100 g Lauch, 50 g Möhren
100 g weiße Rübchen
3/4 l heller Geflügelfond (siehe Seite 64/65)
1 TL Salz
frisch gemahlener weißer Pfeffer
1 Lorbeerblatt
1 Thymianzweig
1 Bund glatte Petersilie

Die Tauben innen und außen waschen und sorgfältig abtrocknen. In einem entsprechend großen Topf kurz blanchieren und das Wasser sofort wieder abgießen. Die Tauben mit kaltem Wasser abbrausen, um die ausgetretenen Eiweiß- und Schmutzstoffe zu entfernen. Für die Zubereitung der Linsen diese gründlich waschen. Die Zwiebelwürfel in dem heißen Öl kurz anlaufen lassen, die Linsen zufügen, mit dem Wasser aufgießen und kochen, bis sie fast weich sind. Das restliche Öl in einem entsprechend großen Topf erhitzen, die Zwiebelwürfel darin anlaufen lassen und die geschälte und angedrückte Knoblauchzehe zugeben. Das zerkleinerte Gemüse zufügen und unter ständiger Bewegung etwas Farbe nehmen lassen. Die Tauben daraufsetzen, mit dem Fond aufgießen, aufkochen und die Hitze sofort reduzieren; die Flüssigkeit muß während des gesamten Garvorgangs bei offenem Topf unter dem Siedepunkt gehalten werden. Nach etwa 20 Minuten Salz, Gewürze, Kräuter und die Linsen zufügen und weiter pochieren, bis die Tauben und das Gemüse weich sind.

Wie lustige Luftballons sehen die aufgeblasenen Schweinsblasen aus, sehr zur Freude des Kochs.

Poulet au Vessie

EINE POULARDE IN DER SCHWEINSBLASE POCHIERT

Eine wohl erprobte Methode aus der französischen Küche, die dem zarten Eigengeschmack einer Poularde besonders entgegenkommt, vor allem, wenn sie mit einer solch milden Farce und Fleischeinlage gefüllt wurde. Die Aromen werden beim Garen in der Blase regelrecht konserviert und verstärkt.

GEFÜLLTE POULARDE IN DER SCHWEINSBLASE

1 küchenfertige Poularde (etwa 1,4 kg)
Für die Schweinsblase:
1 Schweinsblase
1,5 l heller Hühnerfond (siehe Seite 64/65)
1 Bouquet garni
Für die Füllung:
150 g Kalbfleisch (aus der Oberschale)
Salz, frisch gemahlener weißer Pfeffer
180 ml Sahne, 1 EL geschlagene Sahne
100 g Kalbsbries
100 g Möhrenwürfel, 50 g Zucchiniwürfel
Für die Poularde:
4 Salbeiblätter, 1 TL Pflanzenöl

Zur Vorbereitung der Schweinsblase diese über Nacht in mit Salz und Essig angereichertes Wasser legen. Mit einem Strohhalm bis zu ihrer vollen Größe aufblasen, mit einem Bindfaden abbinden und in einem gut gelüfteten Raum trocknen lassen. Vor der Verwendung den Bindfaden entfernen, die Blase in kaltes Wasser legen und wässern, bis sie wieder geschmeidig wird.

Die Poularde waschen und trockentupfen. Vom Rükken her auslösen, dabei jedoch die Flügel- und Keulenknochen am Körper belassen. Für die Füllung das Kalbfleisch in feine Würfel schneiden und kalt stellen. Durch die feine Scheibe des Fleischwolfs drehen und erneut kalt stellen. In einen Mixer geben, salzen, pfeffern und die gut gekühlte Sahne nach und nach zugeben, bis eine homogene Masse entstanden ist. Die Farce durch ein feines Sieb streichen, in einer auf Eis gekühlten Schüssel glattrühren, salzen und pfeffern, mit der geschlagenen Sahne fertigstellen und kalt stellen. In der Zwischenzeit das Kalbsbries wässern, putzen und blanchieren, in Röschen zerteilen und zur Farce geben. Die Möhren- und Zucchiniwürfel kurz blanchieren, trokkenlegen und zur Farce geben. Die Poularde damit füllen, dressieren und in die Schweinsblase geben.

Poularde füllen:

Unter die Haut die in Öl eingeweichten Salbeiblätter schieben. Die Poularde drehen und die Füllung darauf verteilen.

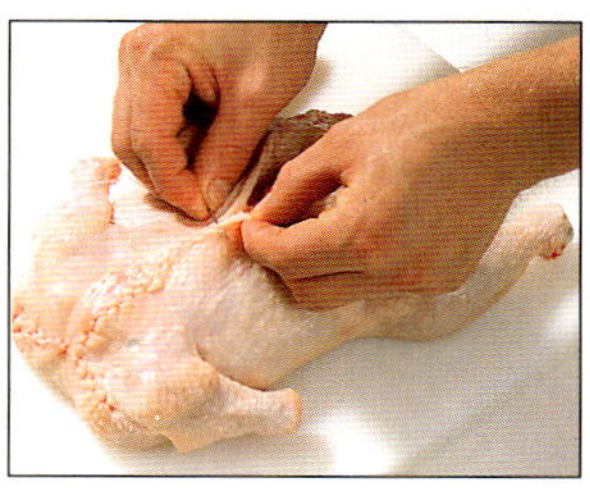
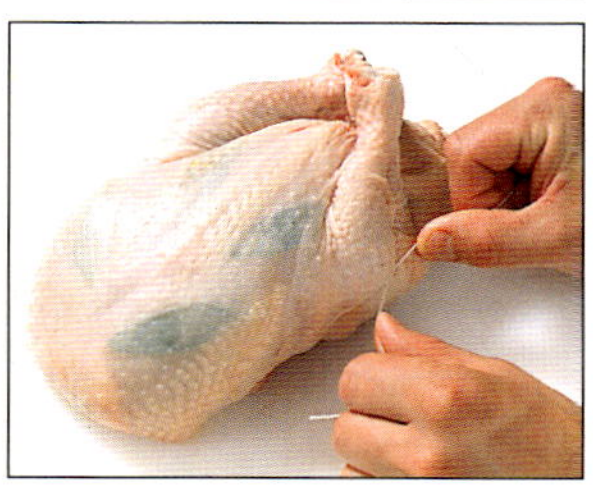

Den Vogel wieder in Form bringen, mit einem Faden zunähen und, wie auf Seite 32 beschrieben, mit einem Faden dressieren.

In der Schweinsblase zubereiten:

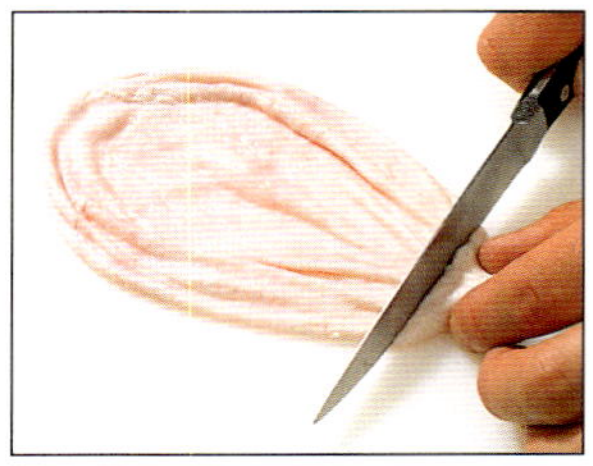

Den Knorpel von der Blase so weit abschneiden, daß die Öffnung die gefüllte Poularde aufnehmen kann.

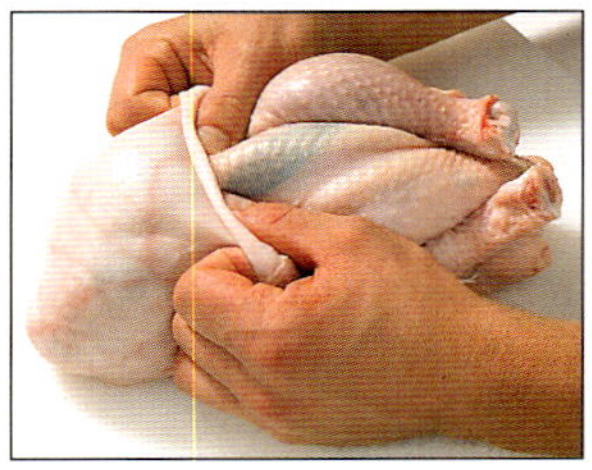

Die Innenseite der Blase nach außen wenden, etwas aufrollen und gut anliegend über die Poularde stülpen.

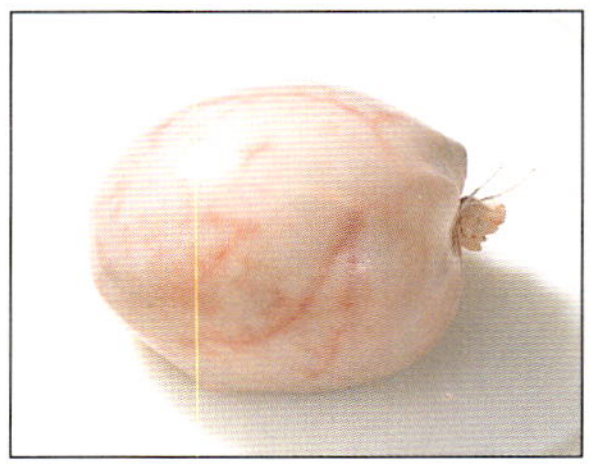

Die Öffnung der prall gefüllten Schweinsblase mit einem Bindfaden fest verschließen, ohne die Haut zu verletzen.

Die Blase mit dem Bouquet garni in den kochenden Hühnerfond einlegen und in 90 Minuten garziehen lassen.

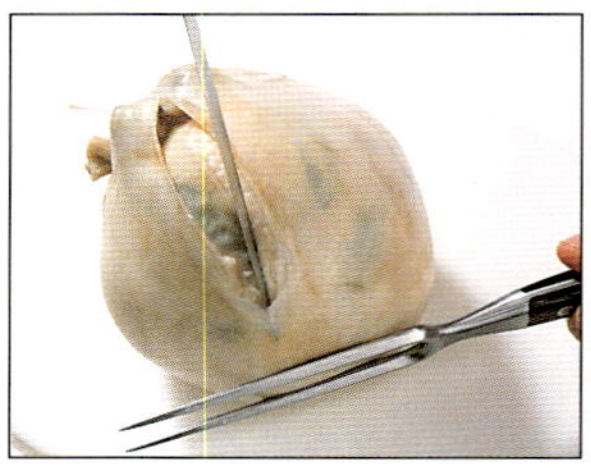

Die gefüllte Schweinsblase aus dem Kochsud nehmen und mit einem Längsschnitt vorsichtig aufschneiden.

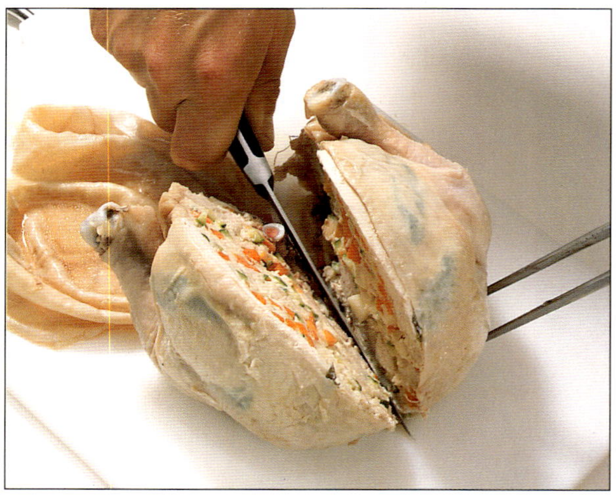

Die fertige Poularde aufschneiden: Zuerst die Blase aufschneiden und abziehen, dann die Poularde längs halbieren und jeweils nochmals quer teilen. Dazu paßt vorzüglich eine Weißweinsauce oder als Kontrapunkt eine ganz kräftige Sauce Périgord mit reichlich schwarzen Trüffeln. Petersilienkartoffeln sind eine passende Beilage.

GEFÜLLTE TRÜFFELPOULARDE

Ein extravagantes und kostbares Gericht, das in der französischen Küche »Poulet demi-deuil«, also Huhn in Halbtrauer, genannt wird. Das starke Aroma der schwarzen Trüffel dominiert diese Köstlichkeit.

1 küchenfertige Poularde (etwa 1,8 kg)
1 frische Trüffel (etwa 20 g)
Für die Füllung:
20 g Butter, 150 g Hühnerleber
50 g Weißbrot ohne Rinde, 4 EL Milch
1 Ei, 2 cl Cognac
1/3 TL Salz, frisch gemahlener weißer Pfeffer
Zum Kochen:
80 g Möhren, 1 kleine, halbierte Zwiebel
80 g Stangensellerie, 1 Bouquet garni
10 Pfefferkörner
2 l heller Geflügelfond (siehe Seite 64/65)
1/4 l trockener Weißwein
Für die Sauce:
30 g Butter, 1 EL Mehl, 1 Eigelb, 1/8 l Sahne

Die Poularde innen und außen gründlich waschen, abtropfen lassen und trockentupfen. Die unter fließendem kalten Wasser gut gebürstete Trüffel in dünne Scheiben schneiden. Für die Füllung die Butter erhitzen, die Leber rundum anbraten, herausnehmen und klein würfeln. Das Weißbrot in der Milch einweichen, ausdrücken und in einer Schüssel mit den Leberwürfeln, dem Ei, dem Cognac, Salz und Pfeffer vermischen. Falls Putzreste der Trüffel vorhanden sind, diese untermengen. Die Poularde, wie rechts gezeigt, füllen. Das geputzte Gemüse mit dem Bouquet garni und den Pfefferkörnern in den Fond geben, den Weißwein zugießen, erhitzen und 15 Minuten köcheln lassen. Die gefüllte Poularde darin pochieren, herausnehmen und warm stellen. Den Fond passieren und auf etwa 1/2 l reduzieren. Die Butter zerlassen, das Mehl hell anschwitzen, mit dem reduzierten Fond aufgießen und unter Rühren eine helle Sauce kochen, 15 Minuten köcheln lassen. Das Eigelb mit der Sahne verrühren, die Sauce damit legieren. Die Poularde auswickeln, zugeben und mit der Sauce erhitzen.

Poularde füllen: Die Haut der Poularde vom Hals her lösen. Dabei mit den Fingern vorsichtig von der Brust in Richtung der Keulen vorarbeiten.

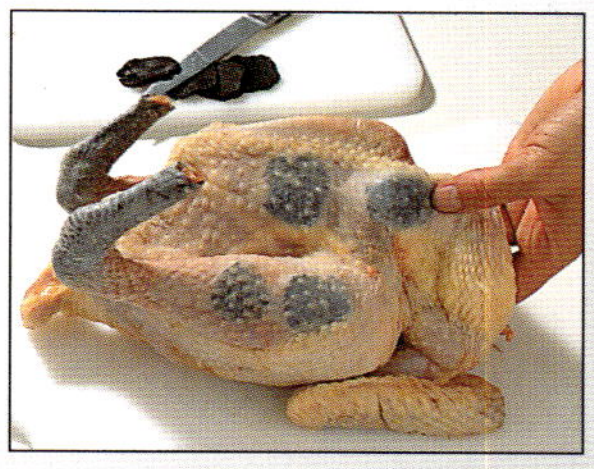

Die Trüffelscheiben zwischen Haut und Fleisch schieben und möglichst gleichmäßig auf Brust und Schenkeln verteilen.

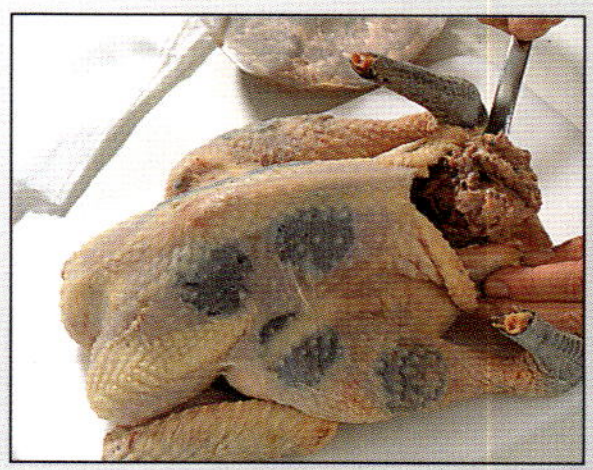

Die Bauchhöhle salzen und pfeffern, anschließend die Leberfarce mit einem Löffel nicht zu stramm einfüllen.

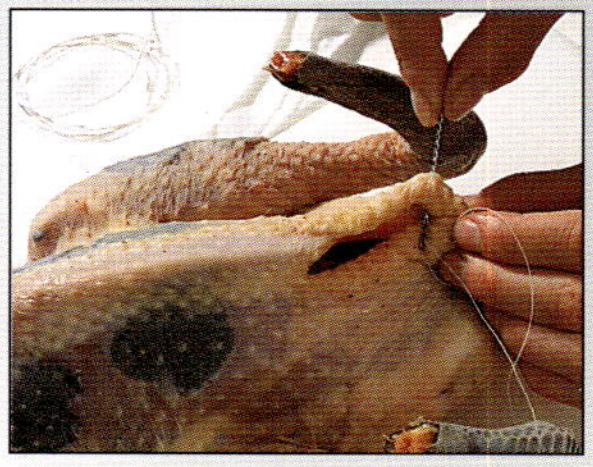

Die Öffnung vorsichtig zunähen, die Poularde dressieren und in ein Baumwolltuch einschlagen.

In die vorbereitete Brühe legen und bei offenem Topf langsam zum Kochen bringen. 1 1/2 Stunden pochieren.

Blanquette

WENN DAS FLEISCH IN REICHLICH SAUCE SERVIERT WERDEN SOLL

Das Blanquette unterscheidet sich vom bekannteren Frikassee dadurch, daß zuerst das Fleisch gegart und die Sauce danach separat zubereitet wird. Die Fleischwürfel für ein Blanquette werden in der Regel kleiner geschnitten, ähnlich wie für ein Ragout. Die getrennte Zubereitung von Fleisch und Sauce macht es möglich, durch die Zugabe von Gewürzen und würzenden Zutaten aus einem Blanquette völlig neue Gerichte zu zaubern. Die Sauce kann zum Beispiel mit Paprikapulver oder Curry, aber auch mit vorgegartem, würzigem Gemüse variiert werden. So wird aus dem echten Blanquette ein Ragout.

Blanquette zubereiten:

Das Truthahnfleisch häuten, in Würfel mit 3 cm Kantenlänge schneiden und in kochendem Salzwasser blanchieren.

Das Wasser kurz aufwallen lassen, bis alle Trübstoffe geronnen sind, anschließend das Fleisch auf ein Sieb gießen.

Die Truthahnwürfel mit kaltem Wasser gründlich abbrausen, um eventuell anhaftende Schmutzreste zu entfernen.

Den Fond mit dem Fleisch zum Kochen bringen, Bouquet garni, Spickzwiebel und 1 Prise Salz hinzufügen.

Nach 1 Stunde Garzeit das Fleisch in ein Sieb gießen, den Kochfond auffangen und die Truthahnteile ausstechen.

Für die Mehlschwitze die Butter in einem Topf zergehen lassen und das Mehl unter ständigem Rühren zugeben.

Mit dem Weißwein ablöschen. Dabei den Wein langsam und unter ständigem Rühren zugießen und völlig glattrühren.

Etwa 12 Minuten leicht köcheln lassen. Anschließend die Sahne aufgießen und die Sauce leicht einkochen.

Den aufgefangenen Kochfond nach und nach zugießen, mit dem Drahtbesen gut unterrühren und zum Kochen bringen.

Mit Salz, Pfeffer und Zitrone abschmecken, die Truthahnwürfel darin erhitzen und die Liaison unterziehen.

BLANQUETTE VON DER TRUTHAHNKEULE

Dies ist ein Grundrezept für Blanquettes, das beliebig variiert werden kann. Dieses Gericht kann mit allen Geflügelsorten zubereitet werden, wenngleich der Truthahn besonders geeignet ist. Und da müssen es nicht immer die feinsten Stücke aus der Brust sein.

800 g Truthahnoberkeule ohne Knochen

Für das Bouquet garni:

je 30 g Möhren, Knollensellerie und Lauch

1 Petersilienzweig

Für die Spickzwiebel:

1/2 Zwiebel, 2 Nelken, 1 Lorbeerblatt

Außerdem:

1 1/2 l heller Geflügelfond (siehe Seite 64/65)

Salz

10 g Butter, 10 g Mehl

1/8 l Weißwein, 1/8 l Sahne

frisch gemahlener weißer Pfeffer

1 Spritzer Zitronensaft

Für die Liaison:

1 Eigelb

2 EL angeschlagene Sahne

Das Truthahnfleisch häuten und in Würfel schneiden. Das Gemüse für das Bouquet garni putzen, in gleich große Stücke teilen und mit Küchengarn zusammenbinden. Die Zwiebelhälfte mit den Nelken und dem Lorbeerblatt spicken. Das Blanquette, wie in der Bildfolge links gezeigt, zubereiten. Das Fleisch in der Sauce nochmals erhitzen. Eigelb und Sahne miteinander verrühren und die Liaison unterziehen. Danach darf die Sauce nicht mehr kochen. Das hier gezeigte Grundrezept kann anschließend beliebig durch verschiedene Gemüse, wie zum Beispiel Spargel, Blumenkohl, Pilze, weiß gedünstete Zwiebelchen, oder aber durch Früchte verfeinert werden, wie dies in den beiden Rezeptbeispielen unten der Fall ist.

BLANQUETTE MIT MANGO UND GARNELEN

1 reife Mango

12 gekochte Garnelen

Die Mango schälen, vom Stein befreien und in Würfel schneiden. Zusammen mit den Garnelen zum fertigen Blanquette geben, legieren und nach Belieben mit frischer Zitronenmelisse verfeinern.

Typische Beilagen zu einem Blanquette sind Reis, Nudeln oder Salzkartoffeln.

BLANQUETTE MIT ERBSEN UND TOMATEN

400 g Tomaten

200 g Erbsenschoten

Die Tomaten brühen, schälen, vierteln und entkernen, anschließend in kleine Ecken schneiden. Die Erbsenschoten auspalen. Das Gemüse vor der Liaison zur Sauce geben und mit dem Fleisch erhitzen.

KANINCHEN IN SAUERAMPFERSAUCE

Wenn es die jungen Kaninchen und den frischen Sauerampfer gibt, dann sollte man an dieses Gericht denken, das übrigens nach genau gleichem Rezept mit einem Hähnchen oder Perlhuhn zubereitet werden kann.

1 Rücken, 2 Hinterkeulen (zusammen etwa 1,2 kg) von einem jungen Kaninchen
2 EL Pflanzenöl
150 g Möhren, 50 g Knollensellerie, 120 g Lauch
2 Lorbeerblätter
1 Knoblauchzehe
2 Nelken, 5 Pfefferkörner
1 TL Salz
1 l heller Kaninchenfond, 1/2 l Wasser
Für die Sauce:
20 g Butter, 50 g frischer Sauerampfer
1 Messerspitze Zucker, 2 TL Essig
1/4 l Sahne, 1 Eigelb

Die Kaninchenteile waschen und sorgfältig trockentupfen, den Rücken einmal durchschneiden. Das Öl in einer entsprechend großen Kasserolle erhitzen und das gewaschene und kleingeschnittene Wurzelgemüse darin hell anrösten. Das Rezept, wie in der Bildfolge beschrieben, zubereiten. Zum Legieren der Kochbrühe den Essig, das Eigelb und den Zucker mit etwas Sahne verrühren. Soll die Kochzeit auf 1/2 Stunde verkürzt werden, so müssen die Kaninchenteile in 8 Teile geschnitten werden (Rücken 4 Teile, Keulen je einmal teilen). Das gekochte Wurzelgemüse kann man mit dem Fleisch auch wieder zum Gericht geben.

Das Kaninchen zubereiten:

Die Gewürze zu dem Gemüse geben. Kaninchenfond und Wasser aufgießen und bei geschlossenem Topf etwa 20 Minuten kochen.

Die gewaschenen Kaninchenteile in die kochende Brühe geben und bei geschlossenem Topf in 40 bis 50 Minuten weich kochen.

In einer Pfanne die Butter schmelzen und den in Streifen geschnittenen Sauerampfer so lange darin dünsten, bis er zusammenfällt.

Die Brühe passieren, auf etwa 1/4 l einkochen. Die Sahne hineingießen, zur Hälfte reduzieren und mit der Sahnemischung legieren.

Den Sauerampfer und die Kaninchenteile in die Sauce geben und nochmals gut durchziehen lassen. Mit Kartoffeln servieren.

GEFLÜGELRAGOUT MIT HAHNENKÄMMEN

In der Renaissance-Zeit wurden Hahnenkämme als Aphrodisiakum geschätzt und als Bestandteil prachtvoller Leckerbissen serviert. Nach altem Glauben soll ihr Genuß Mut, Stolz, Kraft und Ausdauer verleihen. Aber davon mal abgesehen, sie schmecken auch sehr fein, besonders wenn sie von jungen Hähnen kommen. Diese kleinen Kämme machen natürlich noch mehr Mühe, als die Prozedur ohnehin schon erfordert. Für ihre Zubereitung müssen Hahnenkämme zunächst von der dünnen Haut befreit und gut gewässert werden. Um sie richtig weich zu bekommen, müssen sie längere Zeit köcheln. Wichtig ist, sie weiß zu erhalten. Sie können als Einlage für Ragouts oder als Garnitur anderer Gerichte verwendet werden. Paniert und in Butter gebraten, mit einigen Spritzern Zitronensaft beträufelt, bilden sie eine ausgefallene Vorspeise.

(für 8 Portionen)

Für die Hahnenkämme:

24 Hahnenkämme

1/2 l heller Hühnerfond (siehe Seite 64/65)

50 ml Weißwein, einige Spritzer Zitronensaft

Für das Ragout:

2 Hühnerbrüste (à 120 g)

1/2 l heller Hühnerfond , 1/8 l Weißwein

1/2 Gemüsezwiebel,
mit 1 Nelke und 1/2 Lorbeerblatt gespickt

100 g Möhren, 80 g frisch ausgepalte Erbsen

15 g Butter, 10 g Mehl, 1/8 l Sahne

Salz, frisch gemahlener weißer Pfeffer

1 TL geschnittener Estragon

1 EL geschlagene Sahne

Außerdem:

8 Blätterteigpastetchen
(etwa 4,5 cm im Durchmesser)

Die Hahnenkämme, wie rechts beschrieben, vorbereiten. Für das Ragout die Hühnerbrüste häuten. Den Hühnerfond mit dem Weißwein zum Kochen bringen, die gespickte Gemüsezwiebel und die Hühnerbrüste zugeben. Bei schwacher Hitze 25 Minuten garen, herausnehmen und abkühlen lassen. Zum späteren besseren Schneiden die Brüste mit einem flachen Teller leicht beschweren. Den Fond passieren und abkühlen lassen. In der Zwischenzeit die Möhren schälen, in Scheiben und anschließend in große Rauten schneiden, mit den Erbsen in Salzwasser blanchieren und abschrecken. Die Butter in einem Topf schmelzen, das Mehl darübersieben und 1 Minute mitschwitzen. Den passierten Hühnerfond nach und nach zugeben und die Sauce glattrühren. Nach zehnminütigem leichtem Köcheln die Sahne zugießen und 3 bis 4 Minuten einkochen lassen. Die Sauce passieren und zu einer cremigen Konsistenz reduzieren. Das Fleisch in Würfel schneiden und zum Erwärmen in die Sauce legen. Das Gemüse und die Hahnenkämme zugeben, salzen und pfeffern. Das Ragout kurz aufkochen, mit Estragon und Sahne vollenden und in die zuvor aufgebackenen, noch heißen Blätterteigpastetchen füllen.

Attraktive Dekorationen lassen sich mit gekochten Hahnenkämmen gestalten. Das klassische Rezept der Königin-Pasteten kann mit ihnen wirkungsvoll angerichtet werden.

Hahnenkämme vorbereiten:

Die dekorativen Kämme junger Hähne sind im rohen Zustand 3 bis 4 cm lang und weisen eine kräftige rote Farbe auf.

Die frischen Hahnenkämme unter fließendem Wasser wässern, bis keine Blutreste mehr austreten und das Wasser klar bleibt.

In heißes Wasser (max. 80 °C) legen, anschließend auf ein Sieb geben und kalt abschrecken. So läßt sich die Haut leicht abziehen.

Die Hahnenkämme in Salz eintauchen und mit Daumen und Zeigefinger die dünnen Häutchen abrubbeln. Erneut wässern, bis sie weiß sind.

Hahnenkämme zubereiten: In dem Hühnerfond mit Wein und Zitronensaft etwa 20 Minuten leicht köcheln. Die Hahnenkämme weisen dann noch einen leichten Biß auf.

Geflügel dämpfen

EINE SCHONENDE GARMETHODE FÜR DIE FEINSTEN STÜCKE

Im Dampf garen ist für zarte Geflügelteile die wohl schonendste Garmethode überhaupt. Dazu wird das Fleisch auf einen Siebeinsatz gelegt und über siedendem Wasser im verschlossenen Topf gegart. Durch den Dampf lockert das Bindegewebe auf. Die Garzeiten entsprechen denen des Kochens, die Temperaturen liegen - sofern nicht im Dampfdrucktopf zubereitet - bei 100 °C. Das Gargut läßt sich durch aromatisierende Zutaten verfeinern, doch sollte der Eigenschmack des Geflügels hierbei nicht überdeckt werden.

TAUBENBRÜSTCHEN, IN MANGOLD GEDÄMPFT

8 Taubenbrüste (à 80 g)
10 bis 12 große Mangoldblätter
20 g weiche Butter
Salz, frisch gemahlener weißer Pfeffer
Für die Sauce:
150 ml heller Geflügelfond (siehe Seite 64/65)
je 40 ml Milch und Sahne
25 g entrindetes Weißbrot
40 g frisch geriebener Meerrettich
Salz, frisch gemahlener weißer Pfeffer
einige Spritzer Zitronensaft
1 EL geschlagene Sahne

Die Mangoldblätter von den Stielen befreien, waschen, in Salzwasser kurz blanchieren, abschrecken, die Mittelrippen entfernen und auf einem Tuch zum Trocknen ausbreiten. Die gewaschenen Taubenbrüste häuten, die Sehnen entfernen und, wie links beschrieben, zubereiten. Für die Sauce den Fond mit der Milch und der Sahne zum Kochen bringen und etwa 5 Minuten köcheln lassen. Das gewürfelte Weißbrot zugeben und kurz darin aufkochen. Den Topf vom Herd nehmen, den Meerrettich zufügen, kurz ziehen lassen und die Sauce durch ein Sieb passieren. Vor dem Servieren nochmals erhitzen, jedoch nicht kochen; salzen, pfeffern, mit Zitronensaft abschmecken und mit der Sahne verfeinern. Die gedämpften Päckchen aufschneiden und auf der Meerrettichsauce anrichten.

Mangoldpäckchen dämpfen: Die Mangoldblätter zu Rechtecken auslegen, mit der Butter bestreichen, eine Taubenbrust in die vordere Hälfte legen, salzen und pfeffern. Die Seiten über die Brust klappen, und die Brust ganz darin einschlagen.

Einen Topf mit so viel Wasser füllen, daß der Siebeinsatz nicht mit der Wasseroberfläche in Berührung kommt.

Das Wasser zum Kochen bringen, die Taubenbrüste einsetzen und zugedeckt 8 bis 10 Minuten dämpfen.

STUBENKÜKEN, AUF GEMÜSE GEDÄMPFT

Eine Kombination, bei der das zarte Fleisch der Küken vom frischen Gemüsearoma profitiert. Der Sherry gibt dem Ganzen eine pikante Note.

(ohne Abbildung)
2 küchenfertige Stubenküken (à 500 g)
1/2 TL Salz
frisch gemahlener weißer Pfeffer
1 Messerspitze Ingwerpulver
4 Estragonzweige
1 l heller Geflügelfond (siehe Seite 64/65)
1 Zwiebel
100 g Stangensellerie
100 g Zucchini
100 g weiße Rübchen
20 g Butter
8 cl trockener Sherry
1/8 l Sahne, 50 g kalte Butter

Gedämpftes Geflügel wird durch Möhren, Kohlrabi, Sellerie und Kartoffeln geschmacklich gut ergänzt.

Die Stubenküken gründlich waschen, innen und außen trockentupfen. Die Bauchhöhle mit Salz, Pfeffer und Ingwer würzen und je 2 Estragonzweige einlegen. Zum Fixieren der Beine die Bauchlappen auf beiden Seiten ein wenig einschneiden und die Beine durchstecken. Den Geflügelfond auf die Hälfte reduzieren. Die Zwiebel schälen und vierteln, das Gemüse putzen und in gleich große Stücke schneiden. Die Butter in einem entsprechend großen Topf schmelzen, die Zwiebel und das Gemüse darin hell anschwitzen. Den reduzierten Fond und den Sherry zugießen und die vorbereiteten Küken daraufsetzen. Im geschlossenen Topf etwa 40 Minuten dämpfen, anschließend die Küken herausnehmen, in Folie einschlagen und warm stellen. Den Garfond abseihen, dabei das Gemüse leicht ausdrücken und auf etwa 1/4 l reduzieren. Die Sahne mit einem Schneebesen unterrühren und einige Minuten einkochen lassen. Wenn nötig, nachwürzen. Zum Schluß mit der kalten Butter mit einem Mixstab montieren. Die Küken längs halbieren, auf 4 Tellern anrichten und mit der Sauce nappieren. Dazu passen gut getrüffelte Nudeln oder mit reichlich Kräutern gedämpfte Kartoffeln.

GEDÄMPFTES PERLHUHNKÜKEN, MIT GEMÜSE UND KRÄUTERN GEFÜLLT

Die naturelle Garmethode macht dieses Perlhuhn leicht verträglich, während die mitgedämpften Aromastoffe seinen Eigengeschmack noch verstärken.

(für 2 Portionen)
2 küchenfertige Perlhuhnküken (à 380 g)
Für die Füllung:
2 EL gehackte Petersilie
1 TL Zitronenthymian
20 g weiche Butter
Salz, frisch gemahlener weißer Pfeffer
60 g Möhren
60 g Petersilienwurzel
40 g Stangensellerie

Die Perlhuhnküken unter fließendem Wasser innen und außen waschen und sorgfältig trockentupfen. Für die Füllung die Kräuter hacken, mit der Butter verrühren, salzen und pfeffern. Das Gemüse waschen, schälen und in Streifen schneiden. Die Perlhühner, wie in der Bildfolge beschrieben, unter der Haut füllen und 25 Minuten dämpfen. Vor dem Servieren halbieren oder tranchieren; das Gemüse kann wahlweise mitverzehrt werden. Leichte Saucen, ein Sabayon oder Salate sind ideale Beilagen für dieses Gericht.

Perlhuhn füllen und dämpfen:

Mit den Fingern behutsam die Haut der Küken vom Hals aus über der Brust lösen, ohne sie dabei zu verletzen.

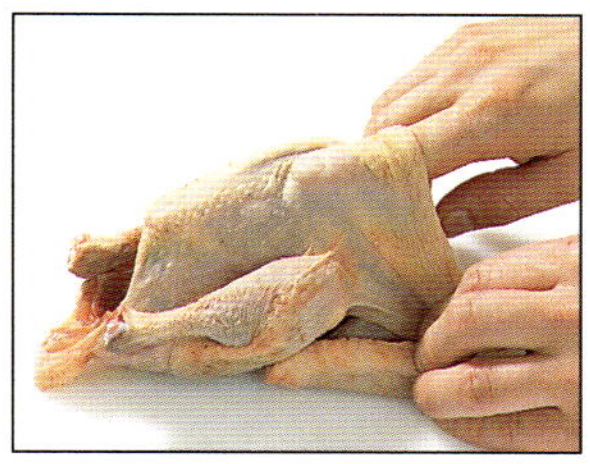

Die Kräuterbutter mit Hilfe eines Teelöffels unter die Haut schieben und gleichmäßig auf den Brüsten verteilen.

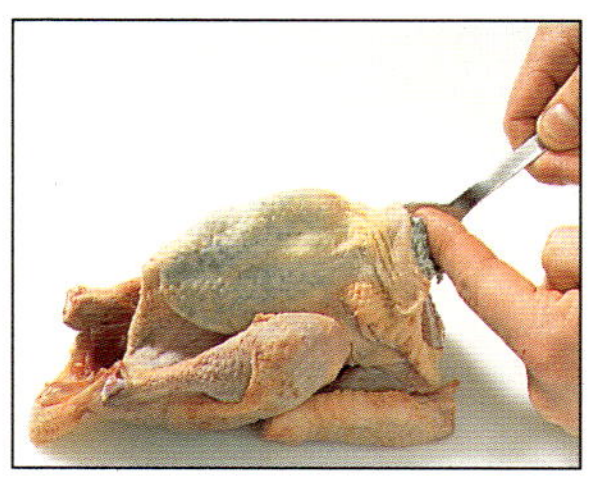

Die Bauchhöhle salzen und pfeffern, anschließend das vorbereitete Gemüse vorsichtig hineinschieben.

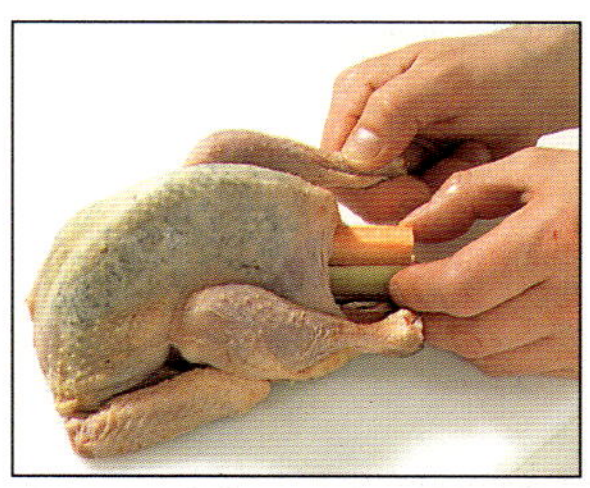

Das gefüllte Küken mit Küchengarn in Form bringen und auf einem Siebeinsatz im geschlossenen Topf dämpfen.

Dünsten und Schmoren

Es sind dies zwei Garmethoden, die bei Geflügel unterschiedlich häufig angewandt werden. Gedünstet wird Geflügel relativ selten, geschmort aber um so öfter. Der Grund ist sicher darin zu sehen, daß sich zwar die guten Stücke mit dem zarten Fleisch zum Dünsten hervorragend eignen, doch es andererseits eben diese – im wahrsten Sinne des Wortes – »Filetstücke« sind, die für die geschmacklich attraktiveren Garmethoden wie Grillen, Braten und Schmoren wie geschaffen sind. Beim Dünsten wird nicht angebraten, sondern in wenig Flüssigkeit bei moderaten Temperaturen langsam gegart, so daß das Fleisch kaum Farbe annimmt. Das Fleisch gart in der zugefügten Flüssigkeit und dem entstehenden Dampf. Eine Steigerung hiervon ist das »Poêlieren«, etwa ein Dünsten bis zum Erreichen einer hellbraunen Farbe. Ganz anders ist es beim Schmoren. Da geht immer ein kräftiges Anbraten in wenig Fett voraus, bei dem entsprechend viele Röststoffe entstehen und sich der gewünschte Bratengeschmack bildet. Erst dann wird mit Flüssigkeit aufgegossen, wobei die Bratenkruste in der feuchten Wärme aufweicht und die Aromastoffe an Fleisch und Flüssigkeit abgibt. Daß man mit dieser Kombination von Trockengaren mit wenig Fett und Feuchtgaren in Flüssigkeit auch qualitativ schwieriges Fleisch, wie etwa die Keulen oder das Fleisch älterer Tiere, geschmackvoll zubereiten kann, ist wohl der Grund für die Beliebtheit dieser Methode. Das Fleisch bekommt beim Schmoren einen kräftigen Geschmack, durch die Zugabe von Gemüse, Gewürzen, Kräutern und Wein kann eine Geflügelsorte zudem geschmacklich variiert werden. Für Kaninchen ist das Schmoren die beliebteste Garmethode. Das Fleisch wird dabei besonders zart und sein typischer Geschmack durch das kräftige Anbraten noch verstärkt.

Viel Geschmack durch kräftiges Anbraten
zeichnet die rustikalen regionalen Schmorgerichte vom Huhn aus,
wie etwa das Pollo alla cacciatore.

GEDÜNSTETE BRUST VOM PERLHUHNKÜKEN

Die kleinen Perlhühner gehören zum Feinsten, was die Geflügelküche zu bieten hat, so daß sich das »Dünsten« als besonders schonende Garmethode geradezu anbietet. Da das zarte Fleisch sehr schnell gar ist, muß das hinzugefügte Gemüse jung und von bester Qualität sein. Am sichersten ist es, das Gemüse feingeschnitten zuzugeben, damit es zusammen mit dem Fleisch gar ist.

(für 2 Portionen)

4 Perlhuhnbrüste (à 70 g)
10 g Butter
Salz
frisch gemahlener weißer Pfeffer

Für die Sauce:

30 g Schalotten
40 g Lauch
60 g Möhren
40 g Knollensellerie
100 ml heller Geflügelfond (siehe Seite 64/65)
100 ml Sahne
1 TL gehackter Estragon
1 Spritzer Champagneressig

Die unteren Flügelknochen der Brüste mit einem Messer freilegen. Für die Sauce die Schalotten, den Lauch, die Möhren und den Knollensellerie schälen und in möglichst kleine Würfel schneiden. Das Gericht, wie in der Stepfolge unten gezeigt, zubereiten. Die Brüste in der Sauce servieren. Als Beilage passen Nudeln, Reis oder Kartoffeln.

Die Butter in einer entsprechend großen Pfanne aufschäumen lassen. Die Brüstchen salzen und pfeffern und auf der Hautseite mit leichter Farbe anbraten. Die Schalotten und das Wurzelgemüse zufügen und anschwitzen. Den Geflügelfond aufgießen und einreduzieren. Anschließend die Sahne zugießen und ebenfalls einkochen lassen. Die Gemüsesauce abschmecken, mit Estragon verfeinern und mit dem Essig vollenden.

GESCHNETZELTES VON DER TRUTHAHNBRUST

Dieses Rezept ist ein gutes Beispiel dafür, wie kleingeschnittenes Fleisch gedünstet wird. Es sind vor allem die großen Stücke, wie beispielsweise die Brüste von Poularden und Enten oder das Fleisch vom Truthahn, die sich für solche Rezepte gut eignen. Ist das Fleisch von guter Qualität, kommt ein Geflügelgeschnetzeltes einem Kalbsgeschnetzelten schon sehr nahe.

(für 2 Portionen)

300 g geschnetzelte Truthahnbrust
30 g Schalotten
1/2 Knoblauchzehe
2 gekochte Artischockenböden
200 g Tomaten
2 EL Olivenöl
5 g Butter
Salz
frisch gemahlener weißer Pfeffer
60 ml Weißwein
1 TL Rosmarinnadeln
2 EL Crème fraîche

Das Truthahnfleisch in kurze Streifen von etwa 1 cm Stärke schneiden. Die Schalotten fein würfeln und den Knoblauch zerdrücken. Die Artischockenböden in Ekken teilen. Die Tomaten überbrühen, häuten, vierteln und entkernen. Das Gericht, wie in der Bildfolge beschrieben, zubereiten. Wer eine mildere Variante möchte, kann Crème fraîche zugeben. Als Beilagen sind ein Risotto, Polenta oder feine Nudeln zu empfehlen.

Das Olivenöl mit der Butter erhitzen und das gewürzte Truthahnfleisch darin anbraten, ohne Farbe zu nehmen. Die Schalottenwürfel und den Knoblauch sowie die Artischockenecken zugeben und mitschwitzen. Mit dem Weißwein ablöschen. Die Tomaten hinzufügen und 6 bis 8 Minuten köcheln lassen. Ist die Flüssigkeit eingekocht und sind die Tomaten weich, die Rosmarinnadeln darüberstreuen und das Geschnetzelte vor dem Servieren abschmecken.

Dünsten und Poêlieren

ZWEI GARMETHODEN FÜR FEINE GEFLÜGELSTÜCKE

Sowohl das Dünsten als auch das Poêlieren sind Garmethoden, die mit dem Eigengeschmack des Geflügels sehr vorsichtig umgehen. Beiden gemeinsam ist, daß sie trockene und feuchte Garverfahren kombinieren. Während es sich beim Dünsten um eine Garmethode handelt, bei der das Geflügel keine oder nur ganz wenig Farbe annimmt, kann man das Poêlieren als »Hellbraundünsten« bezeichnen, da das Gargut vor dem »feuchten Garen« leicht angebraten wird. Tatsächlich ist dieses Poêlieren eine Zwischenstufe von Dünsten und Schmoren. Beim Schmoren wird ähnlich wie beim Poêlieren vorgegangen, nur wird das Fleisch kräftig angebraten und dann in reichlich Flüssigkeit geschmort. Um auch einem gedünsteten oder poêlierten Gericht Farbe zu geben, kann es im Anschluß an den Garvorgang ohne Deckel in den Ofen geschoben werden. Die trockene Ofenluft führt zu einer Oberflächenbräunung, häufiges Begießen bringt zusätzlichen »Glanz«.

Die Sauce mit Salz und Pfeffer abschmecken und die abgezogenen Trauben darin erhitzen. Das Küchengarn von den Täubchen entfernen, diese anrichten und mit der Sauce übergießen.

POELIERTE TAUBEN IN SAUTERNES

Bei dieser besonderen Art des Dünstens wird das Gargut in reichlich Butter gegart und erhält schon dadurch mehr Farbe. Der süße, fruchtige und körperreiche Sauternes harmoniert sehr gut mit den Tauben, die während des Garvorgangs mehrmals übergossen werden.

(für 2 Portionen)
2 Tauben (à 320 g)
Salz
frisch gemahlener weißer Pfeffer
40 g Butter
1/8 l Sauternes
1/8 l heller Geflügelfond (siehe Seite 64/65)
2 EL Crème fraîche
Trauben ohne Kerne (Sorte Thomas)

Die Tauben waschen, trockentupfen, in der Bauchhöhle salzen und pfeffern und mit Küchengarn in Form binden. Die Haut ebenfalls salzen und pfeffern und die Tauben, wie in der Bildfolge rechts beschrieben, zubereiten. Durch das mehrmalige Übergießen mit der Buttersauce erhalten sie eine glänzende, glacierte Oberfläche. Die Täubchen mit Teigwaren, wie zum Beispiel Trüffelnudeln, und Champagnerkraut servieren.

Tauben in Sauternes:

Die Butter in einer Sauteuse aufschäumen lassen und die vorbereiteten Tauben rundherum kurz anbraten.

Die Tauben auf den Rücken wenden, den Sauternes aufgießen und auf die Hälfte reduzieren lassen.

Anschließend den Geflügelfond aufgießen und die Tauben mehrmals mit der Sauce übergießen.

Die Tauben herausnehmen und warm halten. Die kalte Crème fraîche zum Fond geben und gut unterrühren.

Variationsmöglichkeiten gibt es viele bei diesem Rezept. Anstelle der Languste kann ein gleich schwerer Hummer verwendet werden. Er wird ebenfalls vorgekocht und geteilt, die Scheren müssen mit einem schweren Messer angebrochen werden, damit das Aroma durch die Risse dringen und sich mit der Sauce vermischen kann. Geschmacklich hervorragend ist ebenso die Kombination von Taube und Rotwein. Dafür das Hähnchen durch 2 Tauben, den Champagner durch einen Rotwein ersetzen und bei der Zubereitung den Cognac und Safran weglassen.

Chicken and Lobster

EINE ZARTE KOMBINATION FÜR EIN FESTLICHES ESSEN

In vielen Ländern ist dieses Rezept eine beliebte Delikatesse. Es kann auf sehr viele Arten abgewandelt werden. Aufs beste harmoniert das zarte Aroma vom Huhn mit jenem von der Languste, besonders, wenn es durch ausgereifte Tomaten und frische Kräuter unterstützt wird. Geschmacklich abgerundet wird das Gericht durch die Säure des Champagners. Dieser kann natürlich durch einen trockenen, spritzigen Weißwein ersetzt werden, der dann auch zum Essen serviert werden sollte.

CHAMPAGNER-HÄHNCHEN MIT LANGUSTE

1 küchenfertiges Hähnchen (etwa 1,1 kg) mit der Leber
Salz, frisch gemahlener weißer Pfeffer
1 Messerspitze Zimt
1 Languste (etwa 600 g)
4 Tomaten
1 kleine Zwiebel
50 g Butter
1 Kräutersträußchen aus frischem Majoran, Thymian und Petersilie
1 Lorbeerblatt
1/8 l Champagner
2 cl Cognac
6 EL Pflanzenöl
5 Safranfäden
2 Knoblauchzehen
2 EL geröstete Mandeln
Salz, frisch gemahlener weißer Pfeffer
1 TL Speisestärke

Das Hähnchen unter fließendem kalten Wasser abspülen und mit Küchenpapier innen und außen gut trockentupfen. Salz, Pfeffer und Zimt gut in die Haut einreiben und in 8 Stücke zerteilen (siehe Seite 30/31). Die Languste in kochendes Wasser geben und etwa 5 Minuten kochen, herausnehmen, gut abtropfen lassen und mit Küchenpapier trockentupfen. Den Schwanz und den Panzer mit einem kräftigen Sägemesser in 4 Teile schneiden. Die Tomaten kurz mit kochendem Wasser überbrühen, die Haut abziehen und das Fruchtfleisch klein würfeln, die Zwiebel klein schneiden. Die Butter in einer entsprechend großen Kasserolle erhitzen, die Hähnchenteile mit der Leber einlegen und unter ständigem Wenden goldbraun anbraten. Die Zwiebel, die Tomaten, das Kräutersträußchen und das Lorbeerblatt zum Hähnchen geben und alles zusammen 5 bis 10 Minuten schmoren. Die Hähnchenleber aus der Pfanne nehmen. Den Bratenfond mit Champagner und Cognac ablöschen, zur Hälfte einkochen lassen, dann so viel heißes Wasser zugießen, daß die Hähnchenteile bedeckt sind, bei geringer Hitze etwa 10 Minuten schmoren. Das Öl in einer Pfanne erhitzen, die Langustenteile einlegen und schnell anbraten. Sobald das Fleisch anfängt, fest zu werden, zu den Hähnchenteilen in die Kasserolle geben und zusammen nochmals etwa 10 Minuten weich schmoren. Den Safran mit den geschälten Knoblauchzehen, den Mandeln und der Hähnchenleber in einem Mörser zerstoßen und gut vermischen. Die entstandene Masse mit etwas Wasser verdünnen und in das Gericht einrühren, salzen und pfeffern. Die Sauce gut einkochen, eventuell durch ein Sieb passieren. Will man die Sauce etwas sämiger, mit der angerührten Speisestärke zur gewünschten Konsistenz binden. Als Beilage zu diesem Gericht paßt frisches Weißbrot oder auch körnig gekochter Reis.

Als einfachere Variante können unmarinierte Hähnchenteile verwendet werden. Sie sind nach dem Anbraten herauszunehmen. In dem würzigen Öl die Zwiebeln anschwitzen und Tomaten dünsten, bevor die Fleischstücke wieder dazukommen.

POLLO ALLA CACCIATORA

Ein Hühnergericht mit diesem Namen gibt es in den meisten italienischen Provinzen, doch hat jede Region ihre eigene Rezeptur. Eine Zutat bleibt dem Huhn jedoch immer treu: die schwarzen Oliven. Sie sind es auch, die den Hühnern den unverwechselbaren, südländischen Geschmack verleihen. Oft sind auch Kapern und Sardellen mit von der Partie. In jedem Fall werden die Vögel mit reichlich Knoblauch gewürzt.

1 küchenfertiges Hähnchen (etwa 1,2 kg)

Für die Paste:

3 EL feines Olivenöl
1 TL Salz, frisch gemahlener weißer Pfeffer
einige Nadeln Rosmarin
1 TL Oregano
Abgeriebenes von 1/2 unbehandelten Zitrone
2 Knoblauchzehen

Außerdem:

2 EL Olivenöl
40 g Zwiebelwürfel
2 Tomaten
16 schwarze Oliven
2 Sardellenfilets
2 TL gesalzene Kapern

Das Hähnchen innen und außen waschen und trockentupfen. In 4 oder 8 Teile zerteilen. In einem Mörser das Öl mit allen Zutaten für die Paste fein zerstoßen und die Geflügelteile damit bestreichen. In einer Schüssel zugedeckt 1 bis 2 Stunden durchziehen lassen. Das Öl in einer Kasserolle erhitzen, die marinierten Fleischteile nacheinander rundum knusprig braun anbraten, wieder herausnehmen und warm stellen. Die Zwiebelwürfel in dem würzigen Öl anschwitzen. Die Tomaten blanchieren, die Haut abziehen und würfeln. Zu den Zwiebeln geben, 2 bis 3 Minuten dünsten und die Fleischteile wieder hineingeben. Bei geschlossener Kasserolle etwa 20 Minuten schmoren. Die Oliven entsteinen, nach Belieben halbieren und die Sardellen in Stücke schneiden. Zusammen mit den Kapern zum Gericht geben und das Ganze weitere 10 bis 15 Minuten schmoren, bis das Fleisch sozusagen »butterweich« ist. Als klassische Beilage paßt ein Risotto bestens dazu. Eine etwas deftigere Variante dieses Rezepts mit Kaninchen ist das »Coniglio alla cacciatora«. Statt des Hähnchens wird ein Kaninchen von 1,2 bis 1,5 kg verwendet. Die Zutaten und die Zubereitung sind gleich, nur daß die Kaninchenteile statt in Olivenöl in 60 g gewürfeltem, durchwachsenem Räucherspeck angebraten werden. Als Beilage ist neben Risotto eine frisch zubereitete Polenta zu empfehlen.

Regional und deftig

SCHMORGERICHTE VON GEFLÜGEL UND KANINCHEN SIND ECHTE HAUSMANNSKOST

Dies sind im Laufe der Jahre gewachsene Rezepte aus den Produkten des Landes, unkompliziert und bodenständig und wahrscheinlich gerade deshalb so beliebt. Nicht wenige wurden über ihre Landesgrenzen hinaus berühmt.

PERLHUHNKÜKEN IN PAPRIKASAUCE

Dies ist eine Zubereitungsart für Geflügel, wie sie in der Wiener Küche und in Ungarn üblich ist.

2 Perlhuhnküken (à 500 bis 600 g)
Salz, frisch gemahlener weißer Pfeffer
je 1 gelbe und rote Paprikaschote
2 Tomaten, 2 EL Pflanzenöl, 30 g Butter
1 Knoblauchzehe, 150 g Zwiebelwürfel
20 g edelsüßes Paprikapulver
1/8 l dunkler Geflügelfond (siehe Seite 62/63)
100 ml Sahne, 1 TL frischer Majoran

Die Perlhuhnküken innen und außen waschen, trokkentupfen, der Länge nach teilen, salzen und pfeffern. Die Paprikaschoten bei 220 °C im Ofen erhitzen, bis die Haut Blasen wirft und bräunt, etwas abkühlen lassen, häuten, von Samen und Samensträngen befreien und das Fruchtfleisch in Streifen schneiden. Die Tomaten blanchieren, die Haut abziehen, die Kerne entfernen und das Fruchtfleisch vierteln. Das Rezept, wie rechts beschrieben, zubereiten. Die Perlhuhnhälften wieder in die Sauce geben und servieren.

Perlhuhnküken schmoren:

Das Öl und die Butter in einer Pfanne erhitzen und die halbierten Perlhuhnküken von beiden Seiten gleichmäßig hellbraun anbraten.

Knoblauch und Zwiebeln zugeben, 6 bis 8 Minuten dünsten. Das Fleisch mit Paprika bestreuen und mehrmals wenden.

Nach 10 Minuten das Gemüse und den Geflügelfond zugeben und bei geschlossener Pfanne 15 bis 20 Minuten schmoren lassen.

Das Fleisch herausnehmen und warm stellen. Sahne und Majoran zugeben, die Sauce bis zur gewünschten Konsistenz reduzieren.

Nach dem gleichen Rezept kann natürlich auch ein Hähnchen oder eine Poularde zubereitet werden. Sie werden den Wohlgeschmack der Perlhuhnküken aber kaum übertreffen.

Von den ausgelösten Fleischstücken die Haut vollständig abziehen, eventuell mit einem Messer nachhelfen.

Hühnerfrikassee zubereiten:

Die Hälfte der Butter zerlassen, das Gemüse zugeben und unter ständigem Rühren ohne Farbe anschwitzen.

Die Fleischstücke salzen und pfeffern, auf das Gemüse legen und ebenfalls anschwitzen, ohne daß sie braun werden.

Mit Mehl bestauben, die restliche Butter in Flöckchen darübergeben und die Fleischstücke wenden.

Den Weißwein zugießen, etwa 10 Minuten dünsten, bis der Wein verdampft ist. Die Fleischstücke erneut wenden.

1/2 l des vorbereiteten Fonds auf einmal zugießen, Petersilie und Thymian zugeben, zugedeckt 25 Minuten schmoren.

Die gegarten Fleischstücke mit einer Gabel herausnehmen, auf einen Teller legen, mit Folie abdecken und warm halten.

Die Sauce durch ein Sieb gießen, dabei soviel Gemüse wie möglich durchdrücken. Die Sauce erneut erhitzen.

Die Sahne zugießen und auf etwa 0,3 l reduzieren. Anschließend mit dem Eigelb legieren, mit Cayennepfeffer und Zitronensaft abschmecken.

Mit reichlich »mehliger Bindung« ist dieses Frikassee in Verruf geraten. Dabei ist Mehl nur in ganz geringer Dosierung nötig, denn vom Gemüse, der Sahne und dem Eigelb wird die Sauce ohnehin schön sämig. Außerdem kocht der typische Mehlgeschmack ganz aus. Allerdings geht es auch ganz ohne Mehl, wie das Beispiel auf der rechten Seite zeigt.

FRIKASSEE MIT MORCHELN

1 küchenfertige Poularde (1,6 bis 1,8 kg)
Für den Hühnerfond:
je 50 g Möhren, Stangensellerie, Lauch
1/2 Knoblauchzehe, 1 Lorbeerblatt
Für das Frikassee:
80 g Butter, 50 g gewürfelter Stangensellerie
je 100 g gewürfelte Zwiebeln und Lauch
Salz, Pfeffer, 10 g Mehl, 1/8 l trockener Weißwein
4 Petersilienstengel, 2 Thymianzweige, 200 ml Sahne
1 Eigelb, 1/4 TL Cayennepfeffer, 1 TL Zitronensaft
Außerdem:
60 g Morcheln, 8 Krebsschwänze, Kerbel

Hühnerfrikassee

EIN THEMA MIT SEHR VIELEN VARIATIONEN

Von wenigen Rezepten der klassischen Kochkunst gibt es so viele Interpretationen wie von diesem köstlichen Hühnergericht, dem Fricassée de poulet. Schließlich stammt es ja aus Frankreich, wo auch das erste Rezept gleichen Namens aus dem Jahr 1674 in der Bibliothèque Nationale in Paris sorgsam verwahrt wird. Daß in der Folgezeit am Frikassee kräftig gearbeitet wurde, beweisen die vielen Rezepte, die nur noch eines gemeinsam haben: das Huhn und eine mit Mehl gebundene Sauce mit mehr oder weniger Sahne. Die übrigen Zutaten wechseln erheblich. Das Rezept links ist etwa das statistische Mittel dieser Frikassee-Sammlung, geschmacklich aber sicher kein Mittelmaß.

Die Feigen gut waschen, mit dem Portwein übergießen, würzen und bei geringer Hitze behutsam pochieren.

FRIKASSEE MIT FRISCHEN FEIGEN

Bei diesem kräftigen Frikassee werden Fleisch und Gemüse hellbraun angebraten, dazu kommen frische Tomaten und eine kräftige Würzung, die besonders gut zu den pochierten Feigen paßt.

Für die Feigen:
8 frische Feigen, 1/4 l Portwein
1 Stück Zimtrinde, 1 Nelke
Für das Frikassee:
1 küchenfertige Poularde (etwa 1,6 kg)
1 Möhre, 1 Stück Knollensellerie
80 g Butter, 60 g gewürfelte Zwiebeln
80 g gewürfelter Stangensellerie
2 zerdrückte Knoblauchzehen
Salz, frisch gemahlener weißer Pfeffer
2 kleingeschnittene Tomaten, 1/8 l Sahne

Die Feigen waschen, trocknen und in eine Pfanne setzen, mit dem Wein übergießen, Zimtrinde und Nelke zufügen und 10 Minuten pochieren. Im Sud warm halten. Die Poularde waschen und trockentupfen. Die Keulen abtrennen und die Brust mit den Flügelstummeln auslösen. Diese 4 Stücke häuten und einmal teilen. Die Karkasse hacken und mit dem gesäuberten Magen und dem Herz in einem Topf mit reichlich Wasser blanchieren. Abgießen, mit Wasser abbrausen und mit der Möhre und dem Sellerie in 1 l Wasser 1 Stunde leise köcheln. Die Hälfte der Butter in einer Pfanne zerlaufen lassen und die Zwiebeln, den Stangensellerie und Knoblauch hellbraun anschwitzen. Das Fleisch würzen, zu dem Gemüse geben und ebenfalls hellbraun anbraten. Die restliche Butter darüber verteilen. Die Tomaten zugeben und 10 Minuten dünsten. Den vorbereiteten Hühnerfond durch ein Sieb darübergießen und bei geschlossener Pfanne in etwa 30 Minuten weich schmoren. Das Fleisch herausnehmen und warm halten. Die Sauce abseihen - dabei möglichst viel vom Gemüse mit durchdrücken - und auf etwa 1/4 l reduzieren. Die Sahne zugießen, das Fleisch und die geviertelten Feigen einlegen und alles zusammen 5 bis 10 Minuten ziehen lassen. Mit Nudeln anrichten.

VARIANTE: Nach diesem Rezept läßt sich auch ein Perlhuhnfrikassee mit Paprika zubereiten. Dafür werden die Poularden gegen ein Perlhuhn ausgetauscht, 2 rote Paprikaschoten mitgeschmort und das Gericht mit 2 TL edelsüßem Paprika abgeschmeckt. Das Frikassee statt der Feigen mit Weißkraut servieren, das reichlich mit Kümmel gewürzt wird.

Die Poularde waschen und trocknen. Das Fleisch auslösen, in 8 Stücke teilen. Aus Karkasse, Herz und Magen, Gemüse, Knoblauch und Lorbeerblatt einen hellen Fond kochen, siehe Seite 64/65. Das Frikassee, wie links beschrieben, zubereiten. Das Fleisch, die gekochten Morcheln und die Krebsschwänze in die Sauce legen und erhitzen. Mit Kerbel würzen.

Hühner, im ganzen geschmort

Zum Schmoren eignen sich im ganzen belassene Vögel ganz vorzüglich, sehr großes Geflügel kann jedoch auch in Einzelstücken geschmort werden. Ob offen oder im verschlossenen Topf gegart, das Fleisch bleibt schön saftig. Das Prinzip ist immer dasselbe: Auf das kurze, gleichmäßige Anbraten in heißem Fett folgt die Zugabe der unterschiedlichen Zutaten sowie das Aufgießen mit einem guten Fond und das Garen bei geringer Hitze. Aufgrund der mannigfaltigen Zutaten passen schlichte Beilagen am besten dazu.

POULARDE »GÄRTNERIN«

Sommerfrisches Gemüse als Zutat verleiht dieser geschmorten Poularde einen besonders frischen Geschmack. Doch auch das Gemüse profitiert von dieser Garmethode, da es angenehm würzig wird.

1 küchenfertige Poularde (etwa 1,5 kg)
1 TL Salz
frisch gemahlener weißer Pfeffer
1/2 TL Ingwerpulver
1 Kräutersträußchen (Petersilie, Thymian, Majoran und ein wenig Liebstöckel)
50 g Butter
250 g Zucchini
500 g kleine, festkochende Kartoffeln
1 frischer Maiskolben
200 g Tomaten
1/2 l heller Hühnerfond (siehe Seite 64/65)
1 Bund Petersilie
2 Thymianzweige

Die Poularde unter fließendem Wasser sorgfältig waschen und gut trockentupfen. Innen und außen salzen, pfeffern und mit Ingwerpulver würzen. Das Kräutersträußchen in die Bauchhöhle legen. Die Poularde dressieren, rundherum mit der Butter einstreichen, in einen Bräter legen und im vorgeheizten Ofen bei 220 °C etwa 10 Minuten anbraten. Die gewaschenen Zucchini in Scheiben schneiden, die Kartoffeln schälen - eventuell zerkleinern - und von dem Maiskolben mit einem Messer die Körner abschneiden. Die Tomaten blanchieren, die Haut abziehen, die Kerne entfernen und das Fruchtfleisch würfeln. Das Gemüse zu der Poularde in den Bräter geben und mit dem Hühnerfond aufgießen. Die Hitze im Ofen auf 180 °C reduzieren und die Poularde etwa 20 Minuten schmoren lassen. Zwischendurch immer wieder mit dem Fond übergießen. Petersilie und Thymian fein hacken, die Poularde damit bestreuen und fertigschmoren. Es dauert weitere 30 bis 40 Minuten, bis das Fleisch weich ist.

POULARDE, MIT VIERZIG KNOBLAUCHZEHEN GESCHMORT

Dieser großzügige Umgang mit Knoblauch stammt aus dem Süden Frankreichs, wo auch das Kaninchen so zubereitet wird. Daß der Knoblauchduft nach dem Genuß dieser Gerichte für die Mitmenschen trotzdem erträglich bleibt, ist das eigentliche Geheimnis dieses Rezepts. Die Erklärung ist wiederum ganz einfach: Die Zehen werden ungeschält und im ganzen oder höchstens ganz leicht angedrückt mitgeschmort. Das Huhn schmeckt dann angenehm frisch und würzig, aber keinesfalls penetrant nach Knoblauch. Liebhabern dieser duftenden Knolle bleibt es dann selbst überlassen, ob sie die weich geschmorten, sehr milde schmeckenden Zehen aus der Schale löffeln möchten. Wichtig ist jedoch, daß der Topf während des Garens luftdicht verschlossen ist. Dies gelingt am besten mit einem Mehlteig, den man auf die Deckel- und Topfränder »klebt«. Ein besonders gutes Ergebnis erzielt man in einem Tontopf oder - wenn die Ränder mit Eigelb eingepinselt werden - in einem gußeisernen Topf.

Für den Teig:
200 g Mehl
1 EL Olivenöl
Wasser
Für die Poularde:
1 küchenfertige Poularde (etwa 1,8 kg)
1 TL Salz, frisch gemahlener weißer Pfeffer
1 Kräutersträußchen (Petersilie, Thymian, Liebstöckel, Bohnenkraut)
50 g Möhren
50 g Stangensellerie
120 ml Olivenöl
40 Knoblauchzehen
1 Lorbeerblatt
1 Rosmarinzweig

Einen Römertopf für 10 Minuten in kaltes Wasser legen. Für den Teig das Mehl in eine Schüssel geben, das Öl zufügen, nach und nach so viel Wasser einarbeiten, daß ein knetbarer Teig entsteht. Die Poularde waschen, sorgfältig trockentupfen, innen und außen salzen und pfeffern. Das Kräutersträußchen in die Bauchhöhle legen und das Huhn dressieren. Die Möhren und den Sellerie waschen, in kleine Würfel schneiden und auf dem Boden des Tontopfs verteilen. Die Poularde von allen Seiten gleichmäßig mit dem Olivenöl bestreichen, in den Topf setzen und das restliche Öl darübergießen. Weiterverfahren, wie in der Bildfolge rechts beschrieben. Die fertig gegarte Poularde 10 bis 15 Minuten im Topf ziehen lassen und mit beliebigen Beilagen servieren. Frisches Weißbrot, in den dann enstandenen Sud getaucht oder mit den weichen Knoblauchzwiebeln bestrichen, schmeckt besonders gut dazu. Als Begleiter bietet sich ein leichter Rosé aus der Provence an.

Knoblauchhuhn schmoren:

Den ungeschälten Knoblauch, Lorbeer und Rosmarin gleichmäßig im Topf verteilen, damit ihre Aromen ausgewogen ins Fleisch eindringen können.

Den Teig zu einer langen, dünnen Rolle formen, ihn gleichmäßig auf den Topfrand legen, leicht andrücken und den Deckel aufsetzen.

Den gut verschlossenen Topf in den auf 180 °C vorgeheizten Ofen auf die mittlere Schiene setzen und etwa 1 1/2 Stunden schmoren lassen.

Das Huhn nimmt während des Garprozesses im Römertopf eine leichte Färbung an; im normalen gußeisernen Topf bleibt es weiß.

Arroz con pollo – ein alltägliches Gericht in Mittelamerika.

Huhn und Reis

VARIANTENREICHE SPEZIALITÄTEN

Wenn auch zu dieser Kombination von Huhn und Reis sehr simple, alltägliche Gerichte gehören, so haben sich dennoch beachtenswerte Spezialitäten daraus entwickelt, die inzwischen – entsprechend verfeinert – zu den Spitzenreitern internationaler Kochkunst zählen.

ARROZ CON POLLO

In allen Ländern Mittelamerikas und in Mexiko ist diese pikant-würzige Kombination von Huhn mit Reis ein sehr beliebtes Gericht und ganz einfach zuzubereiten.

1 küchenfertige Poularde (etwa 1,5 kg)
1 grüne Paprikaschote
200 g Tomaten
1 große Zwiebel
1 scharfe Chilischote
4 EL Pflanzenöl
2 Knoblauchzehen
180 bis 200 g Langkornreis
3/4 l heller Hühnerfond (siehe Seite 64/65)
1 TL Salz
1/2 TL Zucker
2 TL frische Korianderblätter
2 TL Limettensaft
Außerdem:
400 g Chorizo (sehr würzige spanische Wurst)

Die Poularde unter fließendem Wasser innen und außen waschen, trockentupfen und in 8 bis 12 Teile zerteilen. Die ganze Paprikaschote bei 220 °C im Ofen erhitzen, bis die Haut Blasen wirft und bräunt, anschließend etwas abkühlen lassen, häuten, von Samen und Scheidewänden befreien und würfeln. Die Tomaten kurz blanchieren, die Haut abziehen, die Kerne entfernen und das Fruchtfleisch, ebenso wie die Zwiebel, würfeln. Die Chilischote längs halbieren, die Samen sowie die Scheidewände entfernen (wer es gern scharf mag, läßt sie drin) und in feine Längsstreifen schneiden. Das Öl in einer Pfanne erhitzen, die zerdrückten Knoblauchzehen sowie die Zwiebel- und Paprikawürfel darin hell anschwitzen. Die Tomaten und die Chilischote unterrühren. Den Reis zufügen und unter Rühren glasig dünsten. Die Poulardenstücke einlegen und den Fond aufgießen. Bei schwacher Hitze garen, bis der Reis und das Huhn weich sind, dies dauert in der Regel 50 Minuten. Mit Salz, Zucker, Korianderblättern und Limettensaft würzen. Je nach Bedarf das Gericht zusätzlich mit weiterem Chili würzen. Nach Belieben kann noch die in Scheiben geschnittene Wurst untergemischt werden, der Eigengeschmack der Poularde wird dadurch aber beeinträchtigt.

JAMBALAYA

Diese Spezialität, bei der das Huhn eine ebenso wichtige Rolle spielt wie der Reis, stammt aus der kreolischen Küche. Vermutlich hat sie ihren Namen von dem spanischen Wort für Schinken »jamón« erhalten, der übrigens in diesem Gericht nicht fehlen sollte, heutzutage aber meistens durch eine kräftige Wurst ersetzt wird. Und nicht zu vergessen ist der Pflichtteil aus dem Wasser: die Süßwasserkrebse, Garnelen, Langusten oder Austern. In dem Originalrezept, wie es in New Orleans serviert wird, sollten auf jeden Fall die heimischen Red Swamp Crayfish enthalten sein. Doch auch eine frische Languste macht sich nicht schlecht.

1 küchenfertige Poularde (etwa 1 kg)
1 Languste (etwa 600 g)
400 g Tomaten
250 g grüne Erbsen in Schoten
2 kleine Chilischoten
80 g durchwachsener Räucherspeck
2 EL Pflanzenöl
60 g gewürfelte Zwiebel
1 Knoblauchzehe
100 g gekochter Schinken
150 g Langkornreis, 400 g Tomaten
1/2 l heller Hühnerfond (siehe Seite 64/65)
einige Safranfäden

1 TL Salz, 1/2 TL Thymian
1 EL Limettensaft
150 g Chorizo (sehr würzige spanische Wurst)
1 EL zerkleinerte Basilikumblätter

Die Poularde unter fließendem Wasser innen und außen waschen, trockentupfen und, wie auf Seite 30/31 beschrieben, in 8 Teile zerlegen. Die Languste in sprudelndem Wasser 3 Minuten kochen und in Eiswasser abschrecken. Den Schwanz ausbrechen und in 8 Stücke teilen. Die Tomaten kurz blanchieren, die Haut abziehen, die Kerne entfernen und das Fruchtfleisch würfeln. Die Erbsen auspalen. Die Chilischoten längs halbieren, die Samen und die Scheidewände sorgfältig entfernen und die Schote in feine Längsstreifen schneiden.

Den Speck fein würfeln und in dem Öl kräftig anbraten. Die Zwiebelwürfel und die zerdrückte Knoblauchzehe zugeben und 2 bis 3 Minuten mitbraten. Die Hähnchenteile und den in Streifen geschnittenen Schinken zugeben und rundum anbraten. Den Reis hinzufügen und unter ständigem Rühren anbraten, bis die Körner glasig sind. Die Tomaten und Erbsen unterrühren, mit dem Fond aufgießen und die Safranfäden dazugeben. Das Gericht mit den Chilischoten, Salz, Thymian und Limettensaft würzen und bei geringer Hitze garen, bis der Reis und das Fleisch weich sind; dies dauert etwa 50 Minuten. Die in Scheiben geschnittene Wurst und die Languste dazugeben; wenn nötig, noch etwas Hühnerfond aufgießen. Alles zusammen noch etwa 5 bis 10 Minuten ziehen lassen. Vor dem Servieren Basilikum zugeben.

Risotto mit Fleisch oder Innereien

REIS UND GEFLÜGEL LASSEN SICH GUT KOMBINIEREN

Risottos laden geradezu zum Experimentieren ein. Während alle Geflügelarten für Risottos verwendet werden können, muß man beim Reis vorsichtiger sein, denn nicht jede Reissorte ist für einen Risotto gleich gut geeignet. Mit den italienischen Rundkornsorten gelingt der Risotto aber allemal. Wer ein Risotto mit nur wenig Bindung haben will, kann aber auch amerikanischen Langkornreis verwenden. Ein gutes Beispiel hierfür ist ein Wachtelrisotto, das nach dem nebenstehenden Grundrezept zubereitet werden kann. Dafür wird der Rundkornreis durch Langkornreis ersetzt, 4 Wachteln küchenfertig vorbereitet, kräftig gewürzt und in Butter rosa angebraten. Nach dem vollständigen Entbeinen das Fleisch würfeln und unter den fertigen Risotto mischen. Mit reichlich Parmesan bestreuen und servieren.

TAUBENRISOTTO

Dieses Rezept macht einige Mühe, wenn der Fond aus den Karkassen selbst zubereitet wird. Der delikate Geschmack entschädigt dann allerdings für den Aufwand.

2 Tauben (à 350 g)
Salz, frisch gemahlener weißer Pfeffer

Für den Geflügelfond:

2 EL Pflanzenöl
1 angedrückte Knoblauchzehe
je 30 g feingewürfelte Schalotten und Möhren
60 g gewürfelter Stangensellerie
1 l Wasser
je 1 Lorbeerblatt und Thymianzweig

Für den Risotto:

30 g Butter
2 EL feingewürfelte Schalotten
2 gehäutete, gewürfelte Tomaten
1 bis 2 EL Tomatenmark
400 g Arborio-Reis (Rundkornreis)
1/8 l trockener Rotwein

Die Tauben, wie auf Seite 28/29 beschrieben, ausnehmen, die Brüste und Schenkel auslösen (siehe Seite 30/31) und das Fleisch würfeln, salzen, pfeffern und kühl stellen. Für den Fond die Karkassen zerkleinern. Das Öl in einer entsprechend großen Kasserolle erhitzen, die Knoblauchzehe und die Schalotten zugeben und anschwitzen. Die Karkassen und das Gemüse zufügen und anbraten. Mit dem Wasser aufgießen, Lorbeerblatt und Thymian zugeben und etwa 1 Stunde leicht köcheln lassen. Anschließend durch ein Sieb passieren, etwas abkühlen lassen und die Oberfläche entfetten. Den Risotto, wie in der Bildfolge gezeigt, zubereiten. Frisch geriebener Parmesan oder Grana padano runden den Geschmack hervorragend ab.

Taubenrisotto zubereiten: Die Butter schmelzen und die Schalotten darin anschwitzen. Die Fleischwürfel zugeben und kräftig anbraten. Die Tomaten und das Tomatenmark zufügen und 10 Minuten mitschmoren.

Den Reis zuschütten und 3 bis 4 Minuten bei starker Hitze unter Rühren anbraten. Mit dem Rotwein ablöschen.

Ist der Wein weitgehend verdampft, etwa 1l Geflügelfond aufgießen. Bei Bedarf Wasser nachgießen.

Bei offenem Topf kochen, bis der Reis weich ist. Den Reis mehrmals mit dem Spatel vom Topfboden lösen.

GRUNDREZEPT RISOTTO

50 g Butter
1 feingewürfelte Zwiebel
400 g Arborio-Reis (Rundkornreis)
150 ml Weißwein
1 l Fleischbrühe
Salz
80 g geriebener Parmesan

Den Risotto, wie in der Bildfolge rechts beschrieben, zubereiten. Darauf achten, daß der Reis beim Anbraten keine Farbe nimmt und nicht anhängt. Vor dem Servieren den geriebenen Parmesan unterrühren.

SAFRANRISOTTO MIT GEFLÜGELLEBER

Im Handel werden meist Geflügellebern vom Huhn und vom Truthahn angeboten. Beide eignen sich gut für das folgende Rezept. Kräftiger im Geschmack sind aber die Lebern von frischen Enten oder Gänsen.

Für den Safranrisotto:
30 g Rindermark, 70 g Butter
1 gewürfelte Zwiebel
1/2 angedrückte Knoblauchzehe
400 g Arborio-Reis (Rundkornreis)
150 ml Weißwein
1 bis 1,2 l heller Geflügelfond (siehe Seite 64/65)
Salz, etwa 1/4 TL Safranfäden

Für die Leber:
2 EL Pflanzenöl, 20 g Butter
50 g gewürfelte Zwiebeln
1 Knoblauchzehe, 500 g Geflügellebern
Salz, frisch gemahlener weißer Pfeffer
5 bis 6 EL Geflügelfond

Außerdem:
80 g geriebener Parmesan

Das Rindermark wässern, würfeln und mit 30 g Butter auslassen. Die Zwiebel und die Knoblauchzehe zugeben und mitdünsten. Den Reis zuschütten und glasig dünsten. Mit dem Weißwein ablöschen, etwas einkochen lassen und mit dem Fond nach und nach aufgießen. Salzen, den Safran zugeben und bei ständiger Bewegung 12 bis 15 Minuten kochen. Für die Leber das Öl mit der Butter erhitzen und die Zwiebeln sowie die angedrückte Knoblauchzehe darin anschwitzen. Die in Würfel geschnittenen Lebern zugeben, bei starker Hitze rundum anbraten, salzen und pfeffern und mit dem Fond aufgießen, langsam schmoren. Nach 5 bis 6 Minuten sind die Leberwürfel gar und können unter den fertigen Risotto gerührt werden. Vor dem Servieren die restliche Butter unterrühren und das Gericht mit dem Parmesan vollenden.

Risotto zubereiten: Die Butter schmelzen, die Zwiebel darin anschwitzen, den Reis zuschütten und unter ständigem Rühren bei starker Hitze anbraten. Mit dem Wein ablöschen und reduzieren. Die Brühe zugießen und in 12 bis 15 Minuten fertigkochen.

Coq au Riesling aus dem Elsaß. Er kann genauso wie das nebenstehende Rezept zubereitet werden und ist trotzdem keine Kopie, denn der Riesling gibt dem Gericht eine ganz eigene Note.

COQ AU VIN MIT BURGUNDER

Dieses Rezept ist eine rustikale Version des klassischen Coq au vin, bei der das Huhn nicht mariniert wird. Auch der Coq au Riesling kann so zubereitet werden, wobei lediglich das Tomatenmark weggelassen und der Rotwein durch einen weißen Riesling ersetzt wird.

1 küchenfertige Poularde (1,6 bis 1,8 kg)
Salz, frisch gemahlener weißer Pfeffer
60 g durchwachsener Räucherspeck
2 EL Pflanzenöl
50 g Butter
1 Knoblauchzehe
150 g gewürfelte Zwiebeln
100 g gewürfelte Möhren
0,7 l roter Burgunder
2 Lorbeerblätter
1 Kräutersträußchen (Petersilie, Majoran, Thymian, wenig Liebstöckel)
2 EL dreifach konzentriertes Tomatenmark
200 g frische Champignons

Die Poularde unter fließendem Wasser innen und außen waschen und sorgfältig trockentupfen. Mit der Geflügelschere das Rückgrat herausschneiden und den Rest in 8 Teile zerlegen, salzen und pfeffern. Den Speck in Würfel schneiden. Das Öl in einer Kasserolle erhitzen und die Speckwürfel darin hell anbraten. Das Fett abschöpfen, die Butter dazugeben und die Poulardenteile rundum kräftig anbraten. Die angedrückte Knoblauchzehe, die Zwiebel- und Möhrenwürfel dazugeben, 10 Minuten mitschwitzen lassen, dann mit dem Wein aufgießen. Die Lorbeerblätter, das Kräutersträußchen und das Tomatenmark zufügen, den Topf schließen und bei 200 °C im vorgeheizten Ofen 40 bis 50 Minuten schmoren, bis das Fleisch weich ist. Die geputzten Champignons (große einmal durchschneiden) zugeben und das Gericht bei offenem Topf weitere 10 Minuten garen. Wahlweise kann es so serviert oder die Sauce zusätzlich passiert werden. Als Beilage passen Kartoffeln oder Teigwaren bestens dazu.

In Wein geschmort

ROTWEIN UND EINE POULARDE BESTER QUALITÄT

In Frankreich sagt man, daß ein einjähriger Hahn zum Originalrezept »Coq au vin« gehört. Eine fleischige Poularde tut es aber auch. Und auf die Frage nach dem passenden Wein, ist »kräftiger Burgunder« sicher die richtige Antwort.

POULARDE, IN ROTWEIN GESCHMORT

Es handelt sich hier um ein Coq-au-vin-Rezept von elitärer Art. Seine Zubereitung erfordert auch etwas mehr Mühe als die rustikale Variante auf der linken Seite. Das Huhn wird ausgelöst, mariniert, die Karkasse mit Sauce verstärkt und anschließend passiert.

1 küchenfertige Poularde (etwa 1,8 kg)

Für die Marinade:

100 g gewürfelte Zwiebeln

100 g Stangensellerie in Scheiben

50 g gewürfelte Möhren

2 Gewürznelken

je 1 Thymian- und Rosmarinzweig

1 Lorbeerblatt

1 angedrückte Knoblauchzehe

10 zerdrückte Pfefferkörner

0,7 l Rotwein
(Veltliner oder Barbera d´Asti aus dem Piemont)

Für die Poularde:

Salz, frisch gemahlener weißer Pfeffer

etwas Mehl

2 EL Pflanzenöl, 50 g Butter

2 TL dreifach konzentriertes Tomatenmark

2 TL Mehl

1 Kräutersträußchen
(Thymian, Lorbeerblatt, Petersilienstengel)

3/4 l Wasser, 150 g Crème fraîche

Salz, frisch gemahlener weißer Pfeffer

1 Spritzer Zitronensaft

Für die Garnitur:

100 g in Streifen geschnittener Speck

250 g Frühlingszwiebeln

200 g Champignons

1 bis 2 EL gehackte Petersilie

Die Poularde waschen und trockentupfen. Die Keulen ablösen und mit einer Geflügelschere die Brüste mit den darunterliegenden Knochen herausschneiden. Die Flügel, die restliche Karkasse, den Hals und die Füße klein hacken. Zum Marinieren die Einzelteile in ein flaches Geschirr legen, das Gemüse und die Gewürze zufügen und mit so viel Rotwein übergießen, daß alles gerade bedeckt ist. Mit Folie verschlossen 2 Tage im Kühlschrank marinieren lassen. Die Schenkel und die Brüste abtropfen lassen, salzen, pfeffern und mit Mehl bestauben. In einer Pfanne das Öl und die Butter erhitzen und die Einzelteile goldbraun braten, dabei die zerhackten Knochen mitbraten. Das Fleisch herausnehmen. Das abgetropfte Gemüse aus der Marinade und das Tomatenmark in die Pfanne geben, etwas anschwitzen, mit Mehl bestauben und so lange braten, bis das Mehl hellbraun wird. Mit der getrennt aufgekochten und abgeschäumten Marinade ablöschen. Das Kräutersträußchen zufügen, mit Wasser auffüllen und bei offenem Topf 1/2 Stunde kräftig durchkochen. Die Poulardenstücke wieder hineingeben und etwa 1/2 Stunde weiterköcheln, bis das Fleisch weich ist. Die Fleischstücke wieder herausnehmen, nach Belieben die Haut entfernen, die Knochen auslösen und das Fleisch wahlweise in mundgerechte Stücke schneiden. Für die Sauce den Fond durch ein Sieb passieren, Gemüse und die ausgelaugten Knochen dabei fest auspressen. Mit der Crème fraîche verrühren, salzen, pfeffern und mit dem Zitronensaft frisch abschmecken. Für die Garnitur die Speckstreifen anschwitzen, die Zwiebeln und Champignons mitbraten und leicht bräunen. Das Fleisch in der Sauce erhitzen, die Garnitur zugeben, erneut abschmecken und die Petersilie einrühren.

Durch die Marinade kann das pikante Aroma von Wein, Gemüse und Kräutern richtig in das Fleisch eindringen. Der Geschmack vom Fleisch ist ungleich kräftiger als der des Rezepts auf der gegenüberliegenden Seite.

Ente und Rotwein
HARMONIE BEIM SCHMOREN

Mit der Kombination von Ente und Rotwein verhält es sich wie mit dem berühmten Coc au vin: Es kursieren eine ganze Menge interessanter Rezepte. So hat jede europäische Weinbauregion, die guten Rotwein hervorbringt, ihr eigenes Hühner- oder Enten-Schmorgericht, natürlich in Verbindung mit Rotwein. Geschmortes Geflügel ist dort aber nicht allein wegen der Kombination mit Rotwein beliebt, sondern vor allem, weil man durch langsames und behutsames Schmoren ein sehr zartes, saftiges und gut durchgegartes Fleisch erhält. Solch eine saftige Ente läßt sich mit Hilfe zweier Grundzubereitungen erreichen: Die Ente wird entweder über längere Zeit mit den übrigen Zutaten im Wein mariniert - wie im Rezept auf der rechten Seite - oder der Wein wird erst beim Schmoren zugegeben, was im Rezept auf dieser Seite der Fall ist.

Wem die Entenhaut zu fett ist, sollte sie erst von der fertig geschmorten Ente entfernen, da sie während des Garvorgangs eine Menge Geschmack an das Fleisch abgibt.

THYMIAN-ENTE, IN ROTWEIN GESCHMORT

Ein einfaches, rustikales Rezept, das nach guten Zutaten verlangt: eine frische Ente, kräftig schmeckender Thymian und ein trockener Roter aus der Provence.

1 frische, küchenfertige Ente (1,6 bis 1,8 kg)
1 TL Salz
frisch gemahlener weißer Pfeffer
2 TL Thymian
4 Schalotten
1 Knoblauchzehe
je 100 g Lauch und Knollensellerie
20 g Butter
2 EL Pflanzenöl
1/4 l trockener Rotwein (z.B. Minervois)
1/4 l dunkler Enten- oder Hühnerfond (siehe Seite 62/63)
4 EL Sahne
40 g Butterflöckchen

Die Ente innen und außen waschen und gut trockentupfen, in 4 oder 8 möglichst gleich große Stücke teilen. Sind Innereien vorhanden, können diese mitverarbeitet werden. Die Ententeile in eine Schüssel legen, mit Salz, Pfeffer und dem grobgehackten Thymian bestreuen und zugedeckt etwa 1 Stunde durchziehen lassen. Die Schalotten, den Knoblauch und das Gemüse klein schneiden. Die Butter und das Öl in einer entsprechend großen Pfanne erhitzen und die Ententeile rundum kräftig anbraten. Das Gemüse hinzufügen und bei mittlerer Hitze etwa 10 Minuten mitdünsten, den Wein aufgießen und bei offener Pfanne 10 Minuten schmoren lassen. Den Fond zugießen und bei geschlossener Pfanne in dem auf 180°C vorgeheizten Ofen etwa 1 Stunde schmoren. Die Ententeile herausnehmen und warm stellen. Die Sauce durch ein Spitzsieb passieren und dabei das Gemüse so gut wie möglich durchdrücken. Die Sauce entfetten und auf etwa ein Viertel einkochen lassen. Die Sahne mit dem Drahtbesen unterarbeiten, wenn nötig nachwürzen. Die Butterflöckchen unterschlagen. Die Ententeile entweder in der Sauce oder beides voneinander getrennt servieren. Selbstgemachte Nudeln und ein Gemüse der Region, zum Beispiel Zucchini oder Auberginen, eignen sich besonders gut als Beilagen.

ROTWEINENTE MIT STEINPILZEN UND ZWIEBELN

(für 2 Portionen)

1 küchenfertige Naintaiser Ente (800 bis 900 g)

Salz, frisch gemahlener weißer Pfeffer

Für die Marinade:

je 40 g kleingeschnittene Zwiebeln, Stangensellerie, Lauch und Möhren

1 Lorbeerblatt

2 Nelken

1 Thymianzweig

1 kleiner Bund Petersilie

1/4 l Rotwein (z.B. Blaufränkischer)

Außerdem:

2 EL Pflanzenöl

1 angedrückte Knoblauchzehe

2 Tomaten

2 EL Schweineblut

30 g Butterflöckchen

Die Ente auslösen, das heißt, in die beiden Keulen und zwei Bruststücke mit Flügelstummeln teilen. Die Teile salzen, pfeffern und, wie unten gezeigt, zubereiten. Das Fleisch mindestens 12 Stunden im Rotwein marinieren lassen, da es nur dann seinen Geschmack aufnimmt. Aus der Karkasse, wie auf Seite 62/63 beschrieben, einen dunklen Entenfond kochen.

Die kleinen Zwiebelchen und die Steinpilzstücke werden ungesalzen und mit etwas Speck gedünstet. Sie passen ganz hervorragend zu dieser kräftigen Sauce.

Rotweinente zubereiten:

Die Ente mit dem Gemüse und den Gewürzen in eine Schale geben, mit dem Wein übergießen, 12 Stunden marinieren.

Die Knoblauchzehe und die gehäuteten, gewürfelten Tomaten hinzufügen und 10 Minuten mitschmoren.

Das Öl in einer Pfanne erhitzen. Die gut abgetrockneten Ententeile zugeben und rundum anbraten.

Etwa 1/2 l Entenfond zugießen und bei geschlossener Pfanne und geringer Hitze nochmals 20 Minuten schmoren.

Das Gemüse aus der Marinade heben, abtropfen, zum Fleisch geben und 4 bis 5 Minuten mitdünsten.

Die Ententeile herausnehmen. Die Sauce mit dem Gemüse passieren, auf 1/4 reduzieren, das Blut unterschlagen.

Die Marinadenflüssigkeit zugießen und die Ententeile bei offener Pfanne weitere 10 Minuten schmoren lassen.

Mit den Butterflöckchen aufschlagen, die Ententeile zugeben und erhitzen. Auf 2 Tellern anrichten.

Canard à l'orange

DIE KLASSISCHE KOMBINATION AUS FRANKREICH

Für dieses Entengericht gibt es zwei sehr unterschiedliche Zubereitungsarten. Zum einen werden die einzelnen Teile der Ente in der später zur Sauce ergänzten Flüssigkeit geschmort; zum anderen wird die Ente im ganzen gebraten und warm gestellt, während die Sauce separat zubereitet wird. Die erste Methode eignet sich für größere und ältere Tiere mit nicht mehr ganz zartem Fleisch, für die zweite Methode sind junge Enten mit zartem Fleisch unabdingbar. Für deren Sauce wird das Entenklein (in Stücken) mit Wurzelgemüse in dem Enten-Bratfett angebraten, mit Hühnerfond und Orangensaft aufgegossen, pikant gewürzt und schließlich passiert. Diese Sauce wird mit zusätzlichen Orangenfilets zur gebratenen Ente serviert.

GESCHMORTE ENTE MIT ORANGEN

Von der großen Auswahl der Rezepte zur Canard à l'orange ist dies ein ganz vorzügliches, es ist vor allem relativ schnell und leicht zu realisieren. Die Ente muß dafür nicht unbedingt sehr jung sein, wenn sie es dennoch ist, um so besser.

1 küchenfertige Ente (etwa 2,5 kg)
Salz, frisch gemahlener weißer Pfeffer
40 g Butter
100 g Zwiebeln, 1/2 Knoblauchzehe
80 g Möhren
40 g Petersilienwurzel, 120 g Stangensellerie
1/4 l trockener Weißwein
1 Thymianzweig, 1 Lorbeerblatt
1/2 l heller Enten- oder Geflügelfond (siehe Seite 64/65)
2 unbehandelte Orangen, 2 TL Zucker

Die Ente innen und außen waschen und sorgfältig abtrocknen. In 8 Teile zerlegen, leicht salzen und pfeffern. Die Butter in einem entsprechend großen Schmortopf erhitzen und die Ententeile bei starker Hitze von allen Seiten goldbraun anbraten. Zuerst die gewürfelten Zwiebeln und die halbe, unzerkleinerte Knoblauchzehe zugeben und anschwitzen, dann das gewürfelte Gemüse unter mehrmaligem Wenden 10 Minuten kräftig schmoren und mit dem Wein ablöschen. Thymian und Lorbeerblatt einlegen, mit dem Entenfond aufgießen und bei geschlossenem Topf 70 bis 80 Minuten schmoren. Die Orangen unter fließendem heißen Wasser sorgfältig abbürsten und trocknen. Die Haut in dünnen Streifen (ohne weiße Innenhaut) mit einem Zesteur oder Gemüsemesser abschälen. Den Saft auspressen, mit dem Zucker aufkochen und darin die Schalen weichkochen. Die Entenstücke warm stellen, die Sauce durch ein feines Sieb passieren und dabei möglichst viel Gemüse mit durchdrücken. Bis auf 1/4 l einkochen lassen und mit 2 EL des Orangensuds und 2 EL der weichgekochten Orangenschale würzen. Wenn nötig, nachsalzen und ganz nach Belieben die Sauce auch mit etwas Speisestärke binden. Sie kann separat oder zusammen mit den Entenstücken serviert werden.

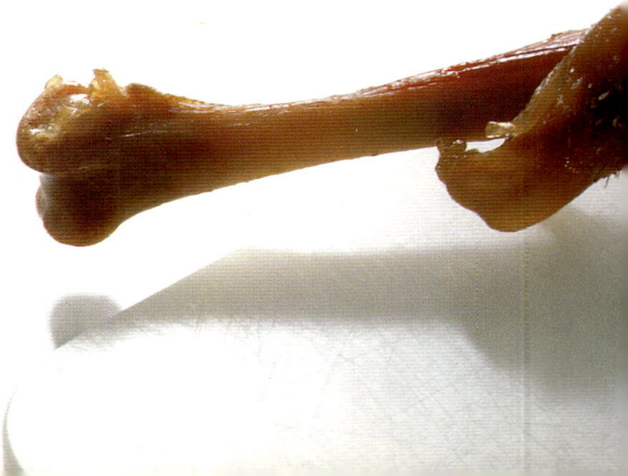

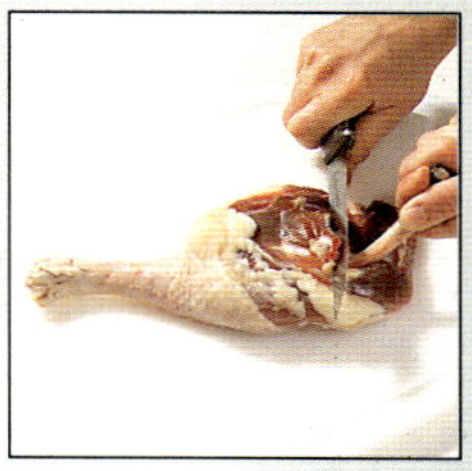

Damit sich die Keulen später leichter aufschneiden lassen, den Oberschenkelknochen auslösen, erst dann rundum anbraten.

Gänsekeulen mit Paprikakraut

EIN DEFTIGES, ABER FEINES SCHMORGERICHT

Dieses Gericht schmeckt mit gepökelten Gänsekeulen besonders gut. Wer die Prozedur des Pökelns umgehen möchte, bittet den Fleischer darum. Frische Gänsekeulen sind natürlich auch geeignet, sie müssen aber gesalzen werden. Die Fleischmenge (900 g für 2 Portionen) erscheint zunächst hoch, aber Knochen und abgelaufenes Fett abgerechnet, verbleibt eine ganz normale Größenordnung. Als Hauptgericht reicht diese Menge für 2 Portionen, in der Menüfolge entsprechend für 4 Portionen.

2 gepökelte Gänsekeulen (à 450 g)
frisch gemahlener weißer Pfeffer
3 EL Pflanzenöl
1/8 l heller Geflügelfond (siehe Seite 64/65)
Für das Paprikakraut:
60 g Schalottenwürfel
1 zerdrückte Knoblauchzehe
je 1 grüne, rote und gelbe Paprikaschote
500 g Sauerkraut
1 TL edelsüßes Paprikapulver
Salz

Von den gepökelten Gänsekeulen die Oberschenkelknochen auslösen und leicht pfeffern. Das Öl in einer Pfanne erhitzen und die Keulen rundum goldbraun anbraten. Mit dem Fond aufgießen und bei geschlossener Pfanne 15 Minuten schmoren. Die Keulen herausnehmen. Die Schalotten und den Knoblauch in den Bratensaft geben und darin andünsten. Die in Stükke geschnittenen Paprikaschoten zufügen und 5 Minuten kräftig schmoren. Dann das Sauerkraut zugeben, die Keulen darauflegen und bei geschlossener Pfanne schmoren, bis alles gar ist. Das dauert etwa 30 bis 40 Minuten. Je nach Bedarf mit etwas Paprikapulver und Salz nachwürzen. Als Beilage passen Knödel sehr gut dazu.

Eine einfachere Variante für die Gemüsebeilage: Zwiebeln und Knoblauch nur im Fett anschwitzen, Paprika zufügen und - ohne Sauerkraut - schmoren.

Attraktive Blüten bringt der Kapernstrauch hervor. Als Gewürz dienen jedoch die noch nicht geöffneten Blütenknospen, die gesalzen in Essig oder Öl eingelegt werden.

KANINCHEN MIT PAPRIKA UND KAPERN

Obwohl das zarte Kaninchenfleisch in diesem Rezept mit sehr kräftig schmeckenden Zutaten und Gewürzen – Räucherspeck, Paprika und Kapern – kombiniert wird, ergibt dies ein geschmacklich harmonisches Resultat.

1 küchenfertiges Kaninchen (etwa 1,5 kg)

Für die Marinade:

60 g Zwiebeln, 100 g Lauch
40 g Knollensellerie
40 g Petersilienwurzel
2 Knoblauchzehen
1/2 l Rotwein (Côte de Provence)

Außerdem:

3 Paprikaschoten (rot und grün)
100 g durchwachsener Räucherspeck
2 EL Olivenöl
1/4 l heller Geflügelfond (siehe Seite 64/65)
1 TL scharfer Senf, 1 TL Salz
frisch gemahlener weißer Pfeffer
1 Thymianzweig
1 Bohnenkrautstengel
1 Bund Petersilie
3 EL Crème fraîche, 1 EL Kapern

Das Kaninchen waschen, sorgfältig trockentupfen und in 8 gleich große Stücke zerteilen, wie auf Seite 58/59 beschrieben. Die Teile in eine entsprechend große Schüssel legen. Die Zwiebel und das Wurzelgemüse würfeln, die Knoblauchzehen mit einem Messer andrücken. Alles zusammen über das Fleisch verteilen und mit dem Wein übergießen. Zugedeckt mindestens 2 bis 3 Stunden, besser noch über Nacht im Kühlschrank durchziehen lassen. Die Paprikaschoten häuten, von Samen und Scheidewänden befreien und in grobe Stükke schneiden. Den Räucherspeck würfeln, in einer Pfanne knusprig ausbraten und das Fett abgießen. Das Öl in einer entsprechend großen Kasserolle erhitzen und die Speckwürfel zufügen. Die Fleischstücke aus der Marinade nehmen, mit Küchenpapier trockentupfen und rundum kräftig anbraten. Das abgetropfte Wurzelgemüse aus der Marinade zugeben und die Hälfte vom Wein zugießen. Im offenen Topf schmoren, bis der Wein verdampft ist. Die Paprikaschoten, den restlichen Wein und die Hälfte des Geflügelfonds zusetzen und im geschlossenen Topf etwa 30 Minuten schmoren. Den restlichen Fond, Senf, Salz, Pfeffer und die grob zerteilten Kräuter zugeben und im geschlossenen Topf weiterschmoren, bis das Fleisch weich ist. Je nach Qualität dauert das weitere 20 bis 30 Minuten. Die Crème fraîche mit etwas Sauce verrühren, in den Topf geben und unterrühren. Zuletzt die Kapern zugeben und alles nochmals erhitzen. Mit Reis oder Teigwaren servieren.

Kaninchen, wie es in der Provence geschmort wird

Reichlich Kräuter und Gewürze zeichnen die Schmorgerichte dieser malerischen Region Frankreichs aus. An sich sind es ganz einfache Gerichte, die jedoch von den Produkten des Landes – Kräuter, Gemüse und Wein – deren unverwechselbares Aroma übernehmen. Dazu harmonieren die beliebten Rosé- oder die würzigen Rotweine der Gegend.

GESCHMORTES KANINCHEN MIT OLIVEN

1 küchenfertiges Kaninchen (etwa 1,7 kg)
3 EL Olivenöl
50 g Schalotten
je 100 g Stangensellerie und Lauch
250 g ungeschälte Tomaten
2 Knoblauchzehen
3 EL Olivenöl
1 TL Salz, frisch gemahlener weißer Pfeffer
1/4 l Rosé aus der Provence
1/2 l heller Geflügelfond (siehe Seite 64/65)
1 Kräutersträußchen (Thymian, Rosmarin, Salbei, Bohnenkraut, Petersilie)
12 schwarze Oliven ohne Kern

Das Rezept, wie rechts beschrieben, zubereiten. Die Oliven anquetschen, damit sie ihr Aroma leichter abgeben können, und der fast fertig reduzierten Sauce zugeben. Das Fleisch in der Sauce wieder erhitzen. Als Beilage paßt ein Ratatouille aus gelben und grünen Zucchini, Auberginen, Tomaten und Zwiebeln, das mit Kräutern der Provence abgerundet wird.

Kaninchen zubereiten:

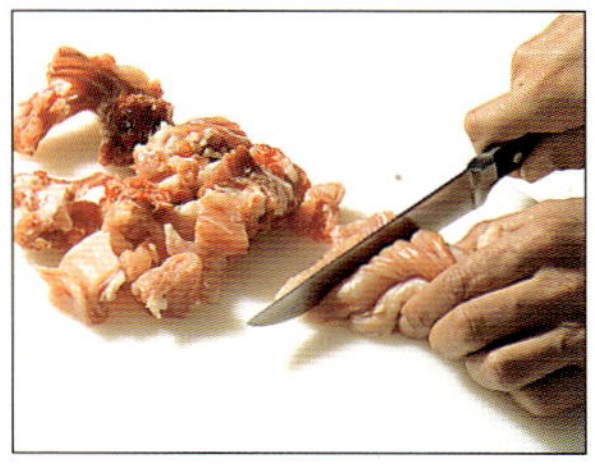

Keulen und Rücken auslösen, den Rücken quer durchschneiden. Das Fleisch von Karkasse und Vorderläufen in Stücke schneiden.

Das Fleisch im heißen Öl hellbraun anbraten. Dabei mit einem Holzspatel ständig in Bewegung halten, damit es nicht anbrennt.

Die gehackten Schalotten, den Sellerie und den Lauch, in Stücke geschnitten, zugeben und unter Rühren Farbe nehmen lassen.

Die entkernten, in Stücke geschnittenen Tomaten und den Knoblauch mit einem Schuß Rosé zugeben und etwa 10 Minuten schmoren.

In einer Pfanne das Öl erhitzen. Die Keulen und Rückenteile mit Salz und Pfeffer würzen und portionsweise rundum kräftig anbraten.

Die Fleischteile samt Bratensaft zum Gemüse geben, den Wein aufgießen und aufkochen. Sobald er etwas verdampft ist, den Fond zugießen.

Die Kräuter und die Kaninchenteile im verschlossenen Topf gar schmoren. Das dauert je nach Fleischqualität 50 bis 80 Minuten.

Die Fleischteile herausnehmen und warm halten. Den Topfinhalt durch ein Passiertuch gießen und die Sauce auf etwa 1/4 l reduzieren.

Kaninchen schmoren:

Die ausgelösten Kaninchenteile salzen, pfeffern und anschließend gleichmäßig mit Senf bestreichen.

Die einzelnen Teile vollständig in Mehl wenden, danach das überschüssige Mehl durch leichtes Abklopfen entfernen.

Das Öl in einem entsprechend großen Topf erhitzen und die einzelnen Kaninchenteile knusprig darin anbraten.

Das Fleisch herausnehmen, das Gemüse darin anschwitzen, mit dem Wein ablöschen und aufkochen.

KANINCHEN MIT DÖRRPFLAUMEN

Eine gelungene Kombination ist diese Zusammenstellung von scharfem Senf und Dörrpflaumen. Gehaltvoller wird dieses Gericht noch durch einen kräftigen Wein, der dann auch zum Essen gereicht wird.

1 küchenfertiges Kaninchen (etwa 2 kg)
Salz, frisch gemahlener weißer Pfeffer
2 EL Dijonsenf
100 g Mehl
80 ml Pflanzenöl
80 g Lauch, 100 g Stangensellerie
100 g Zwiebeln
3/4 l kräftiger Weißwein
3/4 l Wasser
2 Thymianzweige, 1 Lorbeerblatt
12 weiße Pfefferkörner
2 Nelken
2 Knoblauchzehen
Außerdem:
100 g Dörrpflaumen
2 EL gehackte Petersilie

Das Kaninchen, wie auf Seite 58/59 beschrieben, in Einzelteile zerlegen, dabei die Vorderläufe und Keulen im Kniegelenk durchtrennen. Die Oberkeulen nach Belieben nochmals durchtrennen. Den Lauch und den Sellerie waschen, putzen und, wie auch die Zwiebeln, in grobe Würfel schneiden. Wie in der Bildfolge angegeben, weiterverfahren. Das Fleisch im geschlossenen Topf in den auf 180 °C vorgeheizten Ofen schieben und auf der untersten Schiene 60 bis 70 Minuten schmoren. Nach dem Einkochen der Sauce die Dörrpflaumen hinzugeben, die Kaninchenteile wieder einlegen, erwärmen, anrichten und mit Petersilie bestreuen. Als Beilage passen Kartoffeln, Reis oder Nudeln dazu.

Die Kaninchenteile mit den Gewürzen und Kräutern hinzufügen, das Fleisch mit Wasser bedecken und gar schmoren.

Die Fleischteile ausstechen, den Fond passieren, dabei das Gemüse leicht ausdrücken.

Den Kochfond mit der Sahne auffüllen, gut unterrühren und zu einer cremigen Konsistenz einkochen lassen.

Solche Schmorgerichte wie auch die mit Geflügel lassen sich bestens einfrieren, ohne an Aroma zu verlieren. So kann man auch große Mengen portionsweise zubereiten.

In Wein geschmort

Kaninchenfleisch verhält sich beim Schmoren in Wein wie mageres Geflügel. Sowohl Weißwein als auch Rotwein eignen sich dafür, allerdings müssen die übrigen Zutaten, Gemüse, Kräuter und Gewürze darauf abgestimmt sein. Starkes Würzen ist nicht angebracht, da der reduzierte Wein schon genügend Geschmack mitbringt.

KANINCHEN, IN ROTWEIN GESCHMORT
1 küchenfertiges Kaninchen (etwa 1,5 kg)
Für die Marinade:
150 g Möhren, 160 g Zwiebeln
1 Bund glatte Petersilie
3 Lorbeerblätter, 1 TL schwarze Pfefferkörner
4 Gewürznelken, 1 EL getrockneter Thymian
700 ml trockener Rotwein
Außerdem:
125 g durchwachsener Räucherspeck
20 g Butter
1 Bund Frühlingszwiebeln
Salz, frisch gemahlener schwarzer Pfeffer
1 Prise Zucker, 1 EL Mehl zum Bestauben
1/4 l Sahne

Das Kaninchen waschen und mit Küchenpapier trockentupfen. In Portionsstücke teilen - wie auf Seite 58/59 beschrieben - und in eine Schüssel legen. Die Möhren und die Zwiebeln putzen, in Scheiben schneiden und zusammen mit der Petersilie und den Gewürzen zum Fleisch geben. Mit Rotwein übergießen und zugedeckt über Nacht im Kühlschrank marinieren. Am nächsten Tag das Fleisch aus der Marinade nehmen und mit Küchenpapier trockentupfen. Die Marinade durch ein Sieb gießen. Den Speck in feine Würfel schneiden, in der zerlassenen Butter glasig werden lassen und die Kaninchenteile von allen Seiten darin anbraten. Die Frühlingszwiebeln putzen, waschen, von dem Grün etwa 10 cm abschneiden und zur Seite stellen. Die Frühlingszwiebeln in Ringe schneiden und zum angebratenen Kaninchen geben. Leicht bräunen, alles mit Salz und Pfeffer und einer Prise Zucker bestreuen und mit Mehl bestauben. Etwas von der Marinade hinzufügen und das Kaninchen in 25 bis 35 Minuten bei milder Hitze im geschlossenen Topf garen. Zwischendurch immer wieder etwas von der Marinade nachgießen. Die Kaninchenteile ausstechen, auf eine vorgewärmte Platte legen und in den vorgeheizten Ofen stellen. Die Sauce mit der Sahne verrühren und bei starker Hitze unter Rühren einkochen lassen, bis sie cremig ist. Die Kaninchenteile wieder in die Sauce legen, abschmecken und das in Ringe geschnittene Frühlingszwiebelgrün darüberstreuen. Als Beilage eignen sich Teigwaren und Salat sowie der Wein, der auch zum Kochen verwendet wurde, ganz besonders.

Gefüllt und Braisiert

Das Füllen eines Kaninchens ist immer eine Zubereitung, die zeitaufwendig, aber lohnend ist. Dabei ist es weniger von Bedeutung, ob das Kaninchen im ganzen gefüllt oder nur der Rücken als Rolle gegart wird. Wichtig ist bei beiden Rezepten, daß das Fleisch weder geschmort noch gebraten, sondern braisiert wird – eine Garmethode, die auch als »Braundünsten« bezeichnet wird. In der klassischen Küche wird hierfür das Fleisch nur leicht braun angebraten, damit die sich bildende Kruste das Auslaufen des Fleischsaftes während des weiteren Garvorgangs verhindert. Es wird dann nur so viel Flüssigkeit aufgegossen, daß das Fleisch nicht anhängt und seine Kruste behält. Aus dem Bratsatz und der restlichen Flüssigkeit wird die Sauce zubereitet. Das Ergebnis ist ein saftiges Fleisch mit einer leichten Kruste.

IM GANZEN GEFÜLLTES KANINCHEN MIT GEMÜSE-BROT-FÜLLUNG

(für 4 bis 6 Portionen)
1 Kaninchen (etwa 2,2 kg)
Für die Füllung:
5 Scheiben Toastbrot
10 g Butter
60 g Brokkoli
je 80 g Möhren und Stangensellerie
60 g Zucchini
Salz, Pfeffer, 1 Prise Muskatnuß
1 Ei
20 g braune Butter
1 EL gehackte Petersilie
1 EL Crème fraîche
Außerdem:
2 Scheiben grüner Speck
80 ml Pflanzenöl
80 g Zwiebeln, 50 g Möhren
40 g Knollensellerie
1/2 l dunkler Kaninchenfond
30 g kalte Butterwürfel

Den Kopf und Hals des Kaninchens abtrennen und das Kaninchen, wie auf Seite 58/59 beschrieben, auslösen, dabei die Keulen und Läufe am Rücken belassen. Das Kaninchen sorgfältig waschen und trockentupfen. Für die Füllung das Toastbrot entrinden und in kleine Würfel schneiden. Die Butter in einer Pfanne schmelzen und die Brotwürfel darin goldbraun anbraten. Wer möchte, kann sie auch im vorgeheizten Ofen anbraten; die gleichmäßige Ober- und Unterhitze gewährleisten ein gutes Ergebnis. Das Gemüse putzen, den Brokkoli in Röschen zerteilen, das restliche Gemüse in Würfel schneiden. Das Gemüse sortenweise in Salzwasser blanchieren, würzen und abtropfen lassen. Die vorbereiteten Brotwürfel und das Gemüse in eine Schüssel geben, die restlichen Zutaten für die Füllung der Reihe nach zufügen und zu einer festen Masse verarbeiten. Die Bauchhöhle des Kaninchens salzen, pfeffern und mit der Gemüse-Brot-Masse füllen. Den grünen Speck auf die Füllung legen, die Bauchlappen darüberschlagen und mit dünnem Zwirn vernähen, jedoch nicht zu straff, da sich die Füllung während des Garvorgangs noch ausdehnt. Das Kaninchen außen salzen und pfeffern. Das Öl in einer entsprechend großen Bratpfanne erhitzen und das Kaninchen kurz auf dem Rücken anbraten. Auf die Bauchseite wenden, in den auf 180°C vorgeheizten Ofen schieben und insgesamt etwa 1 Stunde garen. Das Wurzelgemüse putzen und in Würfel schneiden. Nach etwa 10 Minuten Garzeit zum Kaninchen geben und mitbraten. Hat das Gemüse leicht Farbe genommen, ein wenig Fond zugießen, das Gemüse bis zum Ende der Garzeit des öfteren wenden. Das Kaninchen herausnehmen und warm halten. Den restlichen Fond zum Bratsatz gießen und zur Hälfte einkochen lassen. Die Sauce passieren, mit der kalten Butter aufmontieren und abschmecken. Das Kaninchen in Scheiben schneiden und separat zur Sauce servieren.

GEFÜLLTER KANINCHENRÜCKEN

Dieses Gericht wird ähnlich wie eine Galantine zubereitet. Es unterscheidet sich von der klassischen Rollpastete lediglich dadurch, daß der Kaninchenrücken in ein Schweinenetz eingerollt, braisiert und noch warm mit einer Sauce serviert wird.

1 Kaninchenrücken mit Rippenbogen (etwa 800 g)

Für die Füllung:

150 g Kaninchenfleisch aus der Oberkeule

150 ml Sahne

20 g Pistazien, 100 g gekochter Schinken

Salz, frisch gemahlener weißer Pfeffer

8 Kaninchennieren

20 g Butter

Außerdem:

1 Schweinenetz

80 ml Pflanzenöl

150 g Möhren, 200 g Zwiebeln

100 g Knollensellerie

1/8 l dunkler Kaninchenfond

1/8 l Sahne

Den Kaninchenrücken, wie auf Seite 58/59 beschrieben, zum Füllen vorbereiten. Für die Füllung das Kaninchenfleisch und die Sahne kühl stellen. Die Pistazien halbieren und den Schinken würfeln. Das Kaninchenfleisch salzen und pfeffern, in einen Mixer geben und fein pürieren. Die Sahne nach und nach zugeben, bis eine homogene Masse entstanden ist. Die Farce durch ein feines Sieb streichen und erneut kalt stellen. Die Kaninchennieren würzen und kurz von beiden Seiten in der Butter anbraten, anschließend kalt stellen. Die Pistazien und den Schinken zur Farce geben. Den Rücken, wie in den Arbeitsschritten rechts gezeigt, mit der Farce füllen. Dabei sollten die Bauchlappen noch 3 bis 4 cm überlappen und nicht zuviel Füllung auf dem Rücken sein, da sich die Farce beim Garen noch etwas ausdehnt. Die Roulade nach dem Anbraten bei 180°C im vorgeheizten Ofen 45 Minuten garen. Sobald das zugegebene Röstgemüse Farbe angenommen hat, mit ein wenig Kaninchenfond aufgießen. Die fertige Roulade warm stellen, den restlichen Fond zugießen, zur Hälfte reduzieren, passieren und mit der Sahne zu einer cremigen Konsistenz einkochen. Die Sauce mit Salz und Pfeffer abschmecken und zu der aufgeschnittenen Roulade reichen.

Kaninchenrücken füllen: Das Schweinenetz ausbreiten, den Rücken darauflegen, würzen. Die Farce auftragen, die kleinen Filets einlegen und dünn mit Farce bestreichen. Die halbierten erkalteten Nieren in der Mitte aneinanderreihen.

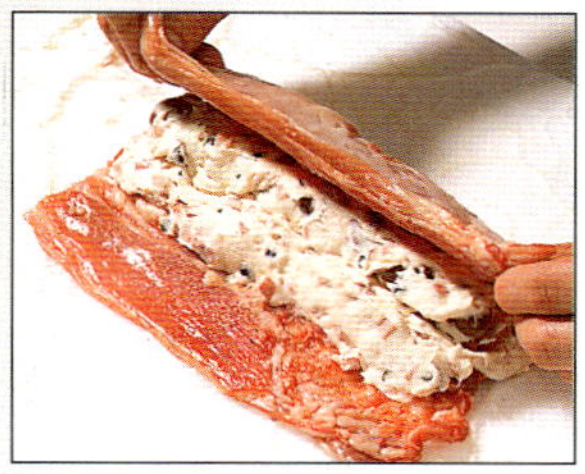

Den Bauchlappen fassen und den Rücken aufrollen. So sind nun auch die Nieren mit Farce bedeckt.

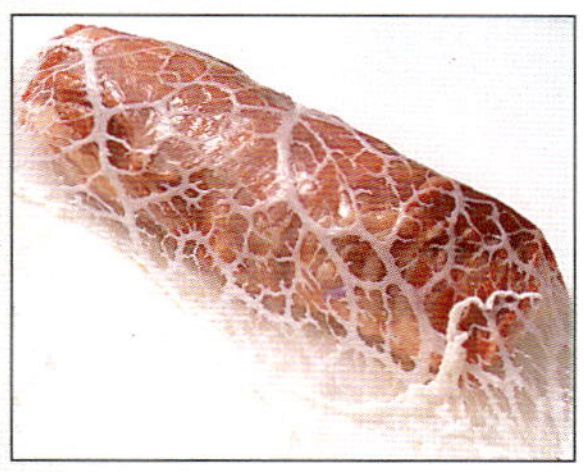

Die Roulade doppelt in das Schweinenetz einschlagen, dabei darauf achten, daß es nicht zu straff sitzt.

Das Öl in einer entsprechend großen Bratpfanne erhitzen und die Roulade rundherum gleichmäßig anbraten.

In den vorgeheizten Ofen schieben, das gewürfelte Röstgemüse zugeben und mitbraten; dabei oft wenden.

Braten in der Pfanne und im Ofen

In der Geflügelküche ist das Braten sicher die wichtigste Garmethode, da das zarte, mehr oder weniger neutrale Fleisch - zumindest beim Huhn und der Pute - nach einer würzigen Kruste verlangt. Diese kann auf zweierlei Weise erreicht werden: durch Braten in der Pfanne, was vor allem bei Geflügelteilen angebracht ist, oder durch Braten im Ofen, wie überwiegend die ganzen Vögel zubereitet werden. Das Ergebnis ist ähnlich: innen saftiges, zartes Fleisch und außen eine braune, krosse Haut. Das Braten in der Pfanne bekommt vor allem jungem Geflügel, wenn es in Einzelteile zerlegt, gewürzt und in Butter von allen Seiten knusprig braun gebraten wird. Ob es vorher noch mit Mehl bestaubt oder paniert wurde, ist unerheblich, denn mit der Kontakthitze in der Pfanne kann sehr schonend gegart werden, das Fleisch bleibt saftig, im Gegensatz zur Haut, die würzig und knusprig wird. Für Geflügel im ganzen taugt die Strahlungshitze im Ofen mehr, sie kann sich rundum verteilen und gleichmäßig in das Fleisch eindringen. Das hat allerdings zur Folge, daß zum Beispiel beim Hähnchen die Brust, die direkt unter der Haut liegt, schneller gar wird als das Fleisch der Oberkeule. Das Problem läßt sich lösen, wenn man nach dem Tranchieren die Keulen nachbrät und nachserviert. Die großen Festtagsbraten wie Ente, Gans und Puter können nach zwei Methoden gebraten werden. Bei der ersten wird mit starker Hitze angebraten und bei reduzierter Temperatur fertiggegart. Dies ist wichtig bei Gans und Ente, um überschüssiges Fett zu entziehen. Die langsamere Methode bei niedriger Temperatur hat den Vorteil, daß die großen Geflügelarten gleichmäßiger garen, vor allem, wenn sie ab und zu gewendet und entsprechend oft mit Bratensaft begossen werden.

Eine ganz natürliche Küche: ein gutes Huhn, reichlich Butter und frische Kräuter.
Das Ergebnis: saftiges Fleisch und eine würzige Kruste.

Geflügelbrüste, in der Pfanne gebraten

Die ausgelösten Brüste sind als Portionsgerichte besonders gut geeignet. Ihr mageres Fleisch bietet sich für die Diätküche geradezu an, es kann von den unterschiedlichsten geschmackgebenden Komponenten begleitet werden. Das Braten in der Pfanne ist wohl die am häufigsten angewandte Garmethode für diese zarten Stücke. Dabei sind die Grundregeln meist gleich, die Garzeiten richten sich nach Größe und Gewicht des Produkts. Die Brüste kleiner Geflügelsorten, wie zum Beispiel Taube und Perlhuhn, werden eigentlich immer im ganzen gebraten. Die großen Putenbrüste dagegen werden meist aufgeschnitten und als Schnitzel oder sogar geschnetzelt (in einem Wok) gebraten. Geflügelbrüste aller Größen können gefüllt werden. Dazu wird eine Tasche in das Fleisch geschnitten und in diese die Farce hineingefüllt. Bei größeren bzw. großen Brusthälften kann auch das aufliegende Filet abgelöst, das Brustfleisch und das Filet leicht plattiert, die Füllung auf die Brust gegeben und mit dem Filet zugedeckt werden. Durch Einrollen und sorgfältiges Binden ist sichergestellt, daß die Füllung beim Braten nicht herausläuft. Gerade für die große Putenbrust bietet sich das Füllen und Braten im ganzen an. Auf diese Weise kann das Putenbrustfleisch aus seinem Schattendasein der Schnitzelküche heraustreten.

TAUBENBRÜSTCHEN AUF GÄNSESTOPFLEBERSAUCE

(für 2 Portionen)
4 Taubenbrüste mit Flügelknochen (à 85 g)
Salz, frisch gemahlener weißer Pfeffer
3 EL Pflanzenöl
10 g Butter
Für die Sauce:
100 ml dunkler Geflügelfond (siehe Seite 62/63)
80 ml Sahne
1 EL Gänsestopfleberparfait (siehe Seite 196/197)

Vor dem Braten der Brüste den Geflügelfond für die Sauce auf die Hälfte reduzieren und mit der Sahne aufgießen. 2 bis 3 Minuten köcheln lassen und die Sauce beiseite ziehen. Die Taubenbrüste, wie in der Stepfolge beschrieben, braten. Die Sauce erneut zum Kochen bringen, die Gänsestopfleber mit einem Schneebesen einrühren, abschmecken und nicht mehr kochen. Die tranchierten Taubenbrüste mit der Sauce anrichten.

PERLHUHNBRUST MIT SALBEIJUS

(für 2 Portionen)
2 Perlhuhnbrüste (à 160 g)
Salz, frisch gemahlener weißer Pfeffer
10 Salbeiblätter
3 EL Pflanzenöl
10 g Butter
Für die Sauce:
200 ml dunkler Geflügelfond (siehe Seite 62/63)
1/2 TL Speisestärke

Vorab den Geflügelfond für die Sauce auf die Hälfte reduzieren. Die Brüste, wie in der Bildfolge unten beschrieben, zubereiten. In der Zwischenzeit die restlichen 4 Salbeiblätter in feine Streifen schneiden und zum reduzierten Fond geben. Diesen mit der in wenig Wasser angerührten Speisestärke binden und abschmecken. Die Perlhuhnbrüste vom Brustende zur Brustspitze hin in Scheiben schneiden und fächerförmig anrichten. Mit der Sauce servieren.

Die Haut an den Flügelknochen umschneiden und mit dem Messerrücken vorsichtig in Richtung Brustfleisch schaben. Die Brüste salzen und pfeffern. Das Öl in einer Pfanne erhitzen, das Fleisch kurz auf der Hautseite anbraten und wenden. Im auf 180 °C vorgeheizten Ofen 6 bis 8 Minuten braten. Anschließend die Butter zugeben, darin das Fleisch nachbraten und gleichzeitig häufig mit der zerlassenen Butter übergießen. Die Brüste auftranchieren, mit der Gänsestopflebersauce anrichten und mit Petersilie garnieren.

Die Perlhuhnbrüste mit einem dünnen Messer längs einschneiden, so daß eine Tasche entsteht. Das Fleisch salzen und pfeffern und je 3 Salbeiblätter in die Taschen einlegen. Das Öl in einer Pfanne erhitzen, die Brüste auf der Hautseite anbraten und wenden. Im auf 180 °C vorgeheizten Ofen in 10 bis 12 Minuten fertiggaren. Kurz vor Ende der Garzeit die Butter zugeben, darin das Fleisch nachbraten und mit der zerlassenen Butter übergießen. Die gebratenen Brüste kurz ruhen lassen, anschließend aufschneiden und anrichten.

Truthahnbrüste eignen sich besonders gut zum Füllen, etwa wie hier gezeigt, mit einer herzhaften Gemüsezubereitung. Im ganzen gebraten sind sie ein ansprechender Anblick.

GEBRATENE ENTENBRUST

Das Braten von Entenbrüsten bedarf einer besonderen Methode. Um eine knusprige Haut zu erhalten, werden sie nur bei Oberhitze im Backofen gebraten. Nach Meinung vieler Leute ist sie das Beste einer Ente und muß deshalb bevorzugt behandelt werden.

(für 2 Portionen)
2 Entenbrüste (à 180 g)
1 Prise Salz
frisch gemahlener weißer Pfeffer
3 EL Pflanzenöl

Die Zubereitung erfolgt entsprechend der Bildfolge unten. Sollte kein Ofen mit getrennt zu schaltender Oberhitze zur Verfügung stehen, so empfiehlt es sich, die Ente länger auf der Hautseite anzubraten. Eine andere Möglichkeit besteht darin, die Brüste mit der Hautseite nach oben 2 bis 3 Minuten vor Ende der Garzeit unter einem Grill fertigzugaren.

Die Hautseite der Entenbrüste mit einem scharfen Messer im Karomuster bis knapp über das Fleisch einschneiden. Das Fleisch salzen und pfeffern. Das Öl in einer Pfanne erhitzen und die Brüste auf der Hautseite anbraten, sie sollen dabei leicht Farbe annehmen. Die Brüste wenden und im auf 180 °C vorgeheizten Ofen bei Oberhitze in 12 bis 14 Minuten fertiggaren. Die gebratenen Entenbrüste kurz ruhen lassen, anschließend in gleichmäßige Scheiben schneiden und fächerförmig anrichten. Dazu paßt gedünstetes Gemüse.

GEFÜLLTE TRUTHAHNBRUST

Eine Truthahnbrust im ganzen zu braten, ist etwas ungewöhnlich, doch bei entsprechendem Anlaß und ausreichender Personenzahl kann sie eine willkommene Abwechslung darstellen.

(für 4 bis 6 Portionen)
1 Truthahnbrust mit Flügelknochen (etwa 1,1 kg)
Salz, frisch gemahlener weißer Pfeffer
50 ml Pflanzenöl
100 ml dunkler Geflügelfond (siehe Seite 62/63)
Für die Füllung:
80 g Truthahnfleisch aus der Keule
60 ml Sahne, 80 g Brokkoli
Salz, frisch gemahlener weißer Pfeffer
1 EL geschlagene Sahne

Für die Füllung das gewürfelte Fleisch und die Sahne kühl stellen. In der Zwischenzeit den Brokkoli putzen, in kleine Röschen zerteilen, in kräftigem Salzwasser blanchieren, abschrecken und trockenlegen, anschließend grob hacken. Das gekühlte Fleisch in einen Mixer geben, salzen, pfeffern und fein pürieren. Nach und nach die flüssige Sahne zugeben und so lange mixen, bis eine homogene Masse entstanden ist. Die Farce durch ein feines Sieb streichen und kühl stellen. Dann die Farce mit dem Brokkoli vermengen, abschmecken und die geschlagene Sahne unterziehen. In die Truthahnbrust eine Tasche einschneiden, wie am Beispiel des Perlhuhns gegenüber gezeigt, die Brokkolifarce einfüllen und zunähen. Das Öl in einer Pfanne erhitzen, die Brust würzen, auf der Hautseite anbraten und wenden. Im auf 180 °C vorgeheizten Ofen in 50 bis 60 Minuten fertigbraten. Damit der Bratensatz nicht einbrennt, nach und nach etwas Geflügelfond in die Pfanne gießen. Den Küchenzwirn entfernen, die Brust einige Minuten ruhen lassen, dann aufschneiden.

GEBRATENE PUTENLEBER AUF KARTOFFEL-LAUCH-GEMÜSE

Von den Lebern aller Hühnervögel hat die Putenleber den kräftigsten Geschmack und paßt schon deshalb gut zu deftigem Gemüse, wie zum Beispiel Lauch.

250 g Putenleber
je 5 g Butterschmalz und Butter
Salz, frisch gemahlener weißer Pfeffer
80 ml dunkler Geflügelfond (siehe Seite 62/63)
Für das Gemüse:
200 g Lauch, 300 g festkochende Kartoffeln
100 g Steinpilze
200 ml Geflügelvelouté (siehe Seite 76/77)
10 g Butter, 1 feingeschnittene Schalotte
Salz, frisch gemahlener weißer Pfeffer
1 Prise Muskatnuß
1 EL geschlagene Sahne

Für das Gemüse den Lauch putzen, in 0,5 cm breite Scheiben schneiden und blanchieren. Die Kartoffeln in der Schale kochen, pellen und in Scheiben schneiden. Die Steinpilze putzen und ebenfalls in Scheiben zerteilen. In einem Topf die Velouté erhitzen, den Lauch und die Kartoffeln zufügen. Die Steinpilze mit der Schalotte in der Butter anbraten und zum Gemüse geben. Zusammen einmal aufkochen, salzen, pfeffern und mit Muskat würzen. Die Putenleber waschen. In einer Pfanne das Butterschmalz erhitzen und die Leber darin gleichmäßig braten. Zum Schluß die frische Butter zufügen, aufschäumen lassen, kurz nachbraten und würzen. Die Leber herausnehmen. Den Bratensatz mit dem Geflügelfond ablöschen und einkochen lassen. Das Gemüse mit der Sahne verfeinern und anrichten. Die Geflügelleber in Tranchen schneiden, auf Tellern anrichten und mit der Bratensauce übergießen.

Leber, kurzgebraten

Natürlich gewachsene Lebern unterscheiden sich in ihrem Bratverhalten von den Lebern gestopfter Vögel. Stopflebern geraten aufgrund ihres höheren Fettgehalts beim Braten leicht »ins Schwimmen«. Deshalb ist es wichtig, sie nur gut gekühlt zu verarbeiten. Sie sollten erst unmittelbar vor der Zubereitung aus dem Kühlschrank genommen werden, dann braten sie außen knusprig an, während sie innen schmelzig bleiben und einen zarten Kern behalten.

GEBACKENE ENTENSTOPFLEBERWÜRFEL AUF SPARGELSALAT

240 g Entenstopfleber
Salz, frisch gemahlener weißer Pfeffer
1 EL Mehl, 1 Ei
je 100 g Briochebrösel und Semmelbrösel
80 ml Pflanzenöl
Für den Salat:
500 g weißer Spargel
Salz, 1/2 EL Zucker, 1 Zitronenscheibe
Für die Vinaigrette:
30 ml Himbeeressig
Salz, frisch gemahlener weißer Pfeffer
100 ml Distelöl
Außerdem:
1 Tomate
1/2 EL feingeschnittener Schnittlauch

Für den Salat den Spargel schälen, in kochendem Wasser mit einer Prise Salz, dem Zucker und der Zitronen-

scheibe bißfest garen, abgießen und abschrecken. Für die Vinaigrette den Essig mit Salz und Pfeffer verrühren, das Öl zugeben und gut unterrühren. Die Spargelspitzen in 5 cm Länge abschneiden und der Länge nach halbieren, die Enden in Scheiben schneiden. Den Spargel in der Vinaigrette marinieren. Die Tomate überbrühen, häuten, vierterln, entkernen, würfeln und zufügen. Kurz vor dem Servieren mit Schnittlauch bestreuen. Die Entenstopfleber in 2,5 cm breite Scheiben, daraus Balken und schließlich Würfel schneiden. Diese salzen, pfeffern, in Mehl und dem verquirlten Ei wenden und mit den gemischten Bröseln panieren. Die Panade fest andrücken und die Leber nochmals kurz kalt stellen. Das Öl in einer Pfanne erhitzen und die Leberwürfel von allen Seiten nur kurz anbraten und leicht Farbe nehmen lassen. Die Leberwürfel mit dem Spargelsalat anrichten und sofort servieren.

Gänsestopfleber braten: Die Leber in Scheiben schneiden, eventuell vorhandene Äderchen entfernen. Die Scheiben salzen, pfeffern und in einer heißen Pfanne ohne Fett von beiden Seiten braten, bis sie leicht Farbe angenommen haben.

GEBRATENE GÄNSESTOPFLEBER AUF SCHALOTTENCONFIT

Im Geschmack sucht die gebratene Gänsestopfleber ihresgleichen. Ihr eigenes charakteristisches Aroma wird durch die feinen Röststoffe noch verfeinert.

240 g Gänsestopfleber
Für das Confit:
180 g Schalotten
5 g Butter
1 Thymianzweig
1/4 l kräftiger Rotwein
60 ml roter Portwein
1/8 l dunkler Geflügelfond (siehe Seite 62/63)
Salz, frisch gemahlener weißer Pfeffer
Außerdem:
2 Stauden Chicorée

Die Gänsestopfleber in 8 Scheiben à 30 g schneiden und kühl stellen. Für das Confit die Schalotten schälen, in Ringe schneiden und in der Butter kurz anschwitzen. Den Thymian beigeben, mit Rotwein und Portwein ablöschen und bei niedriger Temperatur bis auf einen kleinen Rest reduzieren. Den Geflügelfond zugießen, die Schalotten weiterköcheln lassen, bis sie gar sind und der Fond zur Hälfte eingekocht ist, dann salzen und pfeffern. Die Gänsestopfleber, wie rechts beschrieben, braten; jedoch darauf achten, daß sie noch einen leichten schmelzenden Kern behält. Das Schalottenconfit mit den geputzten Chicoréespitzen anrichten und die Leberscheiben dazugeben. Nach Belieben die Leber mit kräftigem Geflügeljus nappieren.

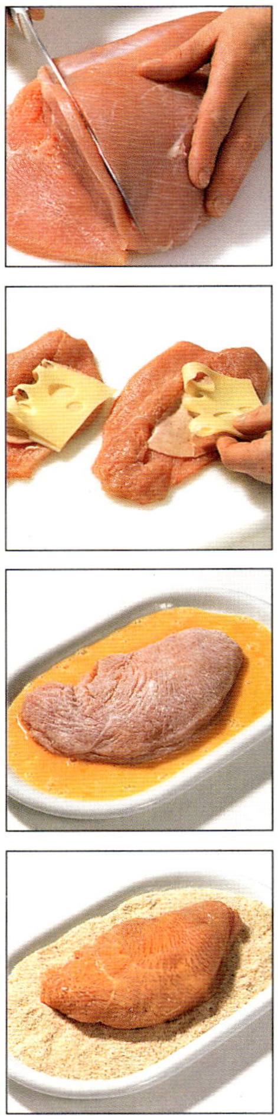

Cordon bleu zubereiten: Die Fleischtaschen würzen und mit je 1 Scheibe Schinken und Käse belegen. In Mehl, verquirltem Ei und Semmelbröseln wenden, die Panade andrücken.

CORDON BLEU VON DER PUTENBRUST

Ein Cordon bleu läßt sich am besten aus der ganzen Brust schneiden. Wer das Fleisch portionsweise kauft, läßt sich die Taschen schon vom Metzger einschneiden.

(für 2 Portionen)

360 g Putenbrust
Salz, frisch gemahlener weißer Pfeffer
2 Scheiben gekochter Schinken (à 15 g)
2 Scheiben Emmentaler (à 20 g)
Mehl, 1 Ei und Semmelbrösel zum Panieren
50 ml Pflanzenöl
10 g Butter

Die Putenbrust entgegen der Fleischfaser anschneiden. Wie links beschrieben, die Tasche zum Füllen bereits beim Abschneiden vom Fleischstück einschneiden. Dazu die erste Scheibe nicht ganz durchschneiden, so daß sich beim Abschneiden der zweiten Scheibe eine Tasche ergibt. Die Fleischtaschen, wie links gezeigt, füllen und panieren. Das Öl in einer Pfanne erhitzen, die Cordon bleu rundum 3 bis 4 Minuten braten. Kurz vor Ende der Garzeit die Butter zugeben, aufschäumen lassen und die Cordon bleu nachbraten. Vor dem Servieren auf Küchenpapier abtropfen lassen. Mit Bohnenbündeln und Kartoffelpüree servieren und nach Belieben mit Zitronensaft beträufeln.

HÄHNCHEN-CREPINETTES

2 küchenfertige Hähnchen (à 1 kg)
60 g Hähnchenbrust
Salz, frisch gemahlener weißer Pfeffer
80 ml Sahne
1 EL geschlagene Sahne
20 g geschälte Pistazien
30 g schwarze Trüffel aus dem Glas
2 Schweinenetze
20 ml Pflanzenöl

Die Hähnchen, wie in der Bildfolge beschrieben, auslösen und kalt stellen. Das zusätzliche Hähnchenbrustfleisch fein würfeln und gut durchkühlen lassen. Die Würfel in einen Mixer geben, salzen und pfeffern, fein mixen und nach und nach die Sahne zugießen. Die Farce passieren, erneut abschmecken und die geschlagene Sahne unterheben. Die Pistazien halbieren, die Trüffeln in Scheiben schneiden und beides unter die Farce heben. Die ausgelösten Keulen und Brüste salzen und pfeffern, die Farce, wie unten beschrieben, auf den Keulen verteilen, mit den Brüsten bedecken und in Form bringen. Die gewässerten Schweinenetze ausdrükken und halbieren. Das Fleisch doppelt in je ein halbes Schweinenetz einschlagen und leicht andrücken, die Ränder abschneiden. Die Crépinettes in heißem Öl rundum anbraten und in 12 bis 14 Minuten bei 180 °C im vorgeheizten Ofen fertiggaren.

Crépinettes zubereiten:

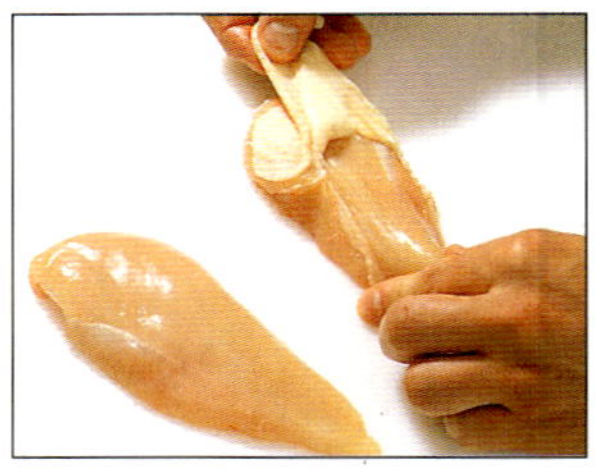

Die Keulen und Brüste (mit Flügelknochen) auslösen. Die Brüste von den Flügelknochen befreien und die Haut vorsichtig ablösen.

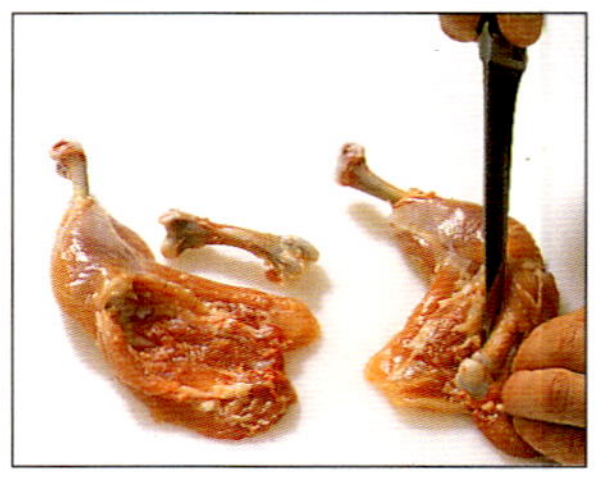

Die Keulen häuten, den Unterschenkelknochen freilegen und putzen, den Oberschenkelknochen auslösen.

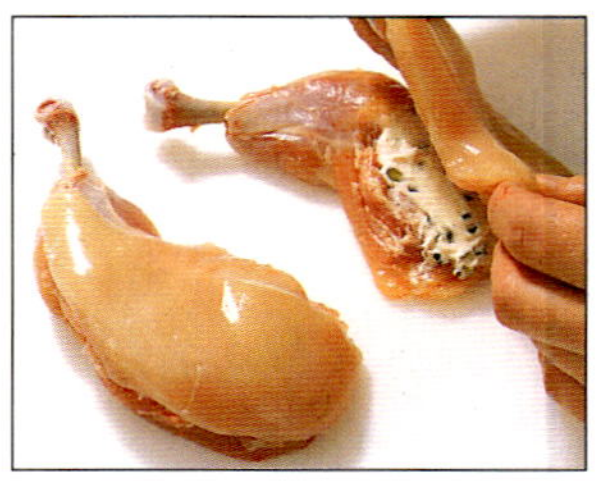

Die Keulen würzen, mit Farce bestreichen, die Brüste mit der Spitze zum Knochen auflegen, braten.

Die Crépinettes aus dem Ofen nehmen, kurz ruhen lassen und anschließend auftranchieren.

Gefüllt und gebraten

DIE FEINSTEN STÜCKE VOM GEFLÜGEL SIND GERADE GUT GENUG

Dies trifft natürlich nur dann zu, wenn das Geflügel von entsprechender Qualität ist. Dann lohnt sich auch die Mühe dieser zeitaufwendigen Zubereitung, ganz zu schweigen von den Kosten für solch edle Zutaten wie schwarze Trüffeln oder Gänsestopfleber.

CREPINETTES VOM PERLHUHNKÜKEN MIT GÄNSESTOPFLEBER

Diese Crépinettes aus Brust und Keule mit einem zartschmelzenden Kern aus Gänsestopfleber sind ein ganz besonderer Leckerbissen.

2 küchenfertige Perlhuhnküken (à 360 g)
Salz, frisch gemahlener weißer Pfeffer
60 g Gänsestopfleber, 2 Schweinenetze
60 ml Pflanzenöl

Für die Sauce:

1 EL Senfkörner
300 ml Apfelsaft
1/4 l dunkler Geflügelfond (siehe Seite 62/63)
1/2 TL Speisestärke
Salz, frisch gemahlener weißer Pfeffer

Die Perlhuhnküken so zerlegen, daß Brust und Keule zusammenhängen, die Haut ablösen. Die Crépinettes, wie in den Arbeitsschritten gezeigt, vorbereiten und in das Schweinenetz einwickeln. Für die Sauce die Senfkörner mit dem Apfelsaft zum Kochen bringen und 15 Minuten köcheln lassen. Den Geflügelfond separat erhitzen und etwa auf die Hälfte reduzieren. Den Apfelsaft durch ein Tuch passieren, die Senfkörner zum Geflügelfond geben. Die mit wenig Wasser angerührte Speisestärke einrühren und die Sauce abschmecken. Die Crépinettes im heißen Öl anbraten und im auf 180 °C vorgeheizten Ofen in 12 bis 15 Minuten fertiggaren. Herausnehmen, kurz ruhen lassen, in Scheiben schneiden, anrichten und mit der Senfkörnersauce servieren. Dazu feine Bandnudeln und kleines Gemüse reichen.

Crépinettes mit Gänsestopfleber:

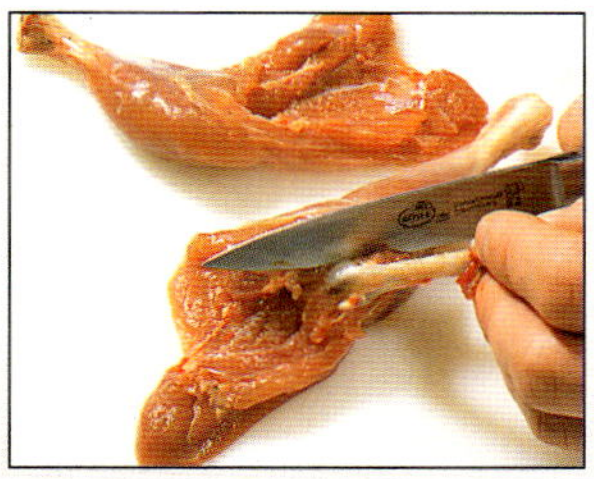

Den Oberschenkelknochen mit einem scharfen Messer herauslösen, das Fleisch salzen und pfeffern.

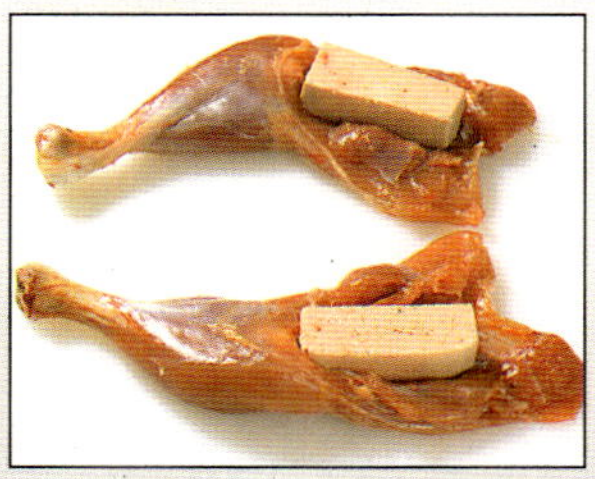

Die Gänsestopfleber in 4 gleichmäßig dicke Rechtecke schneiden und auf je 1 Oberschenkel legen.

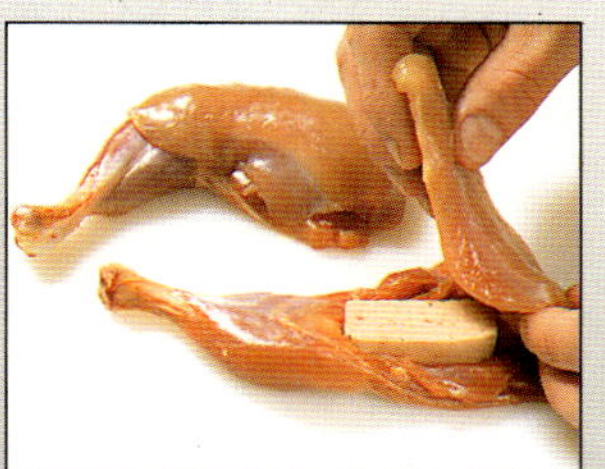

Die Brüste so auflegen, daß die Brustspitze zum Unterschenkel zeigt und dann fest andrücken.

Die gewässerten, ausgedrückten Schweinenetze halbieren, das Fleisch doppelt darin einwickeln.

Das Öl erhitzen, das Fleisch erst auf der Brustseite anbraten, wenden und auf der Keulenseite fertigbraten.

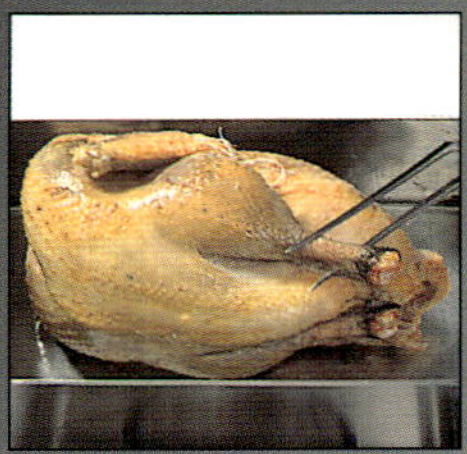

Perlhuhn braten: Das Perlhuhn würzen, binden und in dem Öl in einer Bratpfanne auf der Brustseite anbraten. Auf das Rückgrat wenden, die Brüste und Keulen mit 30 g weicher Butter bepinseln. Bei 180°C im vorgeheizten Ofen 40 bis 50 Minuten braten. Mehrmals mit dem Bratensaft übergießen.

Perlhuhn tranchieren:

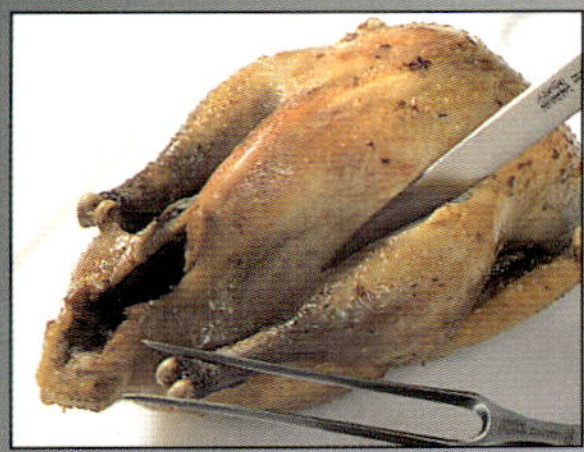

Das gebratene Perlhuhn 5 Minuten ruhen lassen. Den Zwirn entfernen. Zwischen Brust und Schenkel einschneiden.

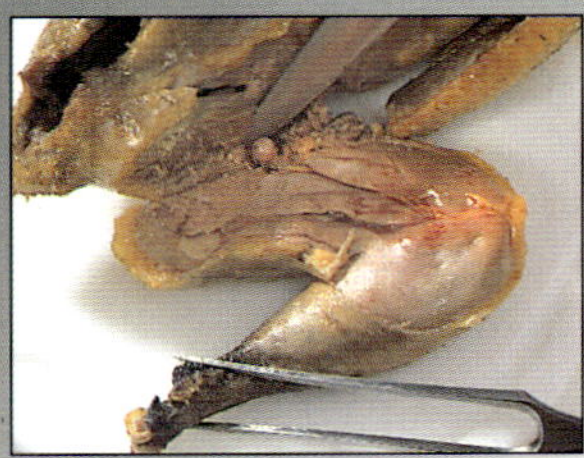

So tief schneiden, bis das Hüftgelenk sichtbar wird. Den Schenkel seitwärts klappen und im Gelenk abtrennen.

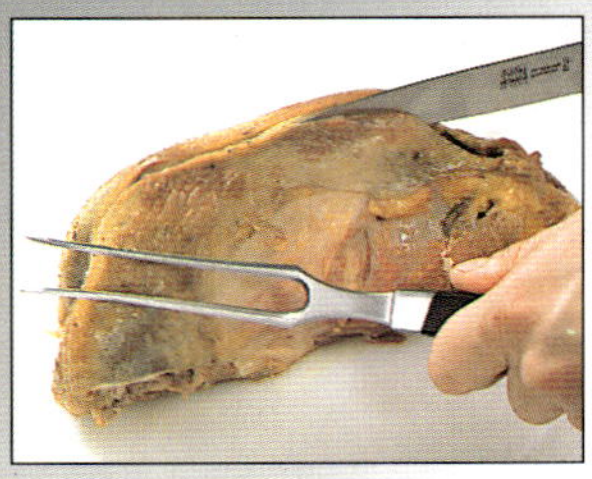

Ebenso die Flügel unterhalb der Brust abtrennen. Die Brüste entlang dem Brustbein vorsichtig einschneiden.

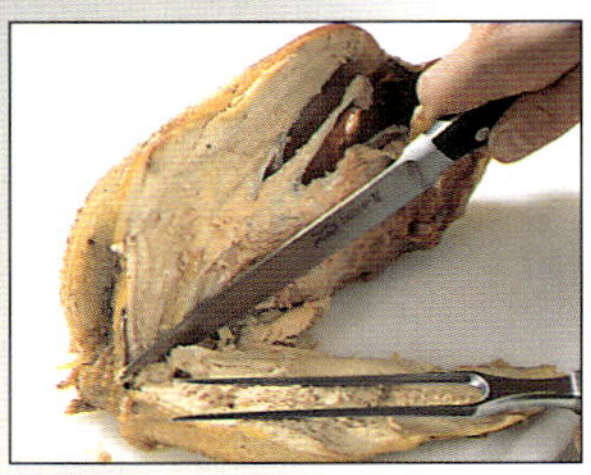

Die Brüste von der Karkasse lösen. Die Klinge zur Karkasse richten, um das Fleisch nicht zu verletzen.

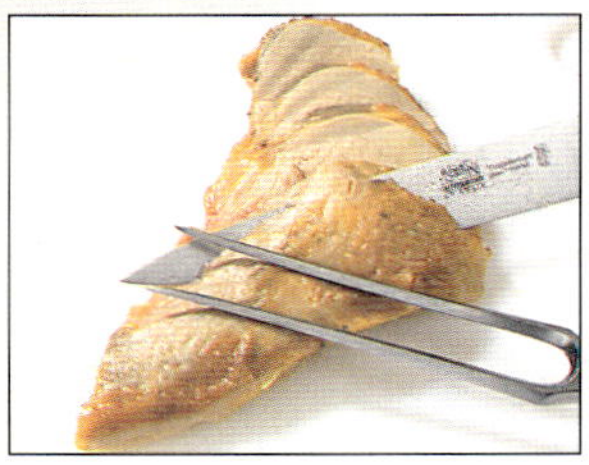

Die ausgelösten Brüste vom Flügelansatz zur Brustspitze in gleichmäßige Tranchen schneiden.

Die restliche Butter im Bratsatz aufschäumen lassen und die Keulen 8 bis 10 Minuten im Ofen nachbraten.

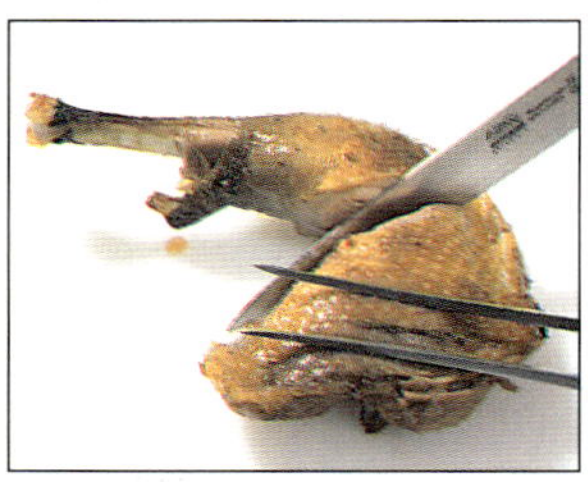

Die Keulen zwischen Ober- und Unterschenkel einschneiden und das Kniegelenk durchtrennen.

Den Ober- und Unterschenkelknochen auslösen. Das Fleisch in Stücke bzw. Scheiben schneiden.

GEBRATENES PERLHUHN, IN ZWEI GÄNGEN SERVIERT

(für 2 bis 4 Portionen)

1 Perlhuhn (etwa 1,6 kg)

Salz, frisch gemahlener weißer Pfeffer

60 ml Pflanzenöl

40 g Butter

Das Perlhuhn, wie in der Stepfolge beschrieben, zubereiten. Nach dem Braten 5 Minuten ruhen lassen, damit beim Tranchieren nicht zuviel Saft austritt. Die Brüste werden als erster Gang mit Gemüse, Beilagen und einer Rahmsauce serviert. Die Keulenteile und Flügel folgen als zweiter Gang auf einem zarten Salatbukett mit kräftiger Geflügeljus.

Im ganzen braten und getrennt servieren

DENN NICHT ALLE TEILE VOM HUHN SIND GLEICHZEITIG GAR

Geflügel im ganzen zu braten, hat seine Vorteile. Zum einen wird das Bratenstück außen knusprig und bleibt innen saftig, da durch die trockene Hitze die Haut und die äußeren Schichten schnell gar werden. Es entsteht eine Schutzschicht, unter der die Fleischsäfte die Hitze nach innen leiten und das Fleisch garen. Zum anderen geben die Knochen während des Bratvorgangs Geschmacks- und Aromastoffe an das Fleisch ab, was im ganzen gebratenem Geflügel seinen unverkennbaren Geschmack verleiht. Leider wird in der Gastronomie heute sehr wenig im ganzen gebratenes Geflügel angeboten. Dabei ist die Präsentation einer gebratenen Ente beispielsweise auch im Restaurant immer etwas Besonderes. Das Geflügel kann vor den Augen der Gäste tranchiert beziehungsweise nach der Präsentation in der Küche aufgeschnitten werden. Wie am Perlhuhn auf der linken Seite gezeigt wird, kann ein Geflügel aber auch in zwei Gängen serviert werden, was vor allem bei größeren Geflügelsorten seine Berechtigung hat. In der Regel sind die Brüste vor den Keulen gar und würden bis zum Ende der Gesamtgarzeit trocken werden. Die kürzere Bratzeit der Brüste und ein separates Nachbraten der Keulen führt zu einem guten Ergebnis. Bei kleinerem Geflügel, zum Beispiel Wachteln oder Tauben, sind die Garzeiten für Brüste und Keulen identisch.

GEBRATENE TAUBEN MIT TRÜFFELSAUCE

(für 2 Portionen)

2 bratfertige Tauben (à 350 g)
Salz, frisch gemahlener weißer Pfeffer
3 EL Pflanzenöl, 10 g Butter

Für die Sauce:

4 cl Trüffelfond
200 ml dunkler Geflügelfond (siehe Seite 62/63)
10 g kalte Butter, 30 g schwarze Trüffel

Die Tauben salzen, pfeffern, mit Küchengarn in Form binden. Das Öl in einer Pfanne erhitzen, die Tauben auf der Brustseite kurz anbraten und wenden. Bei 180°C im vorgeheizten Ofen 15 bis 18 Minuten braten. 5 Minuten vor Ende der Garzeit die Butter zugeben und die Tauben mehrmals damit übergießen. 3 bis 4 Minuten ruhen lassen und, wie unten beschrieben, fortfahren. Für die Sauce den Trüffelfond bis auf einen kleinen Rest einkochen lassen, den Geflügelfond aufgießen und auf 1/3 reduzieren. Die kalte Butter einrühren, binden und die in Scheiben geschnittenen Trüffeln zugeben.

Taube tranchieren, Trüffelsauce zubereiten:

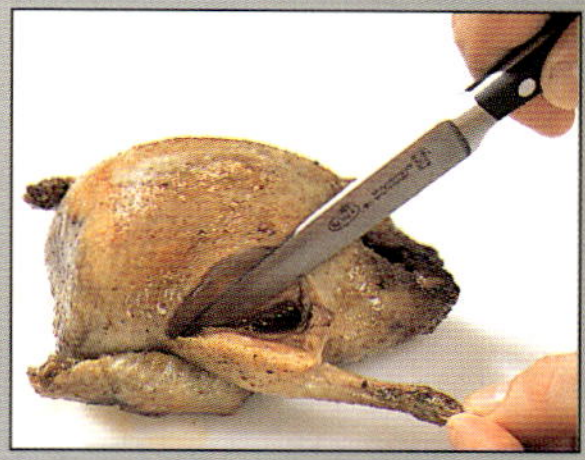

Mit dem Messer die Haut zwischen Brust und Keule einschneiden und die Keulen im Hüftgelenk abtrennen.

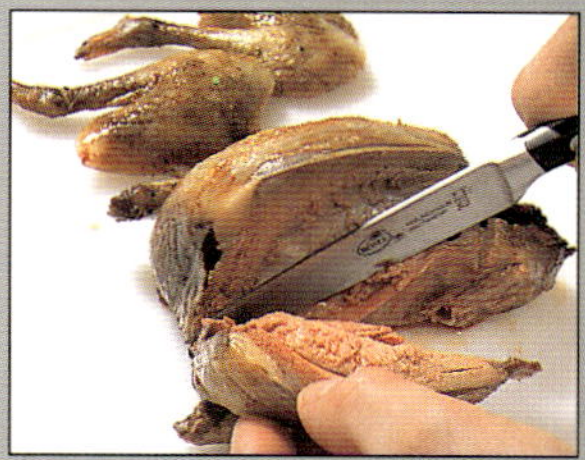

Brüste entlang dem Brustbein einschneiden, von der Karkasse lösen. Flügelknochen im Gelenk durchtrennen.

Eine Kartoffelpresse mit einem Tuch auslegen, die Taubenkarkassen hineingeben und kräftig auspressen.

Die Trüffelsauce zum Kochen bringen und mit dem Saft der Karkassen binden.

Die Taubenteile auf Polenta anrichten, mit der Trüffelsauce nappieren, mit Trüffelscheiben garnieren.

Für die Garprobe an der dicksten Stelle des Oberschenkels einen Spieß einstechen. Solange der austretende Saft rosa ist, muß weitergegart werden, bis der Saft klar ist.

Basilikum mit Calvados ist eine harmonische Kombination, die die Poularde zu einer geschmacklichen Delikatesse macht.

BASILIKUMHÄHNCHEN MIT CALVADOSÄPFELN

1 küchenfertige Poularde (etwa 1,6 kg)

Salz

3 süßsaure Äpfel

12 Basilikumblättchen

8 EL Calvados

50 g Butter

Für die Sauce:

1/8 l trockener Cidre

100 g Crème fraîche

Salz, frisch gemahlener weißer Peffer

Die Poularde gründlich waschen, trockentupfen, innen und außen salzen. Einen der Äpfel schälen und in Spalten teilen. Die Bauchhöhle der Poularde mit 5 Basilikumblättchen und den Apfelspalten füllen, verschließen und in eine Bratpfanne legen. Die Haut von Brust und Keulen vorsichtig anheben und weitere 5, jedoch halbierte Basilikumblättchen darunterschieben. Die Poularde mit 4 EL Calvados übergießen und 30 Minuten marinieren, dabei mehrmals mit dem abgelaufenen Calvados beträufeln. 40 g Butter schmelzen, gleichmäßig über der Poularde verteilen und in den auf 225 °C vorgeheizten Ofen schieben. Die restlichen Äpfel schälen, halbieren, die Kerngehäuse entfernen und je 1/2 Basilikumblatt in die Höhlung legen. Die Poularde nach 35 Minuten wenden, mit den Äpfelhälften umlegen, mit dem restlichen Calvados und dem Rest geschmolzener Butter beträufeln. Weitere 20 Minuten zugedeckt garen. Die Poularde und die Äpfel auf einer Platte anrichten und abgedeckt warm stellen. Den Bratfond mit dem Cidre aufgießen und loskochen, passieren und entfetten. Die Crème fraîche unterrühren, etwas einkochen lassen und abschmecken. Die Sauce getrennt zur Poularde servieren. Dazu schmecken Brokkoliröschen und Butternudeln.

GARZEITEN FÜR GEFLÜGEL

Geflügelart	Gewicht kg	Garzeiten in Minuten – Braten im Ofen auf dem Rost	Garzeiten in Minuten – Braten im Ofen im Bratgeschirr
Hähnchen	0,7 - 1,2	45 - 60	45 - 60
Poularde	1,2 - 1,8	60 - 75	60 - 70
Pute (jung)	2,5 - 3,5	90 - 180	120 - 180
Ente	1,5 - 2,5	75 - 105	105 - 120
Flugente	1,5 - 3,0	80 - 120	80 - 120
Gans	3,0 - 6,0	150 - 180	150 - 180
Wachtel	0,1 - 0,15	30 - 40	30 - 40
Perlhuhn	1,0 - 1,8	60 - 75	60 - 70
Taube	0,3 - 0,4	40 - 50	40 - 50

Da es bei Geflügel wegen der Salmonellengefahr besonders wichtig ist, daß das Fleisch gut durchgegart ist, hier einige Richtzeiten für die wichtigsten Geflügelarten. Noch zuverlässiger als die oben genannten Garzeiten ist allerdings das Überprüfen der Kerntemperatur, die immer mindestens 80 °C, besser aber 90 °C betragen sollte.

Beim Tranchieren eines gebratenen Hähnchens muß man wissen, wo mit dem Messer anzusetzen ist, besonders dann, wenn das Hähnchen bei Tisch zerlegt werden soll. Die richtigen Werkzeuge hierfür sind: eine Gabel mit zwei Zinken und ein sehr scharfes Tranchiermesser.

Ein Brathähnchen tranchieren:

Die Flügel abtrennen. Dazu das Hähnchen auf den Rücken legen, mit der Gabel die Flügel anstechen und festhalten. Im Gelenk durchschneiden.

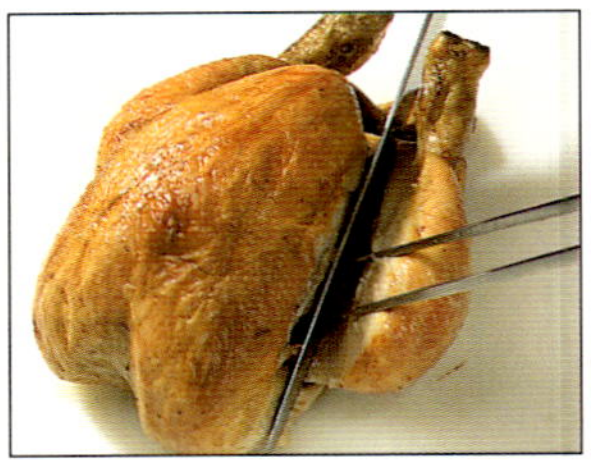

Die Keulen abtrennen. Dazu die Keule mit der Gabel vom Körper wegdrücken, ohne einzustechen. Die Haut einschneiden, dann das Gelenk durchtrennen.

Die Keulen in Ober- und Unterkeule teilen. Dazu das Gelenk ertasten und mit dem Messer an dieser Stelle durchschneiden. Die Keule mit der Gabel gut festhalten.

Die Brust in Scheiben ablösen. Dazu die Gabel in das Rückgrat stechen und so das Hähnchen fixieren. Mit dem Messer gleichmäßige Tranchen abschneiden.

Wird die Brust im ganzen ausgelöst und dann erst in Scheiben oder Stücke geschnitten, das Fleisch mit den Fingern festhalten und gleichmäßig tranchieren.

Tranchieren oder Halbieren

IM GANZEN ODER HALBIERT LÄSST SICH GEFLÜGEL BESONDERS GUT BRATEN

Das Aroma von Fleisch und Knochen wird bei diesen beiden Verfahren am besten konserviert. Das Teilen des gebratenen Geflügels ist nicht schwierig, bei einem zarten Hähnchen ist nicht einmal eine Geflügelschere nötig. Bei dem in Hälften gebratenen Hähnchen bleibt das Tranchieren ohnehin dem Esser überlassen, da die Hälften meist Portionsgröße haben.

POLLO ALLA ROMANA

Dieses Gericht aus dem Ofen ist schnell und einfach zuzubereiten und kann in vielerlei Hinsicht variiert werden. Mit zusätzlichem Gemüse, anderen Gewürzen und Kräutern oder mit einem kräftiger schmeckenden Perlhuhn ergeben sich interessante Varianten.

(für 2 Portionen)
1 küchenfertiges Hähnchen (etwa 1,2 kg)
1 Knoblauchzehe
Salz, frisch gemahlener weißer Pfeffer
3 EL gehackte Kräuter (z.B. Salbei, Petersilie, Rosmarin und Majoran)
Abgeriebenes von 1/2 unbehandelten Zitrone
3 EL Olivenöl
4 Scheiben durchwachsener Bauchspeck
1/8 l trockener Weißwein
300 g gehäutete, gewürfelte Tomaten
100 g gewürfelte Frühlingszwiebeln
Außerdem:
etwas Öl für die Form

Das Hähnchen waschen, trockentupfen und der Länge nach halbieren. Den gehackten Knoblauch, Salz, Pfeffer, die Kräuter und die Zitronenschale miteinander vermengen und das Hähnchen mit 2/3 der Mischung innen würzen, den Rest auf der Haut verteilen. Das Hähnchen mit Öl beträufeln und, wie rechts gezeigt, mit Speck umwickeln. In eine feuerfeste, gefettete Form legen, in den auf 250 °C vorgeheizten Ofen schieben, kurz anbraten und den Wein zugießen.

Pollo alla romana zubereiten:

2/3 der Kräutermischung gleichmäßig auf die Innenseiten des Hähnchens verteilen. Das Aroma dringt beim Braten ins Fleisch ein.

Die Hähnchenhälften auch außen mit der Kräutermischung bestreuen, mit Öl beträufeln, mit Speckstreifen belegen und in eine Form setzen.

Nach 15 Minuten die Tomaten und die Frühlingszwiebeln zugeben, die Hitze auf 180 °C reduzieren und in 30 Minuten fertiggaren.

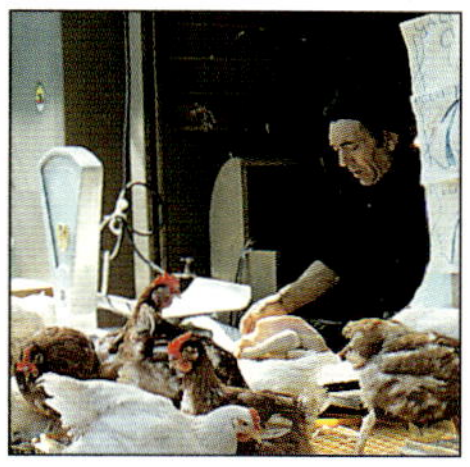

»Frische ist Trumpf« ist das Motto dieses italienischen Geflügelhändlers. Seine Ware spaziert munter auf dem Marktstand umher.

Beim »Pollo alla romana« sind es die Kräuter, der Knoblauch und die Tomaten, die den typischen Geschmack ausmachen, der Speck bringt die Würze.

Delikate Füllungen

ZWEI METHODEN, EIN HUHN ZU FÜLLEN

Besonders das Huhn mit seinem neutralen Fleischgeschmack eignet sich für die unterschiedlichsten Füllungen. Als natürliche Hülle für Füllungen bietet sich die Bauchhöhle an. Doch auch das Füllen unter der Haut ist sehr interessant und hat seine Vorteile. Das Geflügel und die Füllung werden so schneller und gleichmäßiger gar, das empfindliche Brustfleisch ist durch die Füllung geschützt und bleibt schön saftig.

HÄHNCHEN MIT KÄSEFÜLLUNG
2 küchenfertige Hähnchen (à 700 g)
Salz, frisch gemahlener weißer Pfeffer
Für die Füllung:
1 1/2 altbackene Brötchen, 30 g Butter
30 g Zwiebelwürfel, 1 zerdrückte Knoblauchzehe
40 g durchwachsener Räucherspeck
50 g gewürfelte Hühnerleber
1/8 l Milch, 1 Ei
3 EL gehackte Basilikum, Thymian und Petersilie
Salz, frisch gemahlener weißer Pfeffer
100 g Gruyère
flüssige Butter zum Braten

Die Hähnchen würzen. 1/2 Brötchen würfeln und in der Hälfte der Butter braten. Die restliche Butter erhitzen, Zwiebeln, Knoblauch und den gewürfelten Speck darin anschwitzen. Die Hühnerleber zugeben und etwa 1 Minute mitbraten. Die Füllung wie unten zubereiten. Die Hähnchen in den auf 200 °C vorgeheizten Ofen schieben, in 40 bis 45 Minuten braten. Nach 30 Minuten Garzeit mit den Kräutern bestreuen und buttern.

In der Bauchhöhle füllen:

Von einem Brötchen die Rinde abreiben, in Scheiben schneiden, mit der lauwarmen Milch übergießen und durchziehen lassen.

Das Ei, die Hälfte der Kräuter und die Mischung aus Zwiebeln, Speck und Leber zugeben. Salzen und pfeffern.

Die gerösteten Brotwürfel und den in kleine Würfel geschnittenen Gruyère zugeben und alles gut miteinander vermischen.

Die Käsefüllung in die Hähnchen geben. Sie dürfen nicht zu straff gefüllt werden. Mit flüssiger Butter bestreichen

Mit Zahnstochern oder Nadel und Küchengarn die Öffnung sorgfältig verschließen. Die Keulen am Gelenk zusammenbinden.

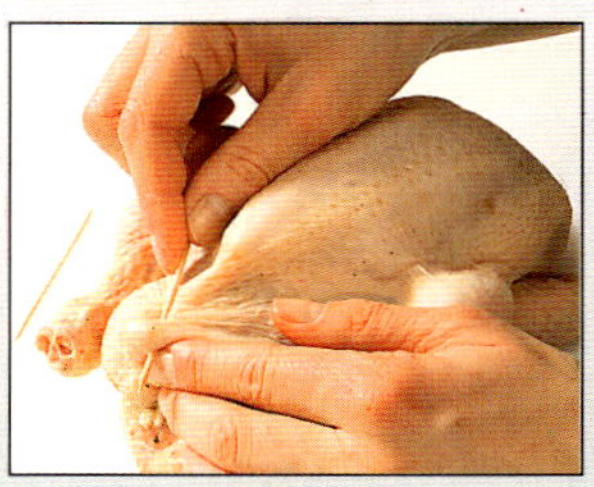

Das Huhn nach dem Braten 10 Minuten ruhen lassen, der Länge nach halbieren und pro Portion je 1 Hälfte servieren.

MIT SPINAT GEFÜLLTE POULARDE

Unter der Haut gefüllt, aufgeschnitten und flach gedrückt - so wird das Huhn schneller und gleichmäßiger gar als in der Bauchhöhle gefüllt.

1 küchenfertige Poularde (etwa 1,5 kg)

Für die Füllung:

60 g feingewürfelter durchwachsener Speck

2 feingewürfelte Schalotten

20 g Butter

100 g feingewürfelte Geflügelleber

100 g entrindetes Brötchen

100 g Butter

100 g Spinat

1 Ei

2 EL gehackte Petersilie

1 TL Salz

frisch gemahlener weißer Pfeffer

1 Messerspitze Muskatnuß

Außerdem:

Butter zum Bestreichen

Für die Füllung den Speck und die Schalotten in der Butter anschwitzen. Die Geflügelleber dazugeben und kurz mitbraten, beiseite ziehen und abkühlen lassen. Das Brötchen würfeln und die Hälfte der Würfel in etwa 50 g Butter anbraten. Den Spinat waschen, entstielen, in Salzwasser blanchieren, kurz abtropfen lassen und fein hacken. Die restliche Butter schaumig rühren, das Ei zugeben, unterrühren. Die Petersilie hacken und zugeben. Die Füllung, wie in der Bildfolge rechts beschrieben, fertigstellen und die Poularde damit füllen. Mit der Butter bestreichen und im vorgeheizten Ofen bei 180 °C in 90 bis 120 Minuten braten.

Unter der Haut füllen:

Die vorbereiteten Zutaten für die Füllung in eine Schüssel geben und zu einer weichen Masse verrühren, schließlich pikant würzen.

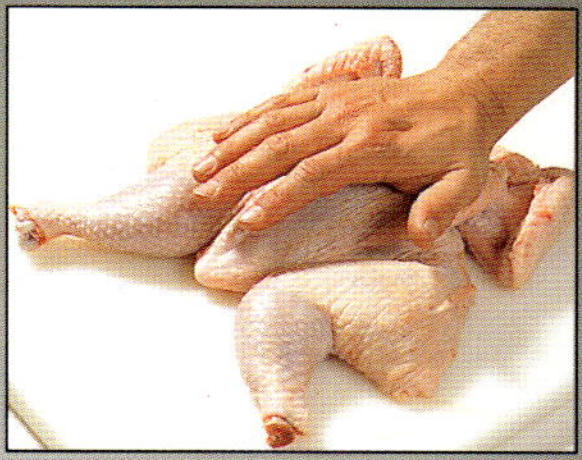

Das Huhn am Rücken aufschneiden, mit den Schnittflächen nach unten auf ein Schneidbrett legen und auseinanderdrücken.

Vom Hals aus die Haut vom Fleisch lösen, ohne sie zu beschädigen. Die Finger dabei immer in Richtung Bürzel schieben.

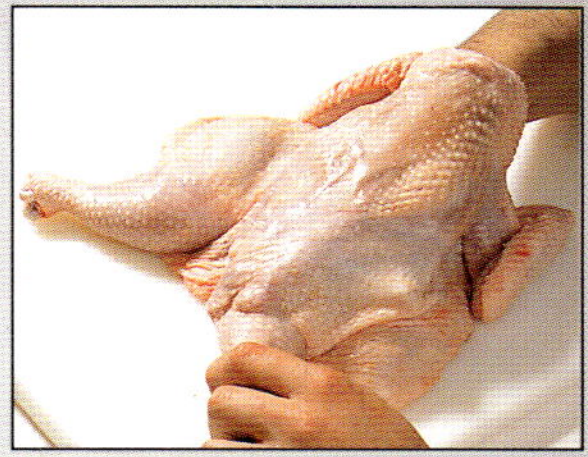

Die Haut zunächst auf einer Seite bis zum Anfang des Unterschenkels lösen, dann auf der anderen Seite ebenso verfahren.

Die Füllung mit einem Löffel zwischen Haut und Fleisch einbringen und gut verteilen. Zum Verschließen die Halshaut herunterklappen.

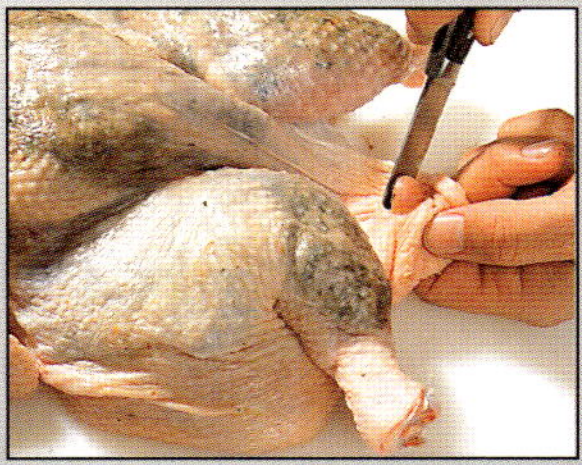

Die lose Haut zwischen den Schenkeln mit der Messerspitze einstechen und einen 2 cm großen Schnitt ausführen.

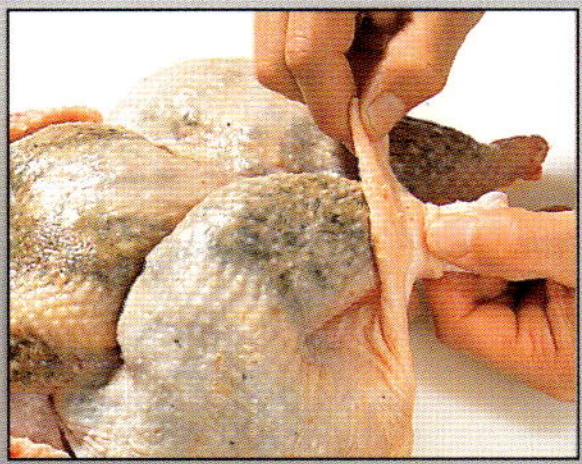

Die Schenkelenden einstekken. Die Füllung mit den Händen gleichmäßig verteilen und das Huhn in seine ursprüngliche Form bringen.

Das Huhn nach dem Braten 10 Minuten ruhen lassen, zuerst längs der Brustmitte teilen, dann die Schenkel abtrennen und servieren.

Der große Braten

GEFLÜGEL SCHMECKT, IM GANZEN GEBRATEN, IMMER AM BESTEN

Vor allem Ente und Gans sind höchst beliebte Festtagsbraten, wenn viele Portionen gebraucht werden. Die Jahreszeit spielt dabei eine große Rolle, denn eine gute, zarte, junge Gans bekommt man - von tiefgekühlter Ware einmal abgesehen- eben doch nur im Herbst. Die frischen Enten sind heutzutage ganzjährig am Markt. Und so ein im ganzen gebratener Vogel ist eben von keiner Zubereitungsmethode einzuholen. Da kann man Einzelteile vom Geflügel noch so raffiniert zubereiten, der Eigengeschmack kommt nur beim großen Braten wirklich optimal zur Geltung. Isoliert durch die Haut, kann sich das Fleisch während des Bratvorgangs bestens entwickeln und bekommt von dem Knochengerüst noch eine Menge Geschmack mit.

ENTE IN KIRSCHSAUCE
1 frische, küchenfertige Ente (etwa 2,5 kg)
Salz, frisch gemahlener weißer Pfeffer
1 EL getrockneter Beifuß
2 Thymianzweige
1/2 l Enten- oder Hühnerfond (siehe Seite 64/65)
1 Glas entsteinte Sauerkirschen
1/8 l trockener Rotwein
1 Prise Nelkenpulver
1 Prise Zimt
2 EL Sahne
1 EL abgezogene, geriebene Mandeln

Die Ente unter fließendem kalten Wasser waschen, sichtbares Fett abschneiden und mit Küchenpapier innen und außen trockentupfen. Das Salz, den Pfeffer und den Beifuß mischen und die Ente damit innen und außen kräftig einreiben. Den Thymian in die Bauchhöhle legen. Die Ente mit der Brustseite nach unten in eine entsprechend große Form legen, in den auf 200 °C vorgeheizten Ofen schieben und 60 bis 70 Minuten lang braten. Nach Bedarf den heißen Geflügelfond angießen. Nach der halben Garzeit die Ente umdrehen. Wer eine besonders knusprige Haut erzielen möchte, sollte sie nun wiederholt mit Salzwasser bestreichen. Die Sauerkirschen zum Abtropfen auf ein Sieb geben, die Hälfte davon pürieren. Den aufgefangenen Saft mit dem Wein erhitzen und 2 bis 3 Minuten einkochen lassen. Mit Nelkenpulver und dem Zimt abschmecken, den entfetteten Bratensaft der Ente zugeben und die Sauce um etwa 1/3 reduzieren. Die ganzen und die pürierten Sauerkirschen dazugeben, erhitzen, die Sahne und die Mandeln einrühren. Die Bratzeit ist beendet, wenn beim Einstechen einer Nadel in die dickste Stelle klarer Bratensaft austritt.

Vor dem Tranchieren die Ente 10 Minuten ruhen lassen. Die Portionen mit Kirschsauce servieren und Kroketten dazu reichen.

Dressieren, um im ganzen zu braten

Am Beispiel einer Gans wird demonstriert, wie man einen solch großen Vogel gut in Form bringt, damit er über die gesamte Bratzeit in Form bleibt. Zwei Möglichkeiten bieten sich an: Die Gans (oder Ente) kann mit Hilfe einer Nadel dressiert oder, wie in der Bildfolge auf dieser Seite gezeigt, nur mit einem Faden gebunden werden. Der Vorteil des Bindens liegt darin, daß das Fleisch nicht durchstochen werden muß und somit auch kein Saft auslaufen kann.

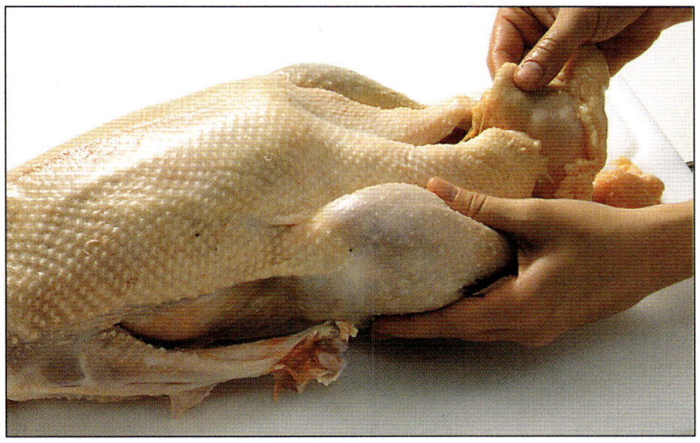

1 Zunächst mit den Fingern das sichtbare Abdominalfett sorgfältig und möglichst vollständig entfernen. Innen mit Salz und Pfeffer würzen und, wenn gewünscht, füllen.

2 Die Bauchöffung verschließen. Bei ungefüllten Gänsen reicht ein einfaches Holzstäbchen aus, bei gefüllten Vögeln sollte die Öffnung mit einem Faden vernäht werden.

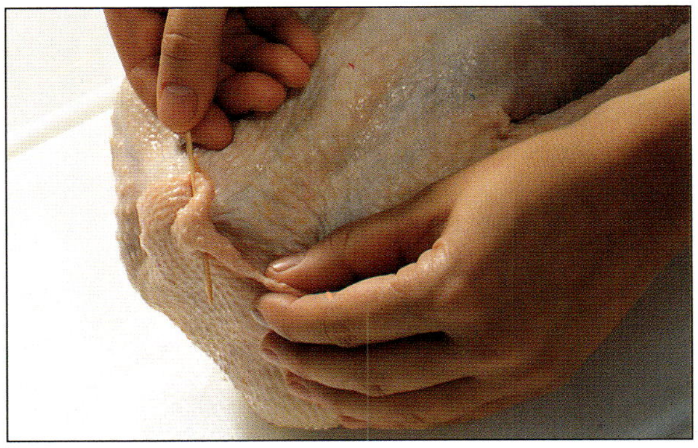

3 Die Halsöffnung verschließen. Dafür die Halshaut über das Rückgrat stülpen und mit einem Holzstäbchen mit der darunterliegenden Haut feststecken.

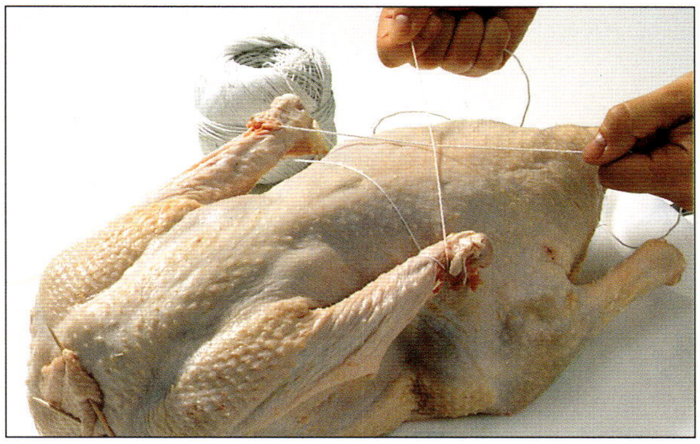

4 Mit Garn zuerst die Flügel fixieren. Dazu die Gans auf die Brust legen, den Faden unter den Flügeln hindurch und über den Rücken führen und überkreuzen.

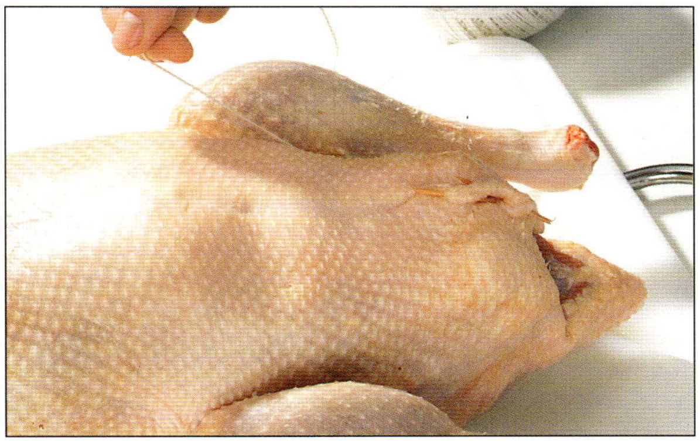

5 Nun die Keulen fixieren. Dazu die Gans wieder auf den Rücken legen, den Faden von unten zwischen Keulen und Rumpf nach oben führen.

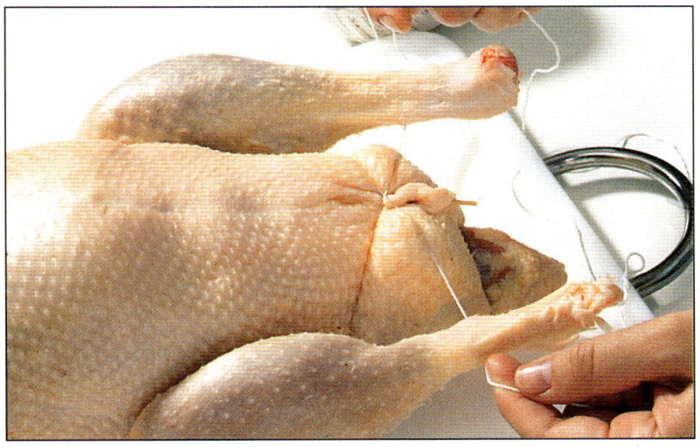

6 Den Faden über der zugesteckten Öffnung überkreuzen und unter den Keulenenden durchziehen, dabei immer möglichst stramm führen.

7 Zum Schluß den Faden oben verknoten, diesen dabei mehr oder weniger stark anziehen, je nachdem, wie eng die Füße zusammenkommen sollen.

Knusprige Haut. Sie wird mit Honig erzielt. Zu gleichen Teilen mit Fond vermischt, muß die Haut während des Bratens wiederholt übergossen werden.

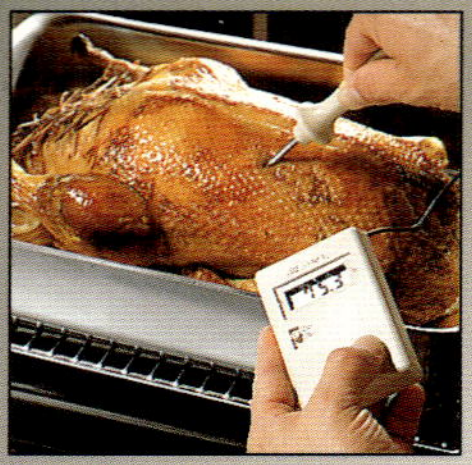

Mit einem Bratenthermometer läßt sich der Gargrad der einzelnen Körperteile der Ente, aber auch der Füllung, exakt ermitteln. Das Geflügel sollte eine Kerntemperatur von 80 bis 90 °C erreichen, während in der vorgegarten Füllung 75 °C ausreichend sind.

ENTE MIT LEBERFÜLLUNG

Die Kombination von Brötchen und Entenlebern ergibt eine besonders leichte, aber geschmacklich intensive Füllung. Ihr kann man auch die übrigen Innereien der Ente (Herz und Magen) beifügen. Dafür den Magen häuten, alle Innereien würfeln, in Butter halbgar dünsten und zu der Füllung geben.

1 küchenfertige Ente (etwa 1,8 kg)
Für die Füllung:
2 altbackene Brötchen
1/8 l heller Geflügelfond (siehe Seite 64/65)
180 g Entenleber, 2 EL Pflanzenöl
60 g Zwiebelwürfel, 1 Ei
1/2 zerdrückte Knoblauchzehe
1/2 TL Salz
frisch gemahlener weißer Pfeffer
2 TL gehackte Kräuter (Petersilie, Majoran und Salbei)

Die Ente unter fließendem kalten Wasser innen und außen waschen und sorgfältig trockentupfen. Die Leberfüllung, wie in der Bildfolge unten beschrieben, zubereiten und in die Bauchhöhle der Ente geben.

Von den Brötchen die Rinde abreiben, in Scheiben schneiden und in einer Schüssel mit dem erhitzten Fond übergießen. Die Lebern würfeln. Das Öl erhitzen, die Zwiebeln darin hell anlaufen lassen, die Lebern zugeben und kurz anbraten. Die Mischung zu den Brötchen geben und mit dem Ei und den Gewürzen vermischen. In die Bauchhöhle der Ente füllen und verteilen. Nicht zu prall füllen, da sich die Füllung während des Garens noch ausdehnt. Die Öffnung verschließen, bei 180 °C im vorgeheizten Ofen in etwa 2 Stunden knusprig braun braten.

Ente gefüllt

DREI BEISPIELE FÜR FEINE FÜLLUNGEN

Die aufgeführten Füllungen sind auf das Aroma der Ente abgestimmt, sie lassen sich jedoch auch gut für Magergeflügel verwenden. In vorgegarten Füllungen müssen nicht die bei rohem Geflügel obligatorischen 80 bis 90 °C erreicht werden, hier reichen 75 °C als Kerntemperatur aus. Wird die Ente vorher entbeint, wie auf Seite 48/49 gezeigt, läßt sie sich nach der Zubereitung ganz besonders leicht aufschneiden. Dies ist vor allem dann praktisch, wenn die Ente als kalter Braten serviert werden soll.

ENTE MIT FLEISCHFÜLLUNG

1 ausgenommene Ente (etwa 3 kg)
Salz, frisch gemahlener weißer Pfeffer
Für die Füllung:
2 Brötchen, 30 g Butter
1/4 l heller Geflügelfond, 250 g Schweinehackfleisch
50 g Zwiebelwürfel, 1 zerdrückte Knoblauchzehe
1 TL Abgeriebenes von unbehandelter Zitrone
3 EL gehackte Kräuter (Petersilie, Schnittlauch, Liebstöckel, Salbei und Rosmarin)
Salz, frisch gemahlener weißer Pfeffer, 1 Ei
Zum Braten:
2 EL Pflanzenöl, 1 Bouquet garni

Die Ente innen und außen unter fließendem Wasser waschen und sorgfältig trockentupfen. Für die Füllung

die Brötchen entrinden, in kleine Würfel schneiden und in der heißen Butter hellbraun anrösten. Mit dem heißen Fond übergießen und 5 Minuten ziehen lassen. Mit den übrigen Zutaten zu einem weichen Fleischteig verarbeiten und kräftig würzen. Wie unten gezeigt, die Ente füllen und braten.

Die Bauchhöhle der Ente salzen und pfeffern. Die Füllung hineingeben und gleichmäßig verteilen, dabei bedenken, daß sich die Masse beim Garen noch ausdehnt. Die Öffnung verschließen, wie auf Seite 46/47 gezeigt. Die Ente mit Öl bepinseln und mit dem Bouquet garni in einen Bräter legen. Im vorgeheizten Ofen bei 180 °C in etwa 2 Stunden knusprig braun braten, eine Kerntemperatur von 80 °C muß dabei erreicht werden. Zwischendurch mit Bratensaft begießen. Kurz ruhen lassen, zum Servieren die Ente längs halbieren.

ENTE, MIT GEFLÜGELFARCE GEFÜLLT

1 entbeinte Ente (etwa 2,5 kg)
30 ml Pflanzenöl
Für die Füllung:
250 g Poulardenbrust
Salz
frisch gemahlener weißer Pfeffer
280 ml Sahne
2 EL geschlagene Sahne
1 Entenleber
1 Entenherz
50 g Butter
150 g Toastbrot
100 g Möhren
150 g Zucchini
1 kleiner Bund Petersilie

Die Ente innen und außen unter fließendem Wasser waschen und trockentupfen. Für die Füllung die Poulardenbrust in kleine Würfelchen schneiden und gut durchkühlen oder gar leicht anfrieren lassen. Das Fleisch salzen und pfeffern, in einem Mixer fein pürieren, nach und nach die gut gekühlte Sahne zugeben. Die Farce in einer Schüssel auf Eis zu einer homogenen Masse glattrühren. Nach kurzem Durchkühlen durch ein Sieb streichen, würzen und die geschlagene Sahne unterheben. Nun die Einlagen für die Farce zubereiten. Die Leber und das Herz in kleine Würfel schneiden, in 5 g frischer Butter anbraten und abtropfen lassen. Das Toastbrot entrinden und in kleine Würfel schneiden. Die restliche Butter in einer Pfanne erhitzen, die Brotwürfel darin goldbraun braten, herausnehmen und auf Küchenpapier abtropfen lassen. Die Möhren schälen, zuerst in Scheiben und dann in Würfel schneiden. Die Zucchini ebenfalls würfeln. Das Gemüse getrennt in Salzwasser blanchieren und abschrecken. Die Petersilie klein hacken und 1 EL zurückhalten. Die Einlagen zur Farce geben und vorsichtig untermengen. Die Ente damit füllen und binden. Das Öl in einer Bratreine entsprechender Größe erwärmen und die Ente auf beiden Brustseiten kurz anbraten. Die Ente mit der Brust nach oben in den auf 180 °C vorgeheizten Ofen geben. Ist die Ente sehr fett, die Haut vor dem Braten mit einer Nadel mehrmals einstechen, damit das Fett besser austreten kann. Nach etwa 10 Minuten etwas Wasser angießen, damit das austretende Fett nicht verbrennt. Diesen Vorgang bis zum Ende der Garzeit 2 bis 3mal wiederholen. Nach 50 bis 60 Minuten ist die Ente gar. Die Ente herausnehmen, den Bindfaden entfernen und einige Minuten ruhen lassen. Die Ente mit der zurückgehaltenen Petersilie bestreuen und tranchieren.

Praktisch zum Aufschneiden. Bei dieser entbeinten, gefüllten Ente können gleichmäßige Tranchen bis zu den Keulenknochen geschnitten werden.

Frische Maronen schälen: Mit einem scharfen Messer die Schale kreuzweise einschneiden und im Ofen bei 220 °C etwa 10 Minuten rösten, bis die Schalen aufspringen, diese noch im heißen Zustand abziehen.

DER KLASSISCHE GÄNSEBRATEN

Im Herbst kommen die frischen, jungen Gänse auf den Markt, die Kastanien sind reif und können zu der traditionellen Füllung verarbeitet werden.

1 küchenfertige Gans (etwa 3,5 kg)
Salz, frisch gemahlener weißer Pfeffer
Für die Füllung:
600 g frische Maronen
2 Äpfel (etwa 300 g)
1 altbackenes Brötchen, 4 EL Wasser
4 EL Weißwein
das Herz und die Leber der Gans
30 g Butter, 1 EL feingehackte Schalotten
1 TL Salz, frisch gemahlener weißer Pfeffer
2 EL frisch gehackte Kräuter (Petersilie, Thymian, Majoran und Beifuß)
Außerdem:
50 g weiche Butter, 1/8 l Bier, 1 TL Salz

Die Gans innen und außen waschen, trocknen, innen und außen mit Salz und Pfeffer würzen. Für die Füllung die geschälten Maronen klein hacken. Die Äpfel schälen, zerteilen, das Kernhaus entfernen und das Fruchtfleisch würfeln. Das Brötchen würfeln und mit Wasser und Wein beträufeln. Das Herz und die Leber in kleine Würfel schneiden. Die Butter in einer Pfanne zerlaufen lassen. Zuerst das Herz hell anbraten, die Schalotten und dann die Leber zugeben und nur ganz kurz absteifen lassen. In einer Schüssel mit den Maronen, den Äpfeln und dem Brötchen mischen und pikant würzen. Die Salzmenge, wenn nötig, erhöhen. Die Gans füllen und die Bauchhöhle zunähen oder mit Holzspießchen verschließen. Die Gans mit der weichen Butter bepinseln, mit der Brustseite nach unten in einen entsprechend großen Bräter legen und im vorgeheizten Ofen bei 200 °C anbraten. Wenn die Brust Farbe angenommen hat, die Gans umdrehen, weiterbraten und zwischendurch abwechselnd mit dem gesalzenen Bier (dadurch wird die Haut schön knusprig) und dem Bratfett begießen. Die Bratzeit beträgt etwa 2,5 Stunden, dabei sollte jedoch die Fleischtemperatur mit einem Bratenthermometer kontrolliert werden. Die Füllung wird auf jeden Fall gar, da die Zutaten bereits vorgegart wurden. Den Bratenfond entfetten und mit dem traditionellen Rotkohl zur Gans reichen. Nach der hier beschriebenen Methode kann jeder große Geflügelbraten zubereitet werden.

Die Gans tranchieren

EINE TECHNIK, DIE AUCH BEI DER ENTE ANGEWANDT WIRD

Das Zerlegen einer Gans oder Ente unterscheidet sich schon deshalb vom Zerlegen von Magergeflügel (Huhn und Puter), weil Gans und Ente anatomisch ganz anders gebaut sind und darüber hinaus eine sehr feste Haut und ebensolche Sehnen haben. Ganz zu schweigen von ihren Knochen, für die, will man sie durchtrennen, beachtliche Kraft aufgewendet werden muß. Vor dem Tranchieren sollte man in jedem Fall zuerst das Fett ablaufen lassen. Dafür die Gans schräg anheben, damit das Fett aus der Bauchhöhle auslaufen kann. Im übrigen gilt auch bei diesem Geflügel die Regel aller großen Braten: wenn sie fertig gegart sind, mindestens 10 Minuten, möglichst in Folie gewickelt, ruhen lassen, damit beim Tranchieren der Fleischsaft nicht verloren geht. Entscheidend ist auch, ob man das Geflügel in der Küche oder bei Tisch zerlegen will, denn wenn keiner zusieht, kann man schon mal mit den Händen nachhelfen. Bei Tisch sollte die ganze Prozedur möglichst nur mit dem Tranchierbesteck oder mit Hilfe der Geflügelschere geschehen. Hier werden meist nur die fleischigen Teile (Keulen, Brüste und Flügel) abgetrennt, das Zerlegen der Karkasse mit relativ geringem Fleischanteil erledigt man dann in der Küche. Am besten lassen sich diese Portionsstücke mit einer Geflügelschere zerteilen. Die meist feinen Knochen der Karkasse können mit einem stabilen Fleischmesser durchgeschlagen werden.

Die Keulen lösen. Den Keulenknochen zwischen die Zinken der Fleischgabel nehmen. Diese etwas drehen und so den Knochen festhalten. Die Keule entlang dem Rumpf bis zum Gelenk einschneiden, durch leichte Drehbewegungen der Gabel den Knochen in seiner Position etwas bewegen und das Gelenk mit dem Messer vollständig durchtrennen.

Bei gefüllten Gänsen kann die nebenstehende Tranchiermethode angewandt werden. Wenn die Brust entfernt ist, am Brustbein entlang mit einer Geflügelschere aufschneiden, den Brustkorb auseinanderdrücken und die Füllung herausnehmen.

Die Brust in Scheiben schneiden. Dafür gibt es zwei Methoden. Bei der hier im Bild gezeigten Art die Gans mit der Fleischgabel festhalten und die Brust parallel zum Brustbein in gleichmäßige Tranchen schneiden. Oder, nach der anderen Methode, die Brüste von der Karkasse ablösen und quer zur Fleischfaser schräg in gleich starke Scheiben schneiden.

Die Flügel abtrennen. Dazu die Gans mit dem Rücken nach unten auf ein Tranchierbrett legen. Mit einer Fleischgabel in den Flügel stechen und den Flügel leicht vom Körper wegziehen. Ein scharfes Messer zur Hand nehmen und durch vorsichtiges Bewegen des Flügels die Lage des Gelenks feststellen. Zuerst die Haut, dann das Gelenk durchschneiden.

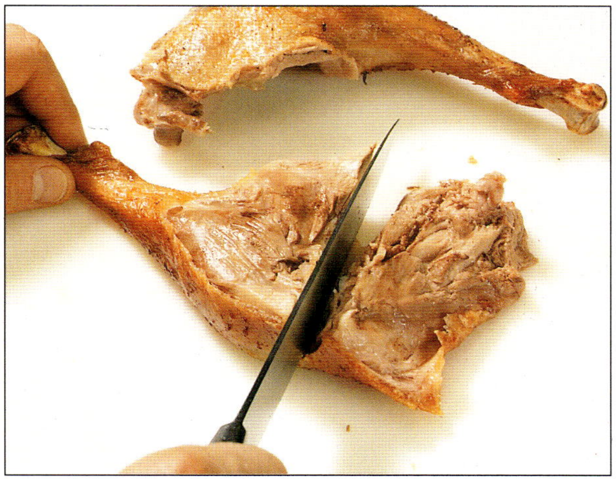

Die Keulen teilen. Bei großen Tieren oder für kleinere Portionen können die Keulen nochmals geteilt werden. Dafür das Knochenende mit den Fingern festhalten, durch Bewegen der Keule das Gelenk suchen und mit dem Messer durchschneiden. Die restlichen Teile der Gans lassen sich problemlos mit einer Geflügelschere in Portionsstücke teilen.

PUTE MIT MAISKÜCHLEIN UND ROSENKOHL

Der große Geflügelbraten gehört zum traditionellen Weihnachts-Festschmaus, selbst wenn nach Vorspeise und Suppe beim Hauptgericht nur noch zögerlich zugelangt wird und so ein großer Teil des imposanten Bratens wieder in die Küche entschwindet.

1 frische, küchenfertige Babypute mit Innereien (3 bis 3,5 kg)
1 EL Salz, 1 Bund frische Kräuter
50 g Butterschmalz, 250 g Suppengrün
1/2 l heller Geflügelfond (siehe Seite 64/65)
1 EL Tomatenmark, 20 g Saucenlebkuchen
2 cl Portwein, Salz
Für die Maisküchlein:
50 g Cornflakes, 100 g gegarte Maiskörner
2 Eier, Salz, 50 g Butterschmalz

Die Pute unter fließendem kalten Wasser waschen und sorgfältig trockentupfen. Innen und außen salzen und die Kräuter in die Bauchhöhle legen. Die Innereien waschen und beiseite legen. Das Butterschmalz in einem Bräter auf dem Herd erhitzen und die Pute darin rundum kurz anbraten, auf die Brustseite legen. Das Suppengemüse waschen, klein schneiden und zusammen mit den Innereien zugeben. Den Bräter auf die unterste Schiene des auf 180°C vorgeheizten Ofens schieben. Wenn das Gemüse und die Pute beginnen, Farbe zu nehmen, die Pute umdrehen und in mindestens 120 Minuten fertiggaren. Den Fond erwärmen, das Tomatenmark einrühren und die Pute damit und mit dem Bratenfond immer wieder begießen. Das Ende der Garzeit mit der Garprobe überprüfen: mit einer Nadel in die dickste Stelle der Keulen stechen; tritt klarer Saft aus, ist die Pute gar. Die Pute aus dem Bräter nehmen und warm stellen. Den Bratenfond in einen kleinen Topf abseihen, das Gemüse dabei gut ausdrücken. Die Sauce nach Wunsch entfetten, erneut aufkochen, den zerkleinerten Saucenlebkuchen zugeben und verkochen lassen. Die Sauce durch ein Sieb streichen, mit Portwein und Salz abschmecken. Für die Maisküchlein die Cornflakes zerkrümeln und mit den feingehackten Maiskörner, den Eiern und dem Salz vermischen. Das Butterschmalz in einer Pfanne erhitzen, jeweils 1 bis 2 EL der Masse in die Pfanne geben, mit dem Löffel zu einem runden Küchlein verstreichen und auf jeder Seite 2 bis 3 Minuten goldbraun braten. Die Pute auf einer vorgewärmten Platte mit den Maisküchlein anrichten. Die Sauce getrennt servieren. Eine passende Beilage ist Rosenkohl.

Ein Truthahn zum Fest

Während die »grosses pièces« in den Spitzenrestaurants erst wiederentdeckt werden mußten, sind die traditionellen Festtagsbraten im Kreise der Familie eigentlich nie aus der Mode gekommen. Was die großen Geflügelbraten betrifft, so gehören sie nach wie vor zu den Festen im Herbst und Winter. In angelsächsischen Ländern wird dabei vor allem der Truthahn favorisiert, der sich aber auch bei uns immer größerer Beliebtheit erfreut, denn er bietet viel Fleischgenuß mit wenig Fett.

BABYPUTE MIT KRÄUTERKRUSTE

Dieses Rezept ist besonders für kleine Puten empfehlenswert, es eignet sich aber auch für die Zubereitung von Poularden. Das Geflügel kann zusätzlich gefüllt werden, wobei die Füllung geschmacklich auf die Kruste abgestimmt sein sollte. Besonders passend ist eine Füllung aus Herz und Leber, die mit derselben Kräutermischung wie die Kruste gewürzt wurde.

1 Babypute (etwa 2,5 kg)
1 TL Salz, frisch gemahlener weißer Pfeffer
80 g Butter
Für die Kräuterkruste:
40 g Semmelbrösel
40 g sehr fein geriebene Mandeln
4 EL gehackte Kräuter (Petersilie, Salbei, Thymian zu gleichen Teilen, wenig Rosmarin und Liebstöckel)

Die Pute innen und außen sorgfältig waschen und mit Küchenpapier trockentupfen. Die Haut und die Bauchhöhle salzen und pfeffern, die Pute, wie rechts beschrieben, dressieren und auf einem Gitterrost in den auf 200°C vorgeheizten Ofen schieben. Im Abstand von 5 Minuten mit Butter bepinseln. Alle Zutaten für die Kräutermischung vermengen und die Pute nach etwa 40 Minuten rundum damit bestreuen. Die in die Fettpfanne abgetropfte Mischung aus abgelaufener Butter und Kräutern mehrmals in einer Ecke zusammenlaufen lassen und mit einem Löffel über der Pute verteilen. Nach weiteren 30 Minuten mit einer Nadel oder besser noch mit einem Bratenthermometer die Garprobe machen und, wenn nötig, weiterbraten. Die fertig gegarte Pute etwa 15 Minuten in Folie eingeschlagen ruhen lassen und tranchieren.

Pute dressieren:

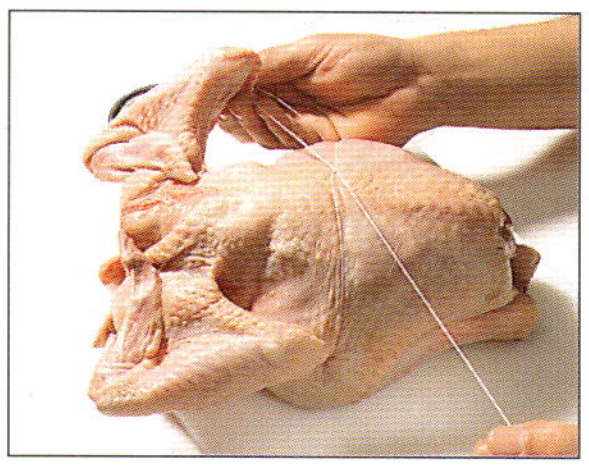

Einen Baumwollfaden unter den Keulen durchziehen. Die Pute auf die Brust wenden, den Faden kreuzen.

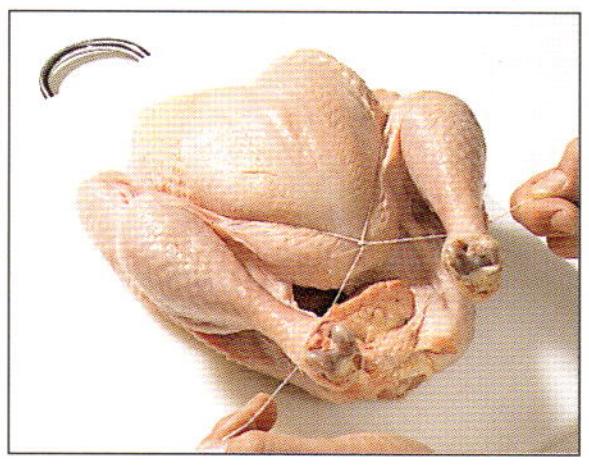

Auf den Rücken drehen, den Faden zwischen Keulen und Brust führen, über der Brust kreuzen und an den Gelenken zusammenbinden.

Pute braten: Während des Bratens mehrmals mit der flüssigen Butter einstreichen und nach der Hälfte der Bratzeit mit der Kräutermischung bestreuen.

BISTILLA, DIE TAUBENPASTETE AUS MAROKKO

Anstelle der hauchdünnen, aufwendigen »Warkha«-Teigblätter können hier auch die bei uns käuflichen griechischen Phyllo-Blätter verarbeitet werden. Für die Bistilla müssen diese rund ausgeschnitten, für die Perlhuhnpastete auf der rechten Seite, in Form eines Rechtecks ausgelegt werden.

4 küchenfertige Tauben (mit Herz und Leber)
1/2 TL Salz, frisch gemahlener weißer Pfeffer
100 g Butter
200 g gewürfelte Zwiebeln
2 EL gehackte Petersilie, 1 TL Thymianblätter
2 TL frisch geriebene Ingwerwurzel
1/2 TL Kreuzkümmel (Cumin)
2 Messerspitzen Kurkuma
1/4 l Wasser
4 Eier, 50 g Butter
150 g geschälte Mandeln
1/2 TL Zimt, 1 EL Zucker
2 Pakete Phyllo-Teig (je 10 Blätter)
3 EL Öl, 50 g Butter
Zum Besieben:
1 EL Puderzucker, 1/2 TL Zimt

Die Tauben innen und außen waschen, trockentupfen, salzen und pfeffern, die Innereien fein würfeln. Die Butter in einer Pfanne zerlassen, die Tauben darin rundum braun anbraten und herausnehmen. Die Zwiebeln und die Innereien in der verbliebenen Butter anbraten. Die Kräuter, Gewürze und das Wasser hinzufügen und zum Kochen bringen. Die Tauben einlegen, zugedeckt etwa 50 Minuten schmoren und anschließend herausnehmen, das Fleisch vom Knochen lösen und klein schneiden. Die Hälfte der Brühe abgießen und aufbewahren. Die restliche Brühe bei starker Hitze auf etwa 4 EL einkochen, entfetten und ebenfalls aufbewahren. Nun die aufbewahrte Brühe erhitzen, mit den verquirlten Eiern legieren und den reduzierten Fond zugießen. Die Butter zerlassen, die Mandeln darin hellbraun anbraten, abtropfen lassen, fein hacken und mit Zimt und Zucker mischen. 6 Teigfladen, sich jeweils überlappend, zu einem geschlossenen Kreis anordnen und darauf einen zweiten Kreis von weiteren 6 Fladen legen. Die Mandelmischung in der Mitte verteilen. Das Taubenfleisch mit der Sauce mischen, auf die Mandelmischung geben und mit der restlichen Mischung bedecken. Den Rand der oberen Fladenschicht über die Pastetenfüllung schlagen und mit noch vorhandenen Fladen bedecken, den Rand der unteren Fladenschicht ebenfalls nach oben schlagen. Das Öl und die Butter in einer großen Pfanne erhitzen, die Pastete ins heiße Fett gleiten lassen, in etwa 5 Minuten goldbraun braten, mit Hilfe eines Topfdeckels vorsichtig wenden und auch die Unterseite braten. Auf eine Servierplatte gleiten lassen, mit Zucker und Zimt bestreuen und heiß servieren.

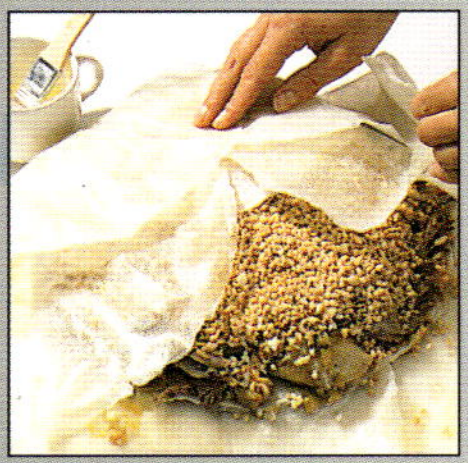

Umgang mit den Teigblättern: Von dem richtigen Auslegen, Füllen und Zusammenlegen der Teigfladen hängt der Erfolg der Pastete ab. Sie müssen immer gut feucht gehalten werden, damit sie beim Einschlagen nicht brechen. Die fertige Pastete wird traditionell mit einem Gitter aus Puderzucker und Zimt bestreut.

Geflügelpasteten aus der Pfanne

HERZHAFTES IN DÜNNEM TEIG

Die Wurzeln für diese Köstlichkeiten aus der Geflügelküche sind nicht belegt, aber sie stammen mit großer Wahrscheinlichkeit aus dem arabischen Raum. Auch heute noch werden diese Pasteten in den nordafrikanischen Ländern zubereitet, und Marokko ist beispielsweise berühmt für seine Bistillas, jene köstlichen Taubenpasteten. Pasteten werden dort aber nicht nur mit Taubenfleisch, sondern auch mit Huhn oder Pute gefüllt. Das Wichtigste an diesen Pasteten sind ihre hauchdünnen Teigblätter, die dort »Warkha«-Blätter heißen und deren Herstellung mit der der chinesischen Frühlingsrollen identisch ist. Der elastische Teig wird auf eine heiße Platte gedrückt und wieder abgezogen. Der dann noch anhaftende, dünne Teigfilm wird schließlich gebacken. Da diese Prozedur nur schwer nachzuvollziehen ist, sind Alternativen gefragt. Ein Phyllo-Teig liefert zwar keinen hauchdünnen, aber durchaus brauchbaren Ersatz.

PERLHUHNPASTETE

Als Vorspeise oder Zwischengericht ist dieses Rezept für 8 bis 10 Portionen ausreichend.

1 küchenfertiges Perlhuhn mit Herz, Magen und Leber (etwa 2 kg)
4 EL Pflanzenöl, 150 g Zwiebeln
1 TL Salz, frisch gemahlener weißer Pfeffer
1 entkernte Chilischote
1 TL frisch geriebene Ingwerwurzel
1/2 TL Kurkuma, 2 angedrückte Knoblauchzehen
1 EL Mehl
je 60 g Möhren und Knollensellerie
3/4 l heller Geflügelfond (siehe Seite 64/65)
2 EL gehackte Kräuter (z.B. Korianderkraut, Petersilie, Thymian)
4 hartgekochte Eier
1 Paket Phyllo-Teig (10 Blätter)
80 g geriebene Mandeln, 1/2 TL Zimt, 80 g Butter

Die Perlhuhnpastete, wie in der Bildfolge rechts beschrieben, zubereiten.

Perlhuhnpastete zubereiten:

Das Perlhuhn auslösen, in Keulen, Flügel und Brüste zerlegen, im heißen Öl rundum knusprig anbraten, herausnehmen und abtropfen lassen.

Die in Stücke gehackte Karkasse mit den Innereien im verbliebenen Fett anbraten, die gewürfelten Zwiebeln zugeben und anschwitzen.

Die Gewürze hinzufügen, mit Mehl bestauben, die in Stücke geschnittenen Möhren und den Knollensellerie zugeben, den Geflügelfond aufgießen.

Die Perlhuhnstücke wieder zugeben und in dem auf 200°C vorgeheizten Ofen in etwa 40 Minuten garen, herausnehmen, das Fleisch ablösen und klein schneiden.

Die Schmorflüssigkeit durch ein feines Sieb seihen, anschließend auf etwa 1/4 reduzieren und das Perlhuhnfleisch zufügen.

Die Kräuter und die feingehackten Eier zur Mischung geben, alles gut miteinander vermengen und, wenn nötig, nachwürzen.

Die Teigblätter zu einem großen Kreis auslegen, die mit dem Zimt vermischten Mandeln darauf verteilen und das Fleisch darauf geben.

Die Teigblätter von allen vier Seiten zu einem Rechteck über die Füllung klappen, so daß sie vollständig eingehüllt ist und nichts ausläuft.

Die Butter in einer großen Bratpfanne zerlassen und die Pastete in dem auf 200°C vorgeheizten Ofen von beiden Seiten je 10 Minuten knusprig braun braten.

Grillen

Grillen ist die ideale Garmethode für Geflügel, da große Mengen von ganzem Geflügel, aber auch Geflügelteile, entsprechend ihren natürlichen Eigenschaften – Haut, Fett, Fleisch – optimal zubereitet werden können. Da Grillen zudem eine einfache und äußerst rationelle Garmethode ist, vereint sie wie keine andere nahezu alle Vorteile in sich, ist aber mit dem Begriff »Grillhähnchen« in Verruf geraten. Dies war ganz eindeutig eine Folge der Massentierhaltung, die in den USA ihren Ausgang nahm und nach dem Zweiten Weltkrieg nach Deutschland kam. Vorher wurde Geflügel nur in den asiatischen Küchen traditionell zu jeder Zeit und in allen sozialen Schichten zubereitet, in der Alten Welt war Geflügel als »Edelprodukt« besonderen Anlässen vorbehalten. Die moderne Massentierhaltung machte es dann auch bei uns möglich, Hühner zu extrem niedrigen Preisen (und ebensolchen Qualitäten) zu produzieren. Diese beiden Komponenten – das einfache »Handling« beim Grillen und die billige Massenproduktion – haben das Image des delikat und mit Sorgfalt gegrillten Hähnchens zerstört. Doch die Situation hat sich wieder verändert, eine »Renaissance« von gegrilltem Geflügel hat eingesetzt, die sich nicht nur auf Flugenten und Perlhühner beschränkt. Auch die Hühner sind in diesen Trend miteinbezogen, denn schließlich gibt es neben der Massentierhaltung heute genügend Hühner bester Qualität auf dem Markt, zu entsprechenden Preisen, versteht sich. Zudem hat Grillen – gemeint ist die Zubereitung im Freien – auch noch einen beträchtlichen gesellschaftlichen Aspekt, der durchaus feinschmeckerisch genutzt werden sollte.

Kaninchen stehen dem Geflügel geschmacklich in nichts nach,
wenn sie vor dem Grillen in Speck gewickelt werden, damit das Fleisch nicht austrocknet.

Die marinierten Poulardenhälften vor dem Grillen auf ein Gitter legen und das überschüssige Öl ablaufen lassen.

Den Grill richtig anheizen:

Zum indirekten Grillen wird die Holzkohle neben den Gitterabsperrungen an zwei Seiten gleichmäßig verteilt.

Die Anzünder auf der Kohle verteilen und anzünden. Die Lüftung am Boden des Grillgeräts öffnen.

Die Kohle zum Glühen bringen und diesen Vorgang, wenn nötig, mit einem Blasebalg unterstützen.

Die Abtropfschale auf den Rost zwischen die Kohlen stellen und das eigentliche Grillgitter einsetzen.

Das marinierte Fleisch genau über die Abtropfschale setzen, damit kein Fett in die Kohle tropft.

Auf dem Rost grillen

GRUNDREGELN FÜR GUTES GELINGEN

Es ist dies eine Garmethode mit extremer Strahlungshitze; deshalb hängt der Erfolg auch davon ab, wie man die Hitzeeinwirkung regulieren kann. Bei Gas- oder Elektrogrills ist dies relativ leicht möglich, bei der Holzkohlenglut nur bedingt. Deshalb muß hier die Intensität durch den Abstand zwischen Holzkohle und Geflügel reguliert werden. Dies gilt sowohl für den Grillrost, den man in der Höhe variieren muß, als auch für den Drehspieß, der in dem Grillgerät je nach Größe des Geflügels auf die richtige Distanz gebracht wird. Ist sie zu gering, verbrennt die Haut sehr schnell, und das Fleisch wird nicht gar. Umgekehrt ist bei zu großem Abstand die Garzeit zu lang, das Fleisch wird trocken. Als Faustregel für Geflügel gilt: bei mittlerer Hitze etwa 10 cm Abstand zur Glut; dies trifft sowohl für den Rost als auch für den Spieß zu.

MARINIERTE POULARDE VOM GRILL

1 küchenfertige Poularde (etwa 1,4 kg)

Für die Marinade:

je 1/2 rote, grüne, gelbe Paprikaschote

1 Chilischote, 2 zerdrückte Knoblauchzehen

50 g Zwiebeln, in dünne Scheiben geschnitten

1 TL Salz, 1 TL Abgeriebenes einer Zitrone

1/4 l feines Pflanzenöl

Die gewaschene Poularde trockentupfen und längs halbieren. In ein entsprechend großes Gefäß legen. Das Fruchtfleisch der entkernten Paprikaschoten und der Chilischote ganz fein würfeln, und mit den übrigen Zutaten in das Öl einrühren. Die Poularde damit rundum übergießen. Mit Folie abdecken, kühl stellen und über Nacht durchziehen lassen. Auf dem Grillrost von beiden Seiten insgesamt 40 Minuten grillen. In kurzen Abständen mit der Marinade beträufeln.

Zum wohlgewürzten Grillhähnchen können ganz einfache Beilagen, wie zum Beispiel frisches Baguette oder knackige Pommes frites, gereicht werden. Besonders delikat schmeckt dazu aber ein Kartoffelgratin.

POULET »MARTINIQUE«

Das zarte Aroma des Hähnchens ist in diesem Rezept aufs beste mit der höllischen Schärfe der karibischen Chillies kombiniert. Das Ergebnis ist ein Poulet mit wohlschmeckendem, saftigem Fleisch und scharfer, knuspriger Kruste. Wer immer diese Chilisorte von den Karibischen Inseln bekommt, sollte zugreifen, denn sie haben zwar eine kräftige, aber sehr aromatische Schärfe. Natürlich kann man auch andere scharfe Sorten verwenden. Nicht austauschbar allerdings sind die Limetten, deren typisches Aroma zum Beispiel durch Zitronen nicht ersetzt werden kann.

(für 2 Portionen)

1 küchenfertiges Poulet (1,2 bis 1,3 kg)

Für die Marinade:

1 Limette

1 zerdrückte Knoblauchzehe

1 TL Salz

20 g frische Ingwerwurzel

frisch geriebene Muskatnuß

2 EL frisch gehackte Kräuter (Petersilie, Korianderkraut, Thymian, Basilikum)

4 EL feines Pflanzenöl

1 Chilischote

Das Poulet innen und außen waschen, sorgfältig trockentupfen. Längs am Rückgrat entlang mit einem schweren Messer oder einer Geflügelschere teilen. Die beiden Hälften mit der Schnittfläche nach oben in ein entsprechend großes Gefäß legen. Von der Limette mit einem Zesteur die äußere, grüne Schale entfernen und mit dem ausgedrückten Saft in eine Tasse geben. Dazu kommt der Knoblauch, das Salz, der Ingwer, die Muskatnuß und die Hälfte der gehackten Kräuter. Das Öl zugießen und gut verrühren. Mit der Mischung zuerst die Schnittflächen der Poulethälften beträufeln, wenden und den Rest der Marinade auf die Oberflächen verteilen. Die Chilischote längs halbieren, die Samen entfernen, das Fruchtfleisch in Streifen schneiden und auf dem Huhn verteilen. Mit Folie verschlossen über Nacht im Kühlschrank durchziehen lassen. Den überwiegenden Teil der Chilistreifen wieder entfernen, die Poulethälften gut mit der abgelaufenen Marinade bestreichen und auf den Grillrost legen. Zunächst auf der Schnittseite 10 Minuten grillen, dann wenden und weitere 15 bis 20 Minuten auf der Hautseite garen, bis die Haut schön knusprig und das Fleisch gar ist. Ganz original wird Poulet »Martinique« mit Brotfruchtgemüse und Reis serviert, aber es passen natürlich auch andere Gemüsesorten dazu. Für die ganz typische Würzung bei Tisch wird eine Chilischote (wie auf dem Bild) längs halbiert, die Samen entfernt und in die Hälften frisch ausgepreßter Limettensaft gegossen. Die Chilihälfte wird dann über dem Poulet zusammengedrückt, um die Aromamischung aus dem Saft der Limette und der Schärfe der Chilischote darüberzuträufeln.

Zwei in einem Korb, so lassen sich kleine Stubenküken praktisch grillen, sowohl auf dem Drehspieß als auch auf dem Rost.

Gegrilltes vom Spieß

EIN GRENZENLOSES SPEKTRUM BUNTER ÜBERRASCHUNGEN

Der Zusammenstellung von Grillspießen sind kaum Grenzen zu setzen. Geflügel und Kaninchen können mit den verschiedensten Produkten, beispielsweise Krustentieren, Gemüse oder Früchten, kombiniert werden. Um mageres Fleisch vor dem Austrocknen zu schützen, kann es in eine Speckscheibe eingewickelt gegart werden. In diesem Fall ist nur ein leichtes Einfetten der Spieße nötig, um ein Anhängen am Rost zu verhindern. Natürlich gibt der salzige Speck auch Geschmack an das Fleisch ab. Wer dies nicht möchte, kann das Fleisch »hüllenlos« grillen, muß aber darauf achten, daß die Spieße gut eingefettet sind und schnell gar werden, da sie schneller austrocknen. Vor allem beim Grillen über Holzkohle ist es wichtig, daß die Spieße nicht direkt über der Glut garen, da auf offene Holzkohle herabtropfendes Fett die Bildung von krebserregenden Stoffen (Benzpyren) begünstigt. Je nach Hitze der Glut muß eine Garzeit zwischen 8 und 12 Minuten veranschlagt werden. Richtig gegrillt, sind »bunt« zusammengestellte Spieße eine willkommene Abwechslung für einen Grillabend.

POULARDE MIT RIESENGARNELEN

(für 2 Spieße)

180 g Poulardenbrust
4 Riesengarnelen ohne Kopf
4 bis 6 Perlzwiebeln aus dem Glas
Salz, frisch gemahlener weißer Pfeffer

Die Poulardenbrust mit der Haut in große Stücke schneiden und abwechselnd mit den Garnelen und den Perlzwiebeln auf den Spieß stecken. Salzen, pfeffern und grillen. Vor dem Servieren können die Spieße nach Belieben mit Zitronensaft beträufelt werden.

DAS BESTE VOM KANINCHEN

(für 2 Spieße)

2 enthäutete Kaninchenfilets (à 100 g)
2 Kaninchenlebern
2 Scheiben durchwachsener Speck
2 Apfelspalten
4 Kaninchennieren
1/2 kleine Gemüsezwiebel
Salz, frisch gemahlener weißer Pfeffer

Die Filets in Stücke teilen, die Lebern putzen und in je 1 Scheibe Speck einwickeln. Die Apfelspalten halbieren und – wie es im Foto zu sehen ist – mit den Filetstük-ken, den Lebern, den Nieren und der in Viertel geteil-

ten Zwiebel aufspießen, salzen und pfeffern. Die Kombination von süß, scharf und würzig gibt dem Spieß einen besonderen Charakter. Nach dem Grillen mit frischen, gehackten Kräutern bestreuen.

ENTEN-PAPRIKA-SPIESS

(für 2 Spieße)
180 g Entenbrust
je 1/2 rote und gelbe Paprikaschote
4 ungeschälte Knoblauchzehen
Salz, frisch gemahlener weißer Pfeffer

Die Entenbrust in grobe Würfel schneiden. Die Paprikaschoten von den Samen und den Samensträngen befreien und ebenfalls würfeln. Den Knoblauch mit dem Handballen leicht andrücken, damit die Schale etwas aufspringt. Die Zutaten abwechselnd so auf dem Spieß anordnen, daß die Hautseite der Entenbrustwürfel nach oben gerichtet ist. Der Spieß kann dann auf der Hautseite etwas länger gegrillt werden, wodurch die Haut schön knusprig wird. Die Spieße salzen und pfeffern, wie links beschrieben grillen und nach Belieben mit Kräutern der Provence bestreuen.

TAUBENTEILE MIT SALBEIBLÄTTERN

(für 2 Spieße)
2 küchenfertige Tauben (à 380 g)
6 Salbeiblätter
Salz, frisch gemahlener weißer Pfeffer
Für die Sauce:
10 g Butter
2 Schalotten
2 cl Cognac
1/8 l dunkler Geflügelfond (siehe Seite 62/63)
20 g kalte Butterwürfel

Die Tauben waschen, trockentupfen, in Brüste und Keulen zerlegen und abwechselnd mit den Salbeiblättern auf die Spieße stecken. Vor dem Grillen aus den Karkassen die Sauce bereiten. Dafür die Knochen klein hakken, in der Butter anbraten, die feingeschnittenen Schalotten zugeben und mitschwitzen. Den Cognac zugießen, anzünden und die Karkassen flambieren. Den Geflügelfond aufgießen, auf etwa die Hälfte reduzieren und passieren. Die Spieße würzen, grillen. Kurz vor Ende der Garzeit die kalte Butter unter die heiße Sauce montieren, abschmecken und zu den Spießen servieren.

Am Spieß gegrillt

DIE IDEALE GARMETHODE, WENN GEFLÜGEL IM GANZEN GEGRILLT WERDEN SOLL

Durch das gleichmäßige Rotieren ist die Hitzeeinwirkung beim Grillen am Spieß überall gleich stark.
Mit dem richtigen Abstand von der Hitzequelle ist das Verhältnis von knuspriger Haut zu saftigem Fleisch ideal, vorausgesetzt, das Geflügel wird in kurzen Abständen mit dem Bratfett bepinselt, damit die Oberfläche nicht austrocknen kann. Für mageres Geflügel eignet sich deshalb am besten eine Mischung von 1/3 Öl und 2/3 Butter.

GEGRILLTE ENTE

Die Nantaiser Enten eignen sich aufgrund ihres geringen Gewichts und kräftigen Geschmacks besonders gut zum Grillen. Die Garzeit beträgt 60 bis 70 Minuten.

1 küchenfertige Nantaiser Ente (etwa 1,3 kg)
Salz, frisch gemahlener weißer Pfeffer
1 Kräutersträußchen (Petersilie, Salbei, Thymian)
2 EL Pflanzenöl
40 g Butter
2 TL scharfes Paprikapulver
2 EL gehackte Kräuter (Petersilie, Salbei, Thymian)

Ente grillen:

Die gewaschene und getrocknete Ente innen und außen salzen und pfeffern und das Kräutersträußchen in die Bauchhöhle einlegen.

In den Grillkorb legen oder auf den Drehspieß stechen und mit Klammern befestigen. Den Spieß in den vorgeheizten Grill geben.

In kurzen Abständen mit der Öl-Buttermischung einpinseln. 15 Minuten vor Ende der Garzeit mit den Kräutern bestreuen.

PERLHUHNKÜKEN, UNTER DER HAUT GEFÜLLT

So läßt sich das kleine Perlhuhn am Spieß oder im Grillkorb (siehe Seite 151) garen. Für das Grillen auf einem Rost sollte man es aufschneiden und flachdrücken, damit es schneller und gleichmäßiger gart.

(für 2 Portionen)
2 küchenfertige Perlhuhnküken (à 480 g)
Salz, frisch gemahlener weißer Pfeffer
Für die Füllung:
1 kleiner Bund glatte Petersilie
je 2 Thymian- und Rosmarinzweige
1 Scheibe Toastbrot
Salz, frisch gemahlener weißer Pfeffer
40 g Pinienkerne

Entsprechend der Anleitung rechts die Füllung zubereiten und die Perlhuhnküken damit füllen. Zum Grillen die Perlhuhnküken zunächst mit dem Rücken auf den Rost legen, nach 20 Minuten wenden und weitere 15 bis 20 Minuten grillen.

Am Spieß grillen lassen sich alle Geflügelarten, von der Taube bis zum Puter, die kleinen Vögel am besten im Grillkorb, die mittleren am Spieß; bei großen Enten, Gans oder Puter setzt das Fassungsvermögen des Grills Grenzen.

Perlhuhnküken unter der Haut füllen:

Die gewaschenen Kräuter mit dem kleingeschnittenen Toastbrot mixen, salzen und pfeffern. Die Pinienkerne zugeben und mitzerkleinern.

Die Perlhühner mit einer Geflügelschere entlang dem Rückgrat aufschneiden, die Bauchhöhle säubern, salzen und pfeffern.

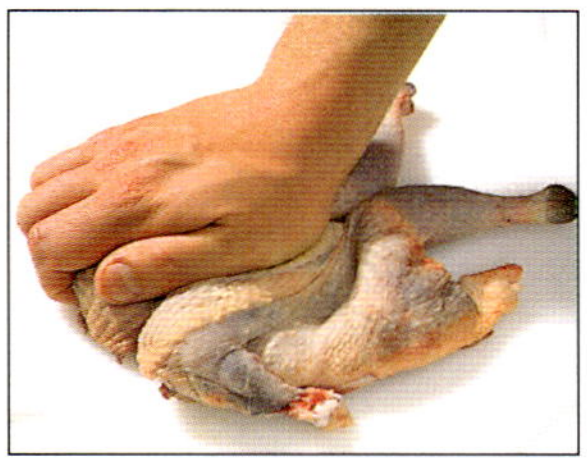

Die Perlhuhnküken mit der Brustseite nach oben auf ein Arbeitsbrett legen und mit dem Handballen leicht flach drücken.

Vom Hals aus die Haut über dem Brustfleisch vorsichtig mit den Fingern lösen. Dabei darauf achten, daß sie nicht einreißt.

Die Füllung mit Hilfe eines Löffels sorgfältig unter die Haut schieben und gleichmäßig auf dem Fleisch verteilen.

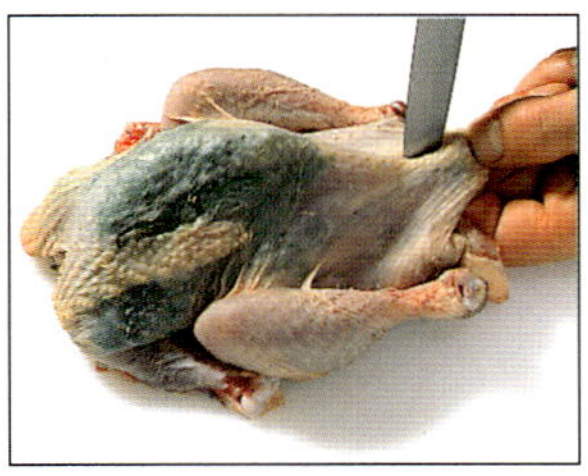

Mit leichtem Fingerdruck die Füllung formen. Die dünne Haut zwischen den Schenkeln etwa 2 cm lang einschneiden.

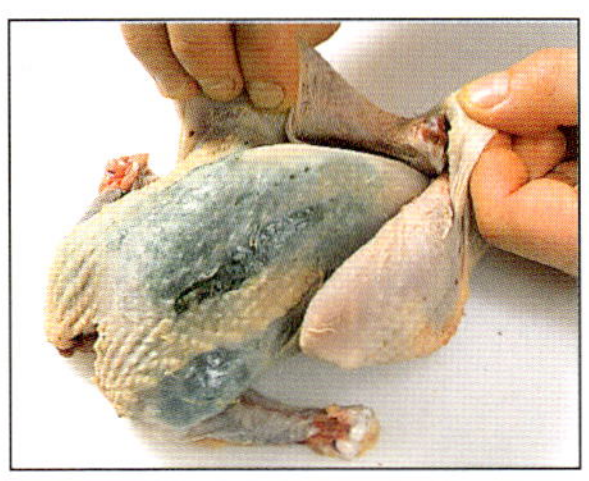

Die Schenkel vorsichtig durch die eingeschnittene Haut ziehen, um so die Form des Kükens während des Grillens zu erhalten.

Als Gemüsebeilagen passen mitgegrillte Zucchini- und Auberginenscheiben mit geschmolzenen Tomatenstücken ganz besonders.

GEFÜLLTES KANINCHEN VOM GRILL

So vorbereitet, läßt sich ein Kaninchen mühelos »zusammenfalten«, so daß es gut in den Grillkorb paßt und am Drehspieß gleichmäßig garen kann.

1 Kaninchen ohne Kopf, mit Innereien (etwa 1,3 kg)
bis zu 50 g weiche Butter
Salz, frisch gemahlener weißer Pfeffer

Für die Füllung:

20 g Butter, 2 Schalotten, 200 g Kalbfleisch
50 g durchwachsener Räucherspeck
1/2 TL Salz, frisch gemahlener weißer Pfeffer
1 Messerspitze Piment
1/2 fein zerdrückte Knoblauchzehe
1 EL gehackte Kräuter (Petersilie, Oregano, Salbei)
1 Eigelb, 1/8 l Sahne
4 bis 6 schwarze Oliven ohne Stein
Salz und Pfeffer zum Würzen

Für die Füllung die Butter erhitzen, die feingehackten Schalotten, das kleingeschnittene Herz und die Leber darin anschwitzen. Die Nieren darin kurz absteifen, herausnehmen und beiseite legen. Das Kalbfleisch und den Speck durch einen Fleischwolf drehen und mit den Gewürzen, Kräutern und dem Eigelb zu der Lebermischung geben. Zum Schluß die Sahne unterrühren. Das gefüllte Kaninchen im Korb 60 bis 70 Minuten grillen. In kurzen Abständen mit Bratenfett bepinseln.

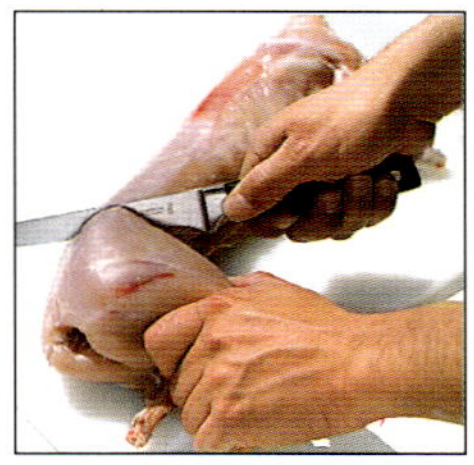

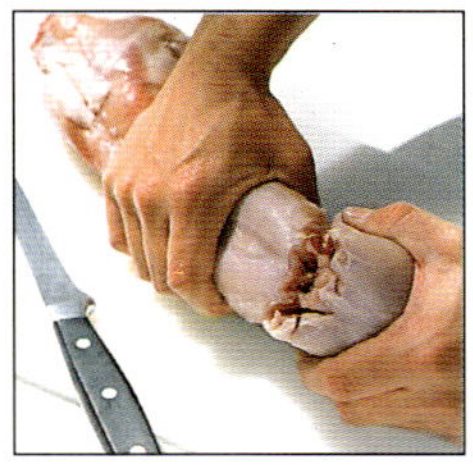

Kaninchen zum Grillen vorbereiten: Hinter dem Hüftknochen bis zum Rückgrat einschneiden und das Rückgrat zwischen dem 5. und 6. Wirbel durchschneiden, das Fleisch jedoch nicht durchtrennen. So läßt sich das Kaninchen regelrecht »zusammenklappen«.

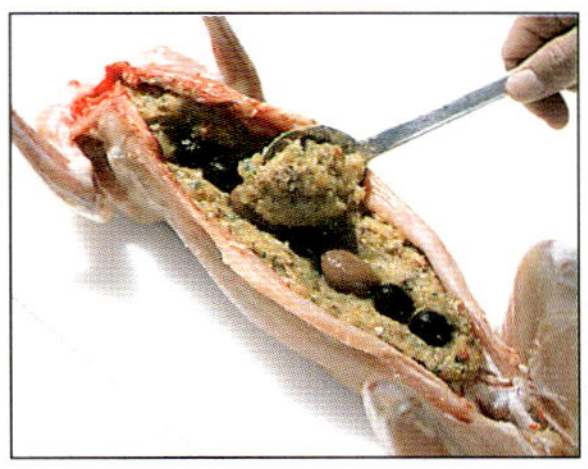

Die Bauchhöhle salzen und pfeffern, mit der Hälfte der Farce füllen, Nieren und Oliven einlegen und mit der restlichen Farce zustreichen.

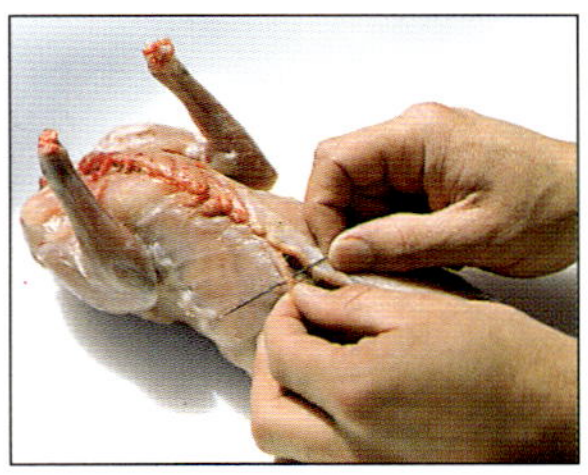

Den Bauch mit einem Baumwollfaden sorgfältig zunähen oder mit Zahnstochern zustecken.

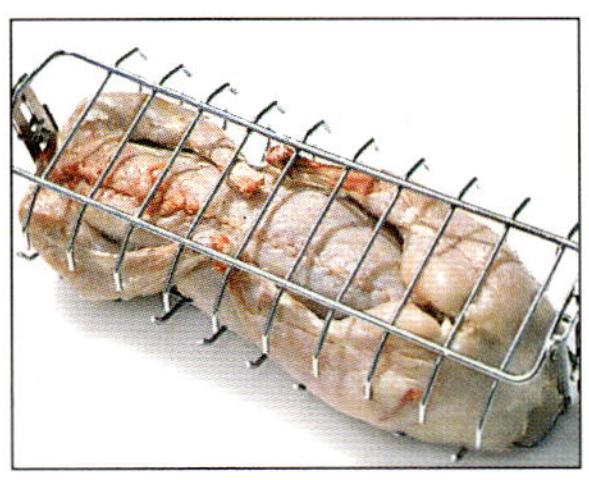

In den Grillkorb legen, die Hinter- und die Vorderläufe auf die Bauchseite drücken. Die Oberfläche würzen und mit Butter bestreichen.

Das gegrillte Kaninchen 5 Minuten ziehen lassen, dann portionieren. Läufe abtrennen, Rumpf in Scheiben schneiden.

Backen und Fritieren

Geflügel muß im Ofen nicht immer gebraten werden, es eignet sich auch ganz hervorragend zum Backen. Zum Beispiel im Salzmantel oder als Einlage in einem Brotteig erweist sich das variable Fleisch vom Geflügel als wahre Delikatesse, da es sich geschmacklich bestens anpaßt und kombinieren läßt. Daß dafür nicht immer eine besonders raffinierte Würzung nötig ist, beweist etwa eine in der Salzkruste gebackene Poularde. Unter der schützenden Hülle wird der Eigengeschmack des Fleisches geradezu konzentriert, das Ergebnis ist ein saftiges Fleisch, das jedoch keineswegs salzig schmeckt.
Geflügelfleisch oder Innereien sind ebenso ideale Einlagen für pikante Tarteletts aus geriebenem Teig oder für eine Quiche. Ein kräftig schmeckender Belag für eine Pizza ist geräuchertes Geflügel, wie etwa Truthahn- oder Hähnchenfleisch; mit geräucherter Entenbrust wird ein solches Gebäck zur Delikatesse. Ob Geflügelfleisch fritiert werden sollte, darüber gehen die Meinungen der Gourmets auseinander, vor allem dann, wenn es sich um panierte Geflügelteile handelt, die oftmals ebensogut in reichlich Butter in der Pfanne gebraten werden können. Es lassen sich geschmacklich aber durchaus gute Ergebnisse erzielen, wenn die einzelnen Stücke korrekt paniert werden und die Temperatur des Fritierfetts stimmt.

Delikates im Brotteig:
eine angebratene Poulardenbrust mit gekräuterter Kalbfleischfarce.

Fritiertes Geflügel

EINE KNUSPRIGE HÜLLE AUS MEHL, EI UND SEMMELBRÖSELN ERHÄLT DAS FLEISCH SAFTIG

Geschützt durch eine gut angedrückte Panade können alle Geflügelteile - sofern sie nicht zu groß sind - im heißen Fett gebacken werden. Die Panade bildet dabei einen hermetischen Mantel; außen wird die Oberfläche knusprig, während innen alles schön saftig bleibt. Üblicherweise wird das Fleisch in Mehl gewälzt, durch verschlagenes Ei gezogen und in Semmelbröseln gewendet. Geschmacksvariationen lassen sich durch die Zugabe etwa von Mandeln oder, wie bei der Panade »alla milanesa«, durch Parmesankäse erreichen. Beim Panieren ist darauf zu achten, daß der aufgetragene Mantel rundum alles bedeckt; notfalls muß der Vorgang wiederholt werden. Wichtig ist die Fettmenge, in der fritiert wird: Die Teile sollen im Fett »schwimmen«, damit die Hitze gleichmäßig eindringen kann. Kleine Portionen sind angebracht, damit die Außenseite nicht zu stark bräunt, bevor das Innere heiß ist.

BACKHÄHNCHEN

Diese Wiener Spezialität, die, wie das berühmte Wiener Schnitzel, auch in der Pfanne mit reichlich Butter gebraten werden kann, läßt sich ganz einfach in der Friteuse zubereiten.

- 1 küchenfertiges Hähnchen (etwa 1 kg)
- 1/2 TL Salz
- frisch gemahlener weißer Pfeffer
- 2 EL Mehl
- 2 Eier
- 80 g Semmelbrösel
- Pflanzenfett zum Ausbacken

Das Hähnchen waschen, trockentupfen, nach Wunsch in 4 oder 8 Teile zerlegen und nochmals sorgfältig mit Küchenpapier abtrocknen, damit die Panade gut hält. Wie in der Bildfolge unten beschrieben, panieren und die Bröselschicht gut andrücken. Im 180°C heißen Fett in 12 bis 15 Minuten fritieren, am besten am Ende der Garzeit mit einem Holzstäbchen die Garprobe machen. Kartoffelsalat paßt bestens dazu.

TRUTHAHNRÖLLCHEN

Die pikante Füllung aus Parmaschinken und Fontina-Käse macht das Truthahnfleisch recht würzig. Unter der gut schließenden Kruste aus Ei und Bröseln bleibt das Fleisch zudem schön saftig.

- 8 dünne Scheiben von der Truthahnbrust (à 50 g)
- 1/2 Knoblauchzehe
- 1 TL scharfer Senf, 1/2 TL Salz
- 8 dünne Scheiben Parmaschinken (etwa 80 g)
- 8 dünne Scheiben Fontina-Käse
- 2 EL Mehl
- 2 Eier
- 80 g Semmelbrösel

Die Truthahnschnitzel gleichmäßig klopfen. Den Knoblauch fein drücken, mit dem Senf und dem Salz mischen und die Schnitzel damit dünn bestreichen. Wie unten gezeigt, mit Schinken und Käse belegen, einrollen, feststecken, sorgfältig panieren und im 180°C heißen Fett in 10 bis 12 Minuten kroß ausbacken. Mit frischem Salat und knusprigem Weißbrot servieren.

Die gut abgetrockneten, gewürzten Hähnchenteile zuerst im Mehl wenden, dann durch die verquirlten Eier ziehen, dabei darauf achten, daß keine Stellen ohne Ei bleiben. Die Teile sorgfältig in den Semmelbröseln wälzen, fest andrücken, überschüssige Panade abklopfen und in dem auf 180°C vorgeheizten Fett schwimmend ausbacken.

Die vorbereiteten Truthahnschnitzel jeweils mit 1 Scheibe Schinken und Käse belegen, aufrollen und mit einem Holzspießchen verschließen. Anschließend im Mehl wenden, leicht abklopfen, in den verrührten Eiern und den Semmelbröseln wälzen. Die Panade fest andrücken und die Röllchen im Fett schwimmend ausbacken.

Unter einer Kruste aus Salz gebacken

Diese Garmethode bekommt magerem Geflügel, aber auch jungen Enten, deren Fett aus der Bauchhöhle entfernt wurde, bestens. Auf diese nicht alltägliche Art läßt sich Geflügel gut im ganzen zubereiten. Es ist dabei unter dem Salzmantel hermetisch abgeschlosssen, so daß das Fett während des Garvorgangs nicht ablaufen kann. Extra salzen ist nicht nötig – von der Hülle bekommt das Geflügel trotzdem nicht zu viel ab.

POULARDE IN DER SALZKRUSTE

In der mit Eiweiß gebundenen Salzhülle wird das Fleisch schonend im eigenen Saft gegart. Der Vogel kann direkt auf einem mit Alupapier ausgelegtem Backblech mit der Salzkruste umhüllt werden. Einfacher ist es, wie hier gezeigt, den Vogel in einen mit der Salzschicht ausgekleideten großen Topf zu setzen und mit dem Salzteig zu ummanteln.

1 küchenfertige Poularde (etwa 1,8 kg)

frisch gemahlener weißer Pfeffer

1 Kräutersträußchen
(Petersilie, Salbei, Thymian und Liebstöckel)

2 ungeschälte Knoblauchzehen

Für den Salzteig:

5 kg grobes Salz, 1 Eiweiß, Wasser

Die Poularde waschen und sorgfältig trockentupfen. Die Bauchhöhle pfeffern, das Kräutersträußchen und die mit dem Messerrücken angedrückten Knoblauchzehen einlegen. Für den Teig das Salz mit dem Eiweiß und entsprechend viel Wasser zu einer formbaren Masse verarbeiten. Einen ausreichend großen Topf mit einer 2 cm dicken Salzschicht auskleiden, die Poularde hineinsetzen und mit dem restlichen Salzteig ummanteln, so daß die Poularde völlig dicht abgeschlossen ist. In den auf 220°C vorgeheizten Ofen auf die unterste Schiene schieben und etwa 2 Stunden garen. Die Salzschicht mit einem Hammer oder einem Fleischklopfer aufbrechen und die Poularde herausnehmen. Mit Salat und ofenfrischem Weißbrot servieren.

Geriebener Teig: Mehl und Butter mit den Händen zu kleinen Bröseln verreiben. Eine Mulde formen, Salz, Wasser und das Ei hineingeben und alles rasch zu einem glatten Teig verkneten. 1 Stunde kalt stellen, ausrollen und mit Hilfe eines Wellholzes die Form damit auslegen.

Zwiebelkuchen zubereiten: Die mit Teig ausgelegten Förmchen blindbacken, erkalten lassen, Hülsenfrüchte und Pergamentpapier entfernen. Das Fleisch einfüllen, die Zwiebelmischung darübergeben und backen.

KLEINE ZWIEBELKUCHEN MIT GERÄUCHERTER TRUTHAHNKEULE

(für 8 Tarteletts von 10 cm Durchmesser)

Für den geriebenen Teig:

300 g Mehl, 150 g Butter

4 g Salz, 3 bis 4 EL Wasser, 1 Ei

Für die Füllung:

20 g Butter

50 g durchwachsener Räucherspeck

150 g Zwiebelwürfel, 200 g Lauchringe

1 Knoblauchzehe

1/8 l heller Geflügelfond (siehe Seite 64/65)

20 g Butter

250 g geräucherte Truthahn-Oberkeule

1/8 l Sahne, 2 Eier

120 g geriebener Emmentaler Käse

Salz, frisch gemahlener weißer Pfeffer

Den Teig 3 mm dick ausrollen, die Förmchen damit auslegen und die überstehenden Teigränder abschneiden. Den Teig blindbacken, das heißt, den Boden mehrmals einstechen, mit Pergamentpapier auslegen, Hülsenfrüchte einlegen und 10 Minuten bei 200 °C vorbacken. Das wird gemacht, damit der Boden mit der späteren Füllung nicht aufweicht. Für die Füllung die Butter in einer Pfanne zerlaufen lassen, den feingewürfelten Räucherspeck zugeben und kurz anbraten. Die Zwiebelwürfel, die Lauchringe und den ganz fein zerdrückten Knoblauch etwa 5 Minuten mitdünsten. Mit dem Fond aufgießen und weiterdünsten, bis die Flüssigkeit verdampft ist. Die Mischung beiseite stellen. In einer anderen Pfanne die Butter zerlaufen lassen und das gewürfelte Truthahnfleisch kurz anbraten. Sahne, Eier und den geriebenen Käse mit der Zwiebelmischung vermengen, würzen und weiter verfahren, wie links beschrieben. Die gefüllten Tarteletts bei 210 °C im vorgeheizten Ofen in 25 bis 30 Minuten goldbraun backen.
Heiß servieren.

KANINCHEN-QUICHE

1 Rezept geriebener Teig (siehe Rezept links)

Für die Füllung:

1 Kaninchenrücken

50 g Zucchini

je 50 g gelbe, grüne und rote Paprikaschoten

50 g Butter, 80 g Zwiebelwürfel, 1 Knoblauchzehe

150 g Kaninchenleber, 12 Kaninchennieren

2 EL frisch gehackte Kräuter (Petersilie, Thymian und Salbei)

Für den Guß:

3/8 l Sahne, 3 Eier

1 TL Salz, frisch gemahlener weißer Pfeffer

je 1/4 TL Muskatnuß und Muskatblüte

Eine Quicheform von 26 cm Durchmesser mit dem ausgerollten Teig auslegen, den Rand andrücken, den Boden einstechen und den überstehenden Teig abschneiden. Den Kaninchenrücken auslösen und das Fleisch, ebenso die Zucchini und Paprikaschoten fein würfeln. In einer Pfanne die Hälfte der Butter erhitzen und das Fleisch 4 bis 5 Minuten braten, herausnehmen und beiseite stellen. Die restliche Butter zerlaufen lassen und die Zwiebelwürfel mit der fein zerdrückten Knoblauchzehe darin anschwitzen. Die Gemüsewürfel zugeben und etwa 5 Minuten mitdünsten. Die in Würfel geschnittene Kaninchenleber und die gut gewässerten, halbierten Nieren zufügen und kurz absteifen. Zuletzt die Kräuter untermischen, etwas abkühlen lassen. Die Sahne mit den Eiern und den Gewürzen vermengen. Das Fleisch mit der Gemüsemischung vermengen und in die vorbereitete Form füllen, dabei die Nieren gleichmäßig verteilen. Die Eier-Sahne-Mischung darübergießen, die Quiche bei 200 °C im vorgeheizten Ofen 45 bis 50 Minuten goldbraun backen.

Knusprige Teige als Boden und Hülle

FÜR GEBRÄUNTE OBERFLÄCHEN ODER ZARTE FÜLLUNGEN

Ob Tartelett, Quiche, große pikante Kuchen, Pie (Schüsselpastete) oder Teigmantel, stets ist es der gebackene, gebräunte Teig, der eine zusätzliche Geschmacks- und Variationsmöglichkeit bietet. Sein Reiz liegt in der Kruste, sein Eigenaroma ist mehr oder weniger »hintergründig«, um etwa das zarte Aroma einer Gänsestopfleber nicht zu überdecken.

GÄNSELEBER IM BRIOCHETEIG

Eine Kombination, wie sie besser nicht sein könnte. Die foie gras entwickelt sich in dieser Hülle besonders gut, der Briocheteig profitiert vom Aroma der Leber.

(für eine Kastenform von 2 bis 2 1/2 l Inhalt)

1 Gänseleber (etwa 800 g)
1/2 TL Salz
je 1 Messerspitze Piment und Muskatblüte
frisch gemahlener weißer Pfeffer
1/4 l alter Portwein
2 cl Armagnac

Für den Briocheteig:

25 g Hefe, 1/8 l lauwarme Milch
150 g Butter
2 Eier, 1/2 TL Zucker
1 TL Salz
450 g Mehl

Außerdem:

100 g dünne Platten grüner Speck
1 bis 2 Eigelbe
Portweingelee (siehe Seite 196/197)

Die Leber sehr sorgfältig von allen Häuten und Adern befreien, salzen, würzen und in einer Schüssel mit Portwein und Armagnac übergießen. Mit Folie abdecken und 24 Stunden im Kühlschrank marinieren. Die Leber aus der Marinade nehmen und abtropfen lassen. Die Marinade aufkochen, bis auf etwa 2 bis 3 Eßlöffel reduzieren und abkühlen. Die Hälfte der Leber in eine Kastenform drücken - die etwas kleiner als die endgültige Form sein soll -, die reduzierte Marinade darübergießen und die restliche Leber einfüllen. Für den Teig die Hefe in der lauwarmen Milch unter Rühren auflösen. Die Butter schmelzen, abkühlen lassen und die Eier, den Zucker und das Salz zufügen. Das Mehl in eine Schüssel sieben, die aufgelöste Hefe und die Buttermischung zufügen und zu einem glatten, trockenen Teig verkneten. Den Teig bei Zimmertemperatur zugedeckt 1/2 Stunde gehen lassen. Zu einer 60 x 40 cm großen Platte ausrollen und eine zweite, etwas größere Kastenform so damit auslegen, daß der Teig an den Rändern gleichmäßig übersteht. Die vorgeformte Leber stürzen, in die dünnen Speckplatten wickeln und in die mit Teig ausgelegte Form geben. Die überhängenden Teigränder mit Eigelb bestreichen, über der Füllung zusammenlegen und gut zusammendrücken, damit die Pastete vollkommen verschlossen ist. Die Oberfläche an zwei Stellen mit einem scharfen Messer kreuzweise kurz einschneiden, zwei kleine, runde Ausstecher als Kamine einsetzen und mit Teigrosetten umlegen. Die Pastete bei Zimmertemperatur, nicht wärmer, 20 bis 30 Minuten gehen lassen, bis sich ihr Volumen fast verdoppelt hat. Die Oberfläche mit Eigelb bestreichen bei 210 °C im vorgeheizten Ofen 45 bis 55 Minuten backen. Über Nacht auskühlen lassen und mit Portweingelee auffüllen. Vor dem Servieren die Ausstecher entfernen.

Pikante Pizzen

MIT GEFLÜGELFLEISCH IM GROSSFORMAT ODER ALS HANDLICHE MINIPIZZA

Die Pizza, der Exportschlager aus Italien, ist im Hinblick auf den Belag ein sehr variables Gebäck. Daß man sie aber auch mit Geflügelfleisch, besonders dann, wenn es geräuchert ist, belegen und damit beste Ergebnisse erzielen kann, beweisen folgende Rezepte.

Pizzateig zubereiten: Die Hefe in der Mehlmulde mit lauwarmem Wasser auflösen, mit Mehl bestauben, die Schüssel mit einem Tuch bedecken und den Ansatz an einem warmen Ort gehen lassen, bis die Oberfläche Risse zeigt. Das Öl zugeben und verrühren.

GRUNDREZEPT PIZZATEIG

(für 2 Pizzen von 30 cm Durchmesser)

300 g Mehl, 20 g Hefe

1/8 l lauwarmes Wasser

1/2 TL Salz, 2 EL Olivenöl

Ein ganz einfaches Hefeteigrezept, ohne Eier, Butter oder Milch - nur mit Wasser. Gerade dadurch wird der Teig schön knusprig. Er kann beispielsweise auch ohne Vorteig, im »All-in-Verfahren« hergestellt werden, muß dann allerdings etwas länger gehen. Der fertige Teig soll fest und dennoch elastisch sein, damit er gut »ausgezogen« werden kann, so wie es die neapolitanischen Pizzaiolis so gekonnt machen. Der Rand muß immer etwas dicker sein, damit beim Backen die Flüssigkeit des Belags nicht in den Ofen läuft.

Auf einer bemehlten Arbeitsfläche zu einem glatten Teig kneten. Nochmals zu doppeltem Volumen aufgehen lassen.

Den Teig in Stücke teilen, diese mit der Hand zu Kugeln rollen und dann mit einem Rollholz zu Fladen ausrollen.

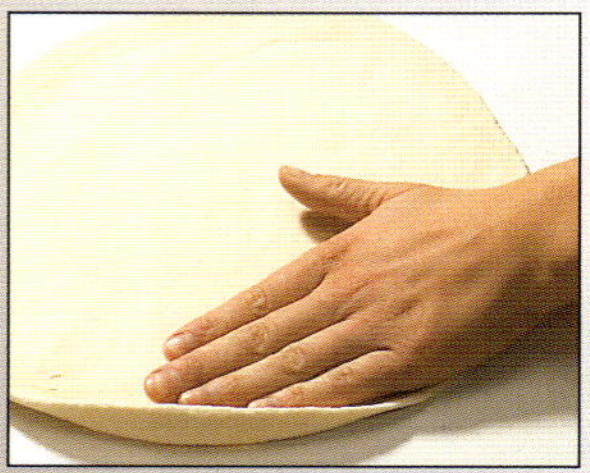

Die Fladen mit der bemehlten Hand von innen nach außen streichen. Mehrmals mit einer Gabel einstechen.

Die Teigfladen in der richtigen Reihenfolge mit den Zutaten belegen, den etwas erhabenen Rand aber freilassen.

HÄHNCHENPIZZA

Für den pikanten Charakter dieser Pizza ist das geräucherte Hähnchenfleisch verantwortlich. Nach Belieben kann aber auch geräuchertes Truthahnfleisch, vorzugsweise aus der Oberkeule, verwendet werden. Das Brustfleisch ist dafür zu trocken.

(für 2 Pizzen von 30 cm Durchmesser)

1 Grundrezept Pizzateig

Für den Belag:

300 g Tomaten in Scheiben

6 Frühlingszwiebeln ohne Spitzen

je 1 rote, gelbe und grüne Paprikaschote

1/2 entbeinte geräucherte Poularde (600 bis 700 g)

100 g Zucchini in Scheiben

1/2 TL Salz, Pfeffer

300 g Mozzarella

16 schwarze Oliven

2 EL gehackter Thymian, Oregano und Basilikum

4 EL feines Olivenöl

Die Tomatenscheiben auf den Teigfladen verteilen und die kleingeschnittenen Frühlingszwiebeln darüberstreuen. Die vorbereiteten Paprikaschoten in feine Streifen schneiden. Das Fleisch mit der Haut in Scheiben schneiden und mit den Paprikastreifen und den Zucchini auf der Pizza verteilen. Salzen, pfeffern und mit dem in Scheiben geschnittenen Mozzarella belegen. Die Oliven auflegen, mit Kräutern bestreuen und dem Öl beträufeln. Im vorgeheizten Ofen bei 220 °C in etwa 25 Minuten knusprig braun backen.

KH nicht so gut würzen bei nicht geräuchertem Fleisch

Die Tomatenwürfel zu den angeschwitzten Zwiebeln geben, dünsten und das Tomatenmark zufügen.

KLEINE PIZZEN MIT GERÄUCHERTER ENTENBRUST

Diese delikaten »Häppchen« eignen sich sehr gut als Vorspeise oder Zwischengericht. Die Entenbrust in Kombination mit der selbstgemachten Tomatensauce ergibt einen ganz besonderen Belag.

(für 12 kleine Pizzen)
1 Grundrezept Pizzateig
Für die Tomatensauce:
2 EL feines Olivenöl, 60 g Zwiebelwürfel
1 feingeschnittene Knoblauchzehe
250 g Tomaten, 1 EL Tomatenmark
1/2 TL Salz, frisch gemahlener weißer Pfeffer
2 EL frisch gehackte Kräuter (z.B. Petersilie, Basilikum, Rosmarin, Thymian)
Außerdem:
1 EL Butter
150 g frische Champignons, 1 gelbe Paprikaschote
400 g geräucherte Entenbrust
180 g kleingeschnittener Mozzarella
2 EL geschnittener Schnittlauch, 4 EL Olivenöl

Den Teig in 12 Stücke teilen, zu Kugeln formen, nochmals etwas gehen lassen, zu runden Fladen von 10 cm Durchmesser ausrollen und auf zwei Backbleche verteilen. Für die Sauce das Öl erhitzen, die Zwiebeln anschwitzen, den Knoblauch angehen lassen. Die Tomaten würfeln, zugeben und in etwa 10 Minuten weich dünsten. Das Tomatenmark zufügen, würzen und weitere 5 Minuten dünsten. In einer zweiten Pfanne die Butter erhitzen, die in Scheiben geschnittenen Champignons darin anschwitzen. Die Paprika würfeln und zugeben. Die Entenbrust in Scheiben schneiden und abwechselnd mit der Tomatensauce, der Gemüse-Mischung und dem Käse auf den Pizzen verteilen. Mit Schnittlauch bestreuen, mit Öl beträufeln und im vorgeheizten Ofen bei 220 °C in 30 Minuten backen.

Soufflé zubereiten: Die Schalotten und den Knoblauch in der Butter andünsten. Die Champignonwürfel zugeben, salzen, pfeffern und dünsten, bis der Pilzsaft eingekocht ist. Mit den Kräutern bestreuen.

Das Öl in einer Pfanne erhitzen, die kleingewürfelten Lebern kurz darin anbraten und beiseite stellen.

Für die Sauce die Butter in einem Topf aufschäumen lassen und das Mehl unter ständigem Rühren einstreuen.

Das Mehl angehen lassen, die Milch auf einmal zugießen und mit dem Drahtbesen sorgfältig glattrühren. Salzen.

Die Sauce kurz abkühlen lassen. Anschließend die Eigelbe nacheinander mit dem Drahtbesen unterrühren.

Die Sauce in eine große Schüssel geben, die Pilzmischung und die Leber hinzufügen und unterrühren.

Die Eiweiße separat zu steifem Schnee schlagen und mit dem Kochlöffel vorsichtig unter die Masse heben.

Die Soufflémasse daumenbreit bis unter den Rand der vorher sorgfältig ausgebutterten Form füllen.

Backen. Anschließend sofort servieren, da es bei zu langem Stehen zusammenfallen kann.

Soufflés und Aufläufe

LEBER AUF LOCKERE ART

Die besonders luftigen Soufflés sind in der Tat höchst empfindlich und müssen, sobald sie die Hitze des Ofens verlassen haben, sofort auf den Tisch, denn sie fallen leicht zusammen. Die Herstellung ist gar nicht so schwierig, wenn man sich genau an die einzelnen Zubereitungsschritte hält. Übrigens können für Soufflés die Lebern aller Geflügelarten verwendet werden, von denen die Leber der Ente aber ganz besonders kräftig schmeckt.

GEFLÜGELLEBERSOUFFLE
(für 4 bis 6 Portionen)
200 g Geflügelleber
2 Schalotten
1/2 Knoblauchzehe
120 g weiße Champignons
20 g Butter
Salz, frisch gemahlener weißer Pfeffer
1 EL gehackte Petersilie
1/2 TL gehackter Thymian und Rosmarin
2 EL Pflanzenöl
Für die Sauce:
30 g Butter
30 g Mehl
1/4 l Milch
1 Prise Salz
4 Eigelbe
Außerdem:
4 Eiweiße
Butter für die Form

Die Geflügellebern unter kaltem Wasser abbrausen, trockentupfen und in kleine Würfel schneiden. Die Schalotten und den Knoblauch schälen und fein schneiden. Die Champignons waschen, die Haut abziehen und ebenfalls fein würfeln. Die Soufflémasse, wie in der Bildfolge links gezeigt, fertig zubereiten. Eine Souffléform von 1,5 l Fassungsvermögen ausbuttern und die Masse einfüllen. Die Form bis zu 2/3 ihrer Höhe in ein 80 °C heißes Wasserbad setzen und in dem auf 180 °C vorgeheizten Ofen auf der untersten Schiene 15 Minuten anbacken. Die Temperatur auf 200 °C erhöhen und in 25 bis 30 Minuten fertigbacken. Das Soufflé in der Form servieren oder mit einem Löffel Nocken ausstechen. Salate, Gemüse oder Saucen dazu reichen.

KANINCHENLEBERAUFLAUF MIT ÄPFELN

Aufläufe sind sozusagen die robusteren »Vettern« der Soufflés. Doch auch sie werden schön locker und bleiben saftig, vor allem wenn sie, wie in diesem Rezept, mit Äpfeln zubereitet werden.

- 200 g Kaninchenleber
- 1 Schalotte
- 20 g Butter
- Salz
- frisch gemahlener weißer Pfeffer
- 3 Scheiben Toastbrot
- 1 säuerlicher Apfel
- 1 cl Calvados
- 2 EL Läuterzucker
- 2 Eigelbe
- 1 EL gehackte Petersilie
- 3 bis 4 EL Crème fraîche
- 2 Eiweiße
- 10 g Butter für die Förmchen

Die Kaninchenleber unter fließendem Wasser gründlich waschen, putzen und in kleine Würfel schneiden. Die Schalotte schälen und fein würfeln. 10 g Butter in einer Pfanne schmelzen, die Schalotten und die Leber kurz darin anbraten, salzen, pfeffern und in eine Schüssel schütten. Das Toastbrot entrinden, würfeln, in der restlichen Butter goldbraun braten, zur Leber geben und etwas abkühlen lassen. In der Zwischenzeit den Apfel schälen, entkernen, in kleine Würfel schneiden und mit Calvados und Läuterzucker marinieren, anschließend zur Leber geben. Die Eigelbe und die Petersilie hinzufügen und unterrühren, die Crème fraîche untermengen. Die Eiweiße zu steifem Schnee schlagen, unterheben und die Masse in 4 ausgebutterte Portionsförmchen füllen. In ein Wasserbad (siehe rechts) setzen und jedes mit einer kleinen Butterflocke belegen. In den auf 180 °C vorgeheizten Ofen schieben und auf der untersten Schiene 30 bis 35 Minuten backen. Die Förmchen stürzen und anrichten. Ein Gemüseragout, wie hier zum Beispiel aus Spargel, oder ein Salat eignen sich sehr gut als Beilagen.

Im Wasserbad garen. Die Förmchen bis zu 2/3 ihrer Höhe in ein 80°C heißes Wasserbad setzen und im vorgeheizten Ofen garen. Das Wasserbad darf nicht kochen, aber auch nicht unter 80°C abkühlen.

Fernöstliche Spezialitäten

In den asiatischen Landesküchen kann man mit Geflügel besonders gut umgehen, das ist bekannt und entspricht jahrhundertealter Tradition. Schließlich stammt das populärste Geflügel - das Huhn, das wir heute in unserer Küche verwenden - vom roten Dschungelhuhn ab, welches in Südostasien heimisch war und bereits 2500 vor Christus als Hausgeflügel gehalten wurde. Deshalb ist es auch nicht verwunderlich, daß es die Kultur der Landesküchen des gesamten asiatischen Kontinents stark geprägt hat und im Vergleich zur abendländischen Kochkunst einen wesentlich höheren Stellenwert hat. Zusammen mit der Ente beherrscht es die asiatische Fleischküche weitgehend. Allen voran haben die chinesischen Köche im Laufe der Jahrtausende eine Geflügelküche entwickelt, die durchaus als vollkommen bezeichnet werden kann und die auch für den europäischen Gaumen akzeptabel ist. Man denke nur an die Brust und die knusprige Haut einer Peking-Ente, welche mit Mandarin-Pfannkuchen und schwarzer Bohnensauce eine Delikatesse ist. Die wahre Kunst der chinesischen Geflügelküche wird aber erst sichtbar, wenn die Köche aus jenen Teilen von der Ente oder vom Huhn, die wir mehr oder minder als Abfall betrachten, die feinsten Gerichte zaubern. Da gibt es kroß gebackene Hühnerflügel, geschmorte Entenmägen, feine Suppen von Hühnerfüßen oder die Füße von der Ente in pikanter Senfsauce. Ähnlich kreativ im Umgang mit Geflügel, vor allem mit dem Huhn, sind die südostasiatischen Völker, die mit Gewürzen, Obst und Gemüse der tropischen Regionen höchst interessante Kombinationen schaffen und die internationale Speisekarte damit bereichern.

Eßkultur mit Stäbchen -
diese Methode hat auch die asiatischen Landesküchen stark beeinflußt.

Die Auswahl ist groß auf den asiatischen Märkten. Ob ganzes Geflügel, küchenfertig vorbereitet, oder Geflügelteile und Innereien, alles ist sauber und appetitlich angerichtet. Selbst die Füße - bei uns gehören sie zum Abfall - sind sehr begehrt, denn in China versteht man es, daraus eine vorzügliche Brühe zu kochen. Etwas Besonderes im Geflügel-Angebot sind die Hühner »mit der blauen Haut«, die auch immer etwas teurer gehandelt werden.

Nicht nur der Frische wegen kaufen die sachkundigen Asiaten ihr Geflügel aus dem Käfig. Dies ist auch die einfachste Art, es in guter Qualität, zumal ohne Kühlschrank, auf Vorrat zu halten, denn ein lebendes Huhn kann nicht verderben...

Sie sind wahre Kochkünstler in der Zubereitung von Geflügel. Die Spanne reicht vom ganz einfachen, pfannengerührten Huhn mit frischem Gemüse, wie es in den Garküchen auf der Straße angeboten wird, bis zu Delikatessen wie der »Ente der acht Köstlichkeiten«, die, was Zutaten und Arbeitsaufwand anbelangt, wirklich als kostbar zu bezeichnen ist.

Hühner, Enten und der Wok

GEFLÜGEL IST DAS WICHTIGSTE FLEISCH IN DEN KÜCHEN ASIENS, UND DER WOK DAS KOCHGESCHIRR FÜR VIELE GARMETHODEN

Zwar wird in den asiatischen Küchen - auch in der chinesischen - nicht alles im Wok gegart: Es gibt Steintöpfe für Suppen oder Bambuskörbe mit entsprechenden Töpfen zum Dämpfen, doch der Wok ist das Universalkochgeschirr schlechthin. Tatsächlich ist er ein »Alleskönner«, denn in ihm kann man Suppen kochen, dämpfen, fritieren und vor allem äußerst fettarm braten. Letzteres allerdings nur auf die asiatische Art mit kleingeschnittenen Zutaten. In seiner traditionellen Form (und das ist die beste) ist er rund nach unten gewölbt, aus Gußeisen und mit zwei seitlichen Griffen. Mit seinem Innenmaß, zwischen 25 und 40 cm Durchmesser, lassen sich fast alle Gerichte bewältigen, ausgenommen eine große Ente im ganzen. Eines der Geheimnisse asiatischer, vor allem chinesischer Kochkunst ist aber eine Garmethode, die mit »Pfannenrühren« leider nur sehr unvollständig beschrieben wird, für die jedoch dieser Wok »fast« unersetzlich ist, ganz besonders für die vielen delikaten Geflügelgerichte. Es ist eine Garmethode, die in der abendländischen Küche unbekannt ist. In dem asiatischen Kulturhaus ist das Messer am Tisch unbekannt; das Essen mit Stäbchen setzt bereits zerkleinerte Zutaten voraus, und daraus ist auch diese Zubereitungsmethode zu erklären. Das Fleisch und das Gemüse werden mundgerecht in Würfel oder Streifen geschnitten. In der Regel wird bereits der leere Wok stark erhitzt, dann kommt für unsere Verhältnisse sehr wenig Öl hinein, das durch Schwenken des Woks gleichmäßig verteilt wird. Die vorbereiteten Zutaten werden, meist in der Reihenfolge ihrer benötigten Garzeit, nacheinander zugegeben und unter ständigem Rühren bei großer Hitze in erstaunlich kurzer Zeit gegart. Gerührt wird mit einer vorn abgerundeten Blechschaufel, die in ihrer Rundung dem Wok angepaßt ist. Das Resultat dieses »Pfannenrührens« sind wirklich auf den Punkt gegartes Fleisch, besonders wichtig beim zarten Geflügel, und »knackig« gebratenes Gemüse mit viel Geschmack.

Gewürzpasten werden traditionell im Mörser zubereitet, doch auch das Pürieren mit der Küchenmaschine liefert ein sehr gutes Ergebnis.

Hühnercurries

IN SÜDOSTASIEN FINDEN HÜHNER BEVORZUGT IN CURRIES VERWENDUNG

Curries, man könnte sie auch Ragouts mit mehr oder weniger viel Sauce nennen, werden je nach Herkunftsland mit völlig unterschiedlichen Zutaten bereitet. Die Palette reicht von ganz scharf mit wenig Gemüse und Sauce bis hin zu suppig, süß und mild. Das anpasssungsfähige Hühnerfleisch toleriert alle Würzungen. Das zarte Aroma des Hühnerfleisches wird durch scharfe Gewürze zwar etwas in den Hintergrund gedrängt, doch das Ergebnis kann sich durchaus »schmecken« lassen. Die verschiedenen Kombinationen sind meist von sehr hoher geschmacklicher Qualität, selbst wenn man einen Chilianteil wegläßt, um die Schärfe des Gerichts zu mildern. Als Beilagen zu Curries dürfen Gemüse der Saison und natürlich Reis nicht fehlen.

KYETHA HIN

Ein Hühnercurry aus Burma, das durch die zugesetzten Tomaten, den Kürbis und die nur sparsame Verwendung von Chillies besonders mild ist.

1 frische Poularde (etwa 1,6 kg)
1 Zwiebel
2 Knoblauchzehen
1 TL Salz
1/2 TL gestoßener Kardamom
1 EL frisch geriebener Ingwer
2 kleine Chilischoten
1 TL Kurkumapulver
1 Stengel Zitronengras
4 EL Pflanzenöl
1/2 l heller Hühnerfond (siehe Seite 64/65)
2 große Tomaten
150 g eingelegter Kürbis
2 TL gehackte Korianderblätter

Das küchenfertige Huhn zerlegen (siehe Seite 30/31) und das Fleisch in kleine, mundgerechte Stücke schneiden. Die Zwiebel und die Knoblauchzehen hacken und mit den Gewürzen und wenig Öl in der Küchenmaschine fein pürieren. Das restliche Öl im Wok erhitzen, das Püree hinzufügen und unter ständigem Rühren 2 bis 3 Minuten anschwitzen. Den Hühnerfond aufgießen, das Fleisch zugeben und bei geringer Hitze unter ständigem Rühren in etwa 20 Minuten garen. Die Tomaten und den Kürbis würfeln, zufügen und alles bei geringer Hitze weitere 30 Minuten köcheln lassen. Mit Koriander bestreuen und heiß servieren.

HÜHNERCURRY MIT BANANEN

»Kukul mas curry« nennen die Ceylonesen ihr hervorragendes Curry, das allerdings höllisch scharf ist. Wer will, kann die Schärfe mildern, indem er die Samen aus den Chilischoten entfernt (danach sofort die Hände waschen!). Wem das Curry ohne die Chilisamen noch zu scharf ist, kann es mit geriebener Kokosnuß bestreuen, was die Schärfe zusätzlich reduziert. Ein ganz typisches Gewürz der Ceylonesischen Curries sind die »Curryblätter«, die in unseren Breiten leider nur in spezialisierten Asienläden zu haben sind. Getrocknet verlieren sie etwas an Würzkraft, doch sie sind es, die diesem Gericht seinen unverwechselbaren Geschmack geben. Aber auch ohne »Curry leaves« ist es ein feines, exotisches Gericht, das durch Bananen interessant ergänzt wird.

- 1 küchenfertiges Huhn (etwa 1,4 kg)
- 1 TL Salz
- 1 TL edelsüßes Paprikapulver
- 2 Knoblauchzehen
- 3 EL Pflanzenöl
- 1 EL Butterschmalz
- 1 Zwiebel
- 2 TL frisch geriebener Ingwer
- 1 TL Kurkuma
- 1 TL Chilipulver
- 2 TL gemahlener Koriander
- 1 TL Kreuzkümmel
- 1 Zweig »Curryblätter«
- 1/2 l heller Hühnerfond (siehe Seite 64/65)
- 1 EL Butterschmalz
- 6 kleine Zuckerbananen (oder 3 große Obstbananen)

Das Huhn in 12 bis 16 gleich große Stücke schneiden, in eine Schüssel legen, mit Salz, Paprika und fein zerdrücktem Knoblauch bestreuen und mit dem Pflanzenöl beträufeln. Eine halbe Stunde marinieren lassen. Das Butterschmalz im Wok erhitzen und die feingeschnittene Zwiebel darin anschwitzen. Die Hühnerteile aus der Marinade nehmen, abtropfen lassen und bei starker Hitze von allen Seiten im Wok anbraten. Die Gewürze hinzufügen und mit dem Hühnerfond aufgießen. Das Curry bei schwacher Hitze 25 bis 30 Minuten schmoren, herausnehmen und warm stellen. Das restliche Butterschmalz im Wok erhitzen, die geschälten und längs halbierten Bananen kurz anbraten, die warmgestellten Hühnchenteile zugeben und nochmals erhitzen. Nach Belieben mit frisch geriebener Kokosnuß bestreuen und mit Reis servieren.

Die echte, weiße Pekingente mit ihrer hohen Fleischqualität gehört wohl mit zum Geheimnis dieser Spezialität.

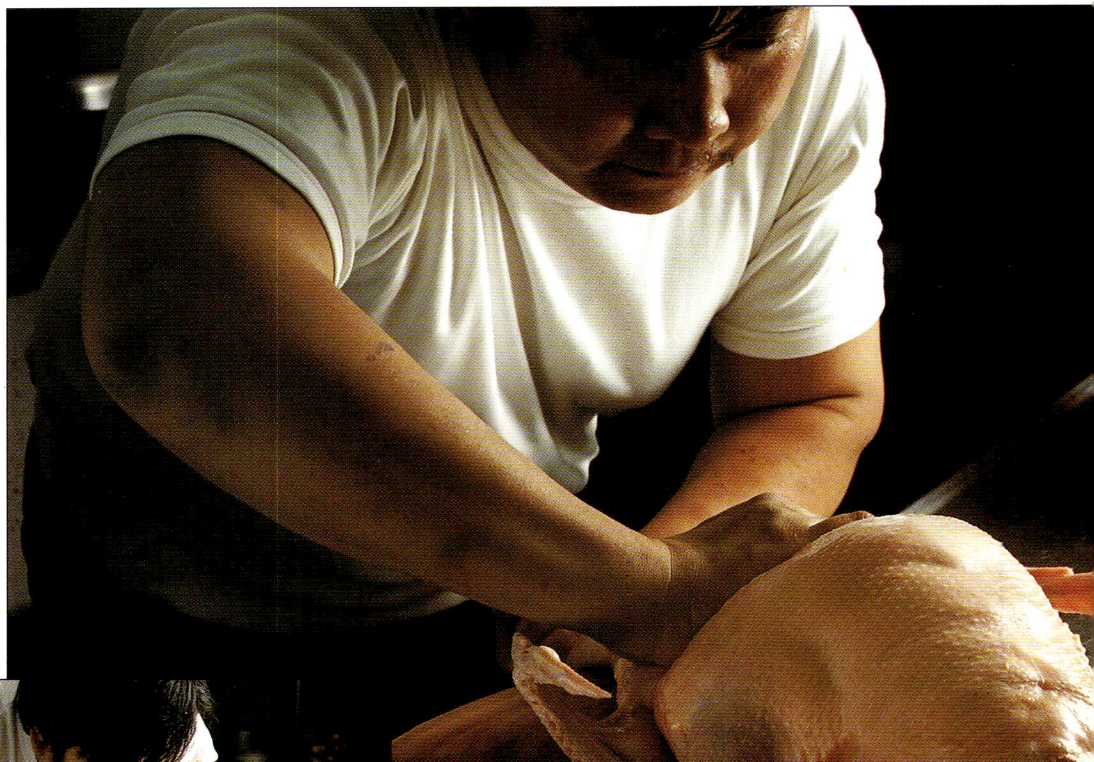

Chefkoch Chang Sum Ching aus Singapore ist berühmt für seine köstlichen Peking-Enten. Um die Haut vom Fleisch zu lösen, durchtrennt er sie mit einem kleinen Schnitt unter der Luftröhre. An dieser Stelle bläst er dann die Luft zwischen Haut und Fleisch und verteilt sie mit den Händen wie bei einer Massage.

Die Füße werden abgeschnitten, und die Ente wird ausgenommen. Durch einen kleinen Schnitt unterhalb des Flügels werden die Innereien herausgezogen – eine Kunst, die nur die chinesischen Spezialisten beherrschen.

An einem Haken über einem Topf mit kochendem Wasser aufgehängt, wird die Ente blanchiert, indem sie von allen Seiten gleichmäßig beschöpft wird. Die Haut soll dadurch aufnahmefähig werden für das spätere Honigbad.

Das Geheimnis der Peking-Ente

EIN WAHRHAFT KULINARISCHES MEISTERWERK AUS NORDCHINA

Es ist aber ein Meisterwerk, das von uns nur mit großer Mühe und qualitativen Abstrichen nachvollzogen werden kann. Deshalb sollte man diese Mühe den Spezialisten überlassen und die Peking-Ente im Restaurant bestellen, wobei es interessant ist zu wissen, wie sie zubereitet wird. Das Geheimnis dieser knusprigen Ente hat sicher verschiedene Gründe, entscheidend ist aber der Spezialofen, der hohe Temperaturen erreicht und die Hitze rund um die eingehängten Enten zirkulieren läßt. Die Präsentation der Ente am Tisch kommt einem feierlichen Zeremoniell gleich: sie wird erst den Gästen vorgeführt, bevor der Koch die Haut mit schnellen Schnitten vom Fleisch löst. Die Haut wird in kleine Pfannkuchen aus Weizenmehl eingewickelt und zusammen mit kleinen Frühlingszwiebelstreifen und einer süßen Bohnenpaste verzehrt. Erst als zweiter Gang folgt das zarte Fleisch, welches, ebenfalls in Streifen geschnitten, mit den Beilagen serviert wird. Aus den Knochen und dem verbleibenden Fleisch kann eine Suppe gekocht werden, die als Abschluß des Menüs gereicht wird.

»Kwantung-Ente«, eine Spezialität aus dem Süden Chinas, die mit der Peking-Ente schon deshalb nicht konkurrieren kann, weil sie diese vom Fleisch gelöste, knusprige Haut nicht hat. Um sie korrekt zu braten, ist ein ähnlicher Ofen nötig wie für die Peking-Ente, ein Ofen mit hohen Temperaturen und entsprechender Luftzirkulation. Eine Delikatesse, die man also besser in Hongkong bestellt, bevor man sie höchst unzureichend bei uns nachvollzieht.

▽ Es folgt das große Würzgeheimnis der Peking-Ente, das natürlich nicht einheitlich ist: Mr. Chang löst eine Tasse Honig im kochenden Wasser auf und überbrüht damit die Ente. Nicht einmal Salz braucht er, lediglich das Honigwasser ist wichtig.
▽▽ Mindestens 3 bis 4 Stunden muß die Ente bei zirkulierender, heißer Luft getrocknet werden. So kann die präparierte Haut fest werden, die Luftkammern zwischen Haut und Fleisch bleiben erhalten.

Die Kanton-Ente

Im Süden und Osten Chinas werden die Enten kräftiger gewürzt und die Zubereitung ist meist weniger aufwendig als in den anderen Teilen des Landes. Überregionale Bedeutung haben aus diesem Gebiet vor allem die Enten aus Kanton (Kwantung), welche zwar bei weitem nicht an die Qualität der Peking-Enten heranreichen, dafür aber in wahrhaft riesigen Mengen fertig zubereitet auf den Märkten und in den traditionellen Straßenrestaurants angeboten werden. Wie im Süden Chinas üblich, sind diese Gerichte großzügig gewürzt, meist mit der auch bei uns bekannten »Fünf-Gewürze-Mischung«, welche aus Zimt, Szechuanpfeffer, Nelken, Fenchel und Anis hergestellt wird. Die genaue Zusammensetzung und Dosierung der einzelnen Gewürze bleibt jeweils dem Koch überlassen. Eine besonders scharfe Variante wird in der Provinz Szechuan, das übrigens für seine Vielfalt an Gewürzen berühmt ist, zubereitet. Hier wird die Ente nicht nur mit der Gewürzmischung, sondern zusätzlich noch mit einer Extra-Portion Szechuanpfeffer gewürzt.

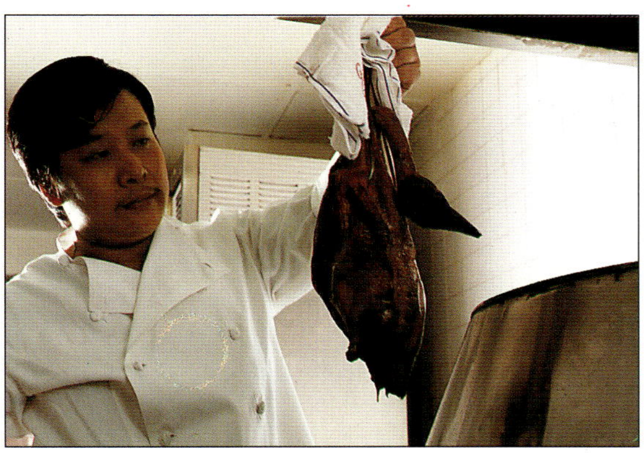

Stolz präsentiert Chang Sum Ching die fertige Ente, die er dann bei Tisch tranchiert - dafür gibt es 2 Möglichkeiten. Man kann, wie auf dem Bild rechts, die Brust mit der Haut in Scheiben schneiden. Oder die Haut wird vorab vom Fleisch gelöst, in Rauten geschnitten und als erster Gang verzehrt. Das Fleisch folgt als zweiter Gang.

STREIFEN VON DER ENTENBRUST MIT BOHNENKEIMLINGEN

Gerichte, bei denen die Brust der Ente verwendet wird, gehören auch in China zu den Delikatessen. Da das Fleisch vorgebraten wird, bleiben die übrigen Zutaten schön knackig frisch.

400 g Entenbrust
125 g frische Mung- oder Sojabohnenkeimlinge
1 Frühlingszwiebel
3 Scheiben frische Ingwerwurzel, 2 1/2 EL Öl
Für das Szechuanpfefferöl:
2 EL Erdnußöl, 2 TL Szechuanpfefferkörner
Für die Sauce:
1/8 l Hühnerbrühe (siehe Seite 64/65)
2 TL Reiswein, 2 TL Rotweinessig
2 Knoblauchzehen

Als Vorbereitung die Entenbrust im Ofen bei 200 °C rosa braten, abkühlen lassen und die fette Haut entfernen. Die Keimlinge kurz in kochendem Wasser blanchieren, abgießen, abtropfen und abkühlen lassen. Die Frühlingszwiebel in feine Scheiben, die Ingwerscheiben sowie den Knoblauch für die Sauce in feine Streifen schneiden. Für das Szechuanpfefferöl das Öl in einem Wok erhitzen, bis es siedet. Die Pfefferkörner grob zerstoßen, zugeben und etwa 1 Minute braten. Das Öl erkalten lassen, abgießen und beiseite stellen. Das Gericht, wie unten beschrieben, zubereiten. Mit gebratenen, halbierten Kirschtomaten servieren.

Vorbereiten: Die gebratene Entenbrust zuerst in dünne Scheiben, dann in feine Streifen schneiden.

Zubereiten:

Das Öl mit der Zwiebel und dem Ingwer in einem Wok zum Sieden bringen, die Hitze wegnehmen, 5 Minuten stehen lassen, die Zwiebeln und den Ingwer herausnehmen.

Das Öl erneut erhitzen, bis es siedet. Die Bohnenkeimlinge zufügen und unter ständigem Rühren und Wenden einige Sekunden braten.

Die Entenfleischstreifen zugeben. Dabei ist es nun besonders wichtig, daß das gesamte Gargut ständig in Bewegung gehalten wird.

Die Zutaten für die Sauce gut miteinander verrühren, zugießen und sehr schnell erhitzen. Anrichten und mit Szechuanpfefferöl übergießen.

Pfannengerührt

NUR DER WOK MACHT ES MÖGLICH

Dieses schnelle Garen bei starker Hitze und gleichzeitiger Bewegung benötigt nur wenig Fett, das Fleisch und das Gemüse werden knusprig und knackig. Doch im Wok kann man auch zwischendurch fritieren, wie es bei dem Rezept auf der rechten Seite der Fall ist.

GEWÜRFELTES ENTENFLEISCH MIT GRÜNEM PAPRIKA

Die Brust der Ente eignet sich für solche Gerichte natürlich bestens. Wer möchte, kann aber auch das Fleisch der Keulen verwenden, die allerdings entsprechend länger gegart werden müssen.

400 g Entenbrust mit Haut
1 Eiweiß
2 EL Maisstärke
1/4 TL Salz
200 g grüne Paprikaschoten
1/2 l Pflanzenöl
1 TL Maisstärke
Für die Würzmischung:
2 EL helle Sojasauce
2 TL Reiswein
1 1/2 TL Zucker
1/8 l Hühnerbrühe (siehe Seite 64/65)
1 TL Sesamöl
je 1 Prise Salz und frisch gemahlener weißer Pfeffer

Als Vorbereitung das Eiweiß zu steifem Schnee schlagen und die Zutaten für die Würzmischung miteinander verrühren. Die Fleischwürfel zugeben und mit dem Eiweiß überziehen. Das Gericht, wie in den Arbeitsschritten gezeigt, zubereiten.

Vorbereiten: Das Entenfleisch in Würfel (2 x 2 cm) schneiden. Den Eischnee, die Maisstärke und das Salz in einer Schüssel vermischen und die Fleischwürfel unterheben. Die Paprikaschoten halbieren, Samenstränge und Samen entfernen und in Quadrate von 1,5 cm Kantenlänge schneiden.

Zubereiten:

Das Öl in einem Wok zum Sieden bringen, etwas abkühlen lassen, das Entenfleisch zugeben, etwa 3 Minuten fritieren und herausheben.

Die Paprikawürfel in das Öl geben und so lange garen, bis sie sich leicht verfärben. Ebenfalls herausheben und abtropfen lassen.

Das Öl bis auf 2 EL abgießen, die Würzmischung zugießen und aufkochen. Fleisch- und Paprikawürfel zugeben und unter Rühren erhitzen.

Die Maisstärke in kaltem Wasser dünnflüssig anrühren, zugießen, leicht eindicken lassen und mit bunten Paprikastreifen anrichten.

Vorbereiten: Das Fleisch mit der Marinade übergießen und 20 Minuten ziehen lassen. Die Chilistücke und den Szechuanpfeffer auf einem Drahtsieb im heißen Öl knusprig fritieren und beiseite stellen.

MARINIERTES HUHN MIT ERDNÜSSEN

Geschmackliche Kontraste geben diesem Hühnergericht die ganz besondere Note: einerseits die würzige Marinade, die von der Schärfe der Chilischoten und dem besonderen Aroma des Szechuanpfeffers dominiert wird, und andererseits die süßlichen Erdnüsse.

400 g Hühnerbrust ohne Haut
2 bis 3 getrocknete Chilischoten
1 TL Szechuanpfefferkörner
2 Frühlingszwiebeln
100 g Stangensellerie
30 g frischer Ingwer in Scheiben
2 Knoblauchzehen
Öl zum Fritieren
120 g geschälte Erdnüsse
Für die Marinade:
1 EL Reiswein
1 EL helle Sojasauce
1/2 TL Salz
1 TL Maisstärke
Für die Sauce:
200 ml Hühnerbrühe (siehe Seite 64/65)
1 EL helle Sojasauce
1 TL Zucker
2 TL Zitronensaft
1 1/2 TL Maisstärke

Das Fleisch in 2 cm große Würfel schneiden. Die Chilischoten von den Samen befreien und in Stücke schneiden. Die Pfefferkörner grob zerstoßen. Die Frühlingszwiebeln, den Stangensellerie und den Ingwer schnitzeln und die Knoblauchzehen in dünne Scheiben schneiden. Für die Marinade den Reiswein, die Sojasauce, das Salz und die Maisstärke verrühren. Für die Sauce die Zutaten vermengen. Die Zubereitung erfolgt im Wok; dafür das Öl erhitzen, bis es siedet.

Hühnerwürfel zubereiten:

Die Fleischwürfel in den Wok geben und fritieren, bis sie weiß und fest sind. Dann schnell wieder herausnehmen.

Die Erdnüsse fritieren, bis sie leicht braun sind. Herausheben, auf Küchenpapier abtropfen lassen.

Das Öl bis auf 2 1/2 EL abgießen und erhitzen. Frühlingszwiebeln, Sellerie, Ingwer und Knoblauch kurz sautieren.

Fleisch, Chillies, Szechuanpfeffer zugeben. Mit der Würzsauce angießen und unter Rühren abbinden lassen.

Etwa 1 Minute unter Rühren köcheln lassen. Die Erdnüsse zugeben, untermengen und mit Reis servieren.

HUHN MIT PAPRIKA UND BAMBUSSPROSSEN

400 g Hühnerbrust (mit Knochen)
1/2 Eiweiß
1 TL Maisstärke
je 1 grüne und rote Paprikaschote
1 kleine Chilischote
150 g Bambussprossen
Öl zum Fritieren
2 EL Erdnußöl
30 g feingehackter Lauch
5 g frisch gehackte Ingwerwurzel
1 EL Reiswein
2 EL helle Sojasauce
1/2 TL Salz
1/2 TL Zucker

Die Hühnerbrust auslösen und das Fleisch in feine Streifen schneiden. In einer Schüssel mit dem Eiweiß und der Maisstärke vermischen. Die Paprikaschoten waschen, von Samen und Scheidewände befreien und in dünne Streifen schneiden. Die Chilischote längs halbieren, die Samen entfernen und das Fruchtfleisch fein hacken. Die Bambussprossen in ebenso dünne Streifen schneiden. Das Öl in einem Wok erhitzen, das Fleisch darin fritieren, wieder herausnehmen und gut abtropfen lassen. Das Erdnußöl erhitzen, den Lauch und den Ingwer unter Rühren anbraten, Paprika und Bambussprossen zufügen. Sobald das Gemüse weich ist, das Fleisch unterrühren. Mit Reiswein und Sojasauce beträufeln und mit Salz und Zucker würzen.

INGWERHUHN

1 Huhn (etwa 1,2 kg)
Salz
1 Zwiebel
1 Knoblauchzehe
50 g frische Ingwerwurzel
1 kandierte Ingwerpflaume
1 EL Öl
1/8 l Wasser
1 EL Ingwersirup
1 vollreife Fleischtomate
1 grüne Paprikaschote
frisch gemahlener weißer Pfeffer

Das Huhn innen und außen unter fließendem Wasser waschen und trockentupfen, in etwa 20 Stücke teilen und mit Salz einreiben. Die Zwiebel und die Knoblauchzehe schälen und fein hacken. Die Ingwerwurzel schälen und in feine Scheibchen schneiden. Die kandierte Ingwerpflaume würfeln. Das Öl in einem Wok erhitzen und zuerst die Keulen und die Flügel des Huhns 10 Minuten darin anbraten. Die Bruststücke zugeben und 5 Minuten mitbraten. Die Zwiebel, den Knoblauch und den Ingwer hinzufügen und anbraten. Das Wasser und den Ingwersirup zugießen und den Bratfond damit lösen. Das Huhn zugedeckt bei schwacher Hitze 20 Minuten schmoren. In der Zwischenzeit die Tomate mit kochendem Wasser überbrühen, häuten und würfeln, dabei den Stielansatz und die Kerne entfernen. Die Paprikaschote waschen, vierteln, von Samen und Scheidewänden befreien und in Streifen schneiden. Das Gemüse über dem Huhn verteilen und weitere 15 Minuten garen. Das Ingwerhuhn mit Salz und Pfeffer abschmecken. Mit Reis oder Fladenbrot servieren.

Szechuanpfeffer *(Xanthoxylum pipertum)* stammt aus Westchina. Das Pfefferkorn wird oft im ganzen verwendet und hat einen sehr eigenen, würzigen Geschmack.

SZECHUAN-CHICKEN

Ein Paradebeispiel für die scharfe chinesische Küche, die in diesem Teil Chinas besonders gepflegt wird. Man sollte meinen, die Chilischote würde mit ihrer höllischen Schärfe das zarte Hühner-Aroma erdrücken. Doch weit gefehlt, das Huhn behält durchaus seinen Eigengeschmack, der durch die Chili-Schärfe sogar noch verstärkt wird. Geschmacklicher Mittler ist, wie in vielen anderen chinesischen Speisen, die Sojasauce.

- 1 küchenfertiges Hähnchen (etwa 1,2 kg)
- 1/2 TL Salz, 1 TL Szechuanpfefferkörner
- 3 EL helle Sojasauce
- 1 gestrichener TL Speisestärke
- 150 g Möhren
- 150 g Frühlingszwiebeln
- 2 bis 3 frische rote Chilischoten
- 4 EL Pflanzenöl

Das Hähnchen unter fließendem kalten Wasser innen und außen waschen und mit Küchenpapier trockentupfen. Das Hähnchen völlig entbeinen und das Fleisch in möglichst gleichmäßig große, mundgerechte Stücke schneiden. In eine Schüssel geben, mit dem Salz und dem grobgestoßenen Szechuanpfeffer bestreuen und mit der Sojasauce beträufeln, die Speisestärke darübersieben und zugedeckt etwa 30 Minuten marinieren. Das Gemüse waschen, putzen und in 5 cm lange, dünne Streifen (Julienne) schneiden. Die Chilischoten längs halbieren, die Samen entfernen und in Scheibchen schneiden. Von dem Öl die Hälfte in einem Wok erhitzen und zunächst einmal die Hälfte des marinierten Fleisches unter Rühren 2 bis 3 Minuten schön knusprig und hellbraun anbraten, sofort mit einem Schaumlöffel herausnehmen und warm stellen. Die zweite Hälfte Fleisch ebenso garen und herausnehmen. Das restliche Öl hinzufügen und das Gemüse mit den Chillies unter Rühren kurz anbraten. Das Fleisch zugeben, alles zusammen erhitzen und gut durchrühren. Nach Belieben mit Sojasauce nachwürzen und mit Reis oder Teigwaren servieren.

Variante Szechuan-Ente: Auf die Szechuan-Art kann man auch eine Ente höchst schmackhaft zubereiten. Dafür eine Ente (1,5 kg) ebenfalls völlig entbeinen und das Fett weitgehend entfernen. Von der Brust das Fett (mit der Haut) abschneiden und das Fleisch gleichmäßig würfeln. Die Würzung und das Gemüse sind identisch mit dem Chicken-Rezept, bei der Zubereitung wird genauso verfahren. Mit reichlich gehacktem Cilantro (Koriandergrün) würzen.

Huhn, im Teig gebacken

NACH ART DER FRÜHLINGSROLLEN WERDEN DIESE TEIGTASCHEN ZUBEREITET

Tatsächlich kann man dafür auch bereits fertigen Frühlingsrollenteig verwenden oder, wie hier gezeigt, vorgefertigten Phylloteig aus Griechenland. Den hauchdünnen Teig dabei sorgfältig behandeln, da er sehr schnell austrocknet und brüchig wird. Dagegen hilft, ihn mit Wasser feucht zu halten oder mit Öl einzupinseln. Für die Füllung können auch andere Gemüsesorten verarbeitet werden.

20 g getrocknete Tongupilze
100 g gekochte Bambussprossen (oder aus der Dose)
60 g ausgepalte Erbsen
20 g frischer Ingwer
1 Bund Schnittlauch
3 Blätter Phylloteig
250 g Hühnerbrust ohne Haut
Erdnußöl zum Fritieren
Für die Marinade:
1 EL dunkle Sojasauce
1/2 TL Salz
1 EL Reiswein
frisch gemahlener weißer Pfeffer
1 TL Sesamöl
1 TL Maisstärke

Die getrockneten Tongupilze einweichen; sobald sie ihre normale Gestalt angenommen haben, abtropfen lassen und leicht ausdrücken, damit sie nicht zu feucht sind. Die Bambussprossen in ganz feine Streifen schneiden. Die Erbsen in Salzwasser weich kochen. Den Ingwer und den Schnittlauch fein hacken. Für die Marinade die Zutaten in einer Schüssel gleichmäßig vermengen. Von den großen Teigplatten Quadrate von 12 x 12 cm schneiden und - wie in der Bildfolge gezeigt - füllen und im heißen Öl ausbacken.

Huhn im Teig backen:

Die Hühnerbrüste mit einem Messer schräg in gleichmäßig dünne Scheiben schneiden. Eventuell nochmals teilen.

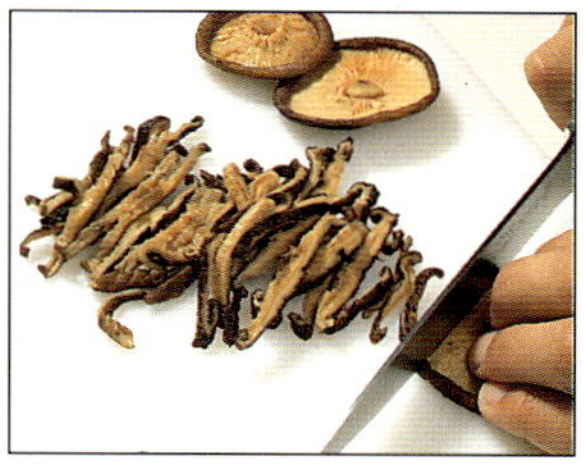

Von den eingeweichten und abgetropften Tongupilzen die Stiele entfernen und die Hüte in feine Streifen schneiden.

Das Fleisch, das vorbereitete Gemüse und die Gewürze mit der Marinade begießen und durchziehen lassen.

Die Füllung auf die Teigquadrate setzen. Zuerst den Teig zu einem Dreieck, dann wie ein Kuvert zusammenfalten.

Das Öl im Wok erhitzen, die Päckchen etwa 4 Minuten fritieren, dabei mit einem Schaumlöffel mehrmals wenden.

Beggar's chicken

ZUFÄLLIGE ERFINDUNG EINES BETTLERS

Wie ein Märchen mutet eine überlieferte Geschichte des Bettlerhuhns an. Es war einmal... ein armer Mann aus der chinesischen Provinz Anhuei, der, vom Hunger getrieben, ein Huhn stahl. Während er sich glücklich am Ufer eines Sees niederließ und ein Feuer entfachte, kam auf hohem Roß ein Feudalherr daher. Erschreckt durch den Auftritt des Adligen mit seinen bewaffneten Begleitern, nahm der arme Mann das gestohlene Huhn, bedeckte es mit Schlamm aus dem See und warf es in die Glut. Wie das Schicksal es so wollte, stieg der Adlige vom Pferd, um sich an dem Feuer zu wärmen. Es dauerte lange, bis er weiterzog. In der Zwischenzeit war das Huhn mit einer hart gebrannten Tonschicht überzogen. Wütend warf der arme Mann einen Stein gegen die Hülle, welche alsdann auseinanderbrach und sich jener unvergleichliche Duft entfaltete, der für das wohlschmeckende »Bettlerhuhn« so typisch geworden ist. Noch heute wird das Bettlerhuhn so gegart. Mit köstlichen Zutaten gefüllt, mit Lotusblättern umwickelt, mit Ton umhüllt und in der Kohlenglut gegart, entwickelte es sich zu einer weltweit berühmten Spezialität.

Traditionell wird das mit Kardamom, Ingwer, Chili, Koriander und Knoblauch gewürzte und gefüllte Huhn in Lotusblätter eingewickelt, mit Bast fest verschnürt und anschließend in Ton eingehüllt. Die Chinesen mischen unter den Lehm noch kleingehacktes Reisstroh. Die Attraktion ist dann das Öffnen der Hülle, was nur mit kräftigen Schlägen möglich ist. Zum Vorschein kommt dann das unvergleichlich saftige Hühnerfleisch.

BETTLERHUHN

Eine Version des Originalrezepts, das auch ohne den Mantel aus Lehm ein sehr gutes Ergebnis verspricht, wenn man es in einem Tontopf (Römertopf) zubereitet. Das Tongefäß muß allerdings mit einem Teig aus Wasser und Mehl hermetisch verschlossen werden, um ein dem Original nahekommendes Ergebnis zu erzielen. Wer sich in einem Asienladen die Lotusblätter besorgen kann und die Mühe mit der Lehmhülle nicht scheut, dem sei die alte Methode wärmstens empfohlen. Dabei muß das Huhn allerdings bei weit höheren Temperaturen - mindestens 220°C – gegart werden.

1 Poularde (etwa 1,6 kg)
1 TL Salz, 10 Pfefferkörner
1/2 TL Kardamomkörner
1 TL frisch geriebener Ingwer
2 kleine Chilischoten
1 EL gehacktes Koriandergrün
1 geschälte Knoblauchzehe
Für die Füllung:
50 g Schalotten
150 g Chinesischer Brokkoli
3 EL Pflanzenöl
100 g Bambussprossen aus der Konserve
2 EL dunkle Sojasauce
Außerdem:
1 Stengel Zitronengras
1 Sternanis
1 Stück Stangensellerie
200 g Mehl
Wasser für den Teig

Den Tontopf in lauwarmem Wasser einweichen. Die Poularde innen und außen waschen, gut abtrocknen. In einem Mörser das Salz mit den Pfefferkörnern und dem Kardamom zerstoßen. Den Ingwer, die Chilischoten, das Koriandergrün und den Knoblauch zugeben und zu einer Paste verarbeiten. Damit das Innere der Poularde ausstreichen und den Rest mit der Hand in die Haut des Hähnchens reiben. Für die Füllung die Schalotten schälen, grob würfeln und mit dem ebenfalls nur grob zerkleinerten Brokkoli kurz (etwa 2 bis 3 Minuten) in dem heißen Öl dünsten. Die kleingeschnittenen Bambussprossen zugeben und mit Sojasauce übergießen. Damit die Bauchhöhle des Hähnchens füllen und die Öffnung mit einem Zahnstocher verschließen. Das Huhn in den gut gewässerten Tontopf setzen und Zitronengras, Sternanis und Stangensellerie zugeben. Das Mehl mit Wasser zu einem weichen Teig verarbeiten, diesen auf den Rand der Form verstreichen und den Deckel daraufsetzen. Den Teig von außen ebenfalls gut verstreichen, so daß die Form vollständig verschlossen ist. In den auf 180° C vorgeheizten Ofen stellen und in 2 Stunden garen. Nach Ablauf dieser Zeit sind das Hähnchen und die Füllung gar, die Aromen haben sich gleichmäßig verteilt. Zum Servieren die Form vorsichtig mit einem Messer öffnen. Neben der typischen Beilage in China, dem Reis, können auch Pfannkuchen dazu gereicht werden.

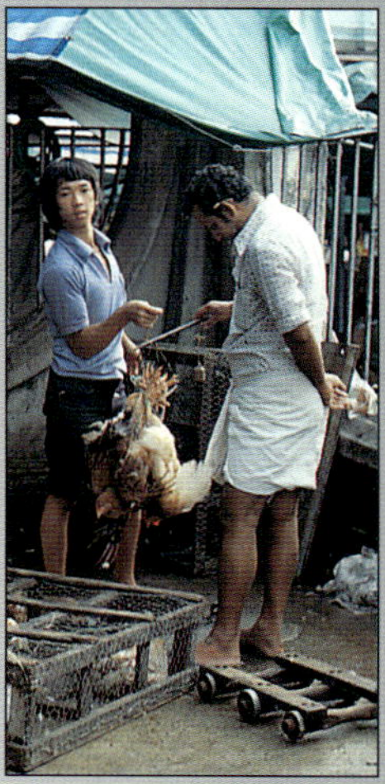

Frische Hühner sind auf den Märkten in Asien immer noch lebende Hühner. Entsprechend fachmännisch muß auch eingekauft werden, denn unter dem Federkleid kann sich auch mindere Qualität verbergen.

HUHN MIT REIS »HAINAN«

Dieses Rezept stammt ursprünglich von der Insel Hainan im südchinesischen Meer, hat aber inzwischen schon große Verbreitung gefunden. Überall auf der Welt, wo sich Chinesen niedergelassen haben, wird es in verschiedenen Varianten gekocht. Es ist ein leichtes Gericht, das wahlweise durch Zugabe einer Chilischote schärfer zubereitet werden kann.

- 1 frisches Huhn (etwa 1,5 kg)
- 2 TL Salz
- 1 TL Oystersauce
- 1 zerdrückte Knoblauchzehe
- 1,5 l Wasser
- 1 Frühlingszwiebel
- 100 g in Scheiben geschnittener Stangensellerie
- 1 EL frischer, kleingehackter Ingwer
- 1 frische rote Chilischote
- 200 g Reis
- 4 EL Kokosmilch
- 1/4 l Hühnerbrühe (siehe Seite 64/65)
- 1 EL feingehackte Zwiebeln
- 1 TL frischer, kleingehackter Ingwer
- 1/2 Eissalat oder Chinakohl

Das Huhn innen und außen waschen und sorgfältig trockentupfen. Mit dem Salz, der Oystersauce und der Knoblauchzehe innen und außen einreiben und, mit einer Folie zugedeckt, 60 Minuten durchziehen lassen. Das Wasser mit der geputzten Frühlingszwiebel, dem Stangensellerie und dem Ingwer zum Kochen bringen. Nach Belieben die Chilischote, von den Samen befreit und in Stücke geschnitten, zugeben. Das Huhn in die Flüssigkeit einlegen und in 45 bis 55 Minuten weich kochen. Den Reis mit der Kokosmilch, der Hühnerbrühe, den Zwiebeln und dem Ingwer bei geringer Hitze bißfest kochen. Das Huhn aus der heißen Brühe nehmen, auslösen und entweder alles oder nur die Brüste in gleichmäßige Stücke schneiden und auf dem geputzten Salat anrichten. Dazu werden der körnige Reis und die Hühnerbrühe mit dem gekochten Gemüse serviert. Je nach Geschmack kann noch eine Chili- oder Rettichsauce, auf jeden Fall aber eine Sojasauce gereicht werden.

SUPPE »FÜNF FARBEN«

Diese gehaltvolle Suppe würde man bei uns als »Eintopf« bezeichnen, und als solche kann sie durchaus serviert werden. Innerhalb einer chinesischen Menüfolge kann sie auch in kleinen Portionen gereicht werden.

2 Hähnchenschenkel (à 180 g)
8 Wachteleier
4 Jakobsmuscheln
50 g Schweinebauch
20 g getrocknete Tongupilze
60 g Bambussprossen
200 g Chinakohl
1/2 Stange Lauch (80 g)
4 EL dunkle Sojasauce
Erdnußöl zum Fritieren
30 g rohe Glasnudeln
1 EL Erdnußöl
1 EL Reiswein
frisch gemahlener weißer Pfeffer
1 l Hühnerbrühe (siehe Seite 64/65)

In einem entsprechend großen Dämpftopf Wasser zum Kochen bringen. Die Hähnchenschenkel waschen, in mundgerechte Stücke teilen und zusammen mit den Wachteleiern in eine feuerfeste Form legen. Im Dämpftopf 5 Minuten garen, herausnehmen, die Eier schälen und das Fleisch gut abtropfen lassen. Die Muscheln aus der Schale lösen und gut putzen. Den Schweinebauch in 5 bis 6 cm lange Streifen schneiden. Die Tongupilze einweichen und gut abtropfen lassen, die Stiele entfernen und die Hüte in dünne Streifen teilen. Die Bambussprossen in dünne Scheiben schneiden. Die Kohlblätter längs halbieren, zuerst in 5 cm lange Stücke und dann in schräge, dünne Streifen, den Lauch in 3 cm lange Stifte schneiden. Die Suppe, wie in der Bildfolge erklärt, zubereiten.

Suppe »Fünf Farben« zubereiten: Die Hühnerstücke und die Wachteleier mit 2 EL Sojasauce gleichmäßig beträufeln und 15 Minuten ziehen lassen.

In einem Wok das Öl erhitzen, Hähnchenstücke und Eier darin goldbraun fritieren und mit einem Schaumlöffel vorsichtig herausnehmen.

Die Glasnudeln mit kochendem Wasser übergießen. Sobald sie weich sind, abgießen. Je nach Bedarf etwas klein schneiden.

Das Erdnußöl erhitzen, den Lauch anrösten. Mit je 1 EL Reiswein und Sojasauce beträufeln, pfeffern, die kochende Brühe zugeben.

Zuerst die Kohlblätter in eine feuerfeste Kasserolle legen und schließlich alle Zutaten außer den Muscheln darauf verteilen.

Den Lauch aus der Brühe nehmen und diese über die eingeschichteten Zutaten gießen. Die Suppe aufkochen lassen.

Die Hitze reduzieren und köcheln, bis alles fast weich ist. Muscheln zugeben und noch einige Minuten mitkochen.

Gekochtes Huhn

IN ASIEN GEHÖRT ES IN FAST ALLE LANDESKÜCHEN

Speziell die chinesische Küche kennt eine Vielzahl von Rezepten mit gekochtem Huhn: als Suppe, die in der chinesischen Menüfolge zum Schluß gereicht wird, oder als Eintopf, der als Hauptgericht serviert und nur selten von weiteren Gängen begleitet wird. Als zusätzliche Suppeneinlage wird Gemüse aller Art verwendet, ebenso wie Reis oder Nudeln. Besonders beliebt sind aber auch die vielfältigen chinesischen Eier- und Teigwaren.

HÜHNEREINTOPF MIT NUDELN

Ein sättigendes Hauptgericht mit Gemüse und Nudeln, das auch, in kleinen Portionen serviert, als Suppengang in ein Menü integriert werden kann.

1/2 Bresse-Huhn (etwa 800 g)
150 g frischer Blattspinat
100 g Stangensellerie
100 g Lauch
20 g Ingwerwurzel in Scheiben
2 EL Reiswein
1 bis 2 TL Salz
1,2 l Wasser oder Hühnerfond
250 g chinesische Eiernudeln
200 g Shiitake-Pilze
1 EL helle Sojasauce

Den Eintopf zubereiten. Vor dem Servieren das Fleisch von den Knochen lösen und in Stücke schneiden.

Nudelsuppe mit Huhn zubereiten: Das gewaschene Huhn in kochendem Wasser 4 bis 5 Minuten blanchieren, herausnehmen, kalt abbrausen und abtropfen lassen.

Den Spinat waschen und gut ausschleudern, die Stiele entfernen und die Blätter gleichmäßig in 3 bis 4 cm lange Abschnitte schneiden.

Das Huhn, Sellerie, Lauch und Ingwer in einen Topf geben, den Reiswein und das Salz zufügen, mit Wasser oder Fond übergießen.

Bei starker Hitze schnell zum Kochen bringen, die Hitze reduzieren und 1 Stunde köcheln lassen, dabei mehrmals abschäumen.

Die Nudeln bißfest garen. Ist das Huhn gar, Ingwer und Lauch herausnehmen, Nudeln zugeben und kurz mitkochen.

Die Pilze in einem anderen Topf etwa 10 Minuten in Salzwasser kochen. 15 Minuten vor Ende der Kochzeit mit ihrer Brühe zur Suppe geben

5 Minuten vor Ende der Garzeit den Spinat zugeben und mitkochen, dabei soll er knackig bleiben. Mit der Sojasauce würzen.

HÜHNERSUPPE MIT RETTICH

Eine Kombination, die zunächst etwas fremd erscheint, die geschmacklich aber überzeugt.

- 4 Hühnerflügel (etwa 420 g)
- 2 Hühnerschenkel (etwa 480 g)
- 300 g Möhren
- 400 g weißer Rettich
- 60 g Lauch
- 80 g Glasnudeln
- 20 g Ingwerwurzel
- 2 l Hühnerbrühe (siehe Seite 64/65)
- 1 EL Reiswein
- 2 EL helle Sojasauce
- 1 1/4 TL Salz
- frisch gemahlener weißer Pfeffer
- 1 EL gehackter Cilantro (Koriandergrün)

Die Hühnerteile sorgfältig waschen, trocknen und mit den Knochen in je 3 bis 4 große Stücke teilen. Das Gemüse waschen, Möhren und Rettich schälen. Die Glasnudeln in Salzwasser weich kochen und kalt abbrausen. Zur Suppe geben und wieder erhitzen.

Hühnersuppe zubereiten: Die Möhren in 0,5 cm dicke und 4 cm lange Stifte schneiden. Den Rettich in 0,5 cm starke Scheiben schneiden und diese vierteln.

Den Ingwer schälen, in Scheiben schneiden und mit einem Messer zerdrücken. Den Lauch längs halbieren und dann vierteln.

Hühnerfleisch, Lauch und Ingwer in die Brühe geben und zum Kochen bringen. Den aufsteigenden Schaum öfters abschöpfen.

Nach 15 Minuten Kochzeit die Möhren und den Rettich zugeben, erneut aufkochen und noch weitere 30 Minuten leise köcheln lassen.

Reiswein, Sojasauce, Salz und Pfeffer sorgfältig vermischen und zur Brühe geben. Nudeln und Cilantro zufügen und alles zusammen erhitzen.

Yakitori

JAPANISCHE KÖSTLICHKEITEN

Als Vorspeisen, als Imbiß zu Getränken oder als Spieß zum Grillen, diese bunten Zusammenstellungen verschiedener Zutaten erfreuen sich nicht nur in Japan großer Beliebtheit. Den Grundstock bildet dabei immer das Huhn, das durch eine Vielzahl von Beigaben beliebig variiert werden kann.

100 g Hühnerhaut
100 g Hühnerleber
100 g Hühnermägen
250 g Hühnerkeule ohne Knochen
je 1 gelbe und rote Paprikaschote (à 120 g)
4 Frühlingszwiebeln
Für die Yakitori-Sauce:
300 g Hühnerknochen
400 ml dunkle Sojasauce
400 ml Mirin (süßer Reiswein)
200 ml Sake
50 g Kandiszucker
60 ml dunkle Sojasauce
Für die Hühnerfleischbällchen:
250 g durchgedrehtes Hühnerfleisch
1 kleines, verquirltes Ei
1 TL frisch geriebener Ingwer
1 EL Maisstärke, in 2 EL Wasser aufgelöst
Zum Würzen:
Gemahlener Sansho (japanische Pfefferart)
Salz
Senf
Zitronenschnitze
Außerdem:
16 Bambusspießchen

Für die Sauce die Knochen bei 200 °C im Ofen in etwa 35 Minuten goldbraun rösten. In der Zwischenzeit das Fleisch und das Gemüse vorbereiten. Dafür die Haut weich kochen, die Hühnerlebern sorgfältig waschen, die Mägen von der zähen Haut befreien, das Gemüse waschen, die Paprikaschoten von Samen und Scheidewänden befreien. Für die Hühnerbällchen das durchgedrehte Hühnerfleisch in einen Mixer geben und pürieren. Die Spieße zubereiten und grillen, wie in der Bildfolge beschrieben. Vor dem Servieren noch einmal in die Yakitori-Sauce tauchen.

Die angebratenen Knochen mit den Zutaten für die Yakitori-Sauce in einem Topf um etwa 1/4 reduzieren.

Die vorbereiteten Hühnerteile, das Keulenfleisch und das Gemüse in 2,5 cm große Quadrate schneiden.

Das pürierte Fleisch mit den übrigen Zutaten vermischen, gut verkneten und 2,5 cm große Bällchen formen.

In ganz leicht siedendes Wasser legen, aufsteigen lassen, nach 2 bis 3 Minuten entnehmen und abkühlen lassen.

Die verschiedenen Zutaten auf die Spieße stecken. Gemüse und Fleisch mischen, ausgenommen bei den Bällchen.

Die Spieße auf beiden Seiten grillen, in die Yakitori-Sauce legen und weitergrillen, bis diese eingezogen ist.

JAPANISCHES BACKHUHN »TATSUTA«

Herbstliche Farben kennzeichnen dieses Gericht, das in Japan nach dem Fluß Tatsuta benannt wurde. Hier entfaltet der Herbst seine farbige Pracht in den berühmten Ahornwäldern. Das in Sojasauce marinierte Huhn weist eben diese bunten Schattierungen auf, die Paprikaschoten werden in Japan sogar in Form von Ahornblättern »geschnitzt«.

- 450 g Hühnerbrust ohne Haut
- je 1 rote, grüne und gelbe Paprikaschote
- Maisstärke zum Panieren
- Pflanzenöl zum Fritieren
- Salz
- 4 Zitronenschnitze

Für die Würzmischung:

- 2 EL dunkle Sojasauce
- 2 EL Sake
- 1 TL frisch geriebener Ingwer

Für die Hülle:

- 2 Eiweiße
- 2 EL Maisstärke
- 1/4 TL Salz
- 2 EL gehackte Frühlingszwiebeln mit etwas Grün
- 1 EL frisch gehackte Ingwerwurzel

Das Fleisch in 3 cm große und 1 cm dicke quadratische Stücke schneiden. Das Rezept nach der Bildanleitung zubereiten. Zum Servieren das Huhn mit den Paprikarauten und den Zitronenschnitzen anrichten.

Vorbereiten: Die Zutaten für die Würzmischung vermengen und das geschnittene Fleisch 30 Minuten darin marinieren. Die Paprikaschoten von Samen und Scheidewänden befreien und in Rauten schneiden.

Backhuhn zubereiten:

Für die Hülle das Eiweiß schaumig schlagen und die Stärke unterrühren. Salz, Zwiebel und Ingwer zugeben.

Die Fleischstücke in Maisstärke wenden, die überschüssige Stärke abklopfen, in die Eiweißmasse tauchen.

Das Öl in einem Wok erhitzen, das Fleisch einlegen, knusprig fritieren, herausnehmen und abtropfen lassen.

Die Paprikarauten fritieren, bis sie außen weich sind, maximal jedoch 30 Sekunden. Herausnehmen und salzen.

Kalte Delikatessen

Die traditionsreiche »Kalte Küche«, wie sie in den Adelshäusern und später in den großbürgerlichen Küchen praktiziert wurde, war zum großen Teil eine echte Renommier- und Schauküche, deren Köche offensichtlich großen Spaß daran hatten, ihre kalten Kreationen in wahre Kunstwerke zu verwandeln. Aus dem Geflügelbereich gibt es besonders viele Beispiele dafür, wie kaltes Geflügel zu Pasteten im Teig, zu Terrinen oder raffiniert gefüllten Galantinen verwandelt wurde, letztere meist in die ursprüngliche Geflügelform gebracht. In alten Kochbüchern kann man diese Gebilde heute noch bewundern. In der modernen »Kalten Küche« wird natürlich sehr viel sachlicher gekocht und gebacken, aber ein bißchen von den »Schnörkeln« hat sich doch behalten. So ist etwas »Schau«, zumindest auf den Tellern, geblieben, denn Dekorationen sind gerade jetzt wieder im Kommen, wenn sie sich auch auf das Wesentliche beschränken. Die kalte Geflügelküche kann sich diese neue optische Sparsamkeit auch leisten, hat sie doch Delikatessen mit jahrhundertealter Tradition in ihrem Repertoire, die alle durch ihren Geschmack überzeugen - man denke nur an die foie gras von Gans und Ente! Kalte Geflügelküche muß aber nicht unbedingt kostspielig sein, denn von der Wachtel bis zum Truthahn läßt sich dieses Fleisch pochiert, gebraten oder gegrillt bestens mit anderen frischen Zutaten kombinieren. Es paßt zu Vorspeisen mit unterschiedlichen kalten Saucen ebenso wie für Salate. Der Phantasie des Kochs sind keine Grenzen gesetzt, da vor allem das magere Geflügelfleisch in der kalten Küche seine Anpassungsfähigkeit unter Beweis stellen kann und sich mit geschmacklich dezenten Zutaten ebenso wie mit scharfen Gewürzen bestens verträgt.

Geflügelleberpastete in Briocheteig mit foie gras und Trüffeleinlage.
Ein Beispiel auch für die Küche unserer Tage,
wenn guter Geschmack und Tradition übereinstimmen.

Den Reissalat mindestens 1 Stunde vor dem Servieren anmachen. Mit halbierten Cocktailtomaten garnieren.

Hähnchen, Wachtel und Entenleber

GEFLÜGELSALATE ZUM SATTESSEN UND ALS VORSPEISE

Portionsgrößen von Salaten variieren je nach der Gelegenheit, zu welcher sie serviert werden sollen – ob als sättigendes Zwischen- oder Hauptgericht, als Vorspeise oder gar als Amuse gueule. Für auserlesene Salatspezialitäten gilt nach wie vor die Faustregel: je feiner die Zutaten, desto kleiner die Portionen.

REISSALAT MIT GEKOCHTEM HÄHNCHEN

Anstelle eines gekochten Hähnchens kann ein Brathähnchen verarbeitet werden, was dem Salat – auch ohne die braune Haut – eine herzhafte Note gibt.

1 EL Pflanzenöl, 1 EL feingewürfelte Zwiebel
1 kleine, zerdrückte Knoblauchzehe
100 g Langkornreis
1/2 l heller Hühnerfond (siehe Seite 64/65)
Salz, frisch gemahlener weißer Pfeffer
3 bis 5 Safranfäden
250 g gekochtes Hähnchenfleisch ohne Haut und Knochen
150 g gekochter grüner Spargel
50 g gekochter Stangensellerie
150 g Champignons
Für die Salatsauce:
50 g Mayonnaise
50 g Crème fraîche, 1 EL helle Sojasauce
Salz, frisch gemahlener weißer Pfeffer
2 EL Hühnerfond, 1 EL gehackte Petersilie

Das Öl in einem Topf erhitzen, Zwiebel und Knoblauch darin angehen lassen, den Reis dazuschütten und kurz mitschwitzen. Den Hühnerfond aufgießen, würzen, die Safranfäden zufügen. Wie ein Risotto weich kochen und abkühlen lassen. Das Hähnchenfleisch, den Spargel, den Stangensellerie und die Champignons klein schneiden und unter den Reis mischen. Die Zutaten für die Sauce verrühren und den Salat damit anmachen.

Sommerfrische Salate passen gut zu gebratenem Geflügel.

SALAT MIT LAUWARMER WACHTEL

Die Kombination von frischen Blattsalaten mit gebratenem, noch lauwarmem Fleisch wird erst durch eine säuerliche Vinaigrette interessant.

2 küchenfertige Wachteln (à 150 g)
Salz, frisch gemahlener weißer Pfeffer
2 Thymianzweige, 2 EL Erdnußöl
1 EL Sesamsamen, 80 g Portulak
1/4 Kopf Friséesalat, 8 Cocktailtomaten
Für die Vinaigrette:
2 EL Sherryessig, 1/2 TL scharfer Senf
Salz, einige rosa Pfefferkörner
1 EL feingeschnittene Frühlingszwiebel
4 EL Erdnußöl, 1 kleine Chilischote

Die Wachteln salzen, pfeffern und je 1 Thymianzweig in die Bauchhöhle legen. Das Öl in einer Pfanne erhitzen, die Wachteln rundum kräftig anbraten, mit dem Sesam bestreuen und im vorgeheizten Ofen bei 200 °C 20 bis 25 Minuten braten. In der Zwischenzeit die Salate waschen, trockenschleudern und auf 4 Tellern anrichten. Die noch warmen Wachteln vierteln und je 2 Viertel neben dem Salat anrichten, mit halbierten Cocktailtomaten garnieren. Die Zutaten der Vinaigrette gut miteinander verrühren. Die Chilischote halbieren, die Samen sorgfältig entfernen, in Stücke schneiden und zur Salatsauce geben. Die Vinaigrette über den Salat und die Wachteln verteilen.

ENTENLEBER MIT ZWEIERLEI CHICOREE

Wer möchte, kann für diesen Salat auch die Lebern von Huhn oder Puter verwenden, mit einer Entenleber schmeckt er aber besonders fein.

250 g Flugentenleber
1 EL Pflanzenöl
2 TL feingeschnittene Schalotte
20 g Butter, 2 TL gehackte Petersilie
Salz, frisch gemahlener weißer Pfeffer
je 1 weißer und roter Chicorée
4 EL Sojasprossen
Für die Vinaigrette:
2 EL Apfelessig, 1 Messerspitze Currypulver
Salz, frisch gemahlener weißer Pfeffer
3 EL Erdnußöl, 1 EL Walnußöl

Die Leber unter fließendem kalten Wasser waschen und in Stücke schneiden. Das Öl in einer Pfanne erhitzen, die Schalottenwürfel darin kurz angehen lassen, die Lebern zugeben und anbraten. Die Butter und die Petersilie hinzufügen und die Lebern unter ständigem Rühren fertigbraten. Salzen und pfeffern. Den Chicorée in einzelne Blätter zerlegen, waschen, trockenschleudern, den bitteren Keil ein Stück wegschneiden und längs in Streifen schneiden. Mit den lauwarmen Leberstückchen auf 4 Tellern anrichten, die Sojasprossen darübergeben. Alle Zutaten für die Vinaigrette verrühren und damit den Salat und die Leber beträufeln.

Foie gras
DIE UMSTRITTENE DELIKATESSE

Im französischen Périgord züchtet Madame die grauen Gänse mit der »goldenen Leber«. Trotz reichlichen Angebots auch aus anderen Landesteilen Frankreichs und vor allem aus dem Osten (Polen, Ungarn) und Israel führt die wachsende Nachfrage zu immer höher steigenden Preisen.

Die natürlich gewachsene Leber der Gans gehört, wie bei anderem Geflügel auch, zum Feinsten, was der Vogel zu bieten hat. Zur, wenn auch höchst umstrittenen, Delikatesse wird die Leber der Gans (oder Ente) erst, wenn sie von gestopften Tieren stammt. Und genau da gehen die Meinungen zwischen Tierschützern und Gourmets auseinander. Wer sich allerdings über dieses Thema objektiv informiert, wird

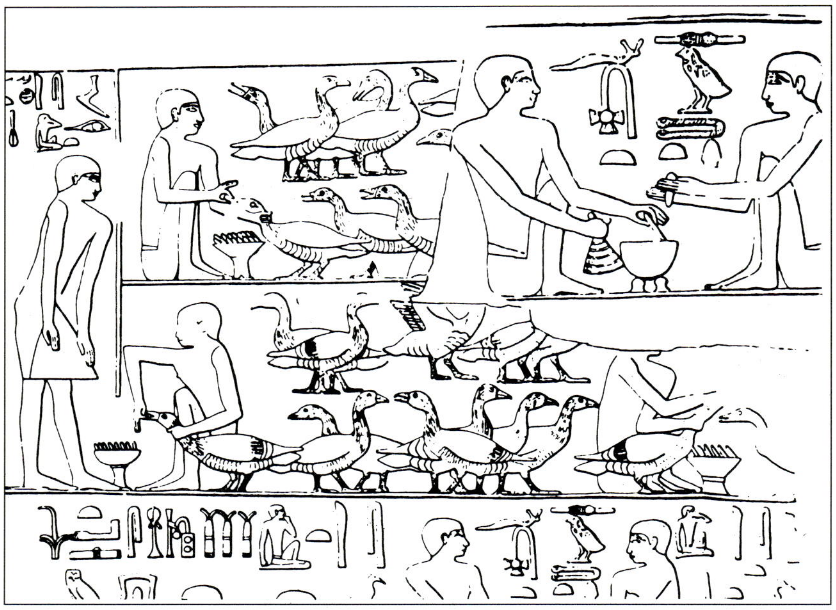

Gänsestopfen vor 4500 Jahren. Eine Darstellung aus dem Grabmal eines hohen ägyptischen Funktionärs namens Ti. Einer von vielen Beweisen, daß diese Mastmethode keine Erfindung unserer Tage ist.

feststellen, daß diese Zwangsernährung, zumindest bei den Gänsen, bei weitem keine solche Tierquälerei ist, wie sie von den Gegnern der Methode dargestellt wird. Wer diese Prozedur selbst und kritisch beobachtet hat, wird merken, daß diese höchst sensiblen Tiere sie zumindest recht gelassen hinnehmen, denn gestreßte Gänse reagieren sofort mit schlechter Leberqualität. Aber schlechte Qualität wäre für das Geschäft nicht gut; allein schon aus diesem Grund ist es nur logisch, daß die Erzeuger mit ihren Gänsen so behutsam wie möglich umgehen. In Relation zu anderen Fütterungs- und Haltungsmethoden in der Massentierhaltung von Geflügel oder Schweinen genießen die auf der Wiese freilaufenden Gänse (150 bis 200 pro Hektar) bis hin zur Schlachtung ein weitgehend artgemäßes Leben. Schon sehr früh entwickelten die Menschen Methoden, Tiere, die zum Verzehr bestimmt waren, zu mästen. Dies geschah sicher zu dem Zweck, mehr Gewicht in Form von Fleisch und Fett zu erzielen. Daß sich bei entsprechend intensiver Mast auch die Leber zwangsläufig vergrößerte, war ein wohlschmeckender Nebeneffekt. Die Ägypter haben bei der Gans schon vor 4500

Auf den »marchés au gras« gibt es die Stopflebern ganz. Von November bis März sind diese Märkte der Umschlagplatz für die Lebern in Frankreichs Südwesten.

Das Angebot ist reichlich, und vor dem Kauf wird jede Leber v dem sachkundigen Publikum genau geprüft. Ein Druck mit de Finger muß die Qualität beweise

Jahren erkannt, daß sich ein Zugvogel recht gefräßig zeigt, um Energie für die langen Flüge zu sammeln. Diese natürliche Veranlagung hat man sich zunutze gemacht, die Tiere zu mästen. Inzwischen wurde durch wissenschaftliche Experimente nachgewiesen, daß sie bei unbegrenzter Futterbereitstellung mehr zu sich nehmen, als ihnen durch geregeltes Stopfen zugeführt wird. Auch die alten Römer, höchst erfindungsreich in kulinarischen Praktiken, fanden schon früh heraus, wie man zu besonders feinen Fettlebern kam. Mit Stopfnudeln aus Gerste, angeweichtem Weizenbrot oder mit Feigen und Datteln wurden Gänsen, aber auch Enten und sogar Pfauen große Lebern angefüttert, und die Gourmets wußten diese Delikatesse schon damals zu schätzen. Heutzutage wird der Foie-gras-Markt von Frankreich dominiert, wobei die Zulieferer vor allem Ungarn und Israel sind. Der Markt wächst langsam, aber ständig, wobei Frankreich selbst die größten Zuwächse zu verzeichnen hat und die eigene Produktion inzwischen schon längst nicht mehr ausreicht. Doch diese sensible Mastmethode setzt naturgemäß quantitative Grenzen, da Erzeugung und Verarbeitung Handarbeit sind. Deshalb besteht auch nicht die Gefahr einer Massenproduktion. Foie gras wird also immer ein edles und entsprechend teures Produkt bleiben. Das Zentrum der Gänseleberproduktion und der Verarbeitung liegt im Südwesten Frankreichs (das Elsaß hat quantitativ keine Bedeutung mehr), wobei die besten Qualitäten aus dem Périgord oder der Gascogne kommen. Unter dem Begriff »foie gras« wird aber nicht nur die Stopfleber von der Gans (foie gras d'oie) angeboten. Die Entenleber (foie gras de canard) hat sich schon einen beachtlichen Marktanteil erobert und wird von Kennern wegen ihres kräftigen Aromas hoch gelobt und sehr geschätzt.

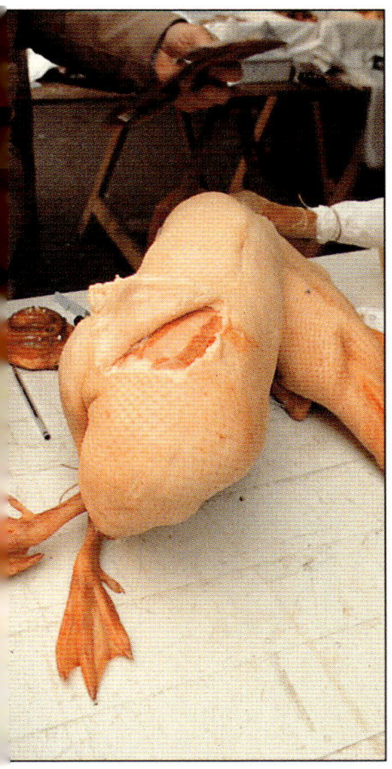

e Leber mitsamt der Gans; ›r sie so kauft, muß auch die ›alität prüfen können. Zur ›ntrolle wird ein Fenster in die ›ut geschnitten.

Trüffeln sind nach der Leber die wichtigste Zutat für eine »Terrine de foie gras« und deshalb auf einem »marché au gras« immer im Angebot zu finden.

Frisch oder aus der Konserve?

Eine Frage, die zweifelsohne leicht zu beantworten ist. Natürlich frisch, sagt der Gourmet, wenn man sie als solches bekommen kann. Schon im rohen Zustand, 24 Stunden in Marinade eingelegt, ist die frische Leber ein Hochgenuß. Warum sollte man sie zu einer Pastete verarbeiten und bei 80 °C pochieren, auch wenn diese Terrine ebenso eine Delikatesse ist? Doch nicht jeder Feinschmecker hat die Möglichkeit, eine frische Leber zu erstehen. In Frankreich bieten die Züchter die frische Gänseleber auf den Märkten an, in Deutschland bekommt man sie importiert in Feinkostläden. Die Lebern (zwischen 700 g und 1 kg schwer) stammen aus 6 bis 8 kg schweren Gänsen. Für den Laien ist es wohl etwas schwierig, die Qualität einer frischen Leber zu beurteilen, doch die Profis und Spitzenköche wissen, auf was sie zu achten haben. Eine gute Qualität der Leber erkennt man nicht unbedingt an der Farbe, diese kann durch unterschiedliches Futter von hellbeige bis rosa variieren. Vielmehr ist es die Konsistenz, auf die der Einkäufer achtet. Die Leber besteht aus zwei festen Lappen, die sich nach behutsamem Auseinanderziehen nicht wieder wie Gummi schließen. Mit einem Daumendruck, der eine bleibende Vertiefung hinterlassen muß, kann man schließlich das Urteil fällen.

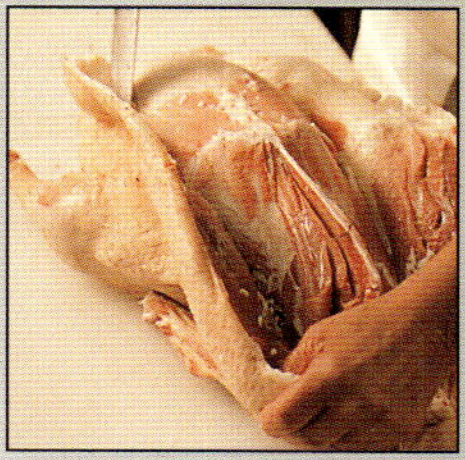

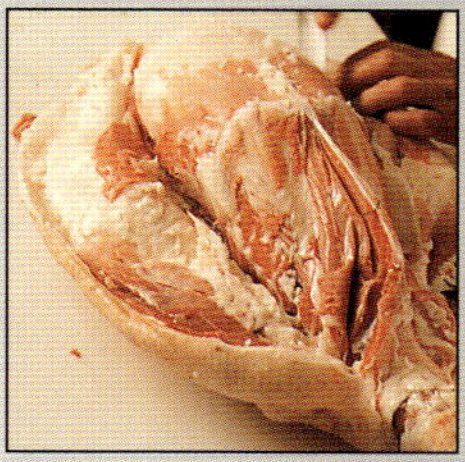

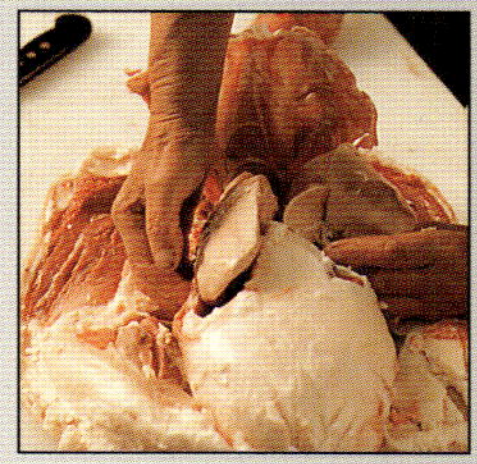

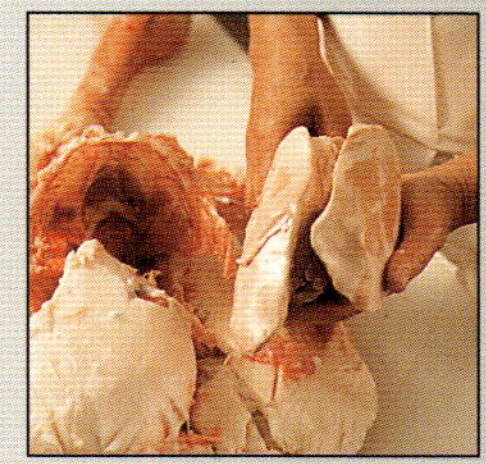

△

Die Leber gewinnen: Auf die Leber ist besonders zu achten, wenn die gestopfte Gans zerlegt wird. Die Gans wird entlang dem Brustbein aufgeschnitten und das Fleisch vom Brustkorb abgetrennt. Dann wird die Karkasse abgehoben, die Leber freigelegt und vorsichtig herausgeholt.

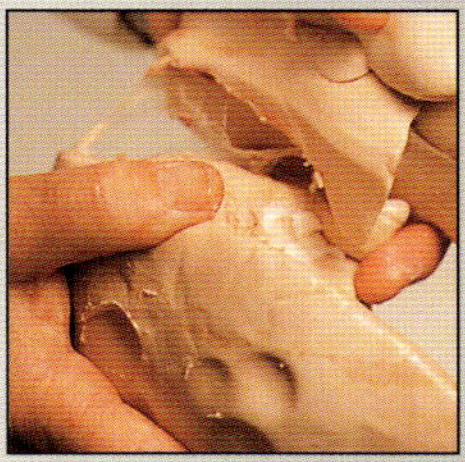

Qualitätsprobe: Nach Daumendruck muß die entstandene Vertiefung sichtbar bleiben.

Frische Qualitätslebern, schön glatt, fest und von entsprechender Farbe. Für die Verarbeitung zu Terrinen wird nur beste und gleichmäßige Qualität akzeptiert, hell, aber nicht weißlich, denn das deutet auf einen zu hohen Fettgehalt hin.

Vergleich einer Enten- und Gänsestopfleber. Die hier gezeigte Leber der Ente (links) wiegt 0,76 kg. Sie wurde vakuumverpackt und weist rötliche Flecke von aus den Adern getretenen Blutresten auf. Die 1,0 kg schwere Gänsestopfleber wurde eisverpackt transportiert. Nicht immer läßt sich allein von der Farbe auf Gänse- beziehungsweise Entenleber schließen, weil diese stark vom Fettgehalt und auch vom Futter abhängig ist. Generell sind jedoch die Lebern von den Enten gelblich, die der Gänse bernsteinfarben bis weißlich.

Stopfleber putzen:

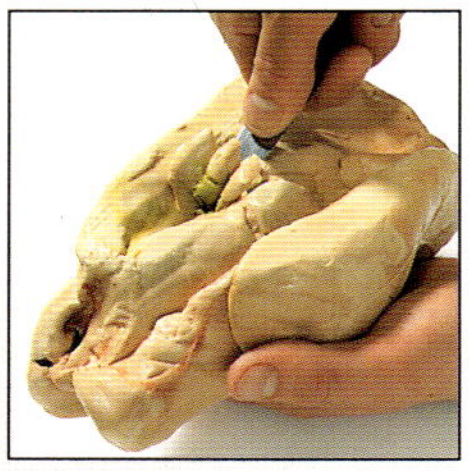

Vorsicht, wenn grüne Flecken auf der Leber sichtbar sind. Sie stammen von der Gallenflüssigkeit und müssen weiträumig herausgeschnitten werden.

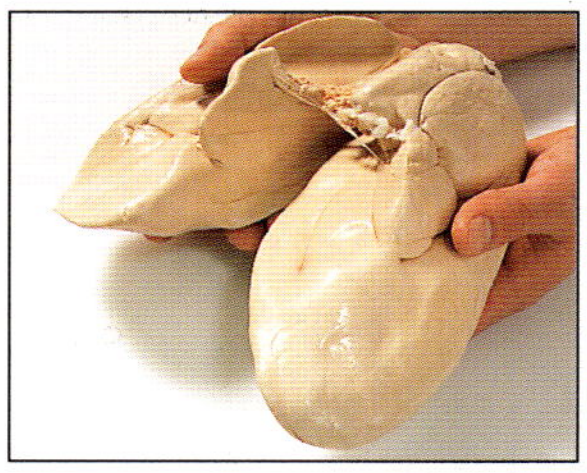

Mit den Händen die beiden Hälften der zimmerwarmen Stopfleber vorsichtig auseinanderbrechen. Jede Hälfte einzeln prüfen.

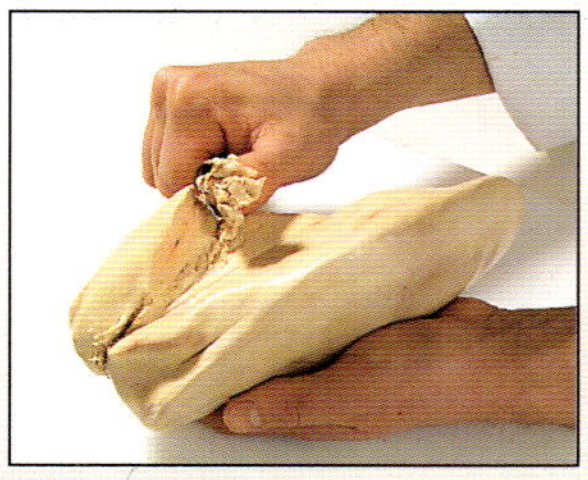

Sehnen und Fettpolster am Ansatz der Gallenblase großzügig herausschneiden, darunter könnten Reste der Gallenflüssigkeit versteckt sein.

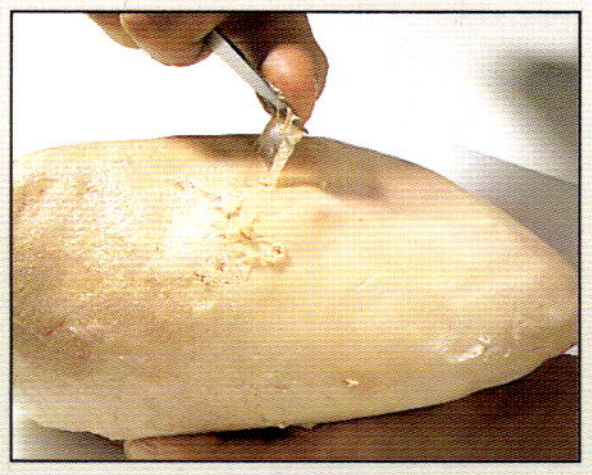

Die dünne Haut der Stopfleber sorgfältig mit der stumpfen Seite eines Messers zur Leberspitze hin vollständig abziehen oder abschaben.

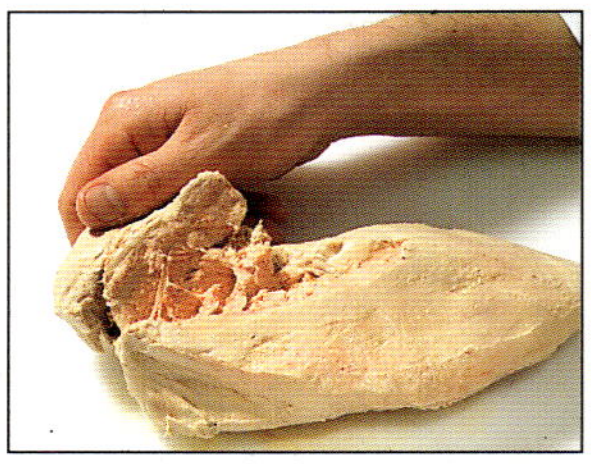

Die Leberteile mit dem Daumen auf der Innenseite etwas aufbrechen. Dabei vorsichtig vorgehen, um sie nicht zu »zerrupfen«.

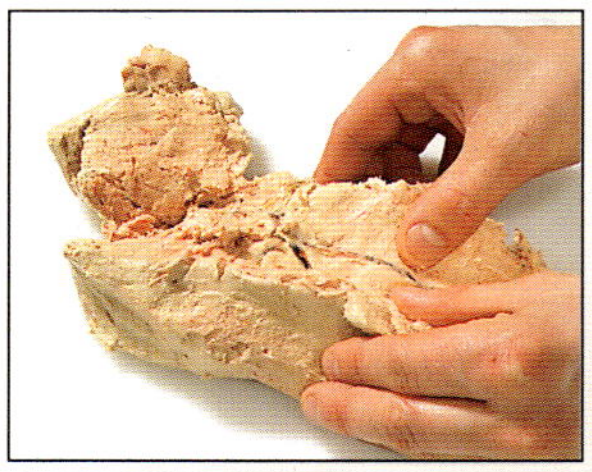

Die nun sichtbaren Äderchen mit den Fingern behutsam freilegen. Dabei den verschiedenen Verästelungen der Adern einzeln folgen.

Die Blutgefäße herausziehen Sie sollen möglichst vollständig entfernt werden, damit sich die Leber durch Blutreste nicht verfärben kann.

Die geputzte Leber zusammenklappen und wieder in ihre ursprüngliche Form bringen, sie kann nun beliebig verarbeitet werden.

Stopflebern - von der Ente und der Gans

WELCHE IST WOHL DIE BESSERE ?

Zwar rangiert in der Gunst der Gourmets die Leber der Gans vor der Entenleber, doch dies sagt nichts über ihren wahren kulinarischen Wert aus, denn der etwas deftigere Geschmack der Entenleber hat auch seine Liebhaber. Wenn sie von guter Qualität ist, kann man sie durchaus als gleichwertig bezeichnen. Beider Qualität hängt in hohem Maße von der Jahreszeit ab; im Winter ist sie am besten. Im Sommer geschlachtete Tiere haben kleinere Lebern mit einem geringeren Fettgehalt und prozentual mehr Blutgefäßen, sie eignen sich eher zum Braten als zur Terrinenherstellung. Da eine Stopfleber nicht billig ist, führen Spitzenköche vor dem Kauf eine Qualitätsprüfung durch. Auch wird die Leber an der Spitze angeschnitten und auf Farbveränderungen begutachtet. Da Stopflebern sehr luft- und lichtempfindlich sind, weist schon ein etwa 0,2 bis 0,5 cm breiter grauer Rand auf eine schlechte Lagerung oder auf eine Lieferung älteren Datums hin; hier fallen bei der Verarbeitung entsprechend hohe Putzverluste an. Soll die Leber gebraten werden, empfiehlt sich die Bratprobe einer Leberscheibe; diese darf in der Pfanne nicht dahinschmelzen. Die schonendere, aber auch umständlichere Methode, Stopflebern zu vertreiben, ist das Einschlagen in Pergamentpapier und der Transport in mit Eis aufgefüllten Styroporkisten bzw. das kurzfristige Abfüllen der eisgekühlten Lebern in Kunststoffbeutel. Dabei muß aber peinlich genau darauf geachtet werden, daß das Eis nicht schmilzt und die Leber nicht mit Licht in Berührung kommt. Die andere, für den Versand besser geeignete Methode ist das Verpacken in sogenannten »Vakuumbeuteln«. Diese luftgezogenen Hüllen haben den gravierenden Nachteil, daß durch das Absaugen der Luft Reste der Gallenflüssigkeit aus der Blase gezogen werden können, welche dann in die Blutgefäße eindringen und sich großflächig auf dem Gewebe verteilen können. Vor der Verarbeitung sollen die Lebern unter einem feuchten Tuch Raumtemperatur annehmen.

GÄNSELEBERPARFAIT

Für diese Delikatesse können die Spitzen der Leber oder solche Stücke, die beim Suchen der Adern stark auseinandergepflückt wurden, verwendet werden. Sie müssen frei von Blutresten und Gallenflüssigkeit sein.

(für 6 bis 8 Portionen)
400 g Gänsestopfleber
je 2 cl roter und weißer Portwein
Salz, frisch gemahlener weißer Pfeffer
2 Eier, 1/4 l lauwarme Milch
5 g weiche Butter für die Form

Den Portwein zur Hälfte reduzieren, erkalten lassen. Das Parfait wie in der Bildfolge herstellen, wahlweise eine Prise Pökelsalz zusetzen, um eine schnelle Farbveränderung nach dem Abstechen zu vermeiden.

Gänseleberparfait zubereiten:

Die Leberstücke mit Hilfe eines Teigschabers mit leichtem Druck durch ein feines Holzrahmensieb streichen.

Die passierte Leber in einen Mixer geben, salzen, pfeffern und mixen, die Eier nacheinander gründlich einarbeiten.

Die Milch in einem dünnen Strahl einlaufen lassen und so untermontieren, daß eine homogene Masse entsteht.

Den reduzierten Alkohol zugeben, gut untermischen und die Masse durch ein sehr feines Sieb laufen lassen.

Eine Terrinenform mit Butter ausstreichen, die Lebermasse gleichmäßig und ohne Blasenbildung einfüllen, den Deckel auflegen.

Die Form zu 2/3 ihrer Höhe in ein 80 °C heißes Wasserbad bei 180 °C im Ofen auf die unterste Schiene stellen, Temperatur oft kontrollieren.

Nach 50 Minuten ist das Parfait fertig pochiert. Erkalten lassen und die oberste Schicht sorgfältig mit einer Palette abnehmen.

Mit einem zuvor in warmes Wasser getauchten Eßlöffel Nocken ausstechen und je nach Geschmack anrichten und servieren.

Terrine de foie gras
SO WIRD DIE LEBER DER GANS ZUM GENUSS

Daß die Gänseleberterrine wirklich aus Frankreich stammt, ist nicht eindeutig bewiesen, jedoch ist es unbestritten, daß die Franzosen ihre Zubereitung meisterhaft verstehen. Die Zutatenmengen für diese Köstlichkeit richten sich nach dem Gewicht der frischen Leber, meist wiegt sie etwa 800 g. Für eine Terrine von 1 l Inhalt benötigt man außerdem Salz und Pfeffer, 1/4 l alten Portwein, einen Schuß Cognac und nach Belieben 100 g gekochte schwarze Trüffeln. Die Garzeit beträgt 40 bis 60 Minuten bei 80 °C im Wasserbad. Die genaue Einhaltung der Temperatur ist erforderlich, denn mit einer Kontamination von Staphylokokken muß gerechnet werden. Also können Gartemperaturen von 40 bis 60 °C und Garzeiten von 30 bis 40 Minuten, jeweils bei 1 kg Leber – wie sie zu Zeiten der »Cuisine nouvel« propagiert wurden –, höchst gefährlich werden. Eine Kerntemperatur von 80 °C ist unbedingt erforderlich (im Zweifelsfall mit einem Bratenthermometer messen) und, das ist für den Gourmet besonders wichtig, tut dem Wohlgeschmack keinen Abbruch.

Monsieur Jean Legrand ist ein Verfechter der klassischen Methode. Bei ihm ist die Qualität der Lebern vorrangig.

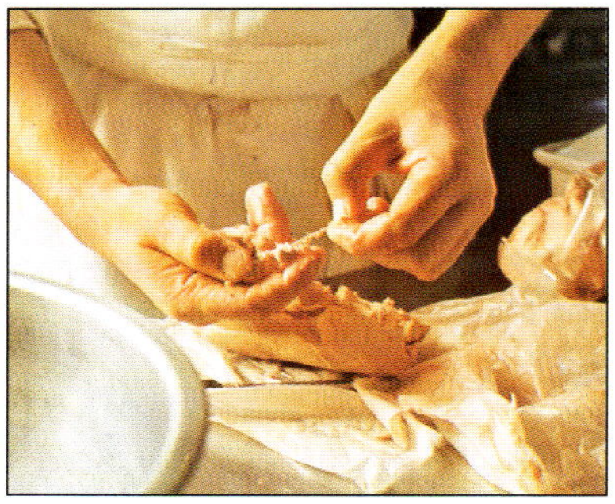

1 Die Gänseleber vorsichtig aufblättern und noch vorhandene Häute und Adern sorgfältig entfernen.

2 Die parierte Leber mit den Handballen sehr behutsam drücken und die einzelnen Stücke weich kneten.

3 Lediglich Salz und Pfeffer sind zum Würzen nötig, da die Leber viel Eigenaroma besitzt.

4 Die Leberstücke in eine Schüssel füllen und zum Marinieren mit dem Portwein und Cognac übergießen.

5 Die Marinade leicht einmassieren, nicht drücken, abgedeckt 24 Stunden kühl durchziehen lassen.

6 Die Leberstücke einzeln einschichten, leicht drücken, damit keine Zwischenräume entstehen.

7 Die Oberfläche mit den Händen schön glattstreichen und noch vorhandene Hohlräume ausgleichen.

8 Die Terrinenform mit einem Deckel verschließen, im konstant 80 °C warmen Wasserbad garen.

9 In der Form 1 Tag ruhen lassen. Stürzen, das überschüssige Fett entfernen, mit Gelee überziehen.

GÄNSESTOPFLEBERPARFAIT MIT ZUCKERSCHOTEN-APFELSALAT

(für 6 bis 8 Portionen)

Gänsestopfleberparfait (siehe Seite 194/195)

Für die Geleewürfel:

350 ml Geflügelconsommé (siehe Seite 66/67)

1 Prise Salz, 4 Blatt weiße Gelatine

Für den Salat:

150 g Zuckerschoten, 2 säuerliche Äpfel

2 EL Läuterzucker, 1 EL Apfelschnaps (Calvados)

Saft von 1/2 Zitrone, 2 EL Crème fraîche

Salz, frisch gemahlener weißer Pfeffer

6 bis 8 kleine Kerbelzweige

Aus dem Gänseleberparfait die Anzahl der gewünschten Nocken ausstechen. Für die Geleewürfel die Consommé salzen und erhitzen. Die Blattgelatine in kaltem Wasser einweichen, ausdrücken und in der heißen Consommé auflösen. Diese in ein flaches Gefäß gießen und im Kühlschrank stocken lassen. Für den Salat die Zuckerschoten putzen, in Salzwasser bißfest blanchieren und abschrecken. Die Äpfel schälen, vom Kerngehäuse befreien, erst in Scheiben und dann in Stifte schneiden. Die Apfelstifte mit Läuterzucker, Calvados und Zitronensaft marinieren und 5 Minuten ziehen lassen. Die Crème fraîche in eine Schüssel geben, salzen, pfeffern und die Hälfte der Apfelmarinade einrühren. Die Stifte aus der restlichen Flüssigkeit herausnehmen und unter die Crème fraîche heben. Die Zuckerschoten mit dem Apfelsalat anrichten und mit den Kerbelzweigen garnieren. Die ausgestochenen Parfaitnocken dazulegen und mit Geleewürfeln servieren.

GÄNSESTOPFLEBERPRALINEN AUF ROSA PFEFFERSAHNE

Dieses Rezept bietet eine attraktive Variante, die Terrine de foie gras einmal anders zu servieren. Als ausgestochene Kugeln, in Nüssen oder Pistazien gewälzt, sind diese Pralinen auch ein Genuß fürs Auge.

320 g Gänsestopfleberterrine (siehe links)

60 g gehäutete, gehobelte Haselnüsse

60 g gehackte Pistazien

Für die Sauce:

6 EL flüssige Sahne, Saft von 1/2 Limette

1 Prise Salz, 1 EL eingelegte rosa Pfefferkörner

Für die Garnitur:

1 kleines Salatbukett

Aus der Gänsestopfleberterrine mit Hilfe eines Eisportionierers 8 gleichmäßige Kugeln von je 40 g ausstechen, mit den Händen glätten und kühl stellen. Die Haselnüsse nach Belieben rösten. Die Hälfte der Kugeln in Haselnüssen, die andere Hälfte in Pistazien wälzen. Für die Sauce die Sahne mit dem Limettensaft verrühren, leicht eindicken lassen, salzen und die rosa Pfefferkörner zugeben. Die gut gekühlten Gänsestopfleberpralinen mit der Sahne anrichten und mit einem kleinen Salatbukett garnieren.

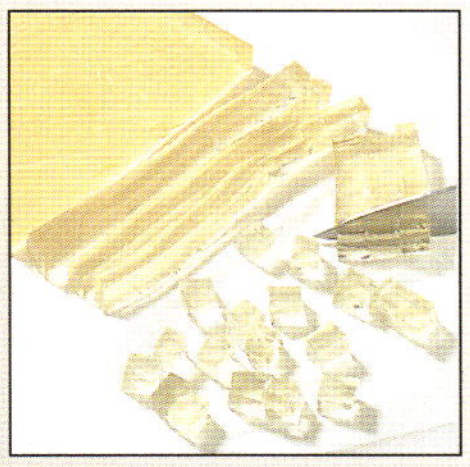

Geleewürfel: Die erkaltete Geleemasse auf ein Pergamentpapier stürzen, zuerst in Streifen und dann in Würfel schneiden.

Gelee zubereiten: 1/2 l Geflügelkraftbrühe erhitzen, 6 Blatt weiße, kalt eingeweichte Gelatine darin auflösen, salzen, in ein tiefes Blech gießen und stocken lassen. Das Blech kurz in heißes Wasser tauchen, das Gelee auf Pergamentpapier stürzen, zuerst in Streifen und dann in Würfel schneiden.

GEFÜLLTE TAUBENKEULEN

Durch ihre Form erinnern sie ein wenig an Kirschen mit Stiel. Sie sind ein geeigneter Mundhappen für Amuse gueule oder kleine Vorspeisen. Da in der Gastronomie oftmals die beliebten Brüstchen getrennt verkauft werden, ist dies eine attraktive Möglichkeit, die kleinen Keulen von Tauben, Wachteln oder anderen kleinen Geflügelsorten zu verarbeiten.

8 Taubenkeulen
1/2 EL gehobelte, geröstete Haselnüsse
80 g Geflügelfarce (siehe Rezept rechts)
Salz, frisch gemahlener weißer Pfeffer
Zum Pochieren:
1/2 l heller Geflügelfond (siehe Seite 64/65)
Außerdem:
10 g Butter
4 EL Geflügelglace (siehe Seite 64/65)

Für die Füllung die Haselnüsse grob hacken und gleichmäßig unter die Farce rühren. Die Keulen, wie in der Bildfolge erklärt, auslösen und füllen. Die fertigen Päckchen 25 Minuten im Geflügelfond bei 80 °C pochieren. Dann herausnehmen, in kaltem Wasser abschrecken und auskühlen lassen. Die kleinen »Kirschen« mit der Fleischglace überziehen (siehe Rezept rechts).

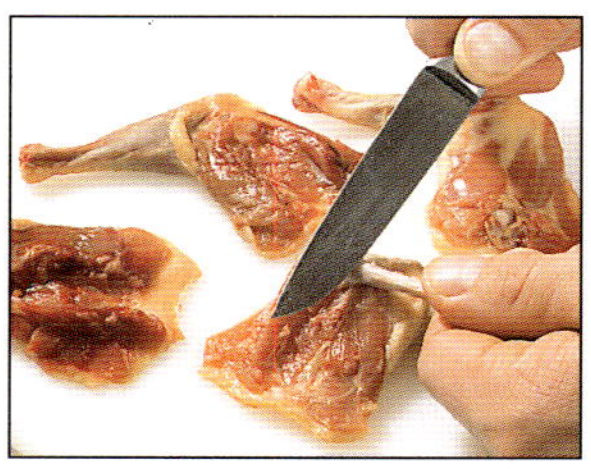

Taubenkeulen füllen:

Oberschenkelknochen freilegen, im Kniegelenk durchtrennen, die Unterschenkelknochen zur Hälfte abtrennen.

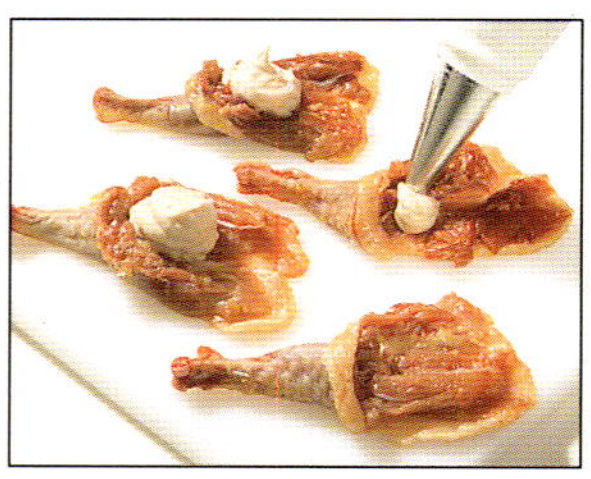

Die Keuleninnenseite salzen, pfeffern und mit einem Dressierbeutel die Farce einfüllen. Die Haut darüberschlagen.

Passende Stücke aus Alufolie gleichmäßig mit flüssiger Butter bestreichen und je eine Keule mit der offenen Seite nach unten darauflegen.

Die Keulen nicht zu stramm einschlagen und die Folie an den Enden bonbonartig einrollen. Die Päckchen damit in Form bringen.

Gefüllte Geflügelkeulen können mit Gelee und einer kleinen Salatgarnitur ansprechend serviert werden.

Wachteln füllen:

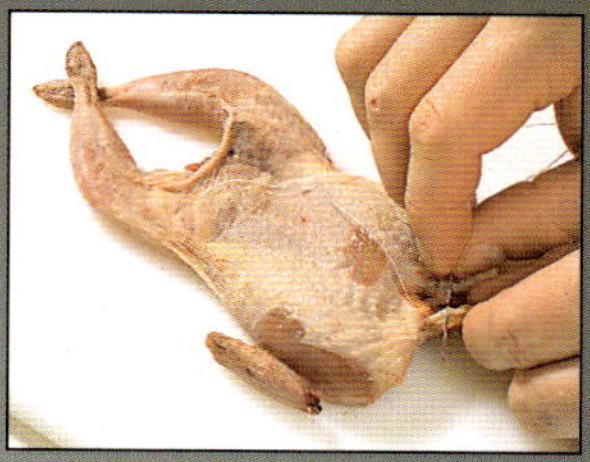

Die Halsöffnung der Wachteln vollständig verschließen. Dafür die Haut mit einem dünnen Küchengarn vernähen.

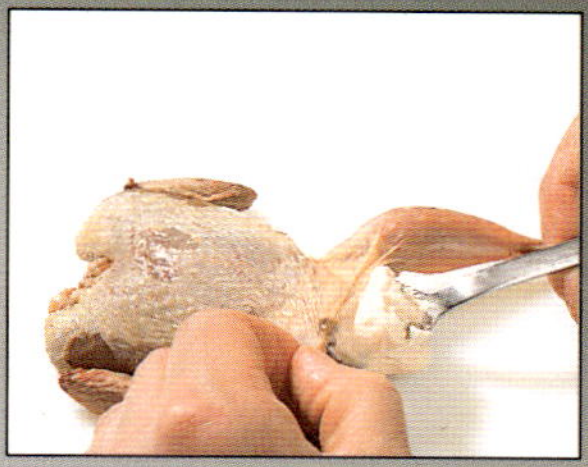

Mit einem Löffel die Fleischfarce vorsichtig in die Bauchhöhle füllen und je eine kleine Trüffel hineingeben.

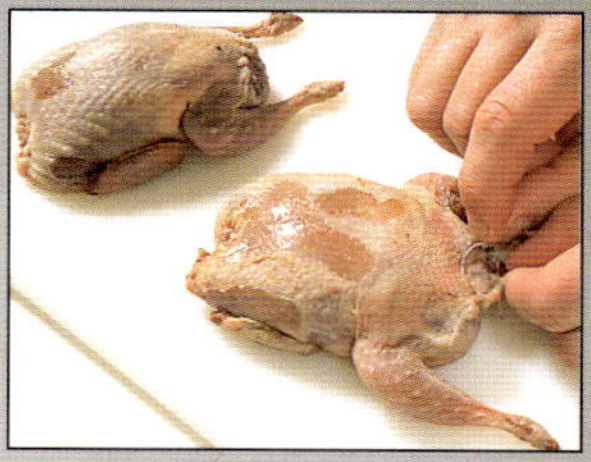

Nicht zu prall einfüllen, da sich die Farce beim Garen noch ausdehnt. Die Bauchöffnung ebenfalls zunähen.

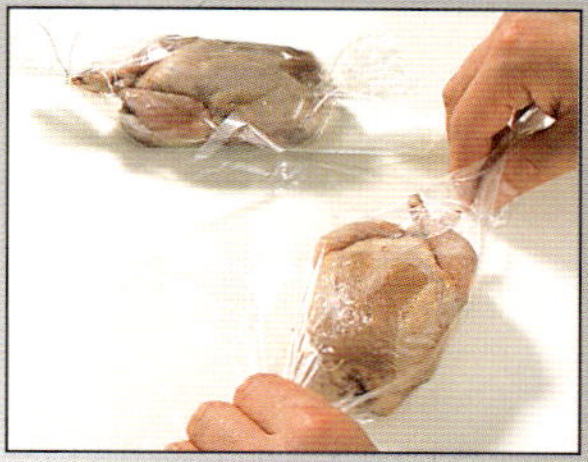

Die Wachteln mit Küchenzwirn in Form binden und in bratfeste Folie einrollen, diese an den Enden abbinden.

Die Wachtelpäckchen in dem Geflügelfond mit dem Bouquet garni pochieren und dann darin auskühlen lassen.

Auf einem Gitter mit flüssiger Glace bestreichen, ablaufende Glace wieder erhitzen, den Vorgang wiederholen.

Gefüllt und kalt serviert

Aus kleinen Geflügelsorten lassen sich gut gefüllte Portionsgerichte herstellen. Entgegen der klassischen Galantine (Rollpastete) kann hier das Geflügel im ganzen serviert werden und stellt dabei trotzdem nur Einzelportionen dar. Ebenso können Teilstücke großer Vögel, wie etwa die Keulen, gefüllt werden. Durch geschicktes Ausbeinen und Füllen bleibt die Form des Vogels erhalten. Die Füllung läßt der Phantasie dabei freien Lauf.

GEFÜLLTE WACHTELN

Sicherlich ist es zeitaufwendig, die Wachteln auf diese Weise zu füllen, doch es kann - bis auf das Überglänzen mit Fleischfarce - problemlos am Vortag durchgeführt werden.

(für 4 Portionen als Vorspeise)
4 küchenfertige Wachteln (à 160 g)
Für die Farce:
100 g Geflügelfleisch
Salz, frisch gemahlener weißer Pfeffer
100 ml Sahne, 20 g Gänse- oder Entenstopfleber
4 kleine Trüffeln (à 10 g), 20 g geschälte Pistazien
Zum Pochieren:
1 1/2 bis 2 l heller Geflügelfond (siehe Seite 64/65)
1 Bouquet garni
Außerdem:
6 bis 8 EL Geflügelglace (siehe Seite 64/65)

Die Wachteln zum Füllen vorbereiten, wie auf Seite 48/49 beschrieben. Für die Füllung müssen alle Zutaten gut gekühlt sein. Das Fleisch fein würfeln, kräftig salzen, pfeffern und mixen, bis eine zähe Masse entsteht. Nach und nach die kalte Sahne und die gewürfelte Stopfleber untermixen. Die Farce kühl stellen. Die Trüffeln dünn schälen und die Pistazien quer halbieren. Die Farce durch ein Sieb streichen, abschmecken, die Pistazien unterrühren. Die Wachteln füllen, dabei die Trüffeln in die Mitte setzen. Die Wachteln 40 Minuten im Fond bei 80 °C pochieren. Das Geflügel im Pochierfond erkalten lassen, aus der Folie schlagen und das Garn entfernen. Vor dem Überglänzen gut kalt stellen, damit die flüssige Fleischglace auf der Haut anziehen und haften kann. Sobald die Glace fest ist, die gefüllten Wachteln der Länge nach halbieren und servieren. Eine geeignete Beigabe sind Würfel aus kräftigen Gelees, wie sie links außen beschrieben sind.

Geflügelmousse im Geleemantel

Die Herstellung feinster Mousses und Gelees bedarf bester Grundprodukte und deren sorgfältige Verarbeitung. Für die Mousses sind kräftige und gehaltvolle Fonds die Basis. Das Gelee rundet mit seinem durch die Zugabe von Dessertwein, Portwein oder Madeira erzielten süßlichen Geschmack das kräftige Aroma der Mousse ab. Diese Harmonie zwischen Mousse und Gelee erfordert etwas Fingerspitzengefühl, der Zeitaufwand zahlt sich jedoch allemal aus.

MOUSSE VON DER TAUBE IM GEWÜRZTRAMINERGELEE

Für das Gelee:
3/4 l Taubenessenz (siehe Seite 66/67)
1/4 l Gewürztraminer, 9 Blatt weiße Gelatine
Für die Brüste:
2 Taubenbrüste
Salz, frisch gemahlener weißer Pfeffer
2 EL Pflanzenöl, 8 Blätter Zitronenmelisse
Für die Mousse:
400 ml dunkler Taubenfond (siehe Seite 62/63)
1/2 Lorbeerblatt, 1 Thymianzweig
6 bis 8 weiße Pfefferkörner
1 Nelke, 3 Pimentkörner
2 cl Madeira, 1 cl Grand Marnier
150 ml Sahne, 40 g kalte Butterwürfel
3 Blatt weiße Gelatine, 1/8 l geschlagene Sahne
Salz, frisch gemahlener weißer Pfeffer

Das Rezept reicht für 8 Förmchen mit einer Füllmenge von etwa 90 ml. Die Essenz aus Taubenkarkassen bereiten und den Gewürztraminer vor dem Klären zugeben. Die Gelatine kalt einweichen, ausdrücken und in der heißen Essenz auflösen. Vor dem Auskleiden der Förmchen mit Gelee sollte dieses leicht abgekühlt sein. Da es in Eiswasser schnell zu stocken beginnt, sollten nicht zu viele Förmchen gleichzeitig gekühlt werden, weil sie nicht rasch genug nacheinander ausgegossen werden können. Ist der Geleerand zu dünn geraten, den Vorgang wiederholen. Die Förmchen kalt stellen. Die Taubenbrüste salzen, pfeffern und im erhitzten Pflanzenöl von beiden Seiten anbraten. Im auf 180 °C vorgeheizten Ofen 6 bis 8 Minuten braten und auskühlen lassen. Die Haut entfernen, der Länge nach in dünne Scheiben schneiden, und, wie rechts beschrieben, in die Förmchen füllen. Mit etwas flüssigem Gelee beträufeln, damit das Fleisch fest mit dem Rand verbunden wird. Die Förmchen kühl stellen. Die Mousse, wie rechts beschrieben, zubereiten und 2 bis 3 mm unter den Rand in die vorbereiteten Förmchen füllen. Vor dem Servieren kurz in heißes Wasser tauchen und stürzen. Mit frischen Salaten und einer lieblichen Vinaigrette servieren.

Eine gerollte Galantine

EINE PASTETE VON AUSSERGEWÖHNLICHER OPTIK

Die modernen Galantinen ähneln in ihrer Gestaltung nicht mehr im entferntesten jenen Pasteten, von denen sie ursprünglich abstammen. In der Vergangenheit präsentierten sich diese Pasteten in der naturgetreuen Form der verwendeten Geflügelarten; eine Kunst, die viel Aufwand erforderte, waren dem Geflügelfleisch doch Keulen- und Flügelknochen am Körper belassen. Der Wandel der Zeit machte auch vor den Galantinen keinen Halt: Die weitaus praktischere und wesentlich besser zu füllende Rollpastete hielt ihren Einzug in die Küchen der Spitzengastronomen. Frei von sämtlichen Knochen läßt sich das entbeinte Fleisch gut rollen oder an der Rückennaht wieder verschließen. Geschmacklich stehen diese Galantinen den früheren Kunstwerken in nichts nach. Für die Zubereitung einer Galantine sind gut gekühlte Zutaten unabdingbare Voraussetzung, andernfalls lassen sie sich gar nicht zu einer Emulsion verarbeiten.

Poulardengalantine – die Poularde in ihrer Form belassen – so wurde sie früher mit hohem Arbeitsaufwand zubereitet.

ENTENGALANTINE
(für 10 Portionen = 20 Scheiben)
1 Ente (etwa 2,5 kg)
200 g Enten- oder Poulardenfleisch
Salz, frisch gemahlener weißer Pfeffer
200 ml kalte Sahne
2 cl Trüffelsaft (aus dem Glas)
1 cl Cognac
2 EL geschlagene Sahne
je 1 Entenleber und -herz
10 g Butter
50 g geschälte Pistazien
25 g schwarze Trüffel (aus dem Glas)
150 g gekochter Schinken
80 g Gänsestopfleber
Außerdem:
1/2 l heller Geflügelfond (siehe Seite 64/65)
1 Bouquet garni

Die Ente, wie in der Stepfolge auf Seite 49 beschrieben, auslösen. Das zusätzliche Geflügelfleisch in Würfel schneiden und kalt stellen. Gut gekühlt durch die feine Scheibe des Fleischwolfs drehen und nochmals ganz durchkühlen lassen. Das Fleisch salzen und pfeffern und in mehreren kleinen Portionen in einer Küchenmaschine fein pürieren. Die kalte Sahne nach und nach zufügen, bis eine homogene, glatte Farce entsteht. Diese in einer auf Eis gesetzten Schüssel erkalten lassen. Anschließend durch ein Holzrahmensieb passieren, erneut auf Eis setzen und den Trüffelsaft, den Cognac und die geschlagene Sahne gleichmäßig einarbeiten. Die Leber und das Herz fein würfeln, kurz in der Butter anbraten und auf Küchenpapier abtropfen lassen. Die Pistazien halbieren, die Trüffel in kleine und den Schinken in Würfel mit 0,5 cm Kantenlänge schneiden. Die Gänsestopfleber zuerst in 1 cm dicke Scheiben und anschließend in Streifen schneiden und kalt stellen. Die gewürfelten Einlagen zur Farce geben und die Ente, wie in der Bildfolge links erläutert, füllen und rollen. Die Galantine kann auch in eine bratfeste Folie eingehüllt und gegart werden.

In Scheiben geschnitten, läßt sich die Galantine mit einer Salatgarnitur und Geleewürfeln attraktiv anrichten.

Pikant-erfrischend

KALTE GEFLÜGELBRÜSTE IN GELEE ODER MIT FEIN-SAUREN SAUCEN

Für gebratenes oder pochiertes Geflügelfleisch, das vom großen Braten oder von einer Bouillon übrig bleibt, gibt es in der kalten Küche immer Verwendung. Zum Beispiel als Zutat für sättigende Salate mit Kartoffeln, Nudeln oder auch unterschiedlichem Gemüse. So kann man die Reste in sehr delikate Gerichte verwandeln. In den folgenden Rezepten aber spielt das Geflügel die Hauptrolle - es wird speziell dafür zubereitet, und zwar nur die besten Teile, nämlich die Brüste.

KALTE ENTENBRUST MIT SCHARFER PAPRIKA-VINAIGRETTE

2 Entenbrüste ohne Haut (à 250 g)

Für die Vinaigrette:

4 EL Himbeeressig

1/2 zerdrückte Knoblauchzehe

Salz, frisch gemahlener weißer Pfeffer

30 g gehackte Schalotten

1 kleine Chilischote

100 g gelbe und grüne Paprikaschoten

3 EL feines Pflanzenöl

1 kleiner Friseésalat, Feldsalat

Die Entenbrüste wie im nebenstehenden Rezept zubereiten und kalt aufschneiden. Für die Vinaigrette den Essig mit den Gewürzen, den Schalotten und den kleingehackten Chili- und Paprikaschoten vermengen und alles mit dem Öl verrühren. Die Brustscheiben in der Vinaigrette etwa 15 Minuten marinieren. Den Salat putzen, waschen und trockenschleudern. Die Entenbrust fächerförmig anrichten, mit dem Salat garnieren und die Vinaigrette darübergießen.

KALTE ENTENBRUST MIT SALSA VERDE

Eine für die Sommermonate typische Vorspeise, wie sie etwa im italienischen Piemont zubereitet wird. In Verbindung mit der Entenbrust ist die erfrischende, säuerliche Salsa verde (italienisch: grüne Sauce) eine wahre Gaumenfreude.

2 Entenbrüste ohne Haut (à 250 g)

Salz, frisch gemahlener weißer Pfeffer

40 ml Pflanzenöl

100 g Schalotten

1/8 l dunkler Geflügelfond (siehe Seite 62/63)

Für die Salsa verde:

10 ml Rotweinessig

Salz, frisch gemahlener weißer Pfeffer

100 ml Olivenöl

1 Schalotte, 1 Knoblauchzehe

je 10 g krause und glatte Petersilienblätter

5 g Basilikum

2 Sardellenfilets, 2 geschälte Cornichons

5 g geröstete Pinienkerne, 1/2 EL Kapern

Zum Garnieren:

einige Salatblätter

geviertelte Tomaten

Die Entenbrüste salzen und pfeffern und, wie in der Bildfolge beschrieben, zubereiten. Nach dem Aufgießen des Geflügelfonds den Topf in den auf 180 °C vorgeheizten Ofen stellen und 25 Minuten ohne Deckel garen. Die Brüste herausnehmen und auskühlen lassen. In der Zwischenzeit die Salsa verde zubereiten. Dafür den Essig mit Salz und Pfeffer verrühren und das Olivenöl einrühren. Die restlichen Zutaten klein gehackt untermischen und gut durchziehen lassen.

In einem Topf das Pflanzenöl erhitzen und die Brüste anbraten. Die feingeschnittenen Schalotten zugeben, anschwitzen, den Geflügelfond aufgießen und fertigbraten. Anschließend die erkalteten Entenbrüste mit einem scharfen Messer in dünne Scheiben schneiden. Die Entenbrustscheiben fächerförmig anrichten, mit Salatblättern und Tomatenhälften garnieren und die Salsa verde darübergießen.

GEBRATENE TAUBENBRÜSTCHEN IM GEMÜSESUD

Eine erfrischende Köstlichkeit für die heiße Jahreszeit stellt dieses Gericht dar. Ähnlich wie die bekannten Bratheringe werden hier Geflügelbrüste mariniert, das heißt, das Fleisch wird gebraten und anschließend mit einem würzigen, lauwarmen Sud übergossen, in dem es über Nacht durchzieht.

(für 2 Portionen als Vorspeise)
4 Taubenbrüste (mit den Flügelknochen)
Salz, frisch gemahlener weißer Pfeffer
40 ml Pflanzenöl
Für den Sud:
1/8 l Weißwein
1/4 l Wasser
40 ml Weißweinessig
6 bis 8 Pfefferkörner
2 Nelken
1 Lorbeerblatt
3 Pimentkörner
2 Thymianzweige
60 g Möhren
50 g Stangensellerie, 60 g Zwiebeln
10 g Salz

Die Taubenbrüste, wie in der Bildfolge unten beschrieben, anbraten und in 10 Minuten im vorgeheizten Ofen bei 180 °C fertigbraten. In der Zwischenzeit den Sud bereiten. Den Weißwein mit dem Wasser, dem Essig und den Gewürzen zum Kochen bringen. Währenddessen die Möhren und den Stangensellerie waschen, schälen und in feine Scheiben schneiden, ebenso die Zwiebeln. Der Flüssigkeit zugeben und 10 Minuten bei geringer Hitze leicht köcheln lassen. Den Sud beiseite ziehen, das Salz einrühren und auskühlen lassen.

Die Taubenbrüste salzen, pfeffern, im heißen Öl anbraten und anschließend im Ofen fertigbraten. Danach auskühlen lassen. Den Sud in einem entsprechend großen Topf zubereiten, dafür das Gemüse und die Gewürze in der Flüssigkeit köcheln lassen. Den lauwarmen Sud über die erkalteten Taubenbrüste gießen und zugedeckt im Kühlschrank über Nacht marinieren. Am nächsten Tag das Fleisch mit dem Gemüse auf Tellern anrichten und mit Weißbrot servieren.

HÄHNCHENSÜLZE MIT MÖHREN UND SELLERIE

So wird das Hähnchen bis zum letzten Rest verbraucht: die Brüste für die Einlage, die Keulen zum Klären und die Knochen, die Karkasse und die Haut für den Fond.

1 küchenfertiges Hähnchen (etwa 1 kg)
1 Bouquet garni
Zum Klären:
je 50 g Möhren und Stangensellerie
1/2 geschwärzte Zwiebel, 1/2 Knoblauchzehe
1 Lorbeerblatt, 1 Thymianzweig
2 Nelken, 6 bis 8 Pfefferkörner
einige Spritzer Aceto Balsamico
3 Hühnereiweiße, 5 zerstoßene Eiswürfel
Außerdem:
3 Blatt weiße Gelatine
Salz, frisch gemahlener weißer Pfeffer
40 ml Pflanzenöl
100 g Möhren, 80 g Stangensellerie
4 Kerbelzweiglein

Die Keulen und die Brüste auslösen. Von den Keulen die Haut entfernen, die Kniegelenke durchtrennen und die Oberschenkelknochen herauslösen. Aus Knochen, Haut, Karkasse und dem Bouquet garni einen Fond kochen, wie auf Seite 64/65 beschrieben. Zur Klarifikation des Fonds (siehe Seite 66/67) das Oberschenkelfleisch durchdrehen und den Fond mit dem Gemüse und den restlichen Zutaten fertigstellen. Auf 1/4 l einkochen, die kalt eingeweichte Gelatine darin auflösen und auskühlen lassen. Die Hähnchenbrüste salzen, pfeffern, im heißen Öl anbraten und bei 180 °C im vorgeheizten Ofen in 10 bis 12 Minuten fertigbraten, erkalten lassen und mit Küchenpapier trockentupfen. Die Sülze, wie unten beschrieben, fertigstellen.

Die Möhren und den Stangensellerie kleinwürfeln und in Salzwasser blanchieren, abschrecken, abtropfen und trockenlegen. Die gebratenen Brüste in gleichmäßige Würfel schneiden. Vier Timbalförmchen mit dem noch lauwarmen Gelee ausgießen, so daß ein 2 bis 3 mm starker Geleespiegel anstocken kann, und je 1 Kerbelzweiglein einlegen. Das Fleisch mit dem Gemüse mischen, in die Förmchen füllen und mit dem restlichen Gelee aufgießen. 1 bis 2 Stunden durchkühlen lassen.

Die Timbalförmchen kurz in heißes Wasser tauchen und stürzen. Mit der Salatgarnitur servieren.

WACHTEL IM TÖPFCHEN

Die Wachteln im Töpfchen werden - bis auf ein wenig Wein - im eigenen Saft gegart. Nach dem Erkalten wird die Flüssigkeit abgegossen und durch Gelee ersetzt. Die Wachteln können im Förmchen, aber auch gestürzt und in Hälften geteilt auf einem Teller angerichtet und serviert werden.

4 Wachteln (à 180 g)
je 50 g Möhren, Knollensellerie und Lauch
Salz, frisch gemahlener weißer Pfeffer
4 Thymianzweige
1/8 l trockener Weißwein
1/8 l heller Geflügelfond (siehe Seite 64/65)
1 1/2 Blatt weiße Gelatine

Die Wachteln in Keulen und Brüste teilen und diese von Knochen und Häuten befreien. Das Gemüse putzen und fein würfeln, in kräftigem Salzwasser blanchieren, kalt abschrecken und abtropfen lassen. Wie unten gezeigt, fortfahren. Die Töpfchen in einem etwa 80 °C heißen Wasserbad, das knapp bis unter den Rand reicht, in etwa 45 Minuten bei 180 °C im Ofen pochieren. Herausnehmen, erkalten lassen und den Pochierfond durch ein kleines Sieb abgießen. Den Fond dazugießen, erhitzen und die kalt eingeweichte und warm aufgelöste Gelatine zugeben. Das Gelee in die Förmchen gießen, durchkühlen und erstarren lassen und die Wachteltöpfchen servieren. Dazu eine Tomatenvinaigrette mit Kräutern sowie frische Salate reichen.

Im Töpfchen zubereiten: Die ausgelösten Wachtelteile salzen, pfeffern und abwechselnd mit dem Gemüse in die Förmchen füllen.

Je 1 Thymianzweig auf ein Förmchen setzen und mit dem Weißwein bis knapp unter den Rand aufgießen.

Die Töpfchen mit Alufolie fest verschließen, gut kühl stellen und über Nacht kräftig durchziehen lassen.

Die Wachteln im Wasserbad im Ofen pochieren, erkalten lassen und den Sud durch ein feines Sieb abgießen.

Mit einer Schöpfkelle so viel Gelee in die Förmchen gießen, daß die Einlage vollständig damit bedeckt ist.

Im eigenen Saft gegart

Nicht nur Wachteln, auch Kaninchenkeulen lassen sich gemäß der Devise »einfach, aber gut« mit wenigen Zutaten ganz köstlich zubereiten. Entgegen der Haute Cuisine, die von feinsten Fleischfarcen und kräftigen Gelees lebt, wird hier eine rustikale, eher ländliche Richtung eingeschlagen. Durch die Gewürze und das Einlegen in die Marinade nimmt das Fleisch die verschiedenen Aromen sehr gut auf.

KANINCHENTERRINE

Kaninchenkeulen sind sehr kollagenhaltig, das heißt, sie enthalten viele Gelierstoffe. Dadurch hält die Terrine nach dem Erkalten von selbst zusammen und benötigt keine zusätzlichen Binde- oder Geliermittel. Durch das Auskleiden der Terrinenform mit geräuchertem Speck erhält das Fleisch zudem einen interessanten Geschmack, der sehr gut mit dem Wein harmoniert. Bei der Wahl des Rieslings sollte auf gute Qualität geachtet werden, denn der Wein hat einen ganz entscheidenden Anteil am Ergebnis des Gerichts.

(für 15 Portionen als Vorspeise)
8 Kaninchenkeulen (à 190 g)
je 1 EL feingeschnittener Estragon und Basilikum
Salz, frisch gemahlener weißer Pfeffer
3/4 l kräftiger Riesling
250 g durchwachsener, geräucherter Bauchspeck (etwa 30 Scheiben von 18 cm Länge)

Kaninchenterrine zubereiten:

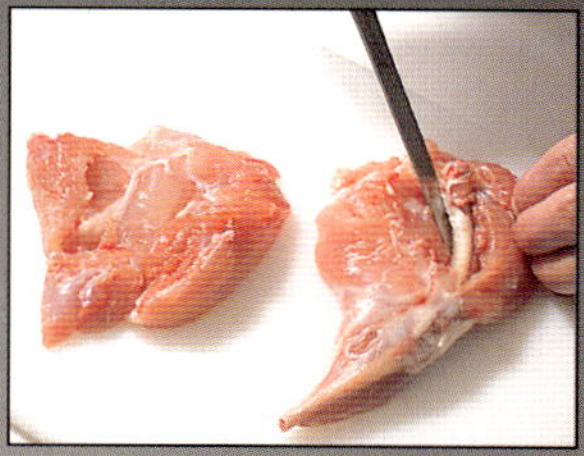

Die Ober- und Unterschenkelknochen der Keulen auslösen und die freiliegenden Sehnen sorgfältig entfernen.

Die Keulen in eine Schale legen, mit den Kräutern bestreuen, salzen und kräftig mit Pfeffer würzen.

Den Weißwein darübergießen, die Keulen eventuell einmal wenden. Die Schale gut mit Alufolie verschießen.

Die Form so mit dem Speck auslegen, daß sich die Streifen gut überlappen und ca. 10 cm über den Formrand hängen.

Die Keulen aus der Marinade nehmen, abtropfen lassen und in zwei Schichten in die ausgelegte Form füllen.

Den Speck über dem Fleisch überlappend zusammenlegen, da er sich beim Garen etwas zusammenzieht.

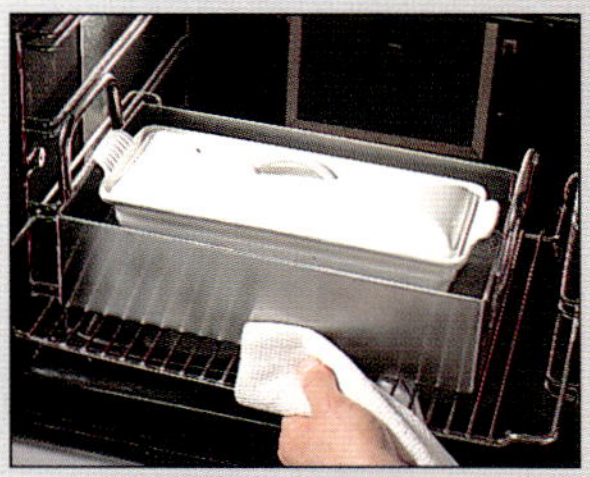

Das Fleisch unter der Speckhülle leicht pressen, den Deckel auflegen und in ein heißes Wasserbad setzen.

Vor Ende der Garzeit die Kerntemperatur mit einem Thermometer messen. Sie sollte zwischen 75 und 80°C liegen.

Die angegebene Menge ist für eine Terrinenform von 1,2 l Füllmenge berechnet. Die Terrine wie in der Bildfolge zubereiten. Die Kaninchenteile werden nur zum Marinieren gesalzen, da die Speckhülle später zusätzliche Würze an das Fleisch abgibt. Zum Pochieren die Terrinenform in ein siedendes Wasserbad setzen und im vorgeheizten Ofen bei 180°C 1 1/2 Stunden garen. Die Wassertemperatur des öfteren kontrollieren, sie soll 80°C nicht übersteigen. Am Ende der Garzeit auf die Terrine ein kleines Brettchen legen, mit dem Terrinendeckel beschweren und so die Füllung leicht zusammenpressen. Die Terrine erhält dadurch ihre kompakte Bindung und läßt sich später besser schneiden. Die Terrine völlig auskühlen lassen, am besten über Nacht, stürzen, in Scheiben schneiden und kalt servieren.

Confit

Mit dem Begriff »Confit« werden in Salz und Fett haltbar gemachte Fleischstücke bezeichnet. Zwei Konservierungsmethoden müssen dafür herhalten, um aus Ente oder Gans (aber auch Schweinefleisch) diese unverwechselbare südfranzösische Spezialität zu schaffen, die internationale Verbreitung gefunden hat. Sie darf in manchen Gerichten, wie etwa dem Cassoulet oder der Gemüsesuppe Garbure, nicht fehlen. Zur Herstellung von Confit den Enten oder Gänsen zuerst das Fett aus der Bauchhöhle entnehmen und die Vögel in Einzelteile zerlegen. Mit grobkörnigem Salz einreiben oder in Salzlake einlegen, um die Bildung von Fäulnisbakterien zu unterbinden und gleichzeitig dem Fleisch einen Teil seiner Flüssigkeit zu entziehen. Getrocknete Kräuter darüberstreuen und alles zusammen 24 Stunden kühl stellen. Nach Ablauf dieser Zeit die Fleischstücke sorgfältig abreiben und trockentupfen. In einer passenden Kasserolle das Enten- oder Gänsefett auslassen und darin die vollständig bedeckten Fleischteile bei geringer Hitze langsam schmoren, dabei öfters umrühren. Eventuell mit etwas Schweineschmalz die benötigte Fettmenge ergänzen. Je nach Alter des Vogels beträgt die Garzeit 1 bis 2 1/2 Stunden. Ein Steingutgefäß vorbereiten: kochendes Wasser eingießen, um den Topf zunächst zu sterilisieren, und dann mit flüssigem Fett ausschwenken, das Fett dichtet den Topf luftdicht ab. Die Fleischstücke abwechselnd mit zerlassenem Fett einschichten, die oberste Schicht Fleisch muß etwa 3 cm mit Fett bedeckt sein. Nach dem Erkalten des Topfinhalts mit Fett auffüllen, abdecken und kalt stellen. Nach 3 bis 4 Wochen hat sich das volle Aroma entwickelt, die Konservierung hält etwa 4 Monate. Portionsweise das Fleisch entnehmen und immer wieder mit Fett auffüllen.

Ein frischer Salat aus Bärlauch und Frisée paßt gut dazu. Er wird in einer Marinade aus 3 EL Olivenöl, etwas Aceto Balsamico und 1 EL Wasser mit je 30 g Würfelchen von roter und gelber Paprikaschote sowie 1 in Ringe geschnittenen Frühlingszwiebel zubereitet.

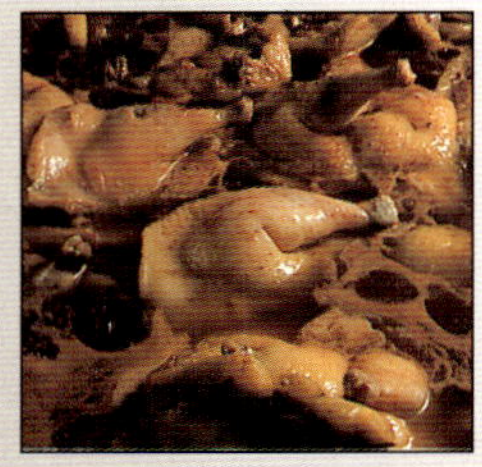

In reichlich Gänseschmalz und bei geringer Hitze werden die Gänsestücke gar.

Konservieren mit Fett

Durch die heute selbstverständliche Kühltechnik verwöhnt, sind manche Konservierungsmethoden fast in Vergessenheit geraten. Zu Unrecht, wie es traditionelle Rezepte belegen. Eine seit alters her bekannte Methode, Fleisch haltbar zu machen, ist das Überziehen des Fleisches mit Fett beziehungsweise das Einlegen in Fett. Dazu eignen sich am besten Fleischsorten, die selbst einen Überschuß an natürlichem Fett aufweisen, wie das bei den Gänsen oder Enten der Fall ist. Diese Art der Konservierung entwickelten die französischen Bauern in der Zeit vor der Tiefkühltechnik für das Fleisch jener Tiere, die sie ausschließlich zur Gewinnung der Gänsestopfleber gezüchtet hatten.

Entenroulade zubereiten:

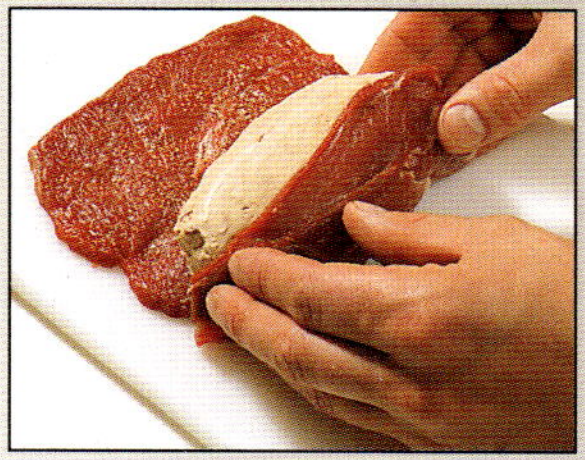

Die Brüste pfeffern, den Stopfleberkern einlegen und einrollen, die Fleischstücke sollen sich überlappen.

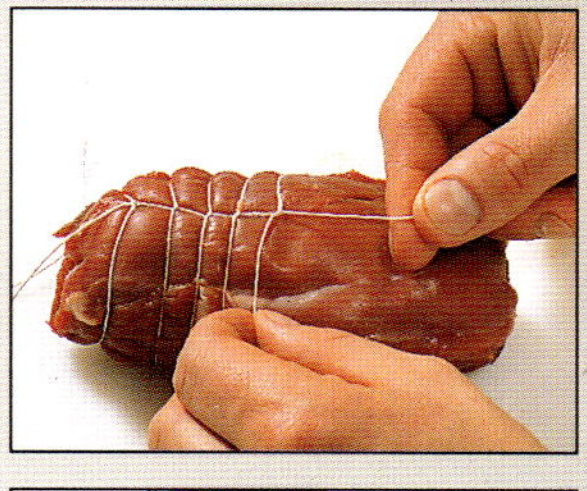

Mit Küchengarn binden, jede Schlaufe fest anziehen, da die Roulade beim Räuchern etwas schrumpft.

Die Roulade, völlig bedeckt, in die vorbereitete Pökellake legen, mit Folie abdecken und 3 Tage durchziehen lassen.

Aus der Lake herausnehmen und, wieder völlig bedeckt, in kaltem Wasser einen halben Tag lang wässern.

Die Roulade trockentupfen, in Kristallzucker wenden und 1 bis 2 Tage zum Trocken aufhängen. Zum Räuchern geben.

Die geräucherte Poularde im Anschnitt. Brustfleisch und Stopfleberkern bilden einen hübschen Kontrast.

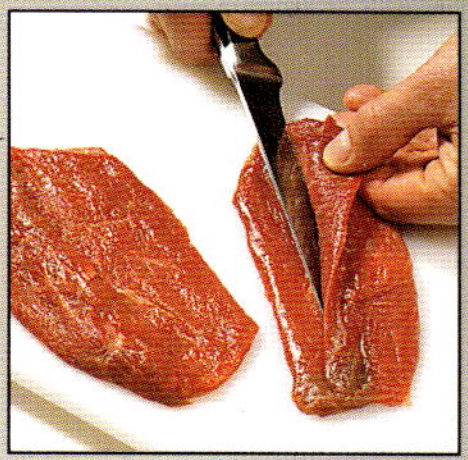

Entenbrüste vorbereiten: Die Entenbrüste von der Seite mit einem scharfen Messer einschneiden, so daß eine Tasche entsteht. Mit einem Plattiereisen leicht flach klopfen und nebeneinanderlegen.

GERÄUCHERTE ROULADE VON ENTENBRUST UND STOPFLEBER

Sollte keine Möglichkeit zum Räuchern bestehen, ist die heimische Metzgerei sicherlich dabei behilflich.

2 Entenbrüste ohne Haut (à 100 g)
180 g geputzte Entenstopfleber
Salz, frisch gemahlener weißer Pfeffer
je einige Spritzer roter Portwein und Cognac

Für die Pökellake:

1 l Wasser
2 Nelken, 6 bis 8 Pfefferkörner
1/2 Lorbeerblatt
1 kleine Knoblauchzehe
1 Thymianzweig, 2 Pimentkörner
Schale von je 1/2 Orange und Zitrone
5 g frischer Ingwer
120 g Pökelsalz

Außerdem:

etwas Kristallzucker

Die Entenbrüste, wie in der Bildfolge erläutert, vorbereiten. Die Entenstopfleber putzen (siehe Seite 194/195), leicht salzen und pfeffern, mit den Spirituosen beträufeln und in ihre ursprüngliche Form drücken. Der Leberkern sollte etwas kleiner als die Brüste sein, damit er nicht auslaufen kann. Die Roulade, wie gezeigt, zubereiten. Für die Pökellake das Wasser zum Kochen bringen, die Gewürze - bis auf das Pökelsalz - zugeben und 15 Minuten leicht köcheln lassen. Erst nach dem Abkühlen das Pökelsalz einrühren. Beim Räuchern ist zu beachten, daß der Rauch kalt sein muß. Nach etwa 12 Stunden Räucherzeit das Küchengarn entfernen und die Roulade in dünne Scheiben schneiden.

Küchen-Fachausdrücke

Absteifen: Bezeichnung für kurzes Anbraten von Lebern, Nieren, Filets, Fisch.
Amuse gueule: Bistrohappen, Mundbissen zum Aperitif.
Anbraten: Kurzes Braten in Fett bei starker Hitze, damit sich die Poren schließen und Bräunung sowie Röststoffe entstehen.
Anschwitzen: In Fett angehen lassen bei geringer Hitze, ohne daß das Gargut Farbe annimmt.
Ausbacken: In reichlich heißem Fett schwimmend goldgelb backen.
Auslassen: Speck anbraten, bis das Fett ausgelaufen und der Speck goldbraun ist.
Ausstechen: Fleischteile mit einer Fleischgabel entnehmen, zum Beispiel bei der Zubereitung eines Ragouts.
Backen: Garen ohne Fettzugabe in trockener, heißer Luft.
Bardieren: Mit Speckscheiben belegen und mit Küchengarn binden.
Blanchieren: Abwällen in kochendem Wasser, um Lebensmittel vorzubereiten, Verunreinigungen zu beseitigen oder um Häute/Schalen besser entfernen zu können.
Blanquette: Weißes Ragout.
Bouche: Mundbissen.
Bouchée: Pastetchen, »Teighüllen«. Blindgebackener Teig - Krustade oder Pastetenhaus (Vol-au-vent) - wird mit einer warmen Füllung serviert.
Bouquet garni: Kräutersträußchen aus Petersilie, Thymian und Lorbeerblatt, je nach Zubereitung auch mit Gemüse und anderen Kräutern zusammengestellt.
Braisieren: Andere Bezeichnung für Schmoren, in anderen europäischen Ländern steht der Begriff auch für Dünsten, Dämpfen, kurzes Kochen.
Braten: Garen in heißem Fett im offenen Geschirr in trockener, heißer Luft.
Brioche: Hefekuchen, Hefebrot, ungezuckerter Hefeteig für Pasteten.
Broiler: Internationale Bezeichnung für Hühnchen und Hähnchen.
Brunoise: In feinste Würfel geschnittenes Gemüse.
Chicken oyster: Austernförmige Fleischstücke aus dem Rücken des Huhns, deren Qualität dem Filet entspricht.
Consommé: Kraftbrühe, besonders kräftige, klare Fleischbrühe. Consommé double ist eine doppelte Kraftbrühe.
Crépinette: Netzwürstchen.
Curry: Indisches Nationalgericht. Ein Ragout aus Fleisch - vorrangig Geflügel, Fisch oder Gemüse, sehr delikat gewürzt und mit körnig gekochtem Reis oder Brot serviert.
Dämpfen: Garen im Wasserdampf auf einem Loch- oder Siebeinsatz im geschlossenen Topf.
Dressieren: In die ursprüngliche oder eine gewünschte Form bringen, bei Geflügel mit Hilfe eines Fadens.
Dünsten: Garen in wenig Fett, im eigenen Saft oder unter Zugabe von wenig Flüssigkeit im geschlossenen Topf.
Einkochen: siehe Reduzieren.
Entfetten: Überschüssiges Fett entfernen. Dies kann mit einer Schöpfkelle erfolgen oder durch Absaugen mit Küchenpapier. Am einfachsten ist es, die erkaltete Fettschicht von der Oberfläche abzuheben.
Essenz: Konzentriert eingekochter Fond.
Extrakt: Eingedickte Essenz.
Farce: Füllung für Pasteten, Terrinen, Galantinen, Fleischteile, Geflügel, Fisch oder Gemüse; sie besteht aus püriertem Fleisch, Fisch oder Gemüse, wird pikant gewürzt und gebunden.
Fond: Flüssigkeit, die beim Garen von Fleisch und/oder Knochen entsteht und das Aroma des Gargutes angenommen hat. Grundbrühe für Suppen und Saucen.
Frikassee: Weißes Ragout von Geflügel, Kalb oder Lamm.
Fritieren: Schwimmend garen in heißem Fett bei gleichbleibender Temperatur.
Galantine: Rollpastete. Ein ausgebeintes Tier - vornehmlich Geflügel und Fisch - wird mit einer Farce gefüllt, zusammengerollt, gebunden und in einem passenden Sud pochiert.
Garziehen: Garen in Flüssigkeit unter dem Siedepunkt.
Glace: Fleischextrakt. Eine so stark eingekochte, gelierende Fleischbrühe, daß sie im kalten Zustand schnittfest ist.
Grillen: Garen und Bräunen mit und ohne Fettzugabe bei Strahlungshitze im Ofen oder über Holzkohle.
Jus: Bratensaft, Fleischsaft, Fruchtsaft.
Kapaun: Kastrierter Hahn.
Karkasse: Gerippe von kleinen Tieren, hauptsächlich von Geflügel und Krustentieren.
Kasserolle: Flacher, schwerer Brat- oder Schmortopf mit Deckel.
Klären: Flüssigkeiten von Trübstoffen befreien.
Kochen: Garen in viel wallender Flüssigkeit bei gleichbleibend 100 °C.
Kurzbraten: Schnelles Garen und Bräunen in wenig heißem Fett in der offenen Pfanne.
Läuterzucker: Zuckersirup.
Legieren: Sämigmachen (Binden) von Flüssigkeiten oder Speisen mit Eigelb.
Montieren: Aufschlagen, unterheben.
Mousse: Auch Schaumbrot genannt. Feinschmelzende, auf der Zunge zergehende Farce aus Fleisch (Geflügel, Wild, Kalb), Leber oder Fisch und Sahne. Auch aus Gemüse kann eine Schaumfarce zubereitet werden.
Parfait: Farce aus besonders edlen Zutaten, mit Gelatine oder Eigelb gebunden, nach Belieben mit geschlagener Sahne gelockert. Ein Parfait kann gestürzt und aufgeschnitten werden.
Passieren: Eine Flüssigkeit, die auch gegarte Bestandteile enthalten kann, durch ein feines Sieb oder durch ein Tuch gießen, streichen oder drücken.
Pastete: Oberbegriff für Terrinen, Galantinen, Bouchées. In der Regel wird darunter aber die im Teigmantel gebackene Farce - mit und ohne feste Einlagen - verstanden.
Pie: Oberbegriff für englische Schüsselpasteten. Sie haben immer einen Teigdeckel. Die Füllung/Farce darunter kann jedoch in eine mit Teig ausgelegte Backform oder direkt in eine Pie-Schüsse kommen.
Pochieren: Garen in nicht zuviel Flüssigkeit unter dem Siedepunkt.
Poêlieren: Dünsten mit leichter Farbgebung, »Hellbraundünsten«. Garmethode für helles Geflügelfleisch, Kalbfleisch, Fisch und Federwild.
Poularde: Schweres, fleischiges Hähnchen.
Poule: Henne.
Poulet: Hühnchen.
Quiche: Pikante Torte. Für einen knusprigen Boden wird der Teig (ohne Füllung/Belag) vorgebacken.
Ragout: Schmorgericht aus Fleisch-, Fisch- oder Gemüsestücken, mit einer gewürzten Sauce gebunden.
Reduzieren: Einkochen, verringern einer Flüssigkeitsmenge durch leichtes Kochenlassen.
Rösten: Garen und Bräunen ohne Fett durch unmittelbare Kontaktwärme bei gleichbleibend hoher Temperatur.
Schmoren: Anbraten und Bräunen in heißem Fett mit anschließender Flüssigkeitszugabe und Fertiggaren im geschlossenen Topf.
Terrine: Unverhüllte Farcen, in mit Speckstreifen oder Folie ausgelegte Spezialform gefüllt und im Wasserbad im Ofen gegart.
Timbal: Becherpastete.
Timbalform: Becherartige Form oder Förmchen zum Stürzen.
Tranche: Scheibe, Schnitte.
Tranchieren: Zerlegen oder aufschneiden, servierbereit machen.
Velouté: Weiße Grundsauce.

Sachregister

Dieses Register enthält alle umgangssprachlichen Namen in Deutsch, Englisch und Französisch sowie (in kursiv) alle wissenschaftlichen Namen, die im warenkundlichen und historischen Teil dieses Buches erwähnt werden.

A

B

C

D

E

F

G

Rezeptregister

Feines aus der Teubner-Reihe:

KOCHKUNST MIT INTERNATIONALEM ANSPRUCH

Das große Buch der Meeresfrüchte
Bestell-Nr. 130
DM 118,-

Das große Buch vom Fisch
Bestell-Nr. 140
DM 118,-

Das große Buch vom Käse
Bestell-Nr. 170
DM 128,-

Das große Buch der Exoten
Bestell-Nr. 150
DM 118,-

Das große Buch vom Gemüse
Bestell-Nr. 180
DM 128,-

Das große Buch vom Wild
Bestell-Nr. 190
DM 128,-

LITERATURVERZEICHNIS

AID: Geflügelfleisch. Bonn 1990
American Heritage (Hrsg.): The American Heritage Cookbook. New York 1964
Bickel, W./Kramer, R.: Wild und Geflügel in der internationalen Küche. Kochbuchverlag Heimeran, München 1974
Bitsch, Ehlert u.a. (Hrsg.): Essen und Trinken im Mittelalter und Neuzeit. Sigmaringen 1987
Brinitzer, Carl: Zwei Löffel Goethe, eine Prise Shaw. Hamburg 1971
CMA: Aus Liebe zum guten Geschmack: Entenfleisch. Bonn
CMA: Eier und Geflügel. Bonn
CMA: In der Hauptrolle: Truthahnfleisch. Bonn
Die Kochkunst. Frankfurt/Main, Jahrgang 1901 und ff.
Döbler, Hannsferdinand: Kochkünste und Tafelfreuden. C. Bertelsmann Verlag, Gütersloh 1972
Fuchs, Werner: Gastmahl der Völker. Stuttgart 1941
Gööck, Roland: Das Buch der Gewürze. Mosaik Verlag, Hamburg 1965
Guinaudeau-Franc, Zette: Les Secrets des Fermes en Périgord Noir. Editions Serg, Paris 1978
Gutkind, Curt Sigmar: Das Buch der Tafelfreuden. Leipzig 1929
Hartley, Dorothy: Food in England. London 1954
Hauschild, Reinhard: Das Buch vom Kochen und Essen. Seewald Verlag, Stuttgart-Degerloch 1975
Kallweit, E./Kielwein G./Fries, R./Scholtyssek, S.: Qualität tierischer Nahrungsmittel. UTB 1484, Stuttgart 1988
Klett, Andreas: Neues Trenchier- und Plicatur-Büchlein. Georg Olms Verlag, Hildesheim 1971
Löhle, K./Wenzel, U.: Kaninchen und Edelpelztiere. Neumann Verlag, Berlin 1987
Malortie, Ernst von: Das Menü. Hannover 1988
Moulin, Leo: Augenlust und Tafelfreuden.
Muller, M./Rachsal, G.: Das große Lexikon der Gastronomie. Behrs Verlag, Hamburg 1988
NN: Jahrbuch für die Geflügelwirtschaft 1992. Stuttgart 1991
Raps & Co.: Geflügelte Umsätze
Sambraus, H.H.: Atlas der Nutztierrassen. Verlag Eugen Ulmer, Stuttgart 1983
Schley, P.: Kaninchen. Verlag Eugen Ulmer, Stuttgart 1985
Schlolaut, W.: Die Ernährung des Kaninchens. Hoffmann La Roche AG, Grenzach-Wyhlen 1983
Scholtyssek, S./Doll, P.: Nutz- und Ziergeflügel. Verlag Eugen Ulmer, Stuttgart 1978
Scholtyssek, S.: Geflügel. Verlag Eugen Ulmer, Stuttgart 1987
Schönfeldt, Gräfin Sybil: Feste und Bräuche. Ravensburg 1979
Souci, S.W./Fachmann W./Kraut H.: Die Zusammensetzung der Lebensmittel. Nährwert-Tabellen 1989/90. Wissenschaftliche Verlagsgesellschaft mbH, Stuttgart 1989
Time Life: Die Kunst des Kochens, Methoden und Rezepte: Geflügel. Time Life Bücher, Amsterdam 1978
Vaerst, Eugen von: Gastrosophie. Leipzig 1851
Willan, A.: Die große Schule des Kochens. Christian Verlag, München 1990
Willan, Anne: Kochkünste aus sieben Jahrhunderten. Hallwag AG, Bern 1979
ZMP: Bilanz Eier und Geflügel 1990. Bonn 1991

WIR DANKEN

allen, die durch ihre Beratung, Hilfe und tatkräftige Unterstützung zum Gelingen dieses Buches beigetragen haben, insbesondere: Firma Rungis, Satteldorf; Geflügel Giehl, Peiting; Geflügel Karmann, Holzheim; Firma Hetzenecker, Neumarkt/St. Veith.

Produktbeschaffung Margit Fröhle
Kochstudio Andreas Miessmer, Walburga Streif, Christine Reuland, Barbara Mayr
Fotografie Christian Teubner, Dorothee Gödert, Kerstin Mosny, Arabella Schwarzkopf
Redaktion Inken Kloppenburg (Redaktionsleitung), Gabriele Hopf, Dr.oec.troph. Ute Lundberg
Layout/DTP Susanne Mühldorfer, Dietmar Pachlhofer
Herstellung Susanne Mühldorfer
Reproduktion PHG-Lithos GmbH, Martinsried
Druck Dr. Cantz'sche Druckerei GmbH & Co., Ostfildern
Alleinauslieferung für den gesamten Buch- und Fachhandel Gräfe und Unzer GmbH, Isabellastr. 32, D-8000 München 40

ISBN 3-7742-2516-8